CB028111

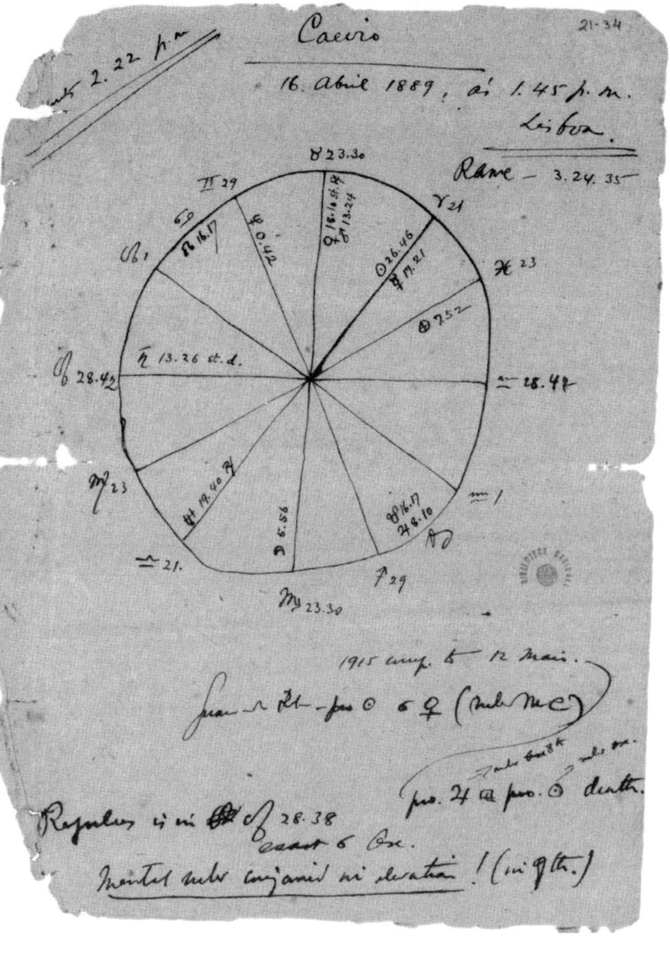

DIA, HORA E LOCAL DE NASCIMENTO DE CAEIRO (21-34[r])

OBRA COMPLETA DE ALBERTO CAEIRO

FERNANDO PESSOA

EDIÇÃO DE
JERÓNIMO PIZARRO · PATRICIO FERRARI

COORDENADOR DA COLEÇÃO
JERÓNIMO PIZARRO

RIO-DE-JANEIRO
TINTA-DA-CHINA BRASIL
MMXVIII

Edição: Tinta-da-china Brasil
Revisão: Tinta-da-china Brasil
Capa: Tinta-da-china (V. Tavares)
Projeto gráfico: Tinta-da-china (P. Serpa)

Todos os direitos
desta edição reservados à
Tinta-da-china Brasil

Rua Ataulfo de Paiva, 245, 4.º andar
Leblon, 22440-033 RJ
Tel. (00351) 21 726 90 28
info@tintadachina.pt
www.tintadachina.pt/brasil

P4750   Pessoa, Fernando, 1888-1935
      Obra Completa de Alberto Caeiro / Fernando Pessoa;
      edição de Jerónimo Pizarro e Patricio Ferrari.
      — 1.ed. — Rio de Janeiro: Tinta-da-china Brasil, 2018.
      488 pp.; 21 cm

      ISBN 978-85-65500-44-9

      1. Literatura portuguesa I. Título

        CDD: 869.3
        CDU: 821.134.3-3

EDIÇÃO APOIADA POR
DIREÇÃO-GERAL DO LIVRO E DAS BIBLIOTECAS /
MINISTÉRIO DA CULTURA — PORTUGAL

SUMÁRIO

APRESENTAÇÃO

JERÓNIMO PIZARRO
PATRICIO FERRARI

Ad Caeiri manes magistri.

(51-41^r)

Alberto Caeiro está no centro da ficção pessoana. Lisboeta, nascido a 16 de Abril de 1889, terá vindo à alma de Fernando Pessoa num "dia triunfal", 8 de Março de 1914[a], e morrido de tuberculose em 1915[b]. Caeiro terá surgido de uma casualidade – "lembrei-me um dia de fazer uma partida ao Sá-Carneiro: de inventar um poeta bucolico, de especie complicada", conta Pessoa (2013, p. 646) – e a sua morte sido condicionada, em retrospectiva, pelo suicídio, a 26 de Abril de 1916, de Mário de Sá-Carneiro. Ambos os poetas teriam morrido jovens por terem sido fadados com o amor dos Deuses – "Morrem jovens os que os Deuses amam", escreve Pessoa por volta de 1924[c] – e o desaparecimento de Ca[rn]eiro parece motivar o de Caeiro. Um aspecto significativo das datas de nascimento e morte de Caeiro é que estas foram fixadas por Pessoa por volta de 1916, numa altura em que o "poeta bucolico" já podia morrer, por assim dizer, porque já existia o livro pelo qual seria lembrado – *O Guardador de Rebanhos* – e porque já se iniciara a construção de um

a   Por volta de 1929, Pessoa indica a data "13 de Março de 1914" (Pessoa, 1966, p. 103; Biblioteca Nacional de Portugal/Espólio 3, 20-77^r). A 13 de Janeiro de 1935, em carta a Adolfo Casais Monteiro, Pessoa indica o dia "8 de Março de 1914" (Pessoa, 2013, p. 646).

b   Em Janeiro de 1915, segundo um texto (135) em que Pessoa se contradiz quanto à data de nascimento: diz que Caeiro nasceu em Agosto de 1887, quando no Prefácio de Ricardo Reis (159) está Abril de 1889.

c   Citamos um testemunho dactilografado (BNP/E3, 14E-5^r) do *in memoriam* de Sá-Carneiro, que começa: "Morre jovem o que os Deuses amam" (*Athena*, n.º 2, Lisboa, Nov. 1924, p. 41).

segundo Caeiro: aquele jovem Mestre de uma série de discípulos que manteriam viva a sua memória. A nosso ver, há um primeiro Caeiro, que apareceu na primeira semana de Março de 1914 e não foi publicado na revista *Orpheu* (1915); e um segundo Caeiro, já póstumo, que é discutido por António Mora, prefaciado por Ricardo Reis, evocado por Álvaro de Campos e publicado na *Athena* (1925) e na *Presença* (1931). Talvez Caeiro tenha razão quando, num poema (64) datado de 8 de Novembro de 1915, diz:

> Se, depois de eu morrer, quizerem escrever a minha biographia,
> Não ha nada mais simples.
> Tem só duas datas – a da minha nascença e a da minha morte.
> Entre uma e outra cousa todos os dias foram meus.

Mas para escrever essa biografia temos de considerar as duas datas e ainda o que veio depois, porque há poemas caeirianos escritos a seguir a 1915 e porque Caeiro, como todo o Mestre e Fundador, existe e perpetua-se também nas palavras dos seus discípulos.

A data de nascença de Caeiro é relativa, porque Caeiro nasce com *O Guardador de Rebanhos*, mas *O Guardador* não foi escrito num único dia – embora tenha existido um dia mais "triunfal" do que outros no início de Março de 1914 – nem teve, de forma imediata, título e autor. Como explica, e bem, Ivo Castro: "Não há evidência para dizer que o título do ciclo, ou o nome de Caeiro, ou a ideia de ciclo, e menos ainda a sua arquitectura, tenham sido concebidos antes da escrita dos poemas, apesar dessa alegação fornecer em boa medida a substância do 'dia triunfal'" (em Pessoa, 2015, pp. 11-12). O que hoje sabemos é que alguns poemas de *O Guardador de Rebanhos* – ou melhor: composições soltas de um conjunto ainda indefinido – nasceram por volta do dia 8 de Março de 1914 (alguns poemas são ligeiramente anteriores a essa data "triunfal") e que Caeiro recebeu como data de baptismo a data de criação de uma série de textos para "fazer uma partida ao Sá-Carneiro", que só a 15 de Junho de 1914 refere Caeiro numa carta (cf. "Saudades ao nosso Alb. Caeiro", em Sá-Carneiro, 2015, p. 210). Independentemente do dia, Março foi o mês em que Caeiro surgiu e o período em que Pessoa escreveu a maior parte de *O Guardador de Rebanhos*. Alguns poemas do ciclo datam do início de Maio, mas esses textos vêm apenas completar os que já existiam, visto que em Março Pessoa já contemplava a hipótese de um livro composto por 49 poemas (Anexo 18). Março foi o mês "triunfal" de Caeiro e não exactamente de Reis nem de Campos, que surgiram mais perto do Verão de 1914. A data de morte de Caeiro é incerta. No texto prefacial mais conhecido de Ricardo Reis, datável de 1929, existem espaços em branco, não preenchidos, referentes ao dia e ao mês da morte do Mestre (159). Num horóscopo elaborado anos antes, mas que Pessoa não terá consultado na altura, indica-se que a morte de Caeiro "teria ocorrido quando Júpiter (planeta que neste caso significa a morte) desafiasse o Sol [...] astro que detém a energia vital e [...] rege o corpo físico e a vida daquele poeta", e que Júpiter teria desafiado o Sol a 12 de Maio de 1915 (Pessoa, 2011, p. 77; BNP/E3, 21-34^r). Seja ou não essa a data exacta da sua morte, o certo é que quase todos os *Poemas Inconjunctos* são posteriores a ela e que há um poema (60) de 7 de Novembro de 1915 em que Caeiro ainda parece estar vivo:

Se eu morrer novo,
Sem poder publicar livro nenhum,
Sem ver a cara que fazem os meus versos em lettra impressa,
Peço que, se se quizerem ralar por minha causa,
Que não se ralem.
Se assim aconteceu, assim está certo.

Porque terá Pessoa continuado a escrever textos caeirianos até finais de 1915, e mesmo depois, e porque terá continuado a antepor datas a muitos deles? Num texto prefacial às obras de Caeiro, Reis, Mora, Campos e Guedes, Pessoa indica que "Cada personalidade d'essas – reparae – é perfeitamente una comsigo propria, e, onde ha uma obra disposta chronologicamente, como em Caeiro e Alvaro de Campos, a evolução da pessoa moral e intellectual do author é perfeitamente definida" (Anexo 22). Tencionava Pessoa alterar as datas reais de algumas composições? É muito provável que sim, atendendo a que a data que deu, em 1925, a *O Guardador de Rebanhos* na revista *Athena*, n.º 4, foi "1911-1912"; e a data que deu aos *Poemas Inconjunctos*, no n.º 5, foi "1913-1915". Portanto, se admitirmos a data fictícia da morte, 1915, talvez tenhamos de ler a obra caeiriana dentro da baliza temporal de 1911-1915...

Ler Caeiro é ler um heterónimo cuja "pessoa moral e intellectual" nunca terminou de ser construída e cuja obra ficou por estabelecer, visto que Pessoa não a publicou integralmente e nunca acabou de a "fixar" (depois de publicar a "escolha de poemas" na *Athena*, continuou a rever alguns poemas de *O Guardador de Rebanhos*, por exemplo). Caeiro é, portanto, tal como outros heterónimos, uma construção editorial póstuma – posterior a 1935 –, na medida em que as edições caeirianas divergem na organização dos poemas, na leitura de alguns versos, na inclusão de certas composições e no número de poemas de dois ciclos. Foi Maria Aliete Galhoz, por exemplo, e não Fernando Pessoa, quem pela primeira vez reuniu alguns poemas sob o título *O Pastor Amoroso*. Até certo ponto, Caeiro indica o que Caeiro poderia ter sido: conserva-se o caderno de *O Guardador de Rebanhos*, cheio de variantes, que indica que poderia ter existido um livro *ne varietur*; existem referências a *O Pastor Amoroso* que indicam que poderia ter sido configurada uma *plaquette* com esse título; há um plano de lançamento continental de Caeiro que indica que este poderia, antes da revista *Orpheu*, ter transcendido fronteiras.

*

Nascido em Lisboa, Caeiro seria um pastor que "viveu quasi toda a sua vida no campo" e que "não teve profissão nem educação quasi alguma" (Pessoa, 2013, p. 648). Um poeta "quasi ignorante das lettras" (159) que, na sua própria obra, se gaba de não ler certos autores, como Virgílio (XII), ou, simplesmente, de passar o tempo "sem ler nada, nem pensar em nada" (XLIX). Um espontâneo, um ingénuo, um simples. Em poucas palavras, Caeiro é um mito. Um mestre cuja obra transcende a inspiração: "Escrevo versos num papel que está no meu pensamento" (I), diz, mas os seus pensamentos são sensações (IX); então onde escreve e como torna inteligíveis as suas sensações? Em que consiste "desapprender" (XXIV)? Caeiro goza com os poetas artesãos ("E ha poetas que são artistas| E trabalham nos seus versos | Como um carpinteiro nas taboas!..." [XXXVI]). Mas que tipo de poeta é Caeiro? O mais natural ou o mais artificial que jamais existiu? Um poeta que desdenha a técnica, que poderia dizer, com Keats, "if Poetry comes not as naturally as the Leaves to a tree it had better not come at all" [se a Poesia não nos acontece tão naturalmente como as Folhas a uma árvore, melhor seria que não acontecesse de todo] (Keats, 2005, p. 97)[a]; ou um poeta para quem a técnica é inevitável, que poderia dizer, com Wilde, "Nature is no great mother who has borne us. She is our creation" [A Natureza não é uma portentosa mãe que nos deu à luz. É uma criação nossa] (Wilde, 1991, p. 91). A nosso ver, Caeiro ocupa um lugar central no universo pessoano, porque, sendo a imagem do poeta mais natural é, ao mesmo tempo, a encarnação do poeta mais artificial.

Um dos resultados significativos do estudo da Biblioteca Particular de Fernando Pessoa[b] foi ter permitido concluir o que andaria Pessoa a ler antes do chamado "dia triumphal":

a   Passagem da carta de Keats ao editor inglês John Taylor, datada de 27 de Fevereiro de 1818.
b   O nome "Caeiro" figura em páginas de quatro livros dessa biblioteca: *Poems* [1895], de Walt Whitman; *Paradoxes psychologiques* (1911), de Max Nordau; *Pioneer Humanists* (1907) e *The Baconian Heresy: a confutation* (1913), de John Mackinnon Robertson. Não acontece o mesmo com os nomes "Campos" e "Reis" (Ferrari, 2011).

Que estaria a ler Pessoa por volta do mês "triunfal" de Março de 1914 durante o qual terá escrito uma grande parte dos poemas do ciclo *O Guardador de Rebanhos* atribuído a Alberto Caeiro? Entre muitos outros, terá lido vários livros sobre a autoria das obras shakespearianas e alguns de ou sobre Oscar Wilde, o escritor irlandês que mais o terá seduzido. [...] Será, pois, produtivo explorar mais insistentemente a importância de Wilde na génese literária dos heterónimos, já que as suas ideias sobre o valor e verdade de certas poses, atitudes e irrealidades terão marcado Pessoa tanto na sua vida como na sua obra: o escritor português auto- e hetero- -modelou-se ao longo do que foi a sua vida-obra. Wilde, mas também Shakespeare, como salientaremos de seguida, podem confluir na génese de Caeiro & C^{ia}, visto que construir um autor ou modelar uma identidade são processos confluentes e afins.

(Pizarro e Ferrari, 2011, pp. 63-64)

Esta edição conjunta da poesia de Caeiro e da crítica da poesia caeiriana talvez possa servir como um convite à releitura de Caeiro com e sem uma *willing suspension of disbelief*. Porque Caeiro é o tal pastor no meio da tal natureza, mas Caeiro também é uma ficção, uma máscara, um fingimento. Ele pode ter surgido "triunfalmente" e, neste sentido, é compreensível uma afirmação de Pessoa (em carta a Armando Côrtes-Rodrigues, de 2 de Setembro de 1914): "Repare v. em que, se ha parte da minha obra que tenha um 'cunho de sinceridade', essa parte é... a obra do Caeiro" (ACR, 4478-2^r)[a]. Mas Caeiro é também filho de Nietzsche e de Wilde, isto é, do defensor de um

---

[a] O arquivo de Armando Côrtes-Rodrigues (ACR) encontra-se na Biblioteca Pública e Arquivo Regional de Ponta Delgada. Veja-se também esta outra passagem da correspondência pessoana: "De facto, e para dizer qualquer coisa parecida com a verdade, gostaria que vv. publicassem [na *Presença*] *O Guardador de Rebanhos*. Teria eu assim o prazer de serem vv. que apresentassem o melhor que eu tenho feito – obra que, ainda que eu escrevesse outra *Iliada*, não poderia, num certo intimo sentido, jamais egualar, porque procede de um grau e typo de inspiração (passe a palavra, por ser aqui exacta) que excede o que eu racionalmente poderia gerar dentro de mim, o que nunca é verdade das *Iliadas*." Carta a João Gaspar Simões, de 25 de Fevereiro de 1933 (em Pessoa, 1998, p. 211).

entendimento extra-moral da mentira e do crítico da "decadência da mentira". Quando Wilde escreve "Lying, the telling of beautiful untrue things, is the proper aim of Art" [A Mentira, a narração de belas coisas falsas, é o objectivo certo da Arte] (Wilde, 1991, p. 99), é difícil não pensar que Caeiro é a narração de uma bela mentira; quando Wilde afirma "Truth is entirely and absolutely a matter of style" [A Verdade é absoluta e inteiramente uma questão de estilo] (Wilde, 1991, p. 85), é difícil não pensar que a verdade de Caeiro – as suas árvores e os seus rebanhos, por exemplo – são um logro estilístico; quando Wilde propõe "Art is our spirited protest, our gallant attempt to teach Nature her proper place" [A Arte é o nosso enérgico protesto, a nossa corajosa tentativa de ensinar à Natureza qual é o seu verdadeiro lugar] (Wilde, 1991, p. 71), obriga-nos a pensar se Caeiro é Arte ou Natureza, e seria difícil responder que não é Arte, isto é, que não é uma criação artística. Caeiro é um mito de uma série de absolutos: a objectividade, a espontaneidade, a naturalidade. Respiramos novamente, é uma lufada de ar fresco, mas apenas enquanto o lemos com uma *willing suspension of disbelief*. Assim que pensamos Caeiro, surge o desassossego[a].

Neste sentido, de simultânea aceitação e negação, convém ler Caeiro como um poeta iletrado, mas também como um homem de letras. Num texto redigido em inglês, destinado à divulgação de *O Guardador de Rebanhos* em Inglaterra, Pessoa refere os nomes de Walt Whitman, William Blake, Antero de Quental, William Wordsworth, Percy Bysshe Shelley, Robert Browning, Victor Hugo, Francis Jammes, Émile Verhaeren, Abílio Guerra Junqueiro, António Correia de Oliveira, Teixeira de Pascoaes, João de Deus e João de

---

a   De resto, Caeiro é um exemplo do que diz Wilde: a Natureza imita a Arte. Veja-se a carta a Côrtes-Rodrigues, de 4 de Outubro de 1914, em que Pessoa conta que leu na Avenida Almirante Reis, no cabeçalho de uma loja, Farmácia A. Caeiro, e que um caixeiro-viajante, amigo de António Ferro, comentou: "Eu já ouvi fallar n'esse poeta, e até me parece que já li algures uns versos d'elle" (Pessoa, 2009, pp. 351-352; ACR, 4479-1ᵛ).

Barros (133)[a]. Quando apresenta um Caeiro visto de fora, e sobretudo para os leitores ingleses, Pessoa faz de Caeiro uma síntese da poesia moderna. Escreve uma espécie de tratado de literatura comparada em que frisa a originalidade da moderna poesia portuguesa ("not only the greatest but the most original of our time"), poesia que teria surgido com Antero de Quental e atingido o ponto mais alto com o materialismo panteísta de Alberto Caeiro[b]. Caeiro representa uma vasta travessia pelas literaturas portuguesa, norte-americana, inglesa e francesa, entre outras.

No processo da invenção de Caeiro, como observou Eduardo Lourenço, a mediação de Whitman também foi decisiva. O pai do "rhythmo paragraphico" (Pessoa, 2014, pp. 502-503) ou verso de frase, recurso modelado a partir de padrões rítmicos da Bíblia inglesa (cf. Perry, 1906, p. 96), fez de Pessoa "um outro": "Pode mesmo dizer-se que o encontro com a visão e a linguagem de Whitman forneceram a Pessoa a matéria ideal para o levar a extremos de refinamento que sem dúvida não teria conhecido sem ele" (Lourenço, 1983, p. 198). Pessoa preferiu atenuar essa influência. No material preparatório do artigo destinado à revista *A Águia*, lê-se: a "obra [de Caeiro] é assombrosamente original. Mesmo suppondo ao seu autor uma cultura que abranja ter lido Whitman [...] nada nos explica como derivada, sahe, possivelmente, a fórma do verso" (125). Campos sugeriu ainda a superioridade de Caeiro: se os poemas de Whitman eram "assombrosos", os de Caeiro eram "mais que assombrosos" (Pessoa, 2014, p. 444). Mas o certo é que Whitman paira sobre toda a poesia caeiriana e que, sem Whitman, não saberíamos imaginar Caeiro.

a   Sobre a possível influência de outros autores anglófonos como, por exemplo, Alice Meynell, ver Ley (1939, pp. 38-40) e Monteiro (1999, pp. 59, 61-63, 70) e (2000, p. 82); no que diz respeito ao pensamento de Ralph Waldo Emerson na constituição da filosofia caeiriana, ver Brown (1987, p. 157) e Ferrari (2016).
b   Antes da criação de Caeiro (ver o Anexo 20), Pessoa começara a reflectir sobre o sentimento da Natureza. Uma possível fonte de inspiração foi o livro *Francis James et le sentiment de la nature* (1908), de Edmond Pilon. Num poema de James, numa margem, Pessoa deixou a seguinte nota: "à la Walt Whitman" (em Pilon, 1908, p. 33).

Refira-se ainda que Whitman também terá sido um modelo do plano de apresentação europeia de Alberto Caeiro. No livro de Bliss Perry, *Walt Whitman: his life and work* (1906), Pessoa terá lido sobre as *anonymous notices* ou *self-reviews*:

> *Throughout his career as a poet, [Whitman] had no scruples about composing laudatory anonymous notices of himself, and sending them to the newspapers. [...] It has sometimes been urged that his anonymous defense of* Leaves of Grass *was called forth by the abusive attacks upon it, but the fact that at least three of his elaborate articles appeared almost immediately after the publication of the book shows that they were part of a deliberate campaign. Believing absolutely in himself and his book, he took a large and unconventional view of the publicity involved.*
>
> (Perry, 1906, pp. 105-106)

[Ao longo da sua carreira de poeta, (Whitman) não teve pudor em escrever recensões laudatórias anónimas acerca de si próprio e enviá-las para os jornais. (...) Tem-se argumentado, por vezes, que a sua defesa anónima de *Leaves of Grass* foi motivada pelos ataques abusivos à obra, mas o facto de pelo menos três dos seus elaborados artigos terem surgido logo após a publicação do livro revela que faziam parte de uma campanha deliberada. Acreditando absolutamente em si próprio e no seu livro, ele adoptou uma perspectiva alargada e pouco convencional da publicidade envolvida.]

Perry refere-se às recensões que Whitman publicou em três jornais: *United States Review, Brooklyn Daily Times*ᶜ e *American Phrenology Journal*. No artigo "Walt Whitman and His Poems" (*United States Review*, 1855), Whitman abre com um tom profético: "An American bard at

---

c   Passagens de "Walt Whitman, A Brooklyn Boy", publicado a 29 de Setembro de 1855, são citadas por Perry em *Walt Whitman: his life and work* (1906) e sublinhadas por Pessoa na página 108 do seu exemplar.

last!" [Finalmente um bardo americano!] Trata-se do mesmo tom que utilizará Thomas Crosse no início de um artigo acerca de Caeiro: "The twentieth century has at last found its poet – not in the sense that this poet sings the 20th century, but in the sense that a poet has at last appeared who represents an absolute novelty" (132). No artigo "An English and an American Poet" (*American Phrenology Journal*, 1855), Whitman compara a sua nova poesia com o "ennui" e a "aristocracy" de Alfred Tennyson, poeta laureado. Nesse texto, Whitman afirma que a originalidade do grande poema requer: "Not the refined life of the drawing-room – not dancing and polish and gentility, but some powerful uneducated person" [Não a vida refinada do salão – nem a dança, a delicadeza, a gentileza, mas alguém possante e sem instrução] (Whitman, 1855c, p. 91). Whitman cultiva a imagem de pessoa iletrada, aparecida repentinamente, como se de uma força da Natureza se tratasse. O mesmo se passa no artigo de Crosse: "[Caeiro] comes apparently out of nothing, more completely out of nothing than any other poet" (139).[a]

*

Nesta edição, Caeiro é o autor de *O Guardador de Rebanhos* (49 poemas sem um códice único, porque nem todas as composições do ciclo foram publicadas na *Athena*), de *O Pastor Amoroso* (sete poemas, posto que Ivo Castro demonstrou que "Todos os dias agora acordo com alegria e pena" era uma estrofe de "Agora que sinto amor"), dos *Poemas Inconjunctos*[b] (58 poemas, porque há versos soltos que

---

a   Para a construção de Caeiro, o retrato que Perry faz de Whitman também terá sido importante: "Of formal education and training he had almost as little as the young Ulysses; but like him he had self command, shrewdness, patience, and many a blind desire in his pagan heart" [Em termos de educação e instrução formal, ele teve quase tão pouco quanto o jovem Ulisses; mas, tal como ele, tinha autocontrole, perspicácia, paciência e um enorme desejo cego no seu coração pagão] (Perry, 1906, p. 20).

b   Há um texto intitulado "Caeiro" e depois "O Andaime" (atribuível a Ricardo Reis) em que se lê: "Este titulo, embora da autoria de Caeiro, não é porventura o que elle escolheria. Mas sirvo-me

remetemos para os Anexos) e de uma série de respostas (destinadas a uma ou várias entrevistas). Mas Caeiro também é a figura central das *Ficções do Interlúdio* – do conjunto das obras heterónimas –, que Teresa Rita Lopes já tinha apresentado em *Pessoa por Conhecer* (1990). Por isso, nesta edição entendemos que a prosa de Caeiro podia e devia ser complementada por outros textos: o plano de apresentação europeia de Caeiro, intitulado "Um grande poeta materialista"; o artigo para a revista *A Águia*, contemplado nesse plano; os textos para algumas revistas inglesas, também incluídos no plano; os trechos do prefácio em inglês a *Complete Poems of Alberto Caeiro*, referidos no plano; os comentários a seis poemas de *O Guardador de Rebanhos*; alguns textos de António Mora, para quem Caeiro era o renascimento do "Grande Pan", isto é, do Paganismo; alguns textos de Reis, a quem os parentes de Caeiro, Antonio L. Caeiro e Julio Caeiro, teriam encomendado o prefácio de *Poemas Completos de Alberto Caeiro*; um texto de I.I. Crosse; e algumas "Notas para a recordação do meu mestre Caeiro" de Álvaro de Campos. Caeiro foi autor, mas também o centro de um universo ficcional que deve acompanhar a publicação dos seus poemas.

As duas partes principais deste volume estão separadas pelo fac-símile do caderno de *O Guardador de Rebanhos*, um caderno de 40 folhas de papel almaço que, antes do Verão de 1916, albergou uma cópia limpa do ciclo, já com a sequência que se conhece de um total de 49 poemas, e que, entre meados da década de 1910 e os últimos anos de vida de Fernando Pessoa, recebeu praticamente todas as alterações que Pessoa fez aos poemas caeirianos. Esse caderno ilustra bem até que ponto *O Guardador de Rebanhos* era, ainda em 1935, aquando

d'elle, para esta parte da obra, porque uma pessoa da sua familia me contou que elle uma vez dissera, perto já da morte, e fallando d'esta obra fragmentaria: 'não passo de um andaime'" (Pessoa, 1966, p. 378; BNP/E3, 21-105ʳ). *O Guardador de Rebanhos* apareceria "seguido de outros poemas e fragmentos"; *O Andaime*, primeiro, e *Poemas Inconjunctos*, depois. Portanto, foram dois os títulos contemplados para reunir "a collecção dos poemas que vai no fim do livro" (Pessoa, 1966, p. 332; BNP/E3, 21-75ʳ).

da morte de Pessoa, um *work in progress*, e até que ponto o arquivo pode desmentir um autor ou um autor fictício. Caeiro disse "O verso nunca se emenda" (121) e "Nunca altero o que escrevi" (163). Mas o caderno está cheio de emendas e confirma que a espontaneidade implica muito trabalho... Campos disse: "O meu mestre Caeiro foi o unico poeta inteiramente sincero do mundo" (Pessoa, 2014, p. 450). Mas como podia medir um filho pródigo do poeta-fingidor Pessoa a sinceridade de Caeiro? O fac-símile do caderno de *O Guardador de Rebanhos* levanta estas e outras questões afins. E passa a acompanhar o leitor desta edição, tal como acompanhava Ricardo Reis, que (sinceramente?) escreveu: "Nestas horas torvas a unica consolação para a minha alma tem sido o manuscripto, que sempre me acompanha, de *O Guardador de Rebanhos*" (Pessoa, 1966, p. 321, 21-67ʳ).

Esse manuscrito (o caderno de *O Guardador*) justifica algumas escolhas específicas, como, por exemplo, o adjectivo "completa" no verso "Para a completa novidade do mundo..." (II), adjectivo que um leitor familiarizado com o habitual "eterna" pode estranhar durante a leitura. Ao descrever o "Modelo editorial adoptado" pela Equipa Pessoa, modelo também adoptado por nós, Ivo Castro já deixava um aviso à navegação: "é de prever uma reacção de estranheza do leitor, que até pode não reconhecer no que lê o texto que conhecia" (2013, p. 190). Esta edição da Tinta-da-china contempla as variantes que Fernando Pessoa deixou nesse caderno e também aquelas acrescentadas no seu exemplar da *Athena*, para além de melhorar múltiplas decifrações. Daí que seja conveniente que o leitor que reaja com estranheza a certos versos ou passagens consulte as notas finais e descubra, por exemplo, que a novidade passou por muitas adjectivações: "serena", "perpetua", "subita", "grande" e, por último, "completa". A novidade do mundo é também a novidade desta edição.

Naturalmente, a proposta editorial que este volume representa não teria sido possível sem o trabalho dos editores que nos precederam, dos quais gostaríamos de destacar Teresa Sobral Cunha, que leu algumas passagens de enorme dificuldade, e Ivo Castro, que dedicou muitos anos, artigos, livros, conferências e seminários a discutir a edição de Caeiro, até ver publicada, em 2015, a primeira edição crítica da poesia caeiriana[a]. As traduções dos textos em inglês incluídos nesta edição são da responsabilidade de Sofia Rodrigues. A capa do livro só podia ser da Vera Tavares. A perfeição invisível – aquela da revisão – deve-se a Rita Almeida Simões. A paginação, como sempre, a Pedro Serpa. A existência corajosa da Tinta-da-china, a Bárbara Bulhosa e Inês Hugon. A comunicação e o apoio em tantas questões práticas, a Madalena Alfaia e Rute Dias Paiva. No fundo, os livros pertencem sempre a uma família e nada é tão importante quanto a construção de uma família amiga, em que a solidariedade e as afinidades dão alegria constante aos nossos dias. Estamos ainda gratos a Claudia J. Fischer, José Barreto, Susan Margaret Brown, Helena Buescu, Onésimo Almeida, Antonio Cardiello e José Correia, e outros amigos e colegas que contribuíram de diversas formas e em muitos momentos.

---

a   Frequentemente, a edição crítica (Pessoa, 2015) não inclui a totalidade das variantes referentes à pontuação e à acentuação dos poemas caeirianos. Por exemplo, no poema III de *O Guardador de Rebanhos* há pelo menos 12 variantes não contempladas; no poema IV, 25; e no poema VIII, mais de 100.

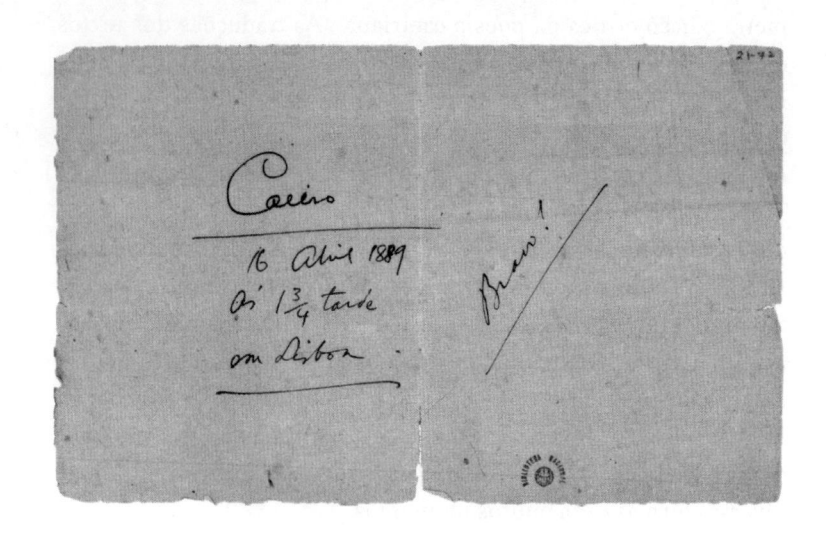

Caeiro

16 Abril 1889
ás 1¾ tarde
em Lisboa

Bravo!

NASCIMENTO DE ALBERTO CAEIRO. "BRAVO!" (21-72ʳ)

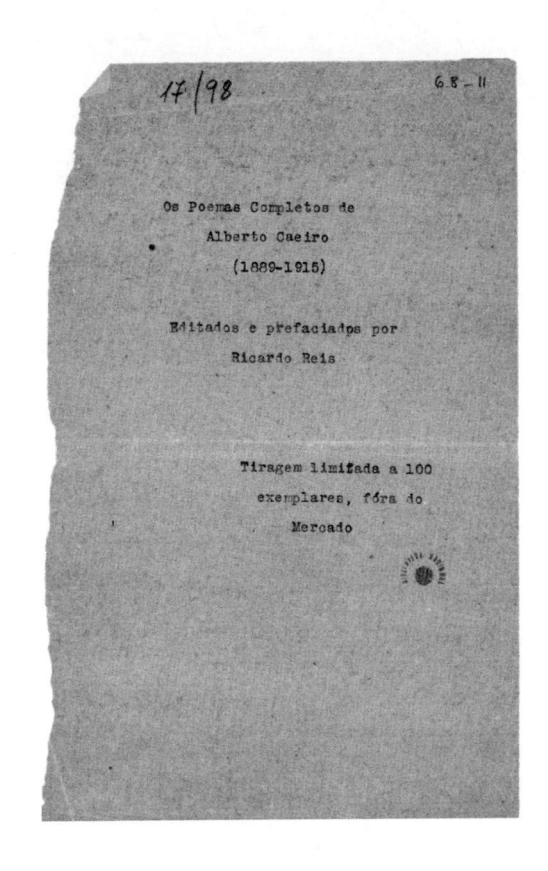

17/98   6.8-II

Os Poemas Completos de
Alberto Caeiro
(1889-1915)

Editados e prefaciados por
Ricardo Reis

Tiragem limitada a 100
exemplares, fóra do
Mercado

FOLHA DE ROSTO DO PLANO DE UMA EDIÇÃO DE TIRAGEM LIMITADA (68-11ʳ)

A obra, porém, e o seu
paganismo, não foram
pensados: foram sentidos
com o que quer que seja
que é em nós mais pro-
fundo que o sentimento
ou a razão.

*os ultimos mezes, foram
passados na sua cidade natal.*

Alberto Caeiro da Silva nasceu em Lisboa a   de
Abril de 1889, e nessa cidade falleceu, tuberculoso,
em   de   de 1915. A sua vida, porém, decorreu
quasi toda numa quinta do Ribatejo (?); foram
escriptos os seus primeiros poemas, os do livro inti-
tulado "O Guardador de Rebanhos", os do livro, ou o
quer que fôsse, incompleto, chamado "O Pastor Amoro-
so", e alguns, os primeiros, que eu mesmo, herdando-
os para publicar, com todos os outros, reuni sob a
designação, que Alvaro de Campos me suggeriu bem, de
"Poemas Inconjunctos". Os ultimos poemas, a partir
d'aquelle numerado -----, são porém producto do ul-
timo periodo da vida do auctor, de novo passada em
Lisboa. Julgo de meu dever estabelecer esta breve
distincção, pois esses ultimos poemas revelam, na
perturbação da doença, uma novidade um pouco extranha
em alguns, ao character da obra, em natureza e direc-
ção.

A vida de Caeiro não pode narrar-se pois que, não
ha nella de que narrar. Seus poemas são o que viveu.
Em tudo mais não houve incidentes, nem ha historia.
O mesmo breve episodio, improficuo e absurdo, que deu
origem aos ----- poemas de "O Pastor Amoroso", não
foi um incidente, senão, por assim dizer, um esqueci-
mento.

A obra de Caeiro representa a reconstrucção in-
tegral do paganismo, na sua essencia absoluta, tal
como nem os gregos nem os romanos, que viveram nelle
e porisso o não pensaram, o puderam fazer. Dizer mais
fora explicar, o que de nada serve; affirmar menos
fora mentir. Toda obra falla por si, com a voz que
lhe é propria, e aquella linguagem em que é pensada;
quem não entende, não entende, e não ha que explicar-
lhe. E como fazer comprehender a alguem
um idioma que elle não falla.

Ignorante da vida e quasi ignorante das lettras,
quasi sem convivio nem cultura, fez Caeiro a sua obra
por um progresso imperceptivel e profundo, como aquel-
le que dirige, atravez das inconsciencias inconscien-
tes dos homens, o desinvolvimento das civilizações.
Foi um progresso de sensações, ou, antes, de maneiras
de as ter, e uma evolução intima de pensamentos deri-
vados de taes sensações progressivas.

Pensei, quando primeiro me foi entregada a empre-
za de prefaciar estes livros, em fazer
um largo estudo, sobre a
obra de Caeiro e a sua natureza e destino fatal. Não
pude fazer estudo que me satisfizesse, porque se não
commenta o que é directo, como o céu e a terra.

Pesa-me que a razão me compilla a dizer estas
nehhumas palavras ante a obra do meu Mestre, de não
poder dizer, de util ou de necessario, mais que dis-
se na Ode --- do Livro I meu, xxxxxxxxx que dedico
á memoria do homem que foi para mim, como vira para
mais que muitos, o revelador da Realidade, ou, como
elle mesmo disse, "o Argonauta das sensações verda-
deiras" - o grande Libertador, que nos restituiu ,
cantando, ao nada luminoso que somos; que nos arran-
cou á morte e á vida, deixando-nos entre as simples
coisas, que nada conhecem,em seu decurso, de viver
nem de morrer; que nos xxx livrou da esperança e da
desesperança, para que, nos não consolemos sem razão
nem nos entristeçamos sem causa; convivas com elle,
sem pensar, da realidade objectiva do Universo, fian-
ça das theorias,x das crenças como das desorenças,
dos

        Dou a obra, cuja edição me foi commettida, ao
acaso fatal do mundo. Dou-a e digo:

        Alegrae-vos, todos vós que choraes na maior
das doenças da Historia!

        O Grande Pan renasceu!

Esta obra inteira é dedicada
por desejo do proprio auctor
        á memoria de
Cesario Verde

Por uma intuição, como aquellas que funda religi-
giões e typos de universe, porém
a que não assenta o xxxxxxx titulo de religiosa,
porisso que repugna toda a religião e toda a
metaphysica, como o xxx repugnem o sol e a chuva,

Publicam-se criticamente os textos a partir dos originais de Fernando Pessoa albergados na Biblioteca Nacional de Portugal (BNP/E3). As cotas das fontes usadas para a edição de cada texto são indicadas entre colchetes. Nos capítulos seguintes, as chamadas alfabéticas remetem para notas de rodapé de carácter informativo; as chamadas numéricas, para notas finais de natureza filológica. Para além dos colchetes que servem para desenvolver abreviaturas, nos textos transcritos podem figurar os símbolos seguintes, inicialmente utilizados na edição crítica das obras de Fernando Pessoa:

◊   espaço deixado em branco pelo autor
*   leitura conjecturada
†   palavra ilegível
[ ] conjectura adicionada pelo editor

Os sublinhados no texto original são reproduzidos em itálico.
Para outros símbolos, ver a página 378.

POESIA

1

O GUARDADOR DE REBANHOS

Eu nunca guardei rebanhos,
Mas é como se os guardasse.
Minha alma é como um pastor,
Conhece o vento e o sol
5 E anda pela mão das Estações
A seguir e a olhar.
Toda a paz da Natureza sem gente
Vem sentar-se a meu lado.
Mas eu fico triste como um pôr de sol
10 Para a nossa imaginação,
Quando se vê acabar lá ao longe
E se sente a noite já entrada
Como uma borboleta com a janella aberta.

Mas a minha tristeza é socego
15 Porque é natural e justa
E é o que deve estar na alma
Quando já pensa que existe
E as mãos colhem flores sem ella dar por isso.

Como um ruido de chocalhos
20 Para além da curva da estrada,

I
[c. 4-3-1914]ᵃ

a No caderno de *O Guardador* figura a data "8-3-191<3>/4\", isto é, a data "oficial" do denomi-
nado "dia triumphal" (8 de Março de 1914); mas no bifólio 67-38 | 38a, a data "4-III-1914", anterior
por cinco dias. Guiamo-nos sempre pelas datas dos testemunhos mais antigos.

Os meus pensamentos são contentes.
Só tenho pena de saber que elles são contentes,
Porque, se o não soubesse,
Em vez de serem contentes e tristes,
25 Seriam alegres e contentes.

Pensar incommóda como andar á chuva
Quando o vento cresce e parece que chove mais.

Não tenho ambições nem desejos.
Ser poeta não é uma ambição minha.
30 É a minha maneira de estar sòsinho.

E se desejo ás vezes,
Por imaginar, ser cordeirinho
(Ou ser o rebanho todo
Para andar espalhado por toda a encosta
35 A ser muita cousa feliz ao mesmo tempo),
É só porque sinto o que escrevo ao pôr do sol,
Ou quando uma nuvem passa a mão por cima da luz
E corre um silencio pela herva fóra.

Quando me sento a escrever versos
40 Ou, passeando pelos caminhos ou pelos atalhos,
Escrevo versos num papel que está no meu pensamento,
Sinto um cajado nas mãos
E vejo um outro de mim
No cimo d'um outeiro,
45 Olhando para o meu rebanho e vendo as minhas idéas,
Ou olhando para as minhas idéas e vendo o meu rebanho,
E sorrindo vagamente como quem não comprehende o que se diz
E quer fingir que comprehende.

Saúdo todos os que me lerem,
50 Tirando-lhes o chapeu largo
Quando me vêem á minha porta
Mal a diligencia levanta no cimo do outeiro.
Saúdo-os e desejo-lhes sol,
E chuva, quando a chuva é precisa,
55 E que as suas casas tenham
Ao pé d'uma janella aberta
Uma cadeira predilecta
Onde se sentem, lendo os meus versos.
E ao lerem os meus versos pensem
60 Que sou qualquer cousa natural –
Por exemplo, a arvore antiga
Á sombra da qual quando creanças
Se sentavam com um baque, cansados de brincar,
E limpavam o suor da testa quente
Com a manga do bibe riscado.

Ao meu olhar, tudo é nitido como um girasol.
Tenho o costume de andar pelas estradas
Olhando para a direita e para a esquerda,
E de vez em quando olhando para traz...
5 E o que vejo a cada momento
É aquillo que nunca antes eu tinha visto,
E eu sei dar por isso muito bem...
Sei ter o pasmo commigo
O que teria uma creança se, ao nascer,
10 Reparasse que nascera devéras...

II
[c. 8-3-1914]

Sinto-me nascido a cada momento
Para a completa novidade do mundo...

Creio no mundo como n'um malmequer,
Porque o vejo. Mas não penso n'elle
15 Porque pensar é não comprehender...
O mundo não se fez para pensarmos n'elle
(Pensar é estar doente dos olhos)
Mas para olharmos para elle e estarmos de accôrdo...

Eu não tenho philosophia: tenho sentidos...
20 Se fallo na Natureza não é porque saiba o que ella é,
Mas porque a amo, e amo-a por isso,
Porque quem ama nunca sabe o que ama
Nem sabe porque ama, nem o que é amar...
Amar é a primeira innocencia,
25 E toda a innocencia é não pensar...

III Ao entardecer, debruçado pela janella,
[Mar. 1914] E sabendo por cima dos olhos que ha campos em frente,
Leio até me arderem os olhos
O Livro de Cesario Verde.

5 Que pena que tenho d'elle! Elle era um camponez
Que andava preso em liberdade pela cidade.
Mas o modo como olhava para as casas,
E o modo como reparava nas ruas,
E a maneira como dava pelas pessoas,
10 É o de quem olha para arvores,

E de quem desce os olhos pela estrada por onde vae andando
E vê que está a reparar nas flores que ha pelos campos...

Porisso elle tinha aquella grande tristeza
Que elle nunca disse bem que tinha,
15 Mas andava na cidade como quem não anda no campo
E triste como esmagar flores em livros
E pôr plantas em jarros...

Assim elle foi, e o que elle disse
Era poeta d'isto, mas com tristeza.

Esta tarde a trovoada cahiu   **IV**
Pelas encostas do céu abaixo   [Mar. 1914]
Como um pedregulho enorme...

Como alguem que d'uma janella alta
5 Saco de uma toalha de meza,
E as migalhas, por cahirem todas juntas,
Fazem algum barulho ao cahir,
A chuva chiou do céu
E ennegreceu os caminhos...

10 Quando os relampagos sacudiam o ar
E abanavam o espaço
Como uma grande cabeça que diz que não,
Não sei porquê – eu não tinha medo –
Puz-me a querer rezar a Santa Barbara
15 Como se eu fosse a velha tia de alguem...

Ah, é que resando a Santa Barbara
Eu sentir-me-hia ainda mais simples
Do que julgo que sou...
Sentir-me-hia familiar e caseiro
20 E tendo passado a vida
Tranquillamente, ouvindo a chaleira,
E tendo parentas mais velhas que eu.
E fazendo isso como se florisse assim.

Sentia-me alguem que possa acreditar em Santa Barbara...
25 Ah, poder crer em Santa Barbara!

(Quem crê que ha Santa Barbara,
Julgará que ella é gente e visivel
Ou que julgará d'ella?)

(Que artificio! Que sabem
30 As flôres, as arvores, os rebanhos,
De Santa Barbara?... Um ramo de arvores,
Se pensasse, nunca podia
Construir santos nem anjos...
Poderia julgar que o sol
35 Allumia e que a trovoada
É um barulho repentino
Que principia com luz...
Ah, como os mais simples dos homens
São doentes e confusos e estupidos
40 Ao pé da clara simplicidade
E saúde de existir
Das arvores e das plantas!)

E eu, pensando em tudo isto,
Fiquei outra vez menos feliz...
45 Fiquei sombrio e adoecido e soturno
Como um dia em que todo o dia a trovoada ameaça
E nem sequér de noite chega...

Ha metaphysica bastante em não pensar em nada.

V
[Mar. 1914]

O que penso eu do mundo?
Sei lá o que penso do mundo!
Se eu adoecesse pensaria nisso.

5 Que idéa tenho eu das cousas?
Que opinião tenho eu sobre as causas e os effeitos?
Que tenho eu meditado sobre Deus e a alma
E sobre a creação do mundo?
Não sei. Para mim pensar nisso é fechar os olhos
10 E não pensar... É correr as cortinas
Da minha janella (mas ella não tem cortinas).

O mysterio das cousas? Sei lá o que é mysterio!
O unico mysterio é haver quem pense no mysterio.
Quem está ao sol e fecha os olhos,
15 Começa a não saber o que é o sol
E a pensar muitas cousas cheias de calor.
Mas abre os olhos e vê o sol,
E já não pode pensar em nada,
Porque a luz do sol vale mais que os pensamentos
20 De todos os philosophos e de todos os poetas.

A luz do sol não sabe o que faz
E porisso não erra e é de todos e boa.

Metaphysica? Que metaphysica teem aquellas arvores?
A de serem verdes e copadas e de terem ramos
25 E a de dar fructo na sua hora, o que não nos faz pensar,
A nós, que não sabemos dar por ellas.
Mas que melhor metaphysica que a d'ellas,
Que é a de não saber para que vivem
Nem saber que o não sabem?

30 "Constituição intima das cousas"...
"Sentido intimo do universo"...
Tudo isto é falso, tudo isto não quer dizer nada.
É incrivel que se possa pensar em cousas d'essas.
É como pensar em razões e fins
35 Quando o começo da manhã está raiando, e pelos lados das arvores
Um vago oiro lustroso vae perdendo a escuridão.

Pensar no sentido intimo das cousas
É postiço, como pensar na saúde,
Ou beber de garrafa a agua das fontes.

40 O unico sentido intimo das cousas
É ellas não terem sentido intimo nenhum.

Não accredito em Deus porque nunca o vi.
Se elle quizesse que eu accreditasse nelle,
Sem duvida que viria fallar commigo
45 E entraria pela minha porta dentro
Dizendo-me, *Aqui estou!*

(Isto é talvez ridiculo aos ouvidos
De quem, por não saber o que é olhar para as cousas,
Não comprehende quem falla d'ellas
50 Com o modo de fallar que reparar para ellas ensina.)

Mas se Deus é as flores e as arvores
E os montes e o sol e o luar,
Então accredito nelle,
Então accredito nelle a toda a hora,
55 E a minha vida é toda uma oração e uma missa,
E uma communhão com os olhos e pelos ouvidos.

Mas se Deus é as arvores e as flores
E os montes e o luar e o sol,
Para que lhe chamo eu Deus?
60 Chamo-lhe flores e arvores e montes e sol e luar;
Porque, se elle se fez, para eu o ver,
Sol e luar e flores e arvores e montes,
Se elle me apparece como sendo arvores e montes
E luar e sol e flores,
65 É que elle quer que eu o conheça
Como arvores e montes e flores e luar e sol.

E por isso eu obedeço-lhe,
(Que mais sei eu de Deus que Deus de si-proprio?),
Obedeço-lhe a viver, espontaneamente,
70 Como quem abre os olhos e vê,
E chamo-lhe luar e sol e flores e arvores e montes,
E amo-o sem pensar nelle,
E penso-o vendo e ouvindo,
E ando com elle a toda a hora.

Pensar em Deus é desobedecer a Deus,
Porque Deus quiz que o não conhecessemos,
Porisso se nos não mostrou...

Sejamos simples e calmos,
5 Como os regatos e as arvores,
E Deus amar-nos-ha fazendo de nós
Nós, como as arvores são arvores,
E como os regatos são regatos,
E dar-nos-ha verdôr na sua primavera,
10 E um rio aonde ir ter quando acabemos...
E não nos dará mais nada, porque dar-nos mais seria tirar-no-nos.

Da minha aldeia vejo quanto da terra se pode vêr do universo...
Porisso a minha aldeia é tão grande como outra terra qualquér,
Porque eu sou do tamanho do que vejo
E não do tamanho da minha altura...

5 Nas cidades a vida é mais pequena
Que aqui na minha casa a meio d'este outeiro.
Na cidade as grandes casas prendem a vista á chave,
Escondem o horizonte, empurram o nosso olhar para longe de todo
o céu,
Tornam-nos pequenos porque nos tiram todo o tamanho para po-
dermos olhar,
10 E tornam-nos pobres porque a nossa unica riqueza é vêr.

N'um meio-dia de fim de primavera
Tive um sonho como uma photographia.
Vi Jesus Christo descer á terra.

Veiu pela encosta d'um monte,
5   Tornado outra vez menino,
A correr e a rolar-se pela herva
E a arrancar flores para as deitar fóra
E a rir de modo a ouvir-se de longe.

Tinha fugido do céu.
10 Era nosso de mais para fingir
De segunda pessoa da trindade.
No céu era tudo falso, tudo em desaccordo
Com flores e arvores e pedras.
No céu tinha que estar sempre serio
15 E de vez em quando de se tornar outra vez homem
E subir para a cruz, e estar sempre a morrer
Com uma corôa toda á roda de espinhos
E os pés espetados por um prego com cabeça,
E até com um trapo á roda da cintura
20 Como os pretos nas illustrações.
Nem sequér o deixavam ter pae e mãe
Como as outras creanças.
O seu pae era duas pessoas –
Um velho chamado José, que era carpinteiro,
25 E que não era pae d'elle;
E o outro pae era uma pomba estupida,
A unica pomba feia do mundo
Porque não era do mundo nem era pomba.
E a sua mãe não tinha amado antes de o ter.
30 Não era mulher: era uma mala

Em que elle tinha vindo do céu.
E queriam que elle, que só nascera da mãe,
E nunca tivera pae para amar com respeito,
Pregasse a bondade e a justiça!

35 Um dia que Deus estava a dormir
E o Espirito-Santo andava a voar,
Elle foi á caixa dos milagres e roubou trez.
Com o primeiro fez que ninguem soubesse que elle tinha fugido,
Com o segundo creou-se eternamente humano e menino.
40 Com o terceiro creou um Christo eternamente na cruz
E deixou-o pregado na cruz que ha no céu
E serve de modelo ás outras.
Depois fugiu para o sol
E desceu pelo primeiro raio que apanhou.

45 Hoje vive na minha aldeia commigo.
É uma creança bonita de riso e natural.
Limpa o nariz ao braço direito,
Chapinha nas pôças de agua,
Colhe as flores e gosta d'ellas e esquece-as.
50 Atira pedras aos burros,
Rouba a fructa dos pomares
E foge a chorar e a gritar dos cães.
E, porque sabe que ellas não gostam
E que toda a gente acha graça,
55 Corre atraz das raparigas
Que vão em ranchos pelas estradas
Com as bilhas ás cabeças
E levanta-lhes as saias.

A mim ensinou-me tudo.
60 Ensinou-me a olhar para as coisas.
Aponta-me todas as coisas que ha nas flores.
Mostra-me como as pedras são engraçadas
Quando a gente as tem na mão
E olha devagar para ellas.

65 Diz-me muito mal de Deus.
Diz que elle é um velho estupido e doente,
Sempre a escarrar no chão
E a dizer indecencias.
A Virgem-Maria leva as tardes da eternidade a fazer meia.
70 E o Espirito-Santo cóça-se com o bico
E empoleira-se nas cadeiras e suja-as.
Tudo no céu é estupido como a Egreja Catholica.
Diz-me que Deus não percebe nada
Das cousas que creou —
75 "Se é que elle as creou, do que duvido" —.
Elle diz, por exemplo, que os seres cantam a sua gloria,
Mas os seres não cantam nada.
Se cantassem seriam cantores.
Os seres existem e mais nada,
80 E porisso se chamam seres.

E depois, cansado de dizer mal de Deus,
O Menino Jesus adormece nos meus braços
E eu levo-o ao collo para casa.

. . . .

Elle mora commigo na minha casa a meio do outeiro.
85 Elle é a Eterna Creança, o deus que faltava.

Elle é o humano que é natural,
Elle é o divino que sorri e que brinca.
E porisso é que eu sei com toda a certeza
Que elle é o Menino Jesus verdadeiro.

90 E a creança tão humana que é divina
É esta minha quotidiana vida de poeta,
E é porque elle anda sempre commigo que eu sou poeta sempre,
E que o meu minimo olhar
Me enche de sensação,
95 E o mais pequeno som, seja do que fôr,
Parece fallar commigo.

A Creança Nova que habita onde vivo
Dá-me uma mão a mim
E a outra a tudo que existe
100 E assim vamos os trez pelo caminho que houver,
Saltando e cantando e rindo
E gosando o nosso segredo commum
Que é o de saber por toda a parte
Que não ha mysterio no mundo
105 E que tudo vale a pena.

A Creança Eterna acompanha-me sempre.
A direcção do meu olhar é o seu dedo apontando.
O meu ouvido attento alegremente a todos os sons
São as cocegas que elle me faz, brincando, nas orelhas.

110 Damo-nos tão bem um com o outro
Na companhia de tudo
Que nunca pensamos um no outro,
Mas vivemos juntos e dois

Com um accordo intimo
115 Como a mão direita e a esquerda.

Ao anoitecer brincamos as cinco pedrinhas
No degrau da porta de casa,
Graves como convém a um deus e a um poeta,
E como se cada pedra
120 Fosse todo um universo
E fosse porisso um grande perigo para ella
Deixal-a cahir no chão.

Depois eu conto-lhe historias das cousas só dos homens
E elle sorri, porque tudo é incrivel.
125 Ri dos reis e dos que não são reis,
E tem pena de ouvir fallar das guerras,
E dos commercios, e dos navios
Que ficam fumo no ar dos altos mares.
Porque elle sabe que tudo isso falta áquella verdade
130 Que uma haste tem ao florescer
E que anda com a luz do sol
A variar os montes e os valles
E a fazer doer aos olhos os muros caiados.

Depois elle adormece e eu deito-o.
135 Levo-o ao collo para dentro de casa
E deito-o, despindo-o lentamente
E como seguindo um ritual muito limpo
E todo materno até elle estar nú.

Elle dorme dentro da minha alma
140 E ás vezes acorda de noite
E brinca com os meus sonhos.

Vira uns de pernas para o ar,
Põe uns em cima dos outros
E bate as palmas sòsinho
145 Sorrindo para o meu somno.

. . . .

Quando eu morrer, filhinho,
Seja eu a creança, o mais pequeno.
Pega-me tu ao collo
E leva-me para dentro da tua casa.
150 Despe o meu ser cançado e humano
E deita-me na tua cama.
E conta-me historias, caso eu acorde,
Para eu tornar a adormecer.
E dá-me sonhos teus para eu brincar
155 Até que nasça qualquér dia
Que tu sabes qual é.

. . . .

Esta é a historia do meu Menino Jesus.
Porque razão que se perceba
Não ha de ser ella mais verdadeira
160 Que tudo quanto os philosophos pensam
E tudo quanto as religiões ensinam?

Sou um guardador de rebanhos.
O rebanho é os meus pensamentos
E os meus pensamentos são todos sensações.
Penso com os olhos e com os ouvidos
5 E com as mãos e os pés
E com o nariz e a bocca.

Pensar uma flor é vel-a e cheiral-a
E comer um fructo é saber-lhe o sentido.

Por isso quando num dia de calor
10 Me sinto triste de gosal-o tanto,
E me deito ao comprido na herva,
E fecho os olhos quentes,
Sinto todo o meu corpo deitado na realidade,
Sei a verdade e sou feliz.

"Olá, guardador de rebanhos,
Ahi á beira da estrada,
Que te diz o vento que passa?"

"Que é vento, e que passa,
5 E que já passou antes,
E que passará depois.
E a ti o que te diz?"

"Muita cousa mais do que isso.
Falla-me de muitas outras cousas.
10 De memorias e de saudades
E de cousas que nunca fôram."

"Nunca ouviste passar o vento.
O vento só falla do vento.
O que lhe ouviste foi mentira,
15 E a mentira está em ti."

XI
[Mar. 1914]
Aquella senhora tem um piano
Que é bom de ouvir mas não sôa como rios
Nem como o socego com que as arvores se mexem.

Para que é preciso ter um piano?
5 O melhor é ter ouvidos
E ouvir bem os sons que nascem.

XII
[Mar. 1914]
Os pastores de Vergilio tocavam avenas e outras cousas
E cantavam de amôr literariamente
(Depois — eu nunca li Vergilio.
Para que o havia eu de lêr?).

5 Mas os pastores de Vergilio, coitados, são Vergilio,
E a Natureza está aqui mesmo.

Leve, leve, muito leve,[a]
Um vento muito leve passa,
E vae-se, sempre muito leve.
E eu não sei o que penso
5 Nem procuro sabel-o.

Não me importo com as rimas. Nenhumas vezes
Ha duas arvores eguaes, uma ao lado da outra.
Penso e escrevo como as flôres teem côr
Mas com menos perfeição no meu modo de exprimir-me
5 Porque me falta a simplicidade natural
De ser todo só o meu exterior.

Olho e commovo-me,
Commovo-me como a agua corre quando o chão é inclinado,
E o que escrevo é natural como o levantar-se vento...

As duas canções que seguem
Separam-se de tudo o que eu penso,
Mentem a tudo o que eu sinto,
São do contrario do que eu sou...

5 Escrevi-as estando doente
E porisso ellas são naturaes

a   Este verso é citado por Álvaro de Campos no final do texto "O rhythmo paragraphico tem sido
mal recebido" (Pessoa, 2014, p. 503).

E concordam com aquillo que sinto,
Concordam com aquillo com que não concordam...
Estando doente devo pensar o contrario
10 Do que penso quando estou são
(Senão não estaria doente),
Devo sentir o contrario do que sinto
Quando sou eu com saúde,
Devo mentir á minha natureza
15 De creatura que sente de certa maneira...
Devo ser todo doente — idéas e tudo.
Quando estou doente, não estou doente para outra cousa.

Porisso essas canções que me renegam
Não são capazes de me renegar
20 E são o campo da minha maneira de noite,
O mesmo e mais a noite...

XVI Quem me dera que a minha vida fosse um carro de bois
[c. 4-3-1914] ª Que vem a chiar, manhaninha cedo, pela estrada,
E que para de onde veiu volta depois
Quasi á noitinha pela mesma estrada.

5 Eu não tinha que ter esperanças — tinha só que ter rodas...
A minha velhice não tinha rugas nem cabello branco...
Quando eu já não servia, tiravam-me as rodas
E eu ficava virado e partido no fundo de um barranco.

a   Esta data é interessante porque permite confirmar que as canções que "São do contrario do que
eu sou..." foram escritas no início do ciclo poético. São cinco os poemas que se podem aproximar
desta data: I, XVI, XIX, XXXV e XXXIX.

Ou então faziam de mim qualquer coisa differente
10 E eu não sabia nada do que de mim faziam...
Mas eu não sou um carro, sou differente,
Mas em que sou realmente differente nunca me diriam.

A SALADA

XVII
[c. 7-3-1914]

No meu prato que mistura de Natureza!
As minhas irmãs as plantas,
As companheiras das fontes, as santas
A quem ninguem reza...

5 E cortam-as e veem á nossa meza
E nos hoteis os hospedes ruidosos,
Que chegam com correias tendo mantas,
Dizem "salada", descuidosos...,

Sem pensar que exigem á Terra-Mãe
10 A sua frescura e os seus filhos primeiros,
As primeiras verdes palavras que ella tem,
As primeiras cousas vivas e irisantes
Que Noé viu
Quando as aguas desceram e o cimo dos montes
15 Verde e alagado surgiu
E no ar por onde a pomba apareceu
O arco-iris se esbateu...[a]

a   No espólio pessoano existe um breve apontamento sobre este poema: "Aqui, na poesia 17, é
que colhemos em acção as influencias fundadoras de C[aeiro] – Cesario Verde e os neo-pantheistas
portugueses. E o 7º verso é Cesario Verde puro. O tom geral podia quase ser de Pascoaes" (68A-2ʳ).

XVIII
[c. 7-3-1914]

Quem me dera que eu fôsse o pó da estrada
E que os pés dos pobres me estivessem pisando...

Quem me dera que eu fôsse os rios que correm
E que as lavadeiras estivessem á minha beira...

5 Quem me dera que eu fôsse os choupos á margem do rio
E tivesse só o céu por cima e a agua por baixo...

Quem me dera que eu fosse o burro do moleiro
E que elle me batesse e me estimasse...

Antes isso que ser o que atravessa a vida
10 Olhando para traz de si e tendo pena...

XIX
[4-3-1914]

O luar quando bate na relva
Não sei que cousas me lembra...
Lembra-me a voz da creada velha
Contando-me contos de fadas
5 E de como Nossa-Senhora vestida de mendiga
Andava á noite nas estradas
Soccorrendo as creanças maltratadas...

Se eu já não posso crêr que isso é verdade,
Para que bate o luar na relva?

O Tejo é mais bello que o rio que corre pela minha aldeia,
Mas o Tejo não é mais bello que o rio que corre pela minha aldeia
Porque o Tejo não é o rio que corre pela minha aldeia.

O Tejo tem grandes navios
5 E navegam n'elle ainda,
Para aquelles que vêem em tudo o que lá não está,
A memoria das naus.

O Tejo desce de Hespanha
E o Tejo entra no mar em Portugal.
10 Toda a gente sabe isso.
Mas poucos sabem qual é o rio da minha aldeia
E para onde elle vae
E d'onde elle vem.
E por isso, porque pertence a menos gente,
15 É mais livre e maior o rio da minha aldeia.

Pelo Tejo vae-se para o mundo.
Para além do Tejo ha a America
E a fortuna d'aquelles que a encontram.
Ninguem nunca pensou no que ha para além
20 Do rio da minha aldeia.

O rio da minha aldeia não faz pensar em nada.
Quem está ao pé d'elle está só alli.

Se eu pudesse trincar a terra toda
E sentir-lhe um paladar,
E se a terra fôsse uma cousa para trincar,
Seria mais feliz um momento...
5 Mas eu nem sempre quero ser feliz.
É preciso ser de vez em quando infeliz
Para se poder ser natural...
Nem tudo é dias de sol,
E a chuva, quando falta muito, pede-se.
10 Porisso tomo a infelicidade com a felicidade
Naturalmente, como quem não extranha
Que haja montanhas e planicies
E que haja rochedos e herva...

O que é preciso é ser-se natural e calmo
15 Na felicidade ou na infelicidade,
Sentir como quem olha,
Pensar como quem anda,
E quando se vae morrer, lembrar-se de que o dia morre
E que o poente é bello e é bella a noite que fica...
20 E que se assim é, é porque é assim.

Como quem n'um dia de verão abre a porta de casa
E espreita para o calôr dos campos com a cara toda,
Ás vezes, de repente, bate-me a Natureza de chapa
Na somma dos meus sentidos,
5 E eu fico confuso, perturbado, querendo perceber
Não sei bem como nem o quê...

Mas quem me mandou a mim querer perceber?
Quem me disse que havia que perceber?

Quando o verão me passa pela cara
10 A mão leve e quente da sua briza,
Só tenho que sentir agrado porque é briza
Ou que sentir desagrado porque é quente,
E de qualquér maneira que eu o sinta,
Assim, porque assim o sinto, é que isso é sentil-o...

O meu olhar azul como o céu XXIII
É calmo como a agua ao sol. [Mar. 1914]
É assim, azul e calmo,
Porque não interroga nem se espanta...

5 Se eu interrogasse e me espantasse
Não nasciam flores novas nos prados
Nem mudaria qualquér cousa no sol de modo a elle ficar mais bello,
(Mesmo se nascessem flores novas no prado
E se o sol mudasse para mais bello,
10 Eu sentiria menos flores no prado
E achava mais feio o sol...
Porque tudo é como é e assim é que é,
E eu acceito, e nem agradeço,
Para não perceber que penso n'isso...)

XXIV O que nós vemos das cousas são as cousas.
13-3-1914 Porque veriamos nós uma cousa se houvesse outra?
Porque é que ver e ouvir seriam illudirmo-nos
Se ver e ouvir são ver e ouvir?

5 O essencial é saber ver,
Saber ver sem estar a pensar,
Saber ver quando se vê,
E nem pensar quando se vê
Nem ver quando se pensa.

10 Mas isso (tristes de nós que trazemos a alma vestida!),
Isso exige um estudo profundo,
Uma apprendizagem de desapprender
E uma sequestração na liberdade d'aquelle convento
De que os poetas dizem que as estrellas são as freiras eternas
15 E as flores as penitentes convictas de um só dia,
Mas onde afinal as estrellas não são senão estrellas
Nem as flores senão flores,
Sendo por isso que as vemos estrellas e flores.

XXV As bolas de sabão que esta creança
13-3-1914 Se entretem a largar de uma palhinha
São translucidamente uma philosophia toda.

Claras, inuteis e passageiras como a Natureza,
5 Amigas dos olhos como as cousas,
Sem mysterio nem qualidade nem direcção,
São aquillo que são
Com uma precisão redondinha e aerea,

E ninguem, nem mesmo a creança que as deixa,
10 Pretende que ellas são mais do que parecem ser.

Algumas mal se vêem no ar lucido.
São como a brisa que passa e mal toca nas flores
E que só sabemos que passa
Porque qualquer cousa se aligeira em nós
15 E acceita tudo mais nitidamente.

Ás vezes, em dias de luz perfeita e exacta,   **XXVI**
Em que as cousas teem toda a realidade que podem ter,   11-3-1914
Pergunto a mim-proprio devagar
Porque sequer attribúo eu
5 Belleza ás cousas.

Uma flor acaso tem belleza?
Tem belleza acaso um fructo?
Não: teem cor e fórma
E existencia apenas.
10 A belleza é o nome de qualquer cousa que não existe
Que eu dou ás cousas em troca do agrado que me dão.
Não significa nada.
Então porque digo eu das cousas: "são bellas"?

Sim, mesmo a mim, que vivo só de viver,
15 Invisiveis, veem ter commigo as mentiras dos homens
Perante as cousas,
Perante as cousas que simplesmente existem.

Que difficil ter olhos e não ver senão o visivel!

Só a Natureza é divina, e ella não é divina...

Se ás vezes fallo d'ella como de um ente
É que para fallar d'ella preciso usar da linguagem dos homens
Que dá personalidade ás cousas
5 E impõe nomes ás cousas.

Mas as cousas não teem nome nem personalidade:
Existem, e o céu é grande e a terra larga,
E o nosso coração do tamanho de um punho fechado...

Bemdito seja eu por tudo quanto não sei.
10 É isso tudo que verdadeiramente sou.
Goso tudo isso como quem está aqui ao sol.

Li hoje quasi duas paginas
Do livro d'um poeta mystico,
E ri como quem tem chorado muito.

Os poetas mysticos são philosophos doentes,
5 E os philosophos são homens doidos.

Porque os poetas mysticos dizem que as flores sentem
E dizem que as pedras teem alma
E que os rios teem extases ao luar.

Mas as flores, se sentissem, não eram flores,
10 Eram gente;
E se as pedras tivessem alma, eram cousas vivas, não eram pedras;

E se os rios tivessem extases ao luar,
Os rios seriam homens doentes.

É preciso não saber o que são flores e pedras e rios
15 Para fallar dos sentimentos d'elles.
Fallar da alma das pedras, das flôres, dos rios,
É fallar de si-proprio e dos seus falsos pensamentos.
Graças a Deus que as pedras são só pedras,
E que os rios não são senão rios,
20 E que as flores são apenas flores.

Por mim, escrevo a prosa dos meus versos
E fico contente,
Porque sei que comprehendo a Natureza por fóra;
E não a comprehendo por dentro
25 Porque a Natureza não tem dentro;
Senão não era a Natureza.

Nem sempre sou egual no que digo e escrevo.   **XXIX**
Mudo, mas não mudo muito.   [Mar. 1914]
A côr das flores não é a mesma ao sol
Do que quando uma nuvem dura
5 Ou quando fica a noite
E as flores são côr da lembrança.

Mas quem olha bem vê que são as mesmas flores.
Porisso quando pareço não concordar commigo,
Reparem bem para mim:
10 Se estava virado para a direita,

Voltei-me agora para a esquerda,
Mas sou sempre eu, assente sobre os mesmos pés –
O mesmo sempre, graças a mim e á terra
E aos meus olhos e ouvidos convictos
15 E á minha clara contiguidade de alma...

XXX Se quizerem que eu tenha um mysticismo, está bem, tenho-o.
[Mar. 1914] Sou mystico, mas só com o corpo.
A minha alma é simples e não pensa.

O meu mysticismo é não querer saber.
5 É viver e não pensar nisso.

Não sei o que é a Natureza: canto-a.
Vivo a meio d'um outeiro
Numa casa caiada e sòsinha,
E essa é a minha definição.

XXXI Se ás vezes digo que as flores sorriem
[Mar. 1914] E se eu dissér que os rios cantam,
Não é porque eu julgue que ha sorrisos nas flores
E cantos no correr dos rios...

5 É porque assim faço mais sentir aos homens falsos
A existencia verdadeiramente verdadeira das flores e dos rios.

Porque escrevo para elles me lêrem sacrifico-me ás vezes
Á sua estupidez de sentidos...
Não concordo commigo mas absolvo-me,
10 Porque não me acceito a serio.
Porque só sou essa cousa odiosa, um interprete da Natureza,
Porque ha homens que não percebem a sua linguagem,
Por ella não ser linguagem nenhuma...

Hontem á tarde um homem das cidades
Fallava á porta da estalagem.
Fallava commigo tambem.
Fallava da justiça e da lucta para haver justiça
5 E dos operarios que soffrem,
E do trabalho constante, e dos que teem fome,
E dos ricos, que só não se importam com isso.

E, olhando para mim, viu-me lagrimas nos olhos
E sorriu com agrado, julgando que eu sentia
10 O odio que elle sentia, e a compaixão
Que elle dizia que sentia.

(Mas eu mal o estava ouvindo.
Que me importam a mim os homens
E o que soffrem ou sentem que soffrem?
15 Sejam como eu – não soffrerão.
Todo o mal do mundo vem de nos importarmos uns com os outros,
Quer para fazer bem, quer para fazer mal.
O nosso vêr e o ceu e a terra bastam-nos.
Querer mais é perder isto, e ser infeliz.)

20 Eu no que estava pensando
Quando o amigo de gente fallava
(E isso me commoveu até ás lagrimas),
Era em como o murmurio longinquo dos chocalhos
A esse entardecer
25 Não parecia os sinos d'uma capella pequenina
A que fossem á missa as flores e os regatos
E as almas simples como a minha.

(Louvado seja Deus que não sou bom,
E tenho o egoismo natural das flores
30 E dos rios que seguem o seu caminho
Preoccupados sem o saber
Só com florir e ir correndo.
É essa a unica missão no mundo,
Essa – existir claramente
35 E saber fazel-o sem pensar nisso.)

E o homem calara-se, olhando o poente.
Mas que tem com o poente quem odeia e ama?

XXXIII Pobres das flores nos canteiros dos jardins regulares.
[Mar. 1914] Parecem ter medo da policia…
Mas tão certas que florescem do mesmo modo
E teem o mesmo colorido antigo
5 Que tiveram á solta para o primeiro olhar do primeiro homem
Que as viu apparecidas e lhes tocou levemente
Para as vêr com os dedos tambem.

Acho tão natural que não se pense
Que me ponho a rir ás vezes, sósinho,
Não sei bem de quê, mas é de qualquér cousa
Que tem que vêr com haver gente que pensa...

5 Que pensará o meu muro da minha sombra?
Pergunto-me ás vezes isto até dar por mim
A perguntar-me cousas...
E então desagrado-me, e incommodo-me
Como se desse por mim com um pé dormente...

10 Que pensará isto de aquillo?
Nada pensa nada.
Terá a Terra consciencia das pedras e plantas que tem?
Se ella tivesse, seria gente;
E se fôsse gente, tinha feitio de gente,
15 Mas que me importa isso a mim?
Se eu pensasse n'essas cousas,
Deixava de vêr as arvores e as plantas
E deixava de vêr a Terra,
Para vêr só os meus pensamentos...
20 Entristecia e ficava ás escuras.
E assim, sem pensar, tenho a Terra e o Céu.

O luar atravez dos altos ramos,
Dizem os poetas todos que elle é mais
Que o luar atravez dos altos ramos.

Mas para mim, que não sei o que penso,
5 O que o luar atravez dos altos ramos

É, além de ser
O luar atravez dos altos ramos,
É não ser mais
Que o luar atravez dos altos ramos.

XXXVI
[Mar. 1914] E ha poetas que são artistas
E trabalham nos seus versos
Como um carpinteiro nas taboas!...

Que triste não saber florir!
5 Ter que pôr verso sobre verso, como quem construe um muro
E vêr se está bem, e tirar se não está!...

Quando a unica casa artistica é a Terra toda
Que varia e está sempre boa e é sempre a mesma.

Penso n'isto, não como quem pensa, mas como quem não pensa,
10 E ólho para as flores e sorrio...
Não sei se ellas me comprehendem
Nem se eu as comprehendo a ellas,
Mas sei que a verdade está n'ellas e em mim
E na nossa commum divindade
15 De nos deixarmos ir e viver pela Terra
E levar ao collo pelas Estações contentes
E deixar que o vento cante para adormecermos,
Afrouxando, e sem sonhos no nosso somno.

Como um grande borrão de fogo sujo
O sol-ido demora-se nas nuvens que ficam.
Vem um silvo vago de longe na tarde muito calma.
Deve ser d'um comboio longinquo...

5 Neste momento vem-me uma vaga saudade
E um vago desejo placido
Que apparece e desapparece.

Tambem ás vezes, á flor dos ribeiros,
Formam-se bolhas na agua
10 Que nascem e se desmancham
E não teem sentido nenhum
Salvo serem bolhas de agua
Que nascem e se desmancham.

Bemdito seja o mesmo sol de outras terras
Que faz meus irmãos todos os homens,
Porque todos os homens, um momento no dia, o olham como eu,
E n'esse bom momento
5 Todo limpo e sensivel
Regressam imperfeitamente
E com um suspiro que mal sentem
Ao Homem verdadeiro e primitivo
Que via o sol nascer e ainda o não adorava.
10 Porque isso é natural — mais natural
Que adorar o sol e depois Deus
E depois tudo o mais que não ha.

O mysterio das cousas, onde está elle?
Onde está elle que não apparece
Pelo menos a mostrar-nos que é mysterio?

Que sabe o rio d'isso e que sabe a arvore?
5 E eu, que não sou mais real do que elles, que sei d'isso?
Sempre que ólho para as cousas e penso no que os homens pensam
d'ellas,
Rio como um regato que soa á roda de uma pedra.

Porque o unico sentido occulto das cousas[a]
É ellas não terem sentido occulto nenhum.
10 É mais extranho do que todas as extranhezas
E do que os sonhos de todos os poetas
E os pensamentos de todos os philosophos,
Que as cousas sejam realmente o que parecem ser
E não haja nada que comprehender.

15 Sim, eis o que os meus sentidos apprenderam sòsinhos: –
As cousas não teem significação: teem existencia.
As cousas são o unico sentido occulto das cousas.

XL
7-5-1914
Passa uma borboleta por deante de mim
E pela primeira vez no universo eu reparo
Que as borboletas não teem cor nem movimento,
Assim como as flores não teem perfume nem cor.
5 A cor é que tem cor nas azas da borboleta,

---

a   Esta estrofe e a seguinte foram inicialmente identificadas pelo título "Esthetica" em 67-38[r] e
67-27[r].

No movimento da borboleta o movimento é que se move,
O perfume é que tem perfume no perfume da flor.
A borboleta é apenas borboleta
E a flor é apenas flor.

No entardecer dos dias de verão, ás vezes,
Ainda que não haja briza nenhuma, parece
Que passa, um momento, uma leve briza...
Mas as arvores permanecem immoveis
5 Em todas as maneiras das suas folhas
E os nossos sentidos tiveram uma illusão,
Tiveram a illusão do que lhes agradaria...

Ah, os nossos sentidos, os doentes que veem e ouvem!
Fossemos nós como deviamos ser
10 E não haveria em nós necessidade de illusão...
Bastar-nos-hia sentir com clareza e vida
E nem repararmos para que ha sentidos...

Mas graças a Deus que ha imperfeição no mundo
Porque a imperfeição é uma cousa,
15 E haver gente que erra é differente,
E haver gente doente torna o mundo maior.
Se não houvesse imperfeição, havia uma cousa a menos,
E deve haver muita cousa
Para termos muito enquanto vemos e ouvimos
20 (Enquanto os olhos e os ouvidos se não fecham.)

XLII
7-5-1914

Passou a diligencia pela estrada, e foi-se;
E a estrada não ficou mais bella, nem sequer mais feia.
Assim é a acção humana pelo mundo fóra.
Nada tiramos e nada pomos; passamos e esquecemos;
5 E o sol é sempre o sol de todos os dias.

XLIII
7-5-1914

Antes o vôo da ave, que passa e não deixa rasto,
Que a passagem do animal, que fica lembrada no chão.
A ave passa e esquece, e assim deve ser.
O animal, onde já não está e por isso de nada serve,
5 Mostra que já esteve, o que não serve para nada.

A recordação é uma traição á Natureza,
Porque a Natureza de hontem não é Natureza.
O que foi não é nada, e lembrar é não ver.

Passa, ave, passa, e ensina-me a passar!

XLIV
7-5-1914

Acórdo de noite subitamente,
E o meu relogio occupa a noite toda.
Não sinto a Natureza lá fóra.
O meu quarto é uma cousa escura com paredes vagamente brancas.
5 Lá fóra ha um socego como se nada existisse.
Só o relogio prosegue o seu ruido.
E esta pequena cousa de engrenagens que está em cima da minha meza
Abafa toda a existencia da terra e do céu...

Quasi que me perco a pensar o que isto significa,
10 Mas volto-me, e sinto-me sorrir na noite nos cantos da bocca,
Porque a unica cousa que o meu relogio symbolisa ou significa
Enchendo com a sua pequenez a noite enorme
É a curiosa sensação de encher a noite enorme
Com a sua pequenez...
15 E esta sensação é curiosa porque só para mim é que elle enche a noite
Com a sua pequenez...

Um renque de arvores lá longe, lá para a encosta.
Mas o que é um renque de arvores? Ha muitas uma arvore.
Renque e o plural arvores não são cousas, são nomes.

XLV
7-5-1914

Tristes das almas humanas, que põem tudo em ordem,
5 Que traçam linhas de cousa a cousa,
Que põem lettreiros com nomes nas arvores absolutamente reaes,
E desenham parallelos de latitude e longitude
Sobre a propria terra ignorante e mais verde e florida do que isso!

D'este modo ou d'aquelle modo,
Conforme calha ou não calha,
Podendo ás vezes dizer o que penso,
E outras vezes dizendo-o mal e com mixturas,
5 Vou escrevendo os meus versos sem querer,
Como se escrever não fôsse uma cousa feita de gestos,
Como se escrever fôsse uma cousa que me acontecesse
Como dar-me o sol de dentro.

XLVI
10-5-1914

Procuro dizer o que sinto
10 Sem pensar em que o sinto.
Procuro encostar as palavras á idéa
E não precisar d'um corredor
Do pensamento para as palavras.

Nem sempre consigo sentir o que sei que devo sentir.
15 O meu pensamento só muito devagar atravessa o rio a nado
Porque lhe pesa o fato que os homens o fizeram usar.

Procuro despir-me do que apprendi,
Procuro esquecer-me do modo de lembrar que me ensinaram,
E raspar a tinta com que me pintaram os sentidos,
20 Desencaixotar as minhas emoções verdadeiras,
Desembrulhar-me e ser eu, não Alberto Caeiro,
Mas um animal humano que a Natureza poz na superficie.

E assim escrevo, querendo sentir a Natureza, nem sequer como um
    homem,
Mas como quem sente a Natureza, e mais nada.
25 E assim escrevo, ora bem, ora mal,
Ora acertando com o que quero dizer, ora errando,
Cahindo aqui, levantando-me acolá,
Mas indo sempre no meu caminho como um cego teimoso.

Ainda assim, sou alguem.
30 Sou o Descobridor da Natureza,
Sou o Argonauta das sensações verdadeiras.
Trago ao Universo um novo Universo
Porque trago ao Universo elle-proprio.

Isto sinto e isto escrevo
35 Perfeitamente sabedor e sem que me engane
Que são cinco horas do amanhecer
E que o sol, que ainda não mostrou a cabeça
Por cima do muro do horizonte,
Ainda assim já se lhe vêem as pontas dos dedos
40 Agarrando o cimo do muro
Do horizonte cheio de montes baixos.

Num dia excessivamente nitido,
Dia em que dava a vontade de ter trabalhado muito
Para nelle não trabalhar nada,
Entrevi, como uma estrada por entre as arvores,
5 O que talvez seja o Grande Segredo,
Aquelle Grande Mysterio de que os poetas falsos fallam.

Vi que não ha Natureza,
Que Natureza não existe,
Que ha montes, valles, planicies,
10 Que ha arvores, flores, hervas,
Que ha rios e pedras,
Mas que não ha um todo a que isso pertença,
Que um conjuncto real e verdadeiro
É uma doença das nossas idéas.

15 A Natureza é partes sem um todo.
Isto é talvez o tal mysterio de que fallam.

Foi isto o que, sem pensar nem parar,
Acertei que devia ser a verdade

Que todos andam a achar e que não acham,
20 E que só eu, porque a não fui achar, achei.[a]

XLVIII
[Mar. 1914] Da mais alta janella da minha casa
Com um lenço branco digo adeus
Aos meus versos que partem para a humanidade.

E não estou alegre nem triste.
5 Esse é o destino dos versos.
Escrevi-os e devo mostral-os a todos
Porque não posso fazer o contrario
Como a flor não pode esconder a côr,
Nem o rio esconder que corre,
10 Nem a arvore esconder que dá fructo.

Eil-os que vão já longe como que na diligencia
E eu sem querer sinto pena
Como uma dôr no corpo.

Quem sabe quem os lerá?
15 Quem sabe a que mãos irão?

Flor, colheu-me o meu destino para os olhos.
Arvore, arrancaram-me os fructos para as boccas.
Rio, o destino da minha agua era não ficar em mim.
Submetto-me e sinto-me quasi alegre,
Quasi alegre como quem se cansa de estar triste.

20 a   No rosto da folha 12¹-16, em que existe um testemunho deste poema, encontra-se uma nota
assinada por "A[ntonio] Móra": "Caeiro é o S. Fr[ancis]co de Assis do novo paganismo".

Ide, ide de mim!
Passa a arvore e fica dispersa pela Natureza.
Murcha a flor e o seu pó dura sempre.
Corre o rio e entra no mar e a sua agua é sempre a que foi sua.

25 Passo e fico, como o Universo.

Metto-me para dentro, e fecho a janella.
Trazem o candieiro e dão as boas-noites,
E a minha voz contente dá as boas-noites.
Oxalá a minha vida seja sempre isto:
5 O dia cheio de sol, ou claro de chuva,
Ou tempestuoso como se aqui acabasse o mundo,
A tarde suave e os ranchos que passam
Fitados com interesse da janella,
O ultimo olhar amigo dado ao socego das arvores,
10 E depois, fechada a janella, o candieiro acceso,
Sem ler nada, nem pensar em nada, nem dormir,
Sentir a vida correr por mim como um rio por seu leito,
E lá fóra um grande silencio como um deus que dorme.

XLIX
[Mar. 1914]

POESIA

2

O PASTOR AMOROSO

Quando eu não te tinha
Amava a Natureza como um monge calmo a Christo...
5 Agora amo a Natureza
Como um monge calmo á Virgem-Maria,
Religiosamente, a meu módo, como d'antes,
Mas de outra maneira mais commovida e proxima.
Vejo melhor os rios quando vou comtigo
10 Pelos campos até á beira dos rios;
Sentado a teu lado reparando nas nuvens
Reparo n'ellas melhor...
Tu não me tiraste a Natureza...
Tu não me mudaste a Natureza...
15 Trouxeste-me a Natureza para ao pé de mim,
Por tu existires vejo-a melhor, mas a mesma,
Por tu me amares, amo-a do mesmo modo, mas mais,
Por tu me escolheres para te ter e te amar,
Os meus olhos fitaram-na mais demoradamente
20 Sobre todas as cousas.
Não me arrependo do que fui outrora
Porque ainda o sou.
Só me arrependo de outr'ora te não ter amado.

I | 50
6-7-1914

Está alta no ceu a lua e é primavera.
Penso em ti e dentro de mim estou completo.

Corre pelos vagos campos até mim uma briza ligeira.
5 Penso em ti, murmuro o teu nome; e não sou eu: sou feliz.

Amanhã virás, andarás comigo a colher flores pelo campo,
E eu andarei contigo pelo campo a ver-te colher flores.

Eu já te vejo amanhã a colher flores comigo pelos campos,
Mas quando vieres amanhã e andares comigo realmente a colher
   flores,
Isso será uma alegria e uma novidade para mim.

Talvez quem vê bem não sirva para sentir
E não agrade por estar muito antes das maneiras.
5 É preciso ter modos para todas as cousas,
E cada cousa tem o seu modo, e o amor tambem.
Quem tem o modo de ver os campos pelas hervas
Não deve ter a cegueira que faz fazer sentir.
Amei, e não fui amado, o que só vi no fim,
10 Porque não se é amado como se nasce mas como acontece.
Ella continúa tam bonita de cabello e bocca como de antes,
E eu continuo como era de antes, sósinho no campo.
Como se tivesse estado de cabeça baixa,
Penso isto, e fico de cabeça alta
15 E o sol queima a vontade de lagrimas que não posso deixar de ter.
Como o campo é vasto e o amor interior...!
Olho, e esqueço, como secca onde foi agua e nas arvores desfólha.

Eu não sei fallar porque estou a sentir.
Estou a escutar a minha voz como se fosse de outra pessoa,
20 E a minha voz falla d'ella como se ella é que fallasse.
Tem o cabello de um louro amarello de trigo ao sol claro,
E a bocca quando falla diz cousas que não ha nas palavras.
Sorri, e os dentes são limpos como pedras do rio.

O amor é uma companhia.

53
10-7-1930

Já não sei andar só pelos caminhos,
5 Porque já não posso andar só.
Um pensamento visivel faz-me andar mais depressa
E ver menos, e ao mesmo tempo gostar bem de ir vendo tudo.
Mesmo a ausencia d'ella é uma coisa que está commigo.
E eu gosto tanto d'ella que não sei como a desejar.
Se a não vejo, imagino-a e sou forte como as arvores altas.
10 Mas se a vejo tremo, não sei o que é feito do que sinto na ausencia
    d'ella.
Todo eu sou qualquer força que me abandona.
Toda a realidade olha para mim como um girasol com a cara d'ella
    no meio.

Passei toda a noite, sem saber dormir, vendo sem nada a figura d'ella

54
10-7-1930

E vendo-a sempre de maneiras differentes do que a encontro a ella.
5 Faço pensamentos com a recordação do que ella é quando me falla,
E em cada pensamento ella varia de accordo com a sua similhança.
Amar é pensar.

E eu quasi que me esqueço de sentir só de pensar nella.
Não sei bem o que quero, mesmo d'ella, e eu não penso senão nella.
10 Tenho uma grande distração animada.
Quando desejo encontral-a
Quasi que prefiro não a encontrar,
Para não ter que a deixar depois.
E prefiro pensar d'ella, porque d'ella como é tenho qualquer medo.
Não sei bem o que quero, nem quero saber o que quero. Quero só
pensar ella.
Não peço nada a ninguem, nem a ella, senão pensar.

55 O pastor amoroso perdeu o cajado,
10-7-1930 E as ovelhas tresmalharam-se pela encosta,
E, de tanto pensar, nem tocou a flauta que trouxe para tocar.
5 Ninguem lhe appareceu ou desappareceu. Nunca mais encontrou o
cajado.
Outros, praguejando contra elle, recolheram-lhe as ovelhas.
Ninguem o tinha amado, afinal.
Quando se ergueu da encosta e da verdade falsa, viu tudo:
10 Os grandes valles cheios dos mesmos varios verdes de sempre,
As grandes montanhas longe, mais reais que qualquer sentimento,
A realidade toda, com o ceu e o ar e os campos que estão presentes.
E sentiu que de novo o ar lhe abria, mas com dor, uma liberdade no
peito.

Agora que sinto amor
Tenho interesse no que cheira.
5 Nunca antes me interessou que uma flor tivesse cheiro.
Agora sinto o perfume das flores como se houvesse uma vida nova.
Sei bem que ellas cheiravam, como sei que existia.
São coisas que se sabem por maneira.
Mas agora sei com a respiração da parte de traz da cabeça.
Hoje as flores sabem-me bem num paladar que se cheira.
10 Hoje às vezes acordo e cheiro antes de ver.

Todos os dias agora acordo com alegria e pena.
Antigamente acordava sem sensação nenhuma; acordava.
Tenho alegria e pena porque perco o que sonho
15 E posso estar na realidade onde está o que sonho.
Não sei o que hei de fazer das minhas sensações,
Não sei o que hei de ser sósinho.
Quero que ella me diga qualquer coisa para eu acordar de novo.

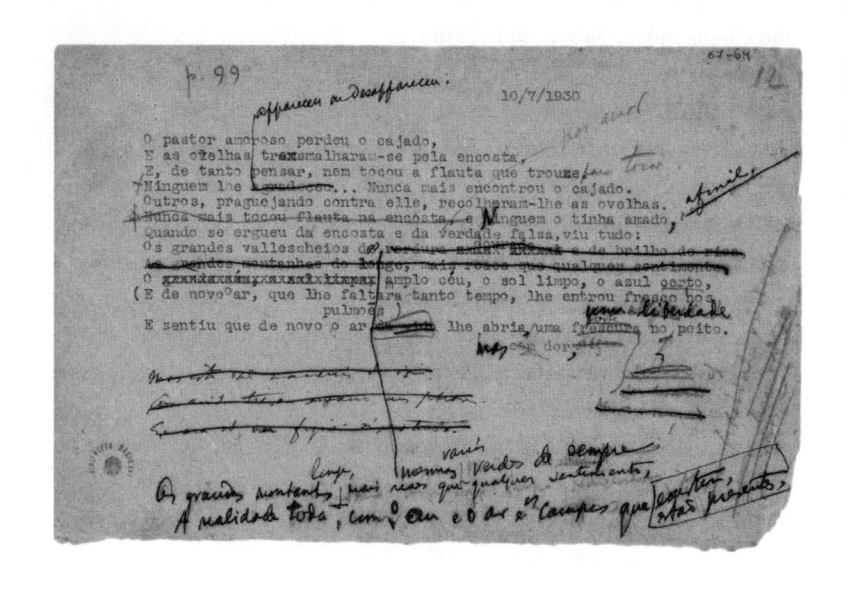

POEMA DE *O PASTOR AMOROSO* (67-64ʳ)

APENAS OS DOIS PRIMEIROS POEMAS DO CICLO FORAM NUMERADOS PELO AUTOR

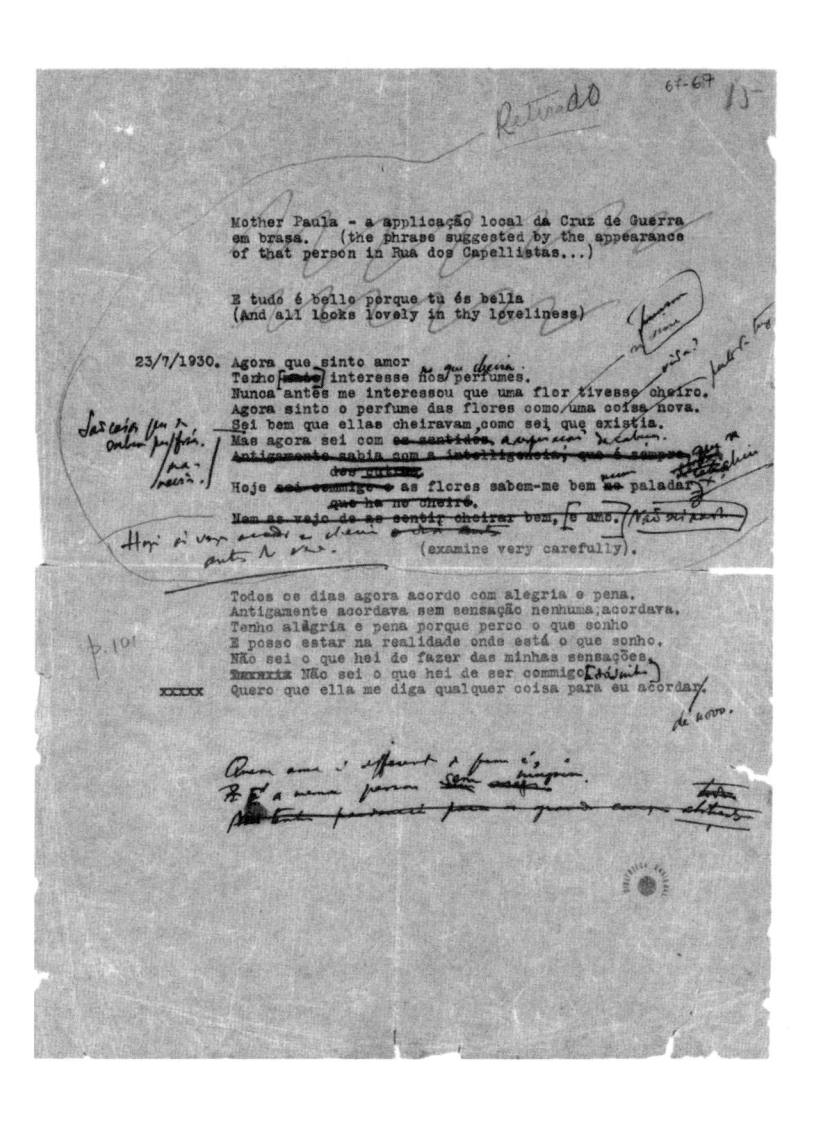

Mother Paula - a applicação local da Cruz de Guerra
em brasa. (the phrase suggested by the appearance
of that person in Rua dos Capellistas...)

E tudo é bello porque tu és bella
(And all looks lovely in thy loveliness)

23/7/1930. Agora que sinto amor
Tenho interesse nos perfumes.
Nunca antes me interessou que uma flor tivesse cheiro.
Agora sinto o perfume das flores como uma coisa nova.
Sei bem que ellas cheiravam, como sei que existia.
Mas agora sei com os sentidos.
Antigamente sabia com a intelligencia, que é sempre
dos outros.
Hoje sei comigo e as flores sabem-me bem ao paladar
que ha no cheiro.
Nem as vejo de as sentir cheirar bem, [o amb.]
(examine very carefully).

Todos os dias agora acordo com alegria e pena.
Antigamente acordava sem sensação nenhuma; acordava.
Tenho alegria e pena porque perco o que sonho
E posso estar na realidade onde está o que sonho.
Não sei o que hei de fazer das minhas sensações.
Não sei o que hei de ser commigo
xxxxx Quero que ella me diga qualquer coisa para eu acordar.

POESIA

3

POEMAS INCONJUNCTOS

Passar a limpo a Materia **57**
Repor no seu lugar as cousas que os homens desarrumaram 17-9-1914
Por não perceberem para que servem
Endireitar, como uma boa dona de casa da Realidade,
5 As cortinas nas janellas da Sensação
E os capachos ás portas da Percepção
Varrer os quartos da observação
E limpar o pó das idéas simples.
Eis a minha vida, verso a verso.

O que vale a minha vida? No fim (não sei que fim) **58**
Um diz: ganhei trezentos contos, 17-9-1914
Outro diz: tive trez mil dias de gloria,
Outro diz: estive bem com a minha consciencia e isso é bastante...
5 E eu, se lá aparecerem e me perguntarem o que fiz,
Direi: olhei para as cousas e mais nada.
E porisso trago aqui o Universo dentro da algibeira.
E se Deus me perguntar: E o que viste tu nas cousas?
Respondo: apenas as cousas... Tu não puzeste lá mais nada.
10 E Deus, que apesar de tudo é esperto, fará de mim uma nova
especie de santo.

59 Para além da curva da estrada
[c. 1914] Talvez haja um poço, e talvez um castello,
E talvez apenas a continuação da estrada.
Não sei nem pergunto.
5 Em quanto vou na estrada antes da curva
Só olho para a estrada antes da curva,
Porque não posso ver senão a estrada antes da curva.
De nada me serviria estar olhando para outro lado
E para aquillo que não vejo.
10 Importemo-nos apenas com o logar onde estamos.
Ha belleza bastante em estar aqui e não noutra parte qualquer.
Se ha alguem para além da curva da estrada,
Esses que se preoccupem com o que ha para além da curva da
estrada.
Essa é que é a estrada para elles.
15 Se nós tivermos que chegar lá, quando lá chegarmos saberemos.
Por ora só sabemos que lá não estamos.
Aqui ha só a estrada antes da curva, e antes da curva
Ha a estrada sem curva nenhuma.

60 Se eu morrer novo,
7-11-1915 Sem poder publicar livro nenhum,
Sem ver a cara que fazem os meus versos em lettra impressa,
Peço que, se se quizerem ralar por minha causa,
5 Que não se ralem.
Se assim aconteceu, assim está certo.

Mesmo que os meus versos nunca sejam impressos,
Elles lá terão a sua belleza, se forem bellos.

Mas elles não podem ser bellos e ficar por imprimir,
10 Porque as raizes podem estar debaixo da terra
Mas as flores florescem ao ar livre e á vista.
Tem que ser assim por força. Nada o pode impedir.
Ter belleza é mostrar belleza. Como poderia ser sem se mostrar?

Se eu morrer muito novo, oiçam isto:
15 Nunca fui senão uma creança que brincava.
Fui gentio como o sol e a agua,
De uma religião universal que só os homens não teem.
Fui feliz porque não pedi coisa nenhuma,
Nem procurei achar nada,
20 Nem achei que houvesse mais explicação
Que a palavra explicação não ter sentido nenhum.

Não desejei senão estar ao sol ou á chuva –
Ao sol quando havia sol
E á chuva quando estava chovendo
25 (E nunca a outra coisa),
Sentir calor e frio e vento,
E não ir mais longe.

Uma vez amei, julguei que me amaria,
Mas não fui amado.
30 Não fui amado pela unica razão que é razão.
Porque não fui amado.

Consolei-me voltando só ao sol ou á chuva,
E sentando-me outra vez á porta de casa.
Os campos, afinal, não são tam verdes para os que são amados
35 Como para os que o não são.
Sentir é estar distrahido.

61 Quando tornar a vir a primavera
7-11-1915 Talvez já não me encontre no mundo.
Gostava agora de poder julgar que a primavera é gente
Para poder suppor que ella choraria,
5 Vendo que perdera o seu unico amigo.
Mas a primavera nem sequer é uma coisa:
É uma maneira de dizer.
Nem mesmo as flores tornam, ou as folhas verdes.
Ha novas flores, novas folhas verdes.
10 Ha outros dias suaves.
Nada torna, nada se repete, porque tudo é real.

62 Quando vier a primavera,
7-11-1915 Se eu já estiver morto,
As flores florirão da mesma maneira
E as arvores não serão menos verdes que na primavera passada.
5 A realidade não precisa de mim.

Sinto uma alegria enorme
Ao pensar que a minha morte não tem importancia nenhuma.

Se soubesse que amanhã morria
10 E a primavera era depois de amanhã,
Morreria contente, porque ella era depois de amanhã.
Se esse é o seu tempo, quando havia ella de vir senão no seu tempo?
Gosto que tudo seja real e que tudo esteja certo;
E gosto porque assim seria, mesmo que eu não gostasse.
Porisso, se morrer agora, morro contente,
15 Porque tudo é real e tudo está certo.

Podem rezar latim sobre o meu caixão, se quizerem.
Se quizerem, podem dançar e cantar á roda d'elle.
Não tenho preferencias para quando já não puder ter preferencias.
O que fôr, quando fôr, é que será o que é.

A espantosa realidade das coisas

É a minha descoberta de todos os dias.

Cada coisa é o que é,

E é difficil explicar a alguem quanto isso me alegra,

5 E quanto isso me basta.

Basta existir para se ser completo.

Tenho escripto bastantes poemas.
Hei de escrever muitos mais, naturalmente.
Cada poema meu diz isto,
10 E todos os meus poemas são differentes,
Porque cada coisa que ha é uma maneira de dizer isto.

Ás vezes ponho-me a olhar para uma pedra.
Não me ponho a pensar se ella sente.
Não me perco a chamar-lhe minha irmã.
15 Mas gosto d'ella por ella ser uma pedra,
Gosto d'ella porque ella não sente nada,
Gosto d'ella porque ella não tem parentesco nenhum commigo.

Outras vezes oiço passar o vento,
E acho que só para ouvir passar o vento vale a pena ter nascido.

20 Eu não sei o que é que os outros pensarão lendo isto;
Mas acho que isto deve estar bem porque o penso sem exforço,
Nem ideia de outras pessoas a ouvir-me pensar;
Porque o penso sem pensamentos,
Porque o digo como as minhas palavras o dizem.

25 Uma vez chamaram-me poeta materialista,
E eu admirei-me, porque não julgava
Que se me pudesse chamar qualquer coisa.
Eu nem sequer sou poeta: vejo.
Se o que escrevo tem valor, não sou eu que o tenho:
30 O valor está alli, nos meus versos.
Tudo isso é absolutamente independente da minha vontade.

64 Se, depois de eu morrer, quizerem escrever a minha biographia,
8-11-1915 Não ha nada mais simples.
Tem só duas datas — a da minha nascença e a da minha morte.
Entre uma e outra cousa todos os dias foram meus.

5 Sou facil de definir.
Vi como um damnado.
Amei as coisas sem sentimentalidade nenhuma.
Nunca tive um desejo que não pudesse realizar, porque nunca ceguei.
Mesmo ouvir nunca foi para mim senão um acompanhamento de ver.
10 Comprehendi que as coisas são reaes e todas differentes umas das
    outras;
Comprehendi isto com os olhos, nunca com o pensamento.
Comprehender isto com o pensamento seria achal-as todas eguaes.

Um dia deu-me o somno como a qualquer creança.
Fechei os olhos e dormi.
15 Além d'isso, fui o unico poeta da Natureza.

Nunca sei como é que se pode achar um poente triste.   **65**
Só se é por um poente não ser uma madrugada.   8-11-1915
Mas se elle é um poente, como é que elle havia de ser uma madrugada?

Um dia de chuva é tão bello como um dia de sol.   **66**
Ambos existem; cada um como é.   8-11-1915

Quando a herva crescer em cima da minha sepultura,   **67**
Seja esse o signal para me esquecerem de todo.   8-11-1915
A Natureza nunca se recorda, e porisso é bella.
E se tiverem a necessidade doente de "interpretar" a herva verde
     sobre a minha sepultura,
5 Digam que eu continúo a verdecer e a ser natural.

68
8-11-1915

É noite. A noite é muito escura. Numa casa a uma grande distancia
Brilha a luz d'uma janella.
Vejo-a, e sinto-me humano dos pés á cabeça.
É curioso que toda a vida do individuo que alli mora, e que não sei
    quem é,
5 Attrahe-me só por essa luz vista de longe.
Sem duvida que a vida d'elle é real e elle tem cara, gestos, familia e
    profissão.
Mas agora só me importa a luz da janella d'elle.
Apesar de a luz estar alli por elle a ter accendido,
A luz é a realidade que está defronte de mim.
10 Eu nunca passo para além da realidade immediata.
Para além da realidade immediata não ha nada.
Se eu, de onde estou, só vejo aquella luz,
Em relação á distancia onde estou ha só aquella luz.
O homem e a familia d'elle são reaes do lado de lá da janella.
15 Eu estou do lado de cá, a uma grande distancia.
A luz apagou-se.
Que me importa que o homem continue a existir?
É só elle que continua a existir.

69
11-1-1916

Todas as theorias, todos os poemas
Duram mais que esta flôr
Mas isso é como o nevoeiro, que é desagradavel e humido,
E mais que esta flôr...
5 O tamanho ou duração não tem importancia nenhuma...
São apenas tamanho e duração...
O que importa é aquillo que dura e tem tamanho...
(Se verdadeira dimensão é a realidade)
Ser real é a unica cousa nobre do mundo...

Leram-me hoje S. Francisco de Assis.
Leram-me e pasmei.
Como é que um homem que gostava tanto das cousas,
Nunca olhava para ellas, não sabia o que ellas eram?

5 Para que hei de eu chamar minha irmã á agua, se ella não é minha
 irmã?
Para a sentir melhor?
Sinto-a melhor bebendo-a do que chamando-lhe qualquer cousa —
Irmã, ou mãe, ou filha.
A agua é a agua, e é bella porisso.
10 Se eu lhe chamar minha irmã,
Ao chamar-lhe minha irmã, vejo que o não é
E que se ella é a agua o melhor é chamal-a agua;
Ou, melhor ainda, não lhe chamar cousa nenhuma,
Mas bebel-a, sentil-a nos pulsos, olhar para ella
15 E isto sem nome nenhum.

Sempre que penso uma cousa, traio-a.
Só tendo-a deante de mim devo pensar nella.

Não pensando, mas vendo,
Não com o pensamento, mas com os olhos.
5 Uma cousa que é visivel existe para se ver,
E o que existe para os olhos não tem que existir para o pensamento;
Só existe directamente para os olhos e não para o pensamento.

Olho, e as cousas existem.
Penso e existo só eu.

72
[c. 21-5-1917]
Eu queria ter o tempo e o socego sufficientes
Para não pensar em cousa nenhuma,
Para nem me sentir viver,
Para só saber de mim nos olhos dos outros, reflectido.

73
[c. 21-5-1917]
A manhã raia. Não: a manhã não raia.
A manhã é uma cousa abstracta, está, não é uma cousa.
Começamos a ver o sol, a esta hora, aqui.
Se o sol matutino dando nas arvores é bello,
5 É tão bello se chamamos á manhã "Começarmos a ver o sol"
Como o é se lhe chamarmos a manhã;
Porisso não ha vantagem em pôr nomes errados ás cousas,
Nem mesmo em lhes pôr nomes alguns.

74
1-10-1917
A creança que pensa em fadas e acredita nas fadas
Age como um deus doente, mas como um deus.
Porque embora affirme que existe o que não existe
Sabe como é que as cousas existem, que é existindo,
5 Sabe que existir existe e não se explica,
Sabe que não ha razão nenhuma para nada existir,
Sabe que ser é estar em um ponto.
Só não sabe que o pensamento não é um ponto qualquer.

De longe vejo passar no rio um navio...
Vae Tejo abaixo indifferentemente.
Mas não é indifferentemente por não se importar comigo
E eu não exprimir desolação com isto...
5 É indifferentemente por não ter sentido nenhum
Exterior ao facto isoladamente navio
De ir rio abaixo sem licença da metaphysica...
Rio abaixo até á realidade do mar.

Creio que irei morrer.
Mas o sentido de morrer não me occorre,
Lembra-me que morrer não deve ter sentido.
Isto de viver e morrer são classificações como as das plantas.
5 Que folhas ou que flores tem uma classificação?
Que vida tem a vida ou que morte a morte?
Tudo são termos onde se define.
A unica definição é um contorno,
Uma paragem, uma côr que destinge, uma ◊.

A noite desce, o calôr sossobra um pouco.
Estou lucido como se nunca tivesse pensado
E tivesse raiz, ligação directa com a terra,
Não esta espuria ligação do sentido secundario chamado a vista,
5 A vista por onde me separo das cousas,
E m'approximo as estrellas e as cousas distantes —
Erro: porque o distante não é proximo,
E approximal-o é enganar-se.

Estou doente. Meus pensamentos começam a estar confusos.
Mas o meu corpo, tocando nas cousas, entra nellas.
Sinto-me parte das cousas com o tacto
E uma grande libertação começa a fazer-se em mim,
5 Uma grande alegria solemne como a de um acto heroico
Passado a sós no gesto sobrio e reccondito.

Quando está frio no tempo do frio, para mim é como se estivesse
agradavel,
Porque para o meu ser adequado á existencia das cousas
O natural é o agradavel só por ser natural.

Acceito as difficuldades da vida porque são o destino,
5 Como acceito o frio excessivo no alto do inverno –
Calmamente, sem me queixar, como quem meramente acceita,
E encontra uma alegria no facto de acceitar –
No facto sublimemente scientifico e difficil de acceitar o natural
inevitavel.

Que são para mim as doenças que tenho e o mal que me acontece
10 Senão o inverno da minha pessoa e da minha vida?
O inverno irregular, cujas leis de apparecimento desconheço,
Mas que existe para mim em virtude da mesma fatalidade sublime,
Da mesma inevitavel exterioridade a mim,
Que o calor da terra no alto do verão
15 E o frio da terra no cimo do inverno.

Acceito por personalidade.
Nasci sujeito como os outros a erros e a defeitos,

Mas nunca ao erro de querer comprehender de mais,
Nunca ao erro de querer comprehender só com a intelligencia,
20 Nunca ao defeito de exigir do mundo
Que fôsse qualquer cousa que não fôsse o mundo.

Seja o que fôr que esteja no centro do mundo,   **80**
Deu-me o mundo exterior por exemplo de Realidade,   24-10-1917
E quando digo "isto é real", mesmo de um sentimento
Vejo-o sem querer em um espaço qualquer exterior,
5 Vejo-o com uma visão qualquer fóra e alheio a mim.

Ser real quer dizer não estar dentro de mim.
Da minha pessoa de dentro não tenho noção de realidade.
Sei que o mundo existe, mas não sei se existo.
Estou mais certo da existencia da minha casa branca
10 Do que da existencia interior do dono da casa branca.
Creio mais no meu corpo do que na minha alma,
Porque o meu corpo apresenta-se no meio da realidade,
Podendo ser visto por outros,
Podendo tocar em outros,
15 Podendo sentar-se e estar de pé,
Mas a minh'alma só pode ser definida por termos de fóra.
Existe para mim — nos momentos em que julgo que effectivamente
        existe —
Por um emprestimo da realidade exterior do Mundo.

Se a alma é mais real
20 Que o mundo exterior, como tu, philosopho, dizes,
Para que é que o mundo exterior me foi dado como typo da realidade?

Se é mais certo eu sentir
Do que existir a cousa que sinto –
Para que sinto
25 E para que surge essa cousa independentemente de mim
Sem precisar de mim para existir,
E eu sempre ligado a mim-proprio, sempre pessoal e
intransmissivel?
Para que me movo com os outros
Em um mundo em que nos entendemos e onde coincidimos
30 Se por acaso esse mundo é o erro e eu é que estou certo?
Se o mundo é um erro, é um erro de toda a gente.
E cada um de nós é o erro de cada um de nós apenas.
Cousa por cousa, o mundo é mais certo.

Mas porque me interrogo, senão porque estou doente?

35 Nos dias certos, nos dias exteriores da minha vida,
Nos meus dias de perfeita lucidez natural,
Sinto sem sentir que sinto,
Vejo sem saber que vejo,
E nunca o Universo é tão real como então,
40 Nunca o Universo está (não é perto ou longe de mim,
Mas) tão sublimemente não-meu.
Quando digo "é evidente", quero acaso dizer "só eu é que o vejo"?
Quando digo "é verdade", quero acaso dizer "é minha opinião"?
Quando digo "alli está", quero acaso dizer "não está alli"?
45 E se isto é assim na vida, porque será differente na philosophia?
Vivemos antes de philosophar, existimos antes de o sabermos,
E o primeiro facto merece ao menos a precedencia e o culto.
Sim, antes de sermos interior somos exterior.
Porisso somos exterior essencialmente.

50 Dizes, philosopho doente, philosopho emfim, que isto é
    materialismo.
Mas isto como pode ser materialismo, se materialismo é uma
    philosophia,
Se uma philosophia seria, pelo menos sendo minha, uma
    philosophia minha,
E isto nem sequer é meu, nem sequer sou eu?

Nada me importa. **81**
Nada me importa o quê? Não sei: nada me importa. [c. 24-10-1917]

A guerra, que afflige com os seus esquadrões o mundo, **82**
É o typo perfeito do erro da philosophia. [c. 24-10-1917]

A guerra, como tudo humano, quer alterar.
Mas a guerra, mais do que tudo, quer alterar e alterar muito
5 E alterar depressa.

Mas a guerra inflige a morte.
E a morte é o desprezo do Universo por nós.
Tendo por consequencia a morte, a guerra prova que é falsa.
Sendo falsa, prova que é falso todo o querer-alterar.

10 Deixemos o universo exterior e os outros homens onde a Natureza
    os poz.
Tudo é orgulho e inconsciencia.

Tudo é querer mexer-se, fazer cousas, deixar rasto.
Para o coração e o commandante dos esquadrões
Regressa aos bocados o universo exterior.

15 A chimica directa da Natureza
Não deixa logar vago para o pensamento.

A humanidade é uma revolta de escravos.
A humanidade é um governo usurpado pelo povo.
Existe porque usurpou, mas erra porque usurpar é não ter direito.

20 Deixae existir o mundo exterior e a humanidade natural!
Paz a todas as cousas pre-humanas, mesmo no homem,
Paz á essencia inteiramente exterior do Universo!

83
[c. 1917]

Fallas de civilização, e de não dever ser,
Ou de não dever ser assim.
Dizes que todos soffrem, ou a maioria de todos,
Com as cousas humanas postas d'esta maneira.
5 Dizes que se fossem differentes, soffreriam menos.
Dizes que se fossem como tu queres, seria melhor.
Escuto sem te ouvir.
Para que te quereria eu ouvir?
Ouvindo-te nada ficaria sabendo.
10 Que tenho eu com o que deveria ser?
O que deve ser é o que não ha.
Se as cousas fossem differentes, seriam differentes: eis tudo.
Se as cousas fossem como tu queres, seriam só como tu queres.
Ai de ti e de todos que levam a vida
15 A querer inventar a machina de fazer felicidade!

Todas as opiniões que ha sobre a Natureza
Nunca fizeram crescer uma herva ou nascer uma flôr.
Toda a sabedoria a respeito das cousas
Nunca foi cousa em que pudesse pegar, como nas cousas.
5 Se a sciencia quer ser verdadeira,
Que sciencia mais verdadeira que a das cousas sem sciencia?
Fecho os olhos e a terra dura sobre que me deito
Tem uma realidade tão real que até as minhas costas a sentem.
Não preciso de raciocinio onde tenho espaduas.

84
29-5-1918

Navio que partes para longe,
Porque é que, ao contrario dos outros,
Não fico, depois de desappareceres, com saudades de ti?
Porque quando te não vejo, deixaste de existir.
5 E se se tem saudades do que não existe,
Sente-se em relação a cousa nenhuma,
Não é do navio, é de nós, que sentimos saudades.

85
29-5-1918

Pouco a pouco o campo se alarga e se doura.
A manhã extravia-se pelos irregulares da planicie.
Sou alheio ao spectaculo que vejo: vejo-o.
É exterior a mim. Nenhum sentimento me liga a elle,
5 E é esse o sentimento que me liga á manhã que apparece.

86
29-5-1918

87 Ultima estrella a desapparecer antes do dia,
29-5-1918 Pouso no teu tremulo azular branco os meus olhos calmos,
E vejo-te independentemente de mim,
Alegre pela victoria que tenho em poder ver-te
5 Sem "estado de alma" nenhum, salvo ver-te.
A tua belleza para mim está em existires.
A tua grandeza está em existires inteiramente fóra de mim.

88 A agua chia no pucaro que elevo á bocca.
29-5-1918 "É um som fresco" diz-me quem me dá a bebel-a.
Sorrio. O som é só um som de chiar.
Bebo a agua sem ouvir nada com a minha garganta.

89 O que ouviu os meus versos disse-me: Que tem isso de novo?
29-5-1918 Todos sabem que uma flor é uma flor e uma arvore é uma arvore.
Mas eu respondi: nem todos, ninguem.
Porque todos amam as flores por serem bellas, e eu sou differente.
5 E todos amam as arvores por serem verdes e darem sombra, mas
eu não.
Eu amo as flores por serem flores, directamente.
Eu amo as arvores por serem arvores, sem o meu pensamento.

Ah, querem uma luz melhor que a do sol!
Querem campos mais verdes que estes!
Querem flores mais bellas que estas que vejo!
A mim este sol, estes campos, estas flores contentam-me.
5 Mas, se acaso me descontentam,
O que quero é um sol mais sol que o sol,
O que quero é campos mais campos que estes prados,
O que quero é flores mais estas flores que estas flores –
Tudo mais ideal do que é do mesmo modo e da mesma maneira!

10 Aquella cousa que está alli está mais alli do que alli está!
Sim, choro ás vezes o corpo perfeito que não existe.
Mas o corpo perfeito é o corpo mais corpo que pode haver,
E o resto são as sombras dos homens,
A myopia de quem vê pouco,
15 E o desejo de estar sentado de quem não sabe estar de pé.
Todo o Christianismo é um sonho de cadeiras.

E como a alma é aquillo que não apparece,
A alma mais perfeita é aquella que não appareça nunca –
A alma que está feita com o corpo
20 O absoluto corpo das cousas,
A existencia absolutamente real sem sombras, sem mim,
A coincidencia absoluta e inteira
De uma cousa comsigo mesma.

90
12-4-1919

Pastor do monte, tão longe de mim com as tuas ovelhas:
Que felicidade é essa que pareces ter – a tua ou a minha?
A paz que sinto quando te vejo, pertence-me, ou pertence-te?

91
12-4-1919

Não, nem a ti nem a mim, pastor.
5 Pertence só á felicidade e á paz.
Nem tu a tens, porque não sabes que a tens.
Nem eu a tenho, porque sei que a tenho.
Ella é ella só, e cahe sobre nós como o sol,
Que te bate nas costas e te aquece, e tu pensas noutra cousa
  indifferentemente,
10 E me bate na cara e me offusca, e eu nem penso no sol.

92
12-4-1919

Tu, mystico, vês uma significação em todas as cousas.
Para ti tudo tem um sentido velado.
Ha uma cousa occulta em cada cousa que vês.
O que vês, vel-o sempre para veres outra cousa.

5 Para mim, graças a ter olhos só para ver,
Eu vejo ausencia de significação em todas as cousas;
Vejo-o e amo-me, porque ser uma cousa é não significar nada.
Ser uma cousa é não ser susceptivel de interpretação.

93
12-4-1919

Creança desconhecida e suja brincando á minha porta,
Não te pergunto se me trazes um recado dos symbolos.
Acho-te graça por nunca te ter visto antes,
E naturalmente se pudesses estar limpa eras outra creança,
5 Nem aqui vinhas.
Brinca na poeira, brinca!
Apprecio a tua presença só com os olhos.

Vale mais a pena ver uma cousa sempre pela primeira vez que
    conhecel-a,
Porque conhecer é como nunca ter visto pela primeira vez,
10 E nunca ter visto pela primeira vez é só ter ouvido contar.

O modo como esta creança está suja é diferente do modo como as
    outras estão sujas.
Brinca! Pegando numa pedra que te cabe na mão,
Sabes que te cabe na mão.
Qual é a philosophia que chega a uma certeza maior?
15 Nenhuma, e nenhuma pode vir brincar nunca á minha porta.

Petala dobrada para traz da rosa que outros diriam de velludo, **94**
Apanho-te do chão e, de perto, contemplo-te de longe.   12-4-1919
Não ha rosas no meu quintal: que vento te trouxe?
Mas chego de longe de repente. Estive doente um momento.
5 Nenhum vento te trouxe *agora*.
Agora estás aqui.
O que tu foste não és tu, se não toda a rosa estava aqui.

Verdade, mentira, certeza, incerteza...   **95**
Aquelle cego alli na estrada tambem conhece estas palavras.   12-4-1919
Estou sentado num degrau alto e tenho as mãos apertadas
Sobre o mais alto dos joelhos cruzados.
5 Bem: verdade, mentira, certeza, incerteza o que são?
O cego pára na estrada,

Desliguei as mãos de cima do joelho.
Verdade, mentira, certeza, incerteza são as mesmas?
Qualquer cousa mudou numa parte da realidade – os meus joelhos
  e as minhas mãos.
10 Qual é a sciencia que tem conhecimento para isto?
O cego continúa o seu caminho e eu não faço mais gestos.
Já não é a mesma hora, nem a mesma gente, nem nada egual.
Ser real é isto.

96 Uma gargalhada de rapariga soa do ar da estrada.
12-4-1919 Riu do que disse quem não vejo.
Lembro-me já que ouvi.
Mas se me fallarem agora de uma gargalhada de rapariga da estrada,
5 Direi: não, os montes, as terras ao sol, o sol, a casa aqui,
E eu que só oiço o ruido calado do sangue que ha na minha vida dos
  dois lados da cabeça.

97 Noite de S. João para além do muro do meu quintal.
12-4-1919 Do lado de cá, eu sem noite de S. João.
Porque ha S. João onde o festejam.
Para mim ha uma sombra de luz de fogueiras na noite,
5 Um ruido de gargalhadas, os baques dos saltos.
E um grito casual de quem não sabe que eu existo.

O conto antigo da Gata Borralheira,
O João Ratão e o Barba Azul e os 40 ladrões,
E depois o Cathecismo e a historia de Christo
E depois todos os poetas e todos os philosophos;
5   E a lenha ardia na lareira quando se contavam contos,
O sol havia lá fóra em dias de destino,
E por cima da leitura dos poetas as arvores faziam sombra…
Só hoje vejo o que é que aconteceu na verdade.
Que a lenha ardida, exactamente porque ardeu,
10 Que o sol dos dias de destino, porque já não ha,
Que as arvores e as terras (para além das paginas dos poetas) ◊ –
Que d'isto tudo só ficou o que nunca foi:
Porque a recompensa de não existir é estar sempre presente.

98
12-4-1919

Duas horas e meia da madrugada. Accordo, e adormeço.
Houve em mim um momento de vida differente entre somno e
somno.

99
12-4-1919

Se ninguem condecora o sol por dar luz,
Para que condecoram quem é heroe?

5   Durmo com a mesma razão com que accordo
E é no intervallo que existo.

Nesse momento, em que accordei, dei por todo o mundo –
Uma grande noite incluindo tudo
Só para fóra.

100 Góso os campos sem reparar para elles.
20-4-1919 Perguntas-me porque os góso.
Porque os góso, respondo.
Gosar uma flor é estar ao pé d'ella inconscientemente
5 E ter uma noção do seu perfume nas nossas idéas mais apagadas.
Quando reparo, não góso: vejo.
Fecho os olhos, e o meu corpo, que está entre a herva,
Pertence inteiramente ao exterior de quem fecha os olhos —
Á dureza fresca da terra cheirosa e irregular;
10 E alguma cousa dos ruidos indistinctos das cousas a existir;
E só uma sombra encarnada de luz me carrega levemente nas orbitas,
E só um resto de vida fica para existir.

101 Entre o que vejo de um campo e o que vejo de outro campo
20-4-1919 Passa um momento uma figura de homem.
Os seus passos vão com "elle" na mesma realidade,
Mas eu reparo para elle e para elles, e são duas cousas:
5 O "homem" vae andando com as suas idéas, falso e extrangeiro,
E os passos vão com o systema antigo que faz pernas andar.
Olho-o de longe sem opinião nenhuma.
Que perfeito que é nelle o que elle é — o seu corpo,
A sua verdadeira realidade que não tem desejos nem esperanças,
10 Mas musculos e a maneira certa e impessoal de os usar.

Não tenho pressa. Pressa de quê?
Não teem pressa o sol e a lua: estão certos.
Ter pressa é crer que a gente fosse adeante das pernas,
Ou que, dando um pulo, salte por cima da sombra.
5 Não; não sei ter pressa.
Se extendo o braço, chego exactamente onde o meu braço chega –
Nem um centimetro mais longe.
Toco só onde toco, não onde penso.
Só me posso sentar onde estou.
10 E isto faz rir como todas as verdades absolutamente verdadeiras,
Mas o que faz rir a valer é que nós pensamos sempre noutra cousa,
E vivemos vadios da nossa realidade.
E estamos sempre fóra d'ella porque estamos aqui.

Sim: existo dentro do meu corpo.
Não trago o sol nem a lua na algibeira.
Não quero conquistar mundos porque dormi mal,
Nem almoçar a terra por causa do estomago.
5 Indifferente?
Não: natural da terra, que se der um salto, está em falso,
Um momento no ar que não é para nós,
E só contente quando os pés lhe batem outra vez na terra,
Traz! na realidade que não falta!

104 Gosto do ceu porque não creio que elle seja infinito.
[c. 1920] Que pode ter comigo o que não começa nem acaba?
Não creio no infinito, não creio na eternidade.
Creio que o espaço começa numa parte e numa parte acaba
5 E que aquem e alem d'isso ha absolutamente nada.
Creio que o tempo teve um principio e terá um fim,
E que antes e depois d'isso não havia tempo.
Porque ha de ser isto falso? Falso é fallar de infinitos
Como se soubessemos o que são ou os pudessemos entender.
10 Não: tudo é uma quantidade de cousas.
Tudo é definido, tudo é limitado, tudo é cousas.

105 Vive, dizes, no presente;
19-7-1920 Vive só no presente.

Mas eu não quero o presente, quero a realidade;
Quero as cousas que existem, não o tempo que lhes damos.

5 O que é o presente?
É uma cousa relativa ao passado e ao futuro.
É uma cousa que existe em virtude de outras cousas existirem.
Eu quero só a realidade, as cousas sem presente.

Não quero incluir o tempo no meu haver.
10 Não quero pensar nas cousas como presentes; quero pensar nellas
como cousas.
Não quero separal-as de ellas-proprias, tratando-as por presentes.

Eu nem por reaes as devia tratar.
Eu não as devia tratar por nada.

Eu devia vel-as, apenas vel-as;
15 Vel-as até não poder pensar nellas,
Vel-as sem tempo, nem logar,
Ver podendo dispensar tudo menos o que se vê.
É esta a sciencia de ver, que não é nenhuma.[a]

Dizem que em cada coisa uma coisa occulta mora.   **106**
Sim, é ella propria, a coisa sem ser occulta,   5-6-1922
Que mora nella.

Mas eu, com consciencia e sensações e pensamento,
5 Serei como uma coisa?
Que ha a mais ou a menos em mim?
Seria bom e feliz se eu fosse só o meu corpo –
Mas sou tambem outra coisa, mais ou menos que só isso.
Que coisa a mais ou a menos é que eu sou?

10 O vento sopra sem saber.
A planta vive sem saber.
Eu tambem vivo sem saber, mas sei que vivo.
Mas saberei que vivo, ou só saberei que o sei?

a   No verso da folha em que se encontra este poema, o autor escreveu: "Nos *Ultimos poemas* como
que se resente da estada na cidade, ou de leituras ou do [que] quer que seja que lhe é naturalmente
extranho" (67-61ʳ).

Nasço, vivo, morro por um destino em que não mando,
15 Sinto, penso, movo-me por uma força exterior a mim.
Então quem sou eu?

Sou, corpo e alma, o exterior de um interior qualquer?
Ou a minha alma é a consciencia que a força universal
Tem do meu corpo por dentro,
20 Tem do meu corpo ser differente dos outros corpos?
No meio de tudo onde estou eu?

Morto o meu corpo,
Desfeito o meu cerebro,
Eu cousa abstracta, impessoal, sem forma,
25 Já não sente o eu que eu tenho,
Já não pensa com o meu cerebro os pensamentos que eu sinto meus,
Já não move pela minha vontade as minhas mãos que eu movo.

Cessarei assim? Não sei.
Se tiver de cessar assim, ter pena de assim cessar
30 Não me tornará immortal.

107 Dizes-me: tu és mais alguma cousa
[c. 5-6-1922] Que uma pedra ou uma planta.
Dizes-me: sentes, pensas e sabes
Que pensas e sentes.
5 Então as pedras escrevem versos?
Então as plantas teem idéas sobre o mundo?

Sim: ha differença.
Mas não é a differença que encontras;

Porque o ter consciencia não me obriga a ter theorias sobre as
    cousas:
10 Só me obriga a ser consciente.

Se sou mais que uma pedra ou uma planta? Não sei.
Sou differente. Não sei o que é mais ou menos.

Ter consciencia é mais que ter côr?
Pode ser e pode não ser.
15 Sei que é differente apenas.
Ninguem pode provar que é mais que só differente.

Sei que a pedra é real, e que a planta existe.
Sei isto porque ellas existem.
Sei isto porque os meus sentidos m'o mostram.
20 Sei que sou real tambem.
Sei isto porque os meus sentidos m'o mostram,
Embora com menos clareza que me mostram a pedra e a planta.
Não sei mais nada.

Sim, escrevo versos, e a pedra não escreve versos.
25 Sim, faço idéas sobre o mundo, e a planta nenhumas.
Mas é que as pedras não são poetas, são pedras;
E as plantas são plantas só, e não pensadores.
Tanto posso dizer que sou superior a ellas por isto,
Como que sou inferior.
30 Mas não digo isso: digo da pedra, "é uma pedra",
Digo da planta, "é uma planta",
Digo de mim, "sou eu".
E não digo mais nada. Que mais ha a dizer?

108 Hontem o pregador de verdades d'elle
[c. 1923] Fallou outra vez commigo.
Fallou do soffrimento das classes que trabalham
(Não do das pessoas que soffrem, que é afinal quem soffre).
5 Fallou da injustiça de uns terem dinheiro,
E de outros terem fome, que não sei se é fome de comer,
Ou se é só fome da sobremesa alheia.
Fallou de tudo quanto pudesse fazel-o zangar-se.

Que feliz deve ser quem pode pensar na infelicidade dos outros!
10 Que estupido se não sabe que a infelicidade dos outros é d'elles,
Ella não se cura de fóra,
Porque soffrer não é ter falta de tinta
Ou o caixote não ter aros de ferro!

Haver injustiça é como haver morte.
15 Eu nunca daria um passo para alterar
Aquillo a que chamam a injustiça do mundo.
Mil passos que desse para isso
Eram só mil passos.
Acceito a injustiça como acceito uma pedra não ser redonda,
20 E um sobreiro não ter nascido pinheiro ou carvalho.

Cortei a laranja em duas, e as duas partes não podiam ficar eguaes.
Para qual fui injusto – eu, que as vou comer a ambas?

109 Mas para que me comparar com uma flor, se eu sou eu
[c. 1923] E a flor é a flor?

Ah, não comparemos cousa nenhuma; olhemos.
Deixemos analogias, metaphoras, similes.
5 Comparar uma coisa com outra é esquecer essa coisa.
Nenhuma coisa lembra outra se repararmos para ella.
Cada coisa só lembra o que é
E só é o que nada mais é.
Separa-a de todas as outras o facto de que é ella.
10 (E as outras não serem ella).
Tudo é nada ser outra coisa que não é.

O quê? Valho mais que uma flor
Porque ella não sabe que tem côr e eu sei,
Porque ella não sabe que tem perfume e eu sei,
15 Porque ella não tem consciencia de mim e eu tenho consciencia
d'ella?

Mas o que tem uma coisa com a outra
Para que seja superior ou inferior a ella?
Sim, tenho consciencia da planta e ella não a tem de mim.
Mas se a fórma da consciencia é ter consciencia, que ha nisso?
20 A planta, se falasse, podia dizer-me: E o teu perfume?
Podia dizer-me: Tu tens consciencia porque ter consciencia é uma
qualidade humana.
E eu não tenho consciencia porque sou flor, não sou homem.
Tenho perfume e tu não tens, porque sou flor.

Não basta abrir a janella
Para ver os campos e o rio.
Não é bastante não ser cego

110
1923-1924

Para ver as arvores e as flores.
5 É preciso tambem não ter philosophia nenhuma.
Com philosophia não ha arvores: ha idéas apenas.
Ha só cada um de nós, como uma cave.
Ha só uma janella fechada, e todo o mundo lá fóra;
E um sonho do que se poderia ver se a janella se abrisse,
10 Que nunca é o que se vê quando se abre a janella.

111 A neve poz uma toalha empuxada na mesa de tudo.
[1923-1924] Não se sente senão o que se passa dentro de casa.
Embrulho-me num cobertor e não penso sequer em pensar.
Sinto um goso de animal e vagamente penso,
5 E adormeço sem menos utilidade que todas as acções do mundo.

112 Ponham na minha sepultura
13-8-1923[a] Aqui jaz, sem cruz,
Alberto Caeiro
Que foi prova dos deuses...
5 Se os deuses vivem ou não isso é convosco.
Porisso deixei que os recebessem.

a   A data deste poema-epitáfio é paradoxal, porque a morte de Caeiro terá acontecido em 1915. Se o poema dedicado a Ricardo Reis foi o "Penúltimo Poema" em 1922, este terá sido o último por volta de 1923; ambos foram manuscritos no caderno de *O Guardador*.

Primeiro prenuncio da trovoada de depois de amanhã, **113**

As primeiras nuvens, brancas, pairam baixas no céu mortiço. 10-7-1930

Da trovoada de depois de amanhã?

Tenho a certeza, mas a certeza é mentira.

5 Ter certeza é não estar vendo.

Depois de amanhã não ha.

O que ha é isto:

Um céu de azul, um pouco baço, umas nuvens brancas no horizonte,

Com um retoque sujo em baixo como se viesse negro depois.

10 Isto é o que hoje é,

E, como hoje por emquanto é tudo, isto é tudo.

Quem sabe se eu estarei morto depois de amanhã?

Se eu estiver morto depois de amanhã, a trovoada de depois de
amanhã

Será outra trovoada do que seria se eu não tivesse morrido.

15 Bem sei que a trovoada não cahe da minha vista,

Mas se eu não estiver no mundo, o mundo será differente —

Haverá eu a menos —

E a trovoada cahirá num mundo differente e não será a mesma
trovoada.

Seja como fôr, a que cahir é que estará cahindo quando cahir.

A Ricardo Reis **114**

7-5-1922

Tambem sei fazer conjecturas.

Ha em cada cousa aquillo que ella é e que a anima.

Na planta está por fora e é uma nympha pequena.

No animal é um ser interior longinquo.

5 No homem é a alma que vive com elle e é já elle.

Nos deuses tem o mesmo tamanho
E o mesmo espaço que o corpo
E é a mesma cousa que o corpo,
Porisso se diz que os deuses nunca morrem.
10 Porisso os deuses não teem corpo e alma
Mas só corpo e são perfeitos.
O corpo é que lhes é alma
E teem a consciencia na propria carne divina.[a]

115 É talvez o ultimo dia da minha vida.
[ante 1930] Saudei o sol, levantando a mão direita,
Mas não o saudei, para lhe dizer adeus.
Fiz signal de gostar de o ver ainda, mais nada.[b]

a No manuscrito deste poema, encontra-se uma indicação tardia, "Penultimo Poema", seguida desta frase: "aquelle assombroso poema de Caeiro, que é a mythologia inteira". Também existe uma nota tardia, mais desenvolvida, depois do último verso: "A[lvaro] [de] C[ampos]. "aquelle prodigioso poema do meu Mestre Caeiro em que de repente num assomo de entender R[icardo] Reis deu um passo ao lado e colheu o paganismo da haste onde sorria á berma da estrada"." Este poema ficou fora da ordem cronológica para respeitar a indicação do autor.
b Poema encimado pelo nome de Caeiro e duas indicações: "Last poem" e, entre parênteses, "dictado pelo poeta no dia da sua morte". Terá sido escrito antes do poema "Primeiro prenuncio da trovoada de depois de amanhã", que evoca trechos do *Livro do Desassossego*.

POESIA

ANEXOS

I. CLEARLY CAEIRO

Os textos seguintes são fragmentários, ficaram inacabados ou podem considerar-se esboços, mas foram atribuídos explicitamente a Alberto Caeiro. Por baixo de um deles ("Fallaram-me em homens"), figuram variantes dos poemas XLV e XXIII de O Guardador de Rebanhos. *Quase todos serão versos que acabaram por não entrar n'* O Guardador. *Os primeiros dois, por exemplo, lembram os versos 11-12 do poema I.*

Sinto-me recemnascido a cada momento
Para a nova novidade do mundo.

Anexo 1
[c. 1914]

E tudo o que se sente directamente traz palavras novas.

Anexo 2
[c. 1914]

O verde do ceu azul antes do sol estar para nascer,
E o azul branco do occidente onde o brilhar do sol se sumiu.

Anexo 3
[c. 1914]

Anexo 4
[c. 1914]
As cores verdadeiras das coisas que os olhos vêem –
O luar não branco mas cinzento azulado a espelhar quando bate.

Anexo 5
[c. 1914]
Contenta-me ver com os olhos e não com as paginas lidas.

Anexo 6
[c. 1914]
Como uma creança antes de a ensinarem a ser grande,
Sou verdadeiro e leal ao que vejo e ouço.

Anexo 7
[c. 1914]
Não sei o que é conhecer-me. Não vejo para dentro.
Não acredito que eu exista por detraz de mim.

Anexo 8
[c. 1914]
Patriota? Não: só portuguez.
Nasci portuguez como nasci louro e de olhos azues.
Se nasci para fallar, tenho que fallar uma lingua.

Anexo 9
[c. 1914]
Deito-me ao comprido sobre a terra com herva
E esqueço tudo quanto me ensinaram.
O que me ensinaram nunca me deu mais calor nem mais frio.
O que me disseram que havia nunca me alterou a fórma de uma
    coisa.
5   O que me aprenderam a vêr nunca tocou nos meus olhos.
O que me apontaram nunca estava ahi: estava alli só o que alli estava.

Fallaram-me em homens, em humanidade,
Mas eu nunca vi homens, nunca vi humanidade.
Vi varios um-homem assombrosamente differentes um do outro,
Cada um separado do outro por um espaço sem homens.

Anexo 10
[c. 1914]

Nunca busquei viver a minha vida.
A minha vida viveu-se sem que eu quizesse ou não quizesse.
Só quiz vêr como se não tivesse alma.
Só quiz vêr como se fossem meus olhos que vissem.

Anexo 11
[c. 1914]

Quem tem as flôres não precisa de Deus.

Anexo 12
[c. 1914]

II. MORA OU CAEIRO

Este fragmento foi atribuído por Fernando Pessoa a dois autores ficcionais, daí a sua inclusão em apêndice, acentuando o seu carácter aberto.

Anexo 13
[c. 1916]

Acceita o universo
Como t'o deram os deuses.
Se os deuses te quizessem dar outro
Ter-t'O hiam dado.

5 Se ha outras materias e outros mundos –
Haja.

III. DE CAEIRO A CAMPOS

Esta secção complementa a secção correspondente do volume Obras Completas de Álvaro de Campos (2014), em que se incluem poemas que revelam a transição de um Caeiro vanguardista para um Campos sensacionista. O poema ora transcrito, encimado pela indicação geral "5 Odes", isto é, Cinco Odes Futuristas (cf. 48-27, a segunda lista de poemas de O Guardador), revela um Caeiro em botão.

Como por cada gesto que ella faz a Realidade fica mais rica,
A cada jeito das suas mãos ha mais Universo.

Anexo 14
[c. 1914]

◊

E a rapariga que cose á janella, de cabeça baixa,
5 Quem pode desprezar olhal-a como se ella fôsse
Uma ponte sobre a capital de um grande imperio...
Ella é real do mesmo modo que uma capital imensa
E um claro dia que finda...
Vêde os seus gestos tão reaes e do corpo d'ella...
Tão collocados alli na presença visual d'ella...

IV. MAYBE CAEIRO

Incluímos nesta secção dois textos que Pessoa atribuiu a Caeiro, mas acrescentando um ponto de interrogação junto ao nome. São vários os textos não necessariamente atribuíveis a Caeiro. A nosso ver, por exemplo, os poemas que começam "Medo da morte" e "Então os meus versos tem sentido" (69-49°), de c. 1928, não são necessariamente de Caeiro.

Anexo 15
1-10-1917
No dia brancamente nublado entristeço quasi a medo
E ponho-me a meditar nos problemas que finjo...

Se o homem fôsse, como deveria ser,
Não um animal doente, mas o mais perfeito dos animaes,
5 Animal directo e não indirecto,
Devia ser outra a sua fórma de encontrar um sentido ás cousas,
Outra e verdadeira.
Deviamos haver adquirido um *sentido* do "conjuncto",
Um sentido, como ver e ouvir, do "total" das cousas
10 E não, como temos, um *pensamento* do "conjuncto",
E não, como temos, uma *idéa* do "total" das cousas.
E assim – veriamos – não teriamos noção do *conjuncto* ou do *total*,
Porque o *sentido* de "total" ou de "conjuncto" não seria de um "total"
ou de um "conjuncto"
Mas da verdadeira Natureza talvez nem todo nem partes.

15 O unico mysterio do Universo é o mais e não o menos.
Percebemos de mais as cousas – eis o erro e a duvida.
O que existe transcende para baixo o que julgamos que existe.
A Realidade é apenas real e não pensada.
O Universo não é uma idéa minha.
20 A minha idéa de Universo é que é uma idéa minha.
A noite não anoitece pelos meus olhos.
A minha idéa de noite é que anoitece por meus olhos.
Fóra de eu pensar e de haver quaesquer pensamentos
A noite anoitece concretamente
25 E o fulgor das estrellas existe como se tivesse peso.

Assim como falham as palavras quando queremos exprimir
qualquer pensamento,
Assim falham os pensamentos quando queremos pensar qualquer
realidade.
Mas, como a essencia do pensamento não é ser dito, mas ser
pensado,
Assim é a essencia da realidade o existir, não o ser pensada.
30 Assim tudo o que existe, simplesmente existe.
O resto é uma especie de somno que temos,
Uma velhice que nos acompanha desde a infancia da doença.

O espelho reflecte certo; não erra porque não pensa.
Pensar é essencialmente errar.
35 Errar é essencialmente estar cego e surdo.

Estas verdades não são perfeitas porque são ditas,
E antes de ditas, pensadas:
Mas no fundo o que está certo é ellas negarem-se a si proprias,
Na negação affirmativa de affirmar qualquer cousa.

40 A unica affirmação é ser,
É só o affirmativo é o que não precisa de mim...

Hoje de manhã sahi muito cedo,
Por ter acordado ainda muito mais cedo
E não ter nada que quizesse fazer...

Não sabia que caminho tomar
5 Mas o vento varria para um lado,
E segui o caminho para onde o vento me soprava nas costas.

Assim tem sido sempre a minha vida, e assim quero que possa ser
sempre —
Vou onde o vento me leva e então não preciso pensar.

V. PROJECTOS

As seguintes são as três listas que se conservam referentes aos dois pro-
jectos mais desenvolvidos de Alberto Caeiro: O Guardador de Rebanhos
e os Poemas Inconjunctos. *O terceiro,* O Pastor Amoroso, *é um pro-*
jecto que ficou menos acabado e definido, embora Fernando Pessoa diga
a João Gaspar Simões, em carta de 25 de Fevereiro de 1933, que, das três
colecções, apenas os Poemas Inconjunctos *precisavam de uma revisão*
"verbal" e "psicológica".

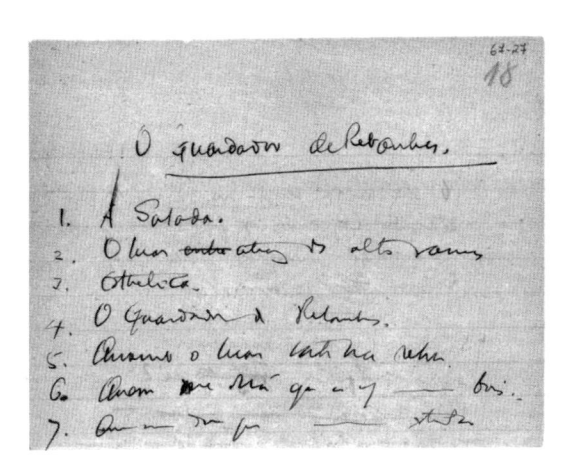

a   Talvez se trate de "Não me importo com as rimas. Nenhumas vezes".

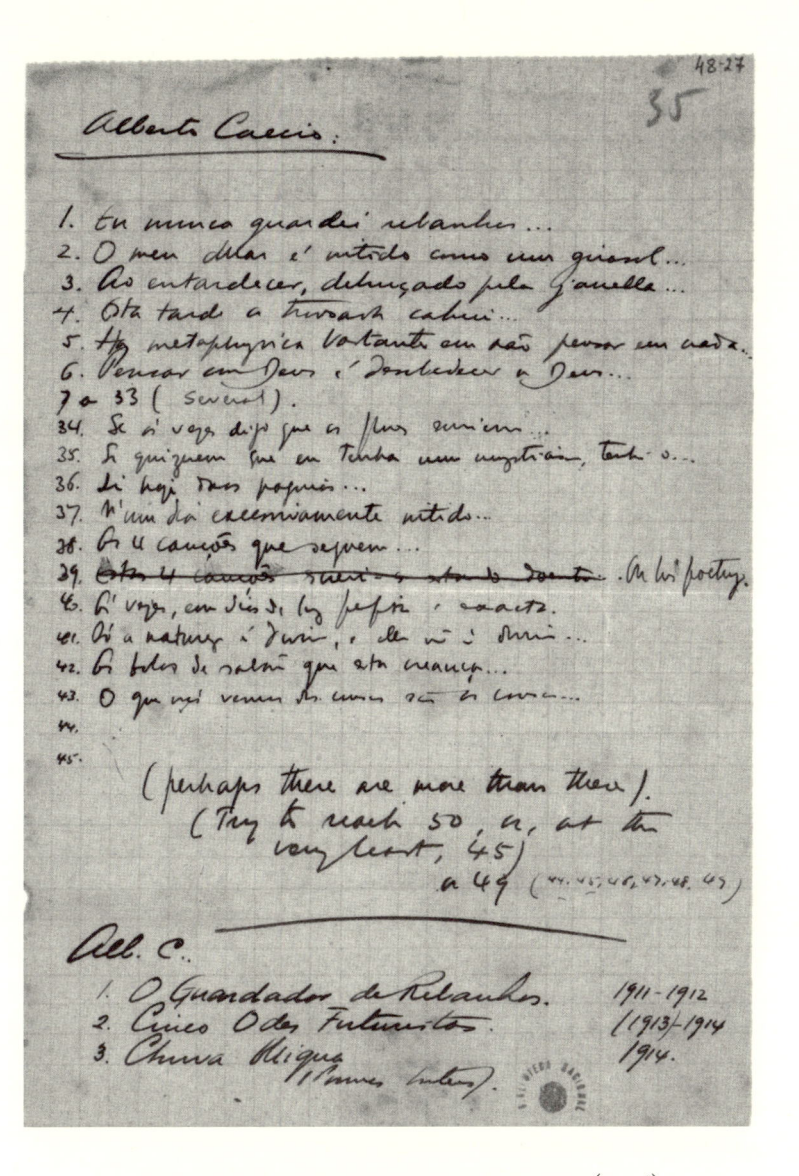

44. ◊
45. ◊

   (perhaps there are more than these).
   (Try to reach 50, or, at the very least, 45)
                          or 49 (44, 45, 46, 47, 48, 49)

   ─────────────────────────────

Alb[erto] C[aeiro].
1. O Guardador de Rebanhos.   1911-1912[a]
2. Cinco Odes Futuristas.   (1913)-1914[2]
3. Chuva Obliqua   1914.
          (Poemas Inters[eccionistas]).

Anexo 19 CAEIRO
[post 1919]

1   Góso os campos _____   20/4/1919
2   Entre o q[ue] vejo de um campo _____   "
3   Tu, mystico _____   12.4.1919
4   Pastor do monte _____   "
5   Creança Desconhecida e Suja _____   "
6   Petala dobrada _____   "
7   Ah, querem uma luz melhor que a do sol ___   "
8   Verdade, mentira, certeza, incerteza _____   "
9   Uma gargalhada de rapariga _____   "
10 Noite de S. João _____   "
11 Sim: existo dentro do meu corpo _____ 20.6.1919
12 Não tenho pressa _____   "
13 O conto antigo da Gata Borralheira _____ 12.4.1919
14 Duas horas e meia da madrugada _____   "

a   Esta é a mesma data que figura no fim do caderno de *O Guardador.*

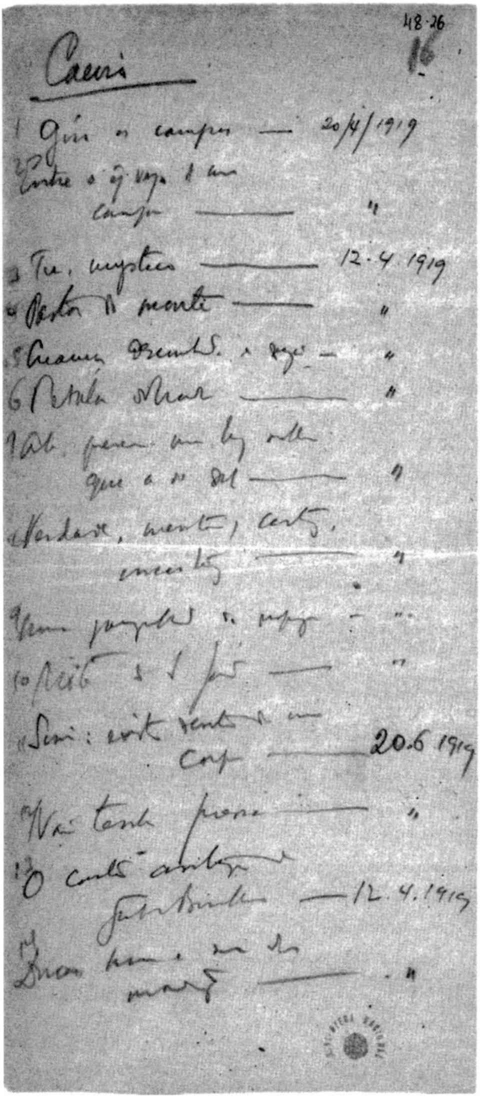

LISTA DE POEMAS DOS *POEMAS INCONJUNCTOS* (48-26[r])
CATORZE POEMAS DE 12 DE ABRIL E 20 DE JUNHO DE 1919

POESIA

CADERNO

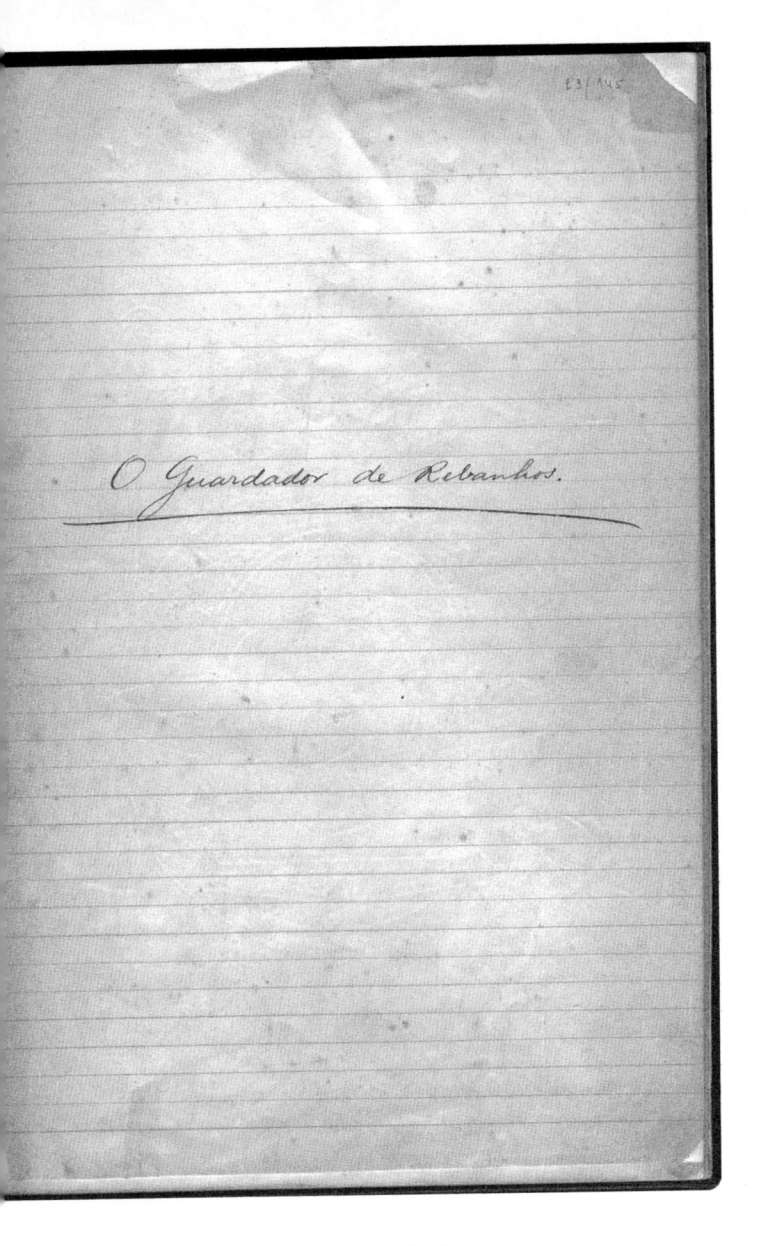

O Guardador de Rebanhos.

CADERNO DE *O GUARDADOR DE REBANHOS* (145)
A ENCADERNAÇÃO DE COURO VERMELHO É POSTERIOR À MORTE DE PESSOA.

OBRA COMPLETA DE ALBERTO CAEIRO | 139

FOLHA DE PAPEL ALMAÇO DE PAUTAS AZUIS (145ᵛ)

Como um pôr do sol para um amigo

Como um pôr de sol é para mim

Triste como um pôr de sol para quem não vê.

I.

Eu nunca guardei rebanhos,
Mas é como se os guardasse...
Minh'alma é como um pastor,
Pertence ao vento e ao sol
E anda pela mão das Estações
A correr e a brincar.
Toda a paz da Natureza sem gente
Vem sentar-se a meu lado...
Mas eu fico triste como um pôr de sol
Quando acontece ao fundo da planura
E se sente a noite entrar
Como uma borboleta pela janella.

Mas a minha tristeza é alegria
Porque é natural e justa
E é o que deve ter a alma
Quando já pensa que existe
E as mãos colhem flores sem ella dar por isso...

Como um ruido de chocalhos
Para além da curva da estrada,
Os meus pensamentos são contentes.
Só tenho pena de saber que elles são contentes,
Porque, se o não soubesse,
Em vez de serem contentes e tristes,
Seriam alegres e contentes...

Pensar incommoda como andar à chuva
Quando o vento cresce e parece que chove mais...

PÁGINA NÃO PREENCHIDA (145-1ᵛ)

2.

Não tenho ambições nem desejos...
Ser poeta não é uma ambição minha.
É a minha maneira de estar sozinho a minha sombra.

E se desejo às vezes
Ser árvore ou ser cordeirinho
(Ou ser o rebanho todo
Para andar espalhado por toda a encosta
A ser muita cousa feliz ao mesmo tempo),
É só porque escrevo ao pôr-do-sol,
Ou quando uma nuvem passa a mão por cima da luz
E corre um silêncio pela herva fóra...

Quando me sento a escrever versos
Ou, passeando nos caminhos ou pelos atalhos,
Escrevo versos n'um papel que está dentro do meu pensamento,
Sinto um cajado nas mãos
E vejo o recorte de mim
No cimo d'um outeiro,
Olhando para o meu rebanho e vendo as minhas idéas,
Ou olhando para as minhas idéas e vendo o meu rebanho,
E sorrindo vagamente como quem não comprehende
o que se diz
E quere fingir que comprehende...

Saúdo todos que me lerem,
Tirando-lhes o chapeu largo,
Da minha porta
Mal a diligencia passa ao cimo do outeiro...
Saúdo-os e desejo-lhes sol,
E chuva, quando a chuva é precisa,
E que as suas casas tenham
Ao pé d'uma janella aberta
Uma cadeira predilecta
Onde se sentem, lendo os meus versos...

POEMA I, SEGUNDA FOLHA (145-2ʳ)
UM TRAÇO VERTICAL OU HORIZONTAL CORTADO INDICA HESITAÇÃO.

PÁGINA NÃO PREENCHIDA (145-2ᵛ)

144   FERNANDO PESSOA

E ao lerem os meus versos pensem
Que sou qualquer coisa natural —
Por exemplo, a árvore antiga
À sombra da qual quando crianças
Se sentavam com um baque, cansados de brincar,
E limpavam o suor da testa quente
Com a manga do bibe riscado...
[8-3-1914]

II.

O meu olhar é nítido como um girassol.
Tenho o costume de andar pelas estradas
Olhando para a direita e para a esquerda,
E de vez em quando olhando para trás...
E o que vejo a cada momento
É aquillo que nunca antes eu tinha visto,
E eu sei dar por isso muito bem...
Sei ter o pasmo essencial
Que tem uma criança se, ao nascer,
Reparasse que nascera deveras...
Sinto-me nascido a cada momento
Para a eterna novidade do mundo...

Creio no mundo como a'um malmequer,
Porque o vejo. Mas não penso n'elle
Porque pensar é não comprehender...
O mundo não se fez para pensarmos n'elle
(Pensar é estar doente dos olhos)
Mas para olharmos para elle e estarmos de accôrdo.

Eu não tenho philosophia: tenho sentidos...
Se fallo na Natureza não é porque saiba o que ella é,
Mas porque a amo, e amo-a por isso,
Porque quem ama nunca sabe o que ama

POEMA II, TERCEIRA FOLHA (145-3ʳ)
A DATA, "[8-3-191<3>/4\]", FOI ACRESCENTADA TARDIAMENTE.

OBRA COMPLETA DE ALBERTO CAEIRO | 145

PÁGINA NÃO PREENCHIDA (145-3ᵛ)

[8-3-1914]

III

IV

POEMAS III E IV, QUARTA FOLHA (145-4ʳ)
A DATA "TRIUNFAL", "[8-3-1914]", JÁ NÃO CONSTA DO POEMA III.

OBRA COMPLETA DE ALBERTO CAEIRO | 147

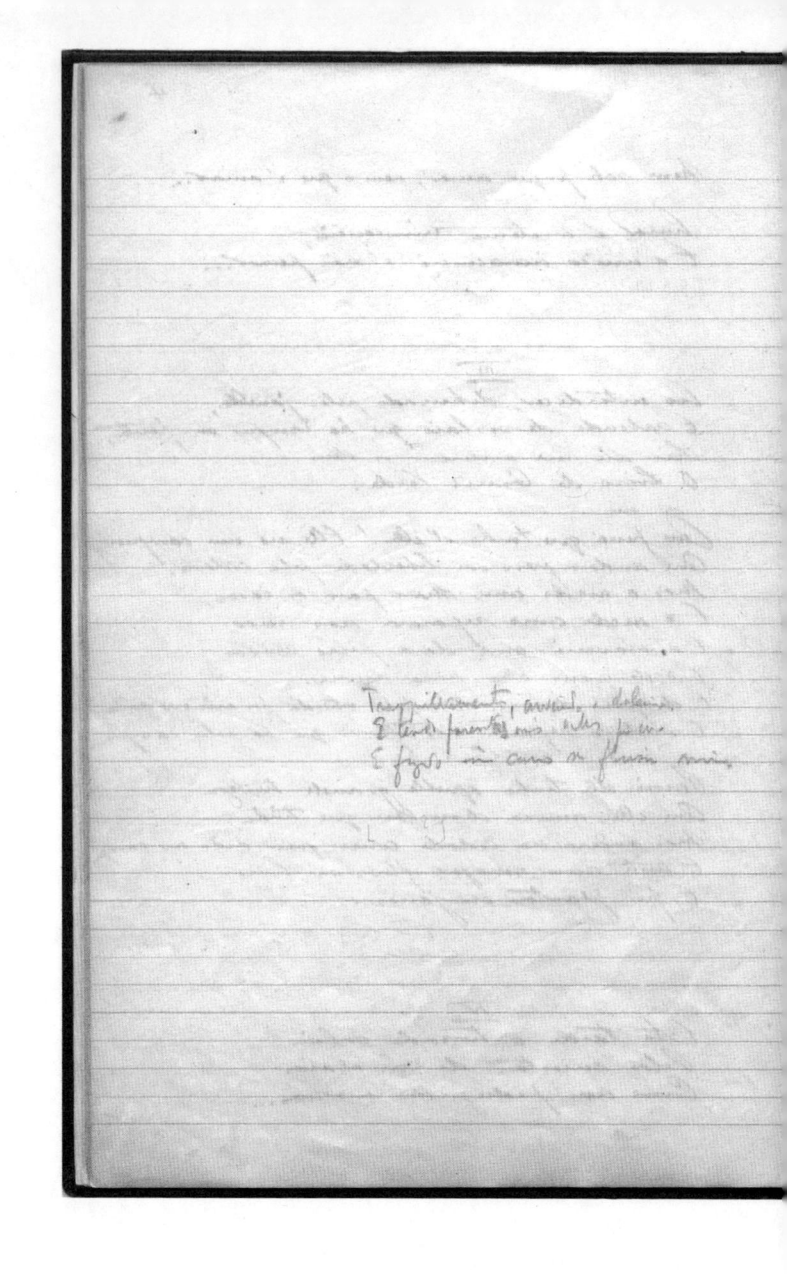

Como alguem que d'uma janella alta
Sacode uma toalha de mesa,
E as migalhas, por cahirem todas juntas,
Fazem algum barulho ao cahir,
A chuva chovia do céu
E ennegrecia os caminhos...

Quando os relampagos sacudiram o ar
E abanaram o espaço
Como uma grande cabeça que diz que não,
Não sei porquê — eu não tinha medo —
Puz-me a rezar a Santa Barbara
Como se eu fosse a velha tia de alguem...

Ah, é que rezando a Santa Barbara
Eu sentia-me ainda mais simples
Do que julgo que sou...
Sentia-me familiar e caseiro
E tendo passado a vida
Tranquillamente, como o muro do quintal;
Tendo ideias e sentimentos por os ter
Como uma flor tem perfume e cor...

Sentia-me alguem que pode acreditar em Santa Barbara...
Ah, poder crer em Santa Barbara!

(Quem crê que ha Santa Barbara,
Julgará que ella é gente e visivel
Ou que julgará d'ella?)

(Que artificio! Que sabem
As flores, as arvores, os rebanhos
De Santa Barbara?... Um ramo de arvore,
Se pensasse, nunca poderia
Construir santos nem anjos...)

POEMA IV, QUINTA FOLHA (145-5ʳ)
VÁRIAS MARCAS DE HESITAÇÃO À ESQUERDA DE TRÊS VERSOS

PÁGINA NÃO PREENCHIDA (145-5ᵛ)

Poderei julgar que o sol
É Deus, e que a trovoada
É uma quantidade de gente
Zangada por cima de nós...
Ah, como os mais simples dos homens
São doentes e confusos e estúpidos
Ao pé da clara simplicidade
E saúde em existir
Dos animais e das plantas!)

E eu, pensando em tudo isto,
Fiquei outra vez menos feliz.
Fiquei sombrio e adoecido e noturno
Como um dia em que todo o dia a trovoada ameaça,
E nem sequer de noite chega...

V. X

Ha metaphysica bastante em não pensar em nada

O que penso eu do mundo?
Sei lá o que penso do mundo!...
Se eu adoecesse pensaria nisso...

Que idéa tenho eu das cousas?
Que opinião tenho sobre as causas e os effeitos?
Que tenho eu meditado sobre Deus e christos
E sobre a creação do mundo?
Não sei. Para mim pensar nisso é fechar os olhos
E não pensar. É correr as cortinas
Da minha janella (mas ella não tem cortinas)...

O mysterio das cousas? Sei lá o que é mysterio!
O unico mysterio é haver quem pense no mysterio.

Quem está ao sol e fecha os olhos,
Começa a não saber o que é o sol
E a pensar muitas cousas cheias de calor...
Mas abre os olhos, e vê o sol,
E já não pode pensar em nada,
Porque a luz do sol vale mais que os pensamentos
De todos os philosophos e de todos os poetas...
A luz do sol não sabe o que faz
E por isso não erra e é commum e boa...

Metaphysica? Que metaphysica teem aquelles arvores?
A de serem verdes e copadas e de terem ramos
E a de dar fructo na sua hora, o que não nos faz pensar,
A nós que não sabemos dar por ellas...
Mas que melhor metaphysica que a d'elles,
Que é a de não saber para que vivem
Nem saber que o não sabem?...

"Constituição intima das cousas"...
"Sentido intimo dos pensamentos"...
Tudo isto é falso, tudo isto não quer dizer nada.
É incrivel que se possa pensar em cousas d'essas
É como pensar em razões e objectivos
Quando o começo da manhã está raiando, e pelos lados das arvores
Um vago ouro lustroso vae perdendo a escuridão...

Pensar no sentido intimo das cousas
É accrescentado, como pensar na saúde
Ou levar um copo á agua das fontes...

O unico sentido intimo das cousas
É ellas não terem sentido intimo nenhum...

Não acredito em Deus porque nunca o vi.
Se elle quizesse que eu acreditasse n'elle,

Sem dúvida que vinha fallar commigo,
E entrava pela minha porta dentro
Dizendo-me — Aqui estou!

(Isto é talvez ridículo aos ouvidos
De quem, por não saber o que é olhar para as coisas,
Não comprehende quem falla d'ellas
Com o modo de fallar que reparar para ellas ensina.)

Mas se Deus é as flores e as arvores
E os montes e o sol e o luar,
Então acredito n'elle,
Então acredito n'elle a toda a hora,
E a minha vida é toda uma oração e uma missa,
E uma communhão pelos olhos e pelos ouvidos...

Mas se Deus é as arvores e as flores
E os montes e o luar e o sol,
Para que lhe chamo eu Deus?
Chamo-lhe flôr e arvore e monte e sol e luar,
Porque, se elle se fez, para eu o ver,
Sol e luar e flores e arvores e montes,
Se elle me apparece como sendo arvore e monte
E luar e sol e flores,
É que elle quer que eu o conheça
Como arvore e monte e flôr e luar e sol...

E por isso eu obedeço-lhe,
(Que mais sei eu de Deus que Deus de si proprio?),
Obedeço-lhe a viver, espontaneamente,
Como quem abre os olhos e vê,
E chamo-lhe luar e sol e flôr e arvore e monte,
E amo-o sem pensar n'elle,
E penso-o vendo e ouvindo
E ando com elle a toda a hora...

VI

Pensar em Deus é desobedecer a Deus,
Porque Deus quis que o não conhecêssemos,
Por isso se nos não mostrou...

Sejamos simples e calmos,
Como os regatos e as árvores,
E Deus amar-nos-á fazendo de nós
Belos como as árvores e os regatos,
E dar-nos-á verdor na sua primavera,
E um rio aonde ir ter quando acabemos!...

VII.

Da minha aldeia vejo quanto da terra se pode ver do universo...
Por isso a minha aldeia é tão grande como outra terra qualquer
Porque eu sou do tamanho do que vejo
E não do tamanho da minha altura...

Nas cidades a vida é mais pequena
Que aqui na minha casa no cimo d'este outeiro.
Na cidade as grandes casas fecham a vista à chave,
Escondem o horizonte, empurram o nosso olhar para longe de todo o céu,
Tornam-nos pequenos porque nos tiram o que os nossos olhos nos podem dar,
E tornam-nos pobres porque a nossa única riqueza é ver.

VIII.

N'um meio-dia de fim de primavera
Tive um sonho como uma fotografia...

PÁGINA NÃO PREENCHIDA (145-9ᵛ)

Vi Jesus Christo descer á terra.

Veio pela encosta d'um monte,
Tornado outra vez menino,
A correr e a rolar-se na herva
E a arrancar flores para as deitar fóra
E a rir de modo a ouvir-se de longe.

Tinha fugido do céu.
Era *bom* de mais para ~~o~~ *fazer figu* *por fingir*
De segunda pessoa da ~~Trindade~~ ...
No céu era tudo falso, tudo em desaccordo
Com (as) flores e (as) arvores e (as) pedras ..
No céu tinha que estar sempre ~~serio~~
E de vez em quando de se tornar outra vez homem
E subir para a cruz, e estar sempre a morrer,
Com uma coisa desagradavel *toda á roda* de espinhos
E os pés espetados por um prego *com cabeça*,
E até com um trapo á roda *da cintura*
Como os pretos nas illustrações ...
Nem sequer o deixavam ter pae e mãe
Como as outras creanças ...
O seu pae era duas pessoas —
Um velho chamado José, *de profissão* carpinteiro,
E que não era pae d'elle;
E o outro pae era uma pomba estupida,
A unica pomba feia do mundo
Porque não era do mundo ~~e~~ *nem* era pomba ...
E a sua mãe não tinha amado antes de o ter ...
Não era mulher: era uma mala
Em que elle tinha vindo do céu ...
E queriam que elle, que nunca tivera mãe,
E nunca tivera pae para *respeitar*,
Prégasse a bondade e a justiça! ...

Um dia que Deus estava a dormir
E o Espírito-Santo andava a voar,
Elle foi á caixa dos milagres e roubou tres.
Com o primeiro fez que ninguem soubesse que elle
Com o segundo creou-se eternamente [tinha olvido] [humano e divino]
Com o terceiro creou um Christo eternamente na cruz
E deixou-o pregado na cruz que ha no céu
E serve de modelo ás outras...
Depois fugiu para o sol
E desceu pelo primeiro raio que apanhou...

Hoje vive na minha aldeia commigo...
É uma creança bonita e natural.
Assoa-se ao braço direito,
Chapinha nas pôças de agua,
Colhe as flores e gosta d'ellas
Como qualquer creança nada divina...
Atira pedras aos burros,
Rouba a fructa dos pomares
E foge a chorar e a gritar dos cães...
E, porque sabe que ellas não gostam
E que toda a gente acha graça,
Corre atraz das raparigas
Que vão em ranchos pelas estradas
Com as bilhas á cabeça
E levanta-lhes as saias...

E a mim ensinou-me tudo...
Ensinou-me a olhar para as cousas...
Aponta-me todos os detalhes das flores
Mostra-me como as pedras são engraçadas
Quando a gente as tem na mão
E olha devagar para ellas...

Dizme muito mal de Deus...

POEMA VIII, UNDÉCIMA FOLHA (145-11ʳ)

PÁGINA NÃO PREENCHIDA (145-11ᵛ)

Diz que elle é' um velho estúpido e doente
Sempre a escarrar no chão
E a dizer indecências.
A Virgem Maria leva as tardes da eternidade a fiar
E o Espírito-Santo coça-se com o bico
E empoleira-se nas cadeiras e suja-as...
Tudo no céu é estúpido como a Egreja Cathólica...
Diz-me que Deus não percebe nada
Das coisas que criou —
"E é que elle as criou, do que duvido." —
Elle diz, por exemplo, que as flores cantam a sua glória
Mas as flores não cantam nada.
Se cantassem ~~não~~ ~~seriam~~ flores seriam ~~flores~~
E estrangeiras à sua belleza ~~se são cantando~~
Que é ser só perfume e côr...

E depois, cansado de dizer mal de Deus,
O Menino Jesus adormece nos meus braços
E eu levo-o ao collo para casa...

Elle mora commigo na minha casa ~~...~~
Elle é a Eterna Creança, o deus que faltava...
Elle é o humano que é natural,
Elle é o ~~...~~ flor que ~~falta~~ é que ri e que brinca
E provo é que eu sei com toda a certeza
Que elle é o Menino Jesus ~~...~~ verdadeiro.

E a creança tão humana que é divina
É esta minha quotidiana vida de poeta,
E é porque elle anda sempre commigo que eu sou
E que o meu mínimo olhar
Me enche de commoção,
E o mais pequeno som, ao... ou...,
Ortenece-se em mim...

PÁGINA NÃO PREENCHIDA (145-12ᵛ)

A Creança Nova que habita commigo
Dá-me uma mão a mim
E a outra á Natureza
E vamos os tres pelo caminho da minha alma
Saltando e cantando e rindo
E gozando o nosso segredo commum
Que é o de saber por todas as pedras
Que não ha mysterio no mundo
E tudo vale a pena...

A Creança Eterna acompanha-me sempre...
A direcção do meu olhar é o seu dedo apontando
O meu ouvido attento alegremente a todos os sons
São as cocegas que elle me faz, brincando, nas orelhas...

Damo'-nos tão bem um com o outro
Na companhia da Natureza
Que nunca pensamos um no outro,
Mas vivemos juntos e dois
Com um accordo intimo
Como a mão direita e a esquerda...

Ao anoitecer brincamos as cinco pedrinhas
No degrau da porta de casa,
Graves como convém a um deus e a um poeta,
E como se cada pedra
Fosse todo um universo.
E fosse por isso lamentavel
Deixal-a cahir no chão...

Depois conta-lhe historias das coisas só dos homens
E ella sorri, porque tudo é absurdo...
Ri dos reis e dos ....,
E tem pena de ouvir fallar das guerras,
E dos commercios, e dos navios

POEMA VIII, DÉCIMA TERCEIRA FOLHA (145-13ʳ)

OBRA COMPLETA DE ALBERTO CAEIRO | 165

PÁGINA NÃO PREENCHIDA (145-13ᵛ)

Que põem fumo no ar dos altos mares...
Porque elle sabe que isto tudo falta aquella verdade
Que uma *flor* tem ao florescer
E que anda com a luz do sol
A pensar os montes e os valles
E a enxergar as nuvens das quintas...
Depois elle adormece e eu deito-o.
Eu levo-o ao collo para dentro de casa
E deito-o, despindo-o lentamente
E como seguindo um ritual columna,
E todo materno até ás lagrimas...

Elle dorme dentro da minh'alma
E ás vezes acorda de noite
E brinca com os meus sonhos.
Vira uns de pernas para o ar,
Põe uns em cima dos outros
E bate as palmas sosinho,
Sorrindo para o meu somno...

Quando eu morrer, filhinho,
Seja eu a criança, o mais pequeno.
Pega-me tu ao collo
E leva-me para dentro da tua casa.
Despe o meu ser cansado e humano
E deita-me na tua cama.
E conta-me historias, caso eu acorde,
Para eu adormecer...
E dá'-me sonhos teus para eu brincar
Até que nasça qualquer dia
Que tu sabes qual é...

Esta é a historia do meu Menino Jesus.
Porque não ha-de ser ella mais verdadeira

Que tudo quanto os philosophos pensam
E tudo quanto as religiões ensinam?...

IX.

Sou um guardador de rebanhos.
O rebanho é os meus pensamentos
E os meus pensamentos são todos sensações.
Penso com os olhos e com os ouvidos
E com as mãos e com os pés
E com o nariz e a bocca...

Pensar uma flôr é vel-a e cheiral-a
E comer um fructo é saber-lhe o sentido...

Por isso quando n'um dia de calor
Me sinto triste de gozal-o tanto,
E me deito ao comprido na herva
E fecho os olhos quentes,
Sinto todo o meu corpo deitado na realidade,
Sei a verdade e sou feliz.

X.

"Ha', guardador de rebanhos,
ahi á beira da estrada,
Que te diz o vento que passa?"

"Que é vento, e que passa,
E que já' passou antes,
E que passará' depois...
E a ti o que te diz?"

PÁGINA NÃO PREENCHIDA (145-15ᵛ)

16

"Muita coisa mais do que isso...
Falla-me de muitas outras coisas...
De memorias e de coisas distantes
E de coisas que nunca foram..."

"Nunca ouviste passar o vento.
O vento só falla do vento.
O que me ouviste foi mentira,
E a mentira está com ti..."

XI.

Aquella senhora tem um piano
Que é agradavel mas não é o correr dos rios
Nem o murmurio que as arvores fazem...

Para que é preciso ter um piano?
O melhor é ter ouvidos
E amar a Natureza.

XII

Os pastores de Virgilio tocavam avenas e outras
E cantavam de amor literariamente
(Depois — eu nunca li Virgilio.
Para que o havia eu de ler?).

Mas os pastores de Virgilio, coitados, são Virgilio,
E a Natureza é bella e antiga.

PÁGINA NÃO PREENCHIDA (145-16^v)

17

XIII

Leve, leve, muito leve,
Um vento muito leve passa,
E vae-se, sempre muito leve...
E eu não sei o que penso
nem procuro sabel-o...

XIV.

Não me importo com as rimas. Raras vezes
Ha duas arvores eguaes, uma ao lado da outra.
Penso e escrevo como as flôres teem côr
Mas com menos perfeição no meu modo de exprimir-me
Porque me falta a simplicidade divina
De ser todo só o meu exterior.

Olho e commovo-me,
Commovo-me como a agua corre quando o chão é inclinado
E a minha poesia é natural como o levantar-se vento...

XV

As quatro canções que seguem
Separam-se de tudo quanto o que eu penso,
Mentem a tudo o que eu sinto,
São do contrario do que eu sou...

Escrevi as estando doente
E por isso ellas são naturaes
E concordam com aquillo que sinto,
Concordam com aquillo com que não concordam...
Estando doente devo pensar o contrario
Do que penso quando estou são

POEMAS XIII, XIV E XV, DÉCIMA SÉTIMA FOLHA (145-17ʳ)
DE NEGRA, A TINTA PASSA A AZUL-CLARA NO *INCIPIT* DO POEMA XIV.

(Senão não estarei doente),
Devo sentir o contrário do que sinto
Quando sou eu em saúde,
Devo mentir à minha natureza
A natureza que sente de certa maneira...
Devo ser todo doente — ideias e tudo.
Quando estou doente, não estou doente para outra coisa.

Porisso essas canções que me renegam
Não são capazes de me renegar
E são a paysagem da minha alma de noite
A mesma ao contrário...

XVI

Quem me dera que a minha vida fosse um carro de bois
Que vem a chiar, manhaninha cedo, pela estrada,
E que para de onde veio volta depois
Quasi à nortinha pela mesma estrada.

Eu não tinha que ter esperanças — tinha só que ter rodas...
A minha velhice não tinha rugas nem cabello branco
Quando eu já não servia, tiravam-me as rodas
E eu ficava virado e partido no fundo de um barranco.

"WITHDRAW (EARLY)" —
INDICAÇÃO RELATIVA AOS POEMAS XVII E XVIII (145-18^v)

XVII. (early)

A Salada

No meu prato que mistura de Natureza!
As minhas irmãs as plantas,
As companheiras das fontes, as santas
A quem ninguém reza...

E cortam-as e vêem á nossa meza
E nos hoteis os hospedes ruidosos,
Que chegam com correias tendo mantas,
Pedem "salada", descuidosos...,

Sem pensar que exigem á Terra-Mãe
A sua frescura e os seus filhos primeiros,
As primeiras verdes palavras que ella tem,
As primeiras cousas vivas e irisantes
Que Noé viu
Quando as aguas desceram e o cume dos montes
Verde e alagado surgiu
E no ar por onde a pomba apparecem
O arco-iris se esbateu...

①

XVIII

Quem me dera que eu fôsse o pó da estrada
E que os pés dos pobres me estivessem pisando...

Quem me dera que eu fôsse os rios que correm
E que as lavadeiras estivessem á minha beira...

Quem me dera que eu fôsse os choupos á margem do rio
E tivesse só o céu por cima e a agua por baixo...

Quem me dera que eu fôsse o burro do moleiro

E que elle me bata e me atormente...

Antes isso que ser o que atravessa a vida
Olhando para traz de si e tendo pena...

XIX.

O luar quando bate na relva
Não sei que coisa me lembra...
Lembra-me a voz da criada velha
Contando-me contos de fadas.
E de como Nossa Senhora vestida de mendiga
Andava á noite nas estradas
Socorrendo as creanças maltratadas...

Se eu já não posso crer que isso é verdade,
Para que bate o luar na relva?

XX.

O Tejo é mais bello que o rio que corre pela minha aldeia,
Mas o Tejo não é mais bello que o rio que corre pela minha aldeia
Porque o Tejo não é o rio que corre pela minha aldeia...

O Tejo tem grandes navios
E navega n'elle ainda,
Para aquelles que veem em tudo o que lá não está,
A memória dos navios...

O Tejo desce de Hespanha
E o Tejo entra no mar em Portugal.
Toda a gente sabe isso,
Mas poucos sabem qual é o rio da minha aldeia

PÁGINA NÃO PREENCHIDA (145-20ᵛ)

E para onde elle vae
E d'onde elle vem...

~~Pelo Tejo~~ E Parisi, porque pertence a menos gente,
É mais livre e ~~maior~~ o rio da minha aldeia.

Pelo Tejo vae-se para o mundo.
Para além do Tejo ha a America
E a fortuna d'aquelles que a procuram...
Ninguem nunca pensou no que ha para além
Do rio da minha aldeia.

O rio da minha aldeia não faz pensar em nada...
Quem está ao pé d'elle está só...

X

⑦

_____
XXI.

Se eu pudesse trincar a terra toda
~~E sentir-lhe um paladar,~~
~~E sentir-lhe um paladar,~~
seria mais feliz um momento...
Mas eu nem sempre quero ser feliz.
É preciso ser de vez em quando infeliz
Para se poder ser natural...
Nem tudo é dias de sol,
E a chuva, quando falta muito, pede-se.
Por isso tomo a infelicidade com a felicidade
Naturalmente, como quem não estranha
Que haja montanhas e planícies
E que haja rochedos e herva...

O que é preciso é ser-se natural e calmo
Na felicidade ou na infelicidade,
Sentir como quem olha,
Pensar como quem anda,

PÁGINA NÃO PREENCHIDA (145-21ᵛ)

E quando o vae morrer, lembrar-se de que o dia ~~morre~~ morre,
E que o poente é bello e é bella a noite que fica...
† Assim ~~seja~~ é e assim seja... E que assim é e por ser assim.

XXII.

Como quem n'um dia de verão abre a porta de casa
E espreita para o calor dos campos com a cara toda.
E ás vezes de repente, bate-me a Natureza de chapa
Na cara dos meus sentidos,
E eu fico confuso, perturbado, querendo perceber
Não sei bem como nem o quê...

Mas quem me mandou a mim querer perceber?
Quem me disse que havia que perceber?

Quando o verão me passa pela cara
A mão leve e quente da sua brisa,
Só tenho que sentir agrado porque é brisa
Ou que sentir desagrado porque é quente,
E de qualquer maneira que eu o sinto,
Assim, porque assim o sinto, é que ~~é o meu dever sentir...~~

XXIII

O meu olhar azul como o céu
É calmo como a agua ao sol.
É assim, azul e calmo,
Porque não interroga nem se espanta...

Se eu interrogasse e me espantasse
Não nasceriam ~~assim~~ flores novas nos prados
Nem mudaria qualquer cousa no sol de ando a elle fica mais bello.

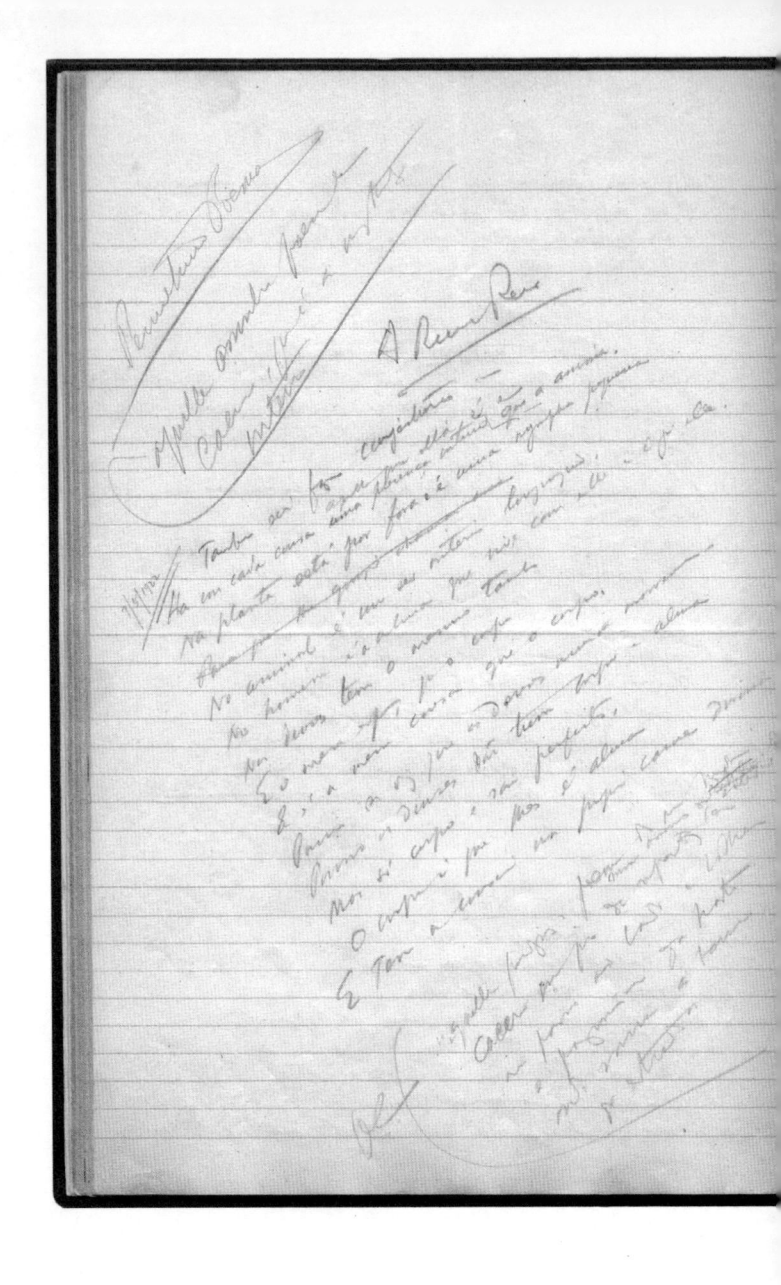

(Mesmo se não crescem flôres novas no prado
E se o sol mudasse para mais bello,
Eu sentiria menos flores no prado
E acharia mais feio o sol...
Porque tudo é como é e assim é que é,
E eu acceito, e nem agradeço,
Para não parecer que penso n'isso...)

___

XXIV. ✗

O que nós ~~se~~ vemos das cousas são as cousas.
Porque veríamos nós uma cousa, se houvesse outra?
Porque é que ver e ouvir seriam illudirmo-nos,
Se ver e ouvir são ver e ouvir?

O essencial é saber vêr,
Saber vêr sem estar a pensar,
Saber vêr quando se vê
E nem pensar quando se vê
Nem ver quando se pensa.

Mas isso (tristes de nós que trazemos a alma vestida!)
Isto exige um estudo profundo,
Uma aprendizagem de desaprender
E uma sequestração na liberdade d'aquelle convento
De que os poetas dizem que as estrellas são as freiras eternas
E as flores as penitentes convictas de um só dia,
Mas onde afinal as estrellas não são senão estrellas
Nem as flores senão flores,
Sendo poisis que lhes chamamos estrellas e flores

[13-3-1914]

POEMA XXIV, VIGÉSIMA TERCEIRA FOLHA (145-23ʳ)
DE AZUL-CLARA, A TINTA PASSA A NEGRA NO *INCIPIT* DO POEMA XXIV.

OBRA COMPLETA DE ALBERTO CAEIRO | 185

24

XXV.

As bolas de sabão que esta criança
Se entretem a largar de uma palhinha
São translucidamente uma philosophia toda.

Claras, inuteis e passageiras como a Natureza,
Amigas dos olhos como as cousas,
Sem mysterio nem qualidade nem direcção,
São aquillo que são
Com uma precisão nitidissima e placida,
E ninguem, nem mesmo a criança que as deixa,
Pretende que ellas são mais do que parecem ser.

Algumas mal se vêem ao ar lucido...
São como a briza que passa e mal toca nas flores
E que só sabemos que passa
Porque qualquer cousa se aligeira em nós
E acceita tudo mais nitidamente...

[13-3-1914].

XXVI.

Ás vezes, em dias de luz perfeita e exacta,
Em que as cousas teem toda a realidade que podem ter,
Pergunto a mim-proprio desassombradamente
Porque sequer attribúo eu
Belleza ás cousas...

Uma flor acaso tem belleza?
Tem belleza acaso um fructo?
Não: teem cor e fórma
E existencia apenas...
A belleza é o nome de qualquer cousa que não existe
E que eu dou ás cousas em troca do agrado que me dão.
Não significa nada.

POEMAS XXV E XXVI, VIGÉSIMA QUARTA FOLHA (145-24ʳ)
A DATA "[13-3-1914]" É UM ACRESCENTO TARDIO EM XXIV E XXV.

PÁGINA NÃO PREENCHIDA (145-24^{v})

Então. porque digo eu ~que~ das cousas: são bellas?

Sim; mesmo a mim, que vivo só de viver,
Vagos, veem ter commigo os mentiras dos homens.
Perante as cousas,
Perante as cousas, que simplesmente existem...

(Que difficil ser simples e não ver senão o visível!)
[11-3-1914].

<u>XXVII.</u>

Só a natureza é divina, e ella não é divina...

Se fallo d'ella como de um ente
É que para fallar d'ella preciso usar da linguagem
Que dá personalidade ás cousas,
E impõe nomes ás cousas.

Mas as cousas não teem nome nem personalidade:
Existem, e o céu é grande e a terra larga,
E o nosso coração do tamanho de um punho fechado.

Bemdito seja eu por tudo quanto não sei.
Gozo tudo isso como quem sabe que ha o sol.

<u>XXVIII.</u>

Li hoje quasi duas paginas
Do livro d'um poeta mystico,
E ri como quem tem chorado muito.

Os poetas mysticos são philosophos doentes,

POEMAS XXVII E XXVIII, VIGÉSIMA QUINTA FOLHA (145-25ʳ)
A DATA "[11-3-1914]" É UM ACRESCENTO TARDIO EM XXVI.

E os philosophos são homens doidos...

Porque os poetas mysticos dizem que as flores sentem
E dizem que as pedras teem alma
E que os rios teem extases ao luar...

Mas as flores, se sentissem, não eram flores,
Eram gente;
E se as pedras tivessem alma, eram coisas vivas, não pedras;
E se os rios dos rios tivessem extases ao luar,
Os rios seriam homens doentes.

É preciso não saber o que são flores, e pedras e rios
Para fallar dos sentimentos d'elles.
Fallar da alma das pedras, das flores, dos rios,
É fallar de si-proprio e dos seus falsos pensamentos.

Graças a Deus que as pedras são só pedras,
E que os rios não são senão rios,
E que as flores são apenas flores...

Por mim, escrevo a prosa dos meus versos.
E fico contente,
Porque sei que comprehendo a Natureza por fóra;
E não a comprehendo por dentro
Porque a Natureza não tem "dentro";
Senão não era a Natureza...

XXIX

Nem sempre sou igual no que digo e escrevo.
Mudo, mas não mudo muito.
A cor das flores não é a mesma ao sol
De que quando uma nuvem passa

PÁGINA NÃO PREENCHIDA (145-26ᵛ)

Ou quando entra a noite
E as flores são cor da sombra,
Mas quem olha bem vê que são as mesmas flores.
Porris quando pareço não concordar commigo,
Reparem bem para mim:
Se estava virado para a direita,
Voltei-me agora para a esquerda,
Mas sou sempre eu, assente sobre os mesmos pés —
[...] mesmo sempre, graças ao céu e á terra
E aos meus olhos e ouvidos attentos
E á minha clara simplicidade de alma...

XXX.

Se quizerem que eu tenha um mysticismo, está bem —
Sou mystico, mas só com o corpo.
A minha alma é simples e não pensa.

O meu mysticismo é não querer saber.
É viver e não pensar nisso.

Não sei o que é a Natureza: canto-a.
Vivo no cimo d'um outeiro
N'uma casa caiada e sózinha
E essa é a minha definição...

XXXI

Se ás vezes digo que as flores sorriem
E se eu disser que os rios cantam,
Não [é] porque eu julgue que ha sorrisos nas flores
E cantos no correr dos rios...

É porque assim faço mais sentir aos homens [...]
A existencia verdadeiramente [...] das flores, e [...]

Porque quero para ella um bem saxifico-me ás vez[...]
A' minha estupidez de sentidos...
Não concordo commigo mas absolvo-me
Porque só sou uma cousa oViosa; um interprete da Naturez[...]
Porque ha homens que não percebem a sua linguagem,
Por ella não se dirigirem nenhuma...

XXXII

Hontem á'tarde um homem das cidades
Fallava á' porta da estalagem.
Fallava commigo tambem.
Fallava da justiça e da lucta pela justiça
E dos operarios que soffrem,
E do trabalho constante, e dos que teem fome,
E dos ricos, que não se importam com isso.

E, olhando para mim, vi-me lagrimas nos olhos
E sorri com agrado, julgando que eu sentia
O odio que elle sentia, e a compaixão
Que elle dizia que sentia...

(Mas eu mal o estava ouvindo...
Que me importam a mim os homens
E o que soffrem ou jemem?
Sejam como eu — não soffrerão...
Todo o mal do mundo vem de nos importarmos uns com os outros,
Quer para fazer bem, quer para fazer mal.
A nossa alma e o céu e a terra bastam-nos.
Querer mais é' perder isto, e ser infeliz.)

Eu no que estava pensando
Quando o amigo de gente fallava,
(E isso me commoveu até ás lagrimas)
Era em como o murmurio longínquo de chocalhos
Ao ese entardecer
Parecia o ruis de uma capella pequenina
A que fossem a' missa as flores e os regatos
E as almas simples como a minha...

(Louvado seja Deus que não sou bom,
E tenho o egoismo natural das flores
E dos rios que seguem o seu caminho
Preoccupado sem o saber
Só com florir e ir correndo...
É essa a unica missão no mundo,
Essa — existir claramente
E saber fazel-o sem pensar n'isso...)

E o homem calára-se, olhando o poente.
Mas que tem com o poente quem odeia e ama?

____

XXXIII

Pobres das flores nos canteiros dos jardins regulares.
Parecem ter medo da policia...
Mas tão boas que florescem do mesmo modo
E teem o mesmo sorriso antigo
Que tiveram para o primeiro olhar do primeiro
Que as viu apparecidas e lhes tocou levemente
Para ver se ellas fallavam...

XXXIV

Acho tão natural que não se pense
Que me ponho a rir às vezes, sozinho,
Não sei bem de quê, mas é de qualquer cousa
Que tem que ver com haver gente que pensa...

Que pensará o meu muro da minha sombra?
Pergunto-me ás vezes isto até dar por mim
A perguntar-me cousas...
E então desagrado-me, e incomodo-me
Como se desse por mim com um pé dormente...

Que pensará isto de aquillo?
Nada pensa nada.
Terá a terra consciência das pedras e plantas que tem?
Se ella a tiver, que a tenha...
Que me importa isso a mim?
Se eu pensasse n'essas cousas,
Deixaria de ver as arvores e as plantas
E deixaria de ver a Terra,
Para ver só os meus pensamentos...
Entristecia e ficava ás escuras.
E assim, sem pensar, tenho a Terra e o Céu.

XXXV

O luar através dos altos ramos —
Dizem os poetas todos que elle é mais
Que o luar através dos altos ramos...

Mas para mim, que não sei o que penso,
O que o luar através dos altos ramos
É', além de ser
O luar através dos altos ramos

POEMAS XXXIV E XXXV, TRIGÉSIMA FOLHA (145-30^r)
DE NEGRA, A TINTA PASSA A AZUL-CLARA NO *INCIPIT* DO POEMA XXXIV.

PÁGINA NÃO PREENCHIDA (145-30ᵛ)

(Pessoa como o digo ponderia o seu comprehender)
E' não ser mais
Do que o luar através dos altos ramos.

XXXVI

E ha poetas que são artistas
E trabalham nos seus versos
Como um carpinteiro nas taboas!...

Que triste não saber florir!
Ter que pôr verso sobre verso, como quem constroe um muro
E vêr se está bem, e tirar se não está!...

Quando a unica casa artistica é a Terra toda
Que varia e está sempre boa e é sempre a mesma.

Penso n'isto, não como quem pensa, mas como quem respira,
E olho para as flores e sorrio...
Não sei se ellas me comprehendem
Nem se eu as comprehendo a ellas,
Mas sei que a verdade está n'ellas e em mim
E na nossa commum divindade
De nos deixarmos ir e viver pela Terra
E levar ao colo pelas Estações contentes
E deixar que o vento cante para adormecermos,
E não termos sonhos no nosso somno.

XXXVII

Como um grande borrão de fogo sujo
O sol-posto está nas nuvens do poente...
Vem um silvo vago de longe na tarde muito calma.

PÁGINA NÃO PREENCHIDA (145-31^{v})

32

Deve ser de um combro longinquo...

N'este momento vem-me uma vaga saudade
E um vago desejo tímido
Que apparece e desapparece...

Tambem ás vezes, á flôr dos ribeiros,
Formam-se bolhas na agua
Que nascem e se desmancham
E não teem sentido nenhum
Salvo serem bolhas de agua
Que apparecem e se desmancham...

<hr>

XXXVIII

Bemdito seja o mesmo sol de outras terras
Que faz meus irmãos todos os homens,
Porque todos os homens, um momento no dia, o olham como eu,
E n'esse puro momento
Todo limpo e sensivel
Regressam lacrimosamente
E com um suspiro que mal sentem
Ao Homem verdadeiro e primitivo
Que via o sol nascer e ainda o não adorava.
Porque isso é natural — mais natural
Que adorar o ouro e Deus
E a arte e a moral...

XXXIX

O mysterio das cousas — onde está elle?
Onde está elle que não apparece
Pelo menos a mostrar-nos que é mysterio?

PÁGINA NÃO PREENCHIDA (145-32ᵛ)

33

Que sabe o rio d'isso e que sabe a aurora?
E eu, que não sou mais do que ellas, que sei d'isso?

Sempre que olho para as cousas e penso no que os homens *pensam d'ellas*
+ Rio como um regato que soa a'uma pedra...
 ao conversar com

Porque o unico sentido oculto das cousas
É ellas não terem sentido oculto nenhum...
É mais estranho do que todos os extranhezas
E de que os sonhos de todos os poetas
E os pensamentos de todos os philosophos,
Que as cousas sejam realmente o que parecem ser
E não haja nada que comprehender.

Sim, eis o que os meus sentidos aprenderam consigo:
As cousas não teem significação: teem existencia...
As cousas são o unico sentido oculto das cousas...

XL

Passa uma borboleta por deante de mim
E pela primeira vez no universo eu reparo
Que as borboletas não teem cor nem movimento,
Assim como as flores não teem perfume nem cor...
A cor é que tem cor nas azas da borboleta,
No movimento da borboleta o movimento é que se move,
O perfume é que tem perfume na existencia da flôr.
A borboleta é apenas borboleta
E a flôr é apenas flôr...
[7-5-1914]

POEMA XL, TRIGÉSIMA TERCEIRA FOLHA (145-33ʳ)
DE AZUL-CLARA, A TINTA PASSA A NEGRA NO *INCIPIT* DO POEMA XL.

34

XLI.

No entardecer dos dias de Verão, às vezes,
Ainda que não haja brisa nenhuma, parece
Que passa, um momento, uma leve brisa...
Mas as árvores permanecem imóveis
Em todas as folhas das suas folhas
E os nossos sentidos tiveram uma ilusão,
Tiveram a ilusão do que lhes agradaria...

Ah, os sentidos, os doentes que veem e ouvem!
Fôssemos nós como devíamos ser
E não haveria em nós necessidade de ilusão...
Bastar-nos-ia sentir com clareza e vida
E nem repararmos para que há sentidos...

Mas graças a Deus que há imperfeição no mundo
Porque a imperfeição é uma coisa,
E haver gente que erra é original,
E haver gente doente torna o mundo engraçado.
Se não houvesse imperfeição, havia uma coisa a menos,
E deve haver muita coisa
Para termos muito que ver e ouvir...
[7-5-1914]

XLII

Passou a diligência pela estrada, e foi-se;
E a estrada não ficou mais bella, nem sequer mais feia.
Assim é a acção humana pelo mundo fóra.
Nada tiramos e nada pomos; passamos e esquecemos;
E o sol é sempre pontual todos os dias.
[7-5-1914].

POEMAS XLI E XLII, TRIGÉSIMA QUARTA FOLHA (145-34ʳ)
A DATA "[7-5-1914]" É UM ACRESCENTO TARDIO NOS POEMAS XL-XLV.

PÁGINA NÃO PREENCHIDA (145-34ᵛ)

35

XLIII

Antes o vôo da ave, que passa e não deixa rasto,
Que a passagem do animal, que fica lembrada no chão.
A ave passa e esquece, e assim deve ser.
O animal, onde já não está e por isso de nada serve,
Mostra que já esteve, o que não serve para nada...

A recordação é uma traição á Natureza,
Porque a Natureza de hontem não é Natureza.
O que foi não é nada, e lembrar é não vêr...

Passa, ave, passa, e ensina-me a passar...
[7-5-1914]

XLIV

Acordo de noite subitamente,
E o meu relogio ocupa a noite toda.
Não sinto a Natureza lá fóra.
O meu quarto é uma coisa escura com paredes vagamente brancas.
Lá fóra ha um socego como se nada existisse.
Só o relogio prosegue o seu ruido.
E esta pequena cousa de engrenagens que está em cima da minha mesa
Abafa toda a existencia da terra e do céu...
Quasi que me perco a pensar o que isto significa,
Mas estaco, e sinto-me sorrir na noite com os cantos da bocca,
Porque a unica coisa que o meu relogio symboliza ou significa
Enchendo com a sua pequenez a noite enorme
É a curiosa sensação de encher a noite enorme
Com a sua pequenez...
[7-5-1914]

XLV

Um renque de arvores lá longe, lá para a encosta...

36

Mas o que é um renque de arvores? Ha arvores apenas.
Renque e o plural "arvores" não são cousas, são nomes.

Tristes das almas humanas, que põem tudo em ordem,
Que traçam linhas de cousa a cousa,
Que põem letreiros com nomes nas arvores absolutamente reaes,
E desenham parallelos de latitude e longitude
Sobre a pobre terra innocente e mais verde e florida do que isso!

[7-5-1914]

XLVI

D'este modo ou d'aquelle modo,
Conforme calha ou não calha,
Podendo ás vezes dizer o que penso,
E outras vezes dizendo-o mal e com misturas,
Vou escrevendo os meus versos sem querer,
Como se escrever não fora uma cousa composta de gestos,
Como se escrever fora uma cousa que me acontecesse
Como dar-me o sol de fóra.

Procuro dizer o que sinto
Sem pensar em que o sinto.
Procuro encostar as palavras á idéa,
E não precisar d'um corredor
Do pensamento para as palavras.

Nem sempre consigo sentir o que sei que devo sentir.
O meu pensamento só muito devagar atravessa o rio a nado
Porque lhe pesa o fato que os homens o mandaram vestir.

Procuro despir-me do que aprendi,
Procuro esquecer-me do modo de sentir que me ensinaram,
E raspar a tinta com que me pintaram os sentidos,

"CHRISTO NÃO FEZ TANTO, PORQUE QUIZ [↑ PENSOU EM] SALVAR GENTE." (145-36ʳ)
VARIANTE DO VERSO 33, QUE DEPOIS MUDOU COMPLETAMENTE.

37

Desencaminta as minhas emoções verdadeiras
E ser eu... não sou Alberto Caeiro,
Mas com uma espécie natural que a Natureza prodigam...

E assim sereno, querendo sentir a Natureza, ainda sou um
Mas como quem pertence á Natureza, e mais nada...
E assim sereno, ora bem, ora mal,
Ora acertando com o que quero dizer, ora errando,
Cahindo aqui, levantando-me assim,
Mas indo sempre no meu caminho como um cego teimoso...

Ainda assim; sou alguém...
Sou o Descobridor da Natureza,
Sou o Colombo dos sensações verdadeiras.
Trago ao universo um novo universo.
Christo, que só se occultou com os olhos, não fez tanto.

Isto sinto e isto escrevo
Perfeitamente lucido e sem esquecer
Que são as cinco horas do amanhecer
E que o sol, que ainda não mostrou a cabeça
Por cima do muro do horizonte,
Ainda assim já se lhe veem os pontos dos dedos
Agarrando o cimo do muro
Do horizonte cheio de montes baixos...

[10-5-1914]

<h3>XLVII</h3>

N'um dia excessivamente nitido,
Em que dava a vontade de trabalhado muito
Para n'elle não trabalhar nada,
Entrevi, como uma estrada através de arvores,
O que talvez seja o Grande Segredo,
Aquelle Grande Mysterio de que os poetas falsos fallam

POEMA XLVII, TRIGÉSIMA SÉTIMA FOLHA (145-37ʳ)
A DATA "[10-5-1914]" É UM ACRESCENTO TARDIO EM XLVI.

OBRA COMPLETA DE ALBERTO CAEIRO | 213

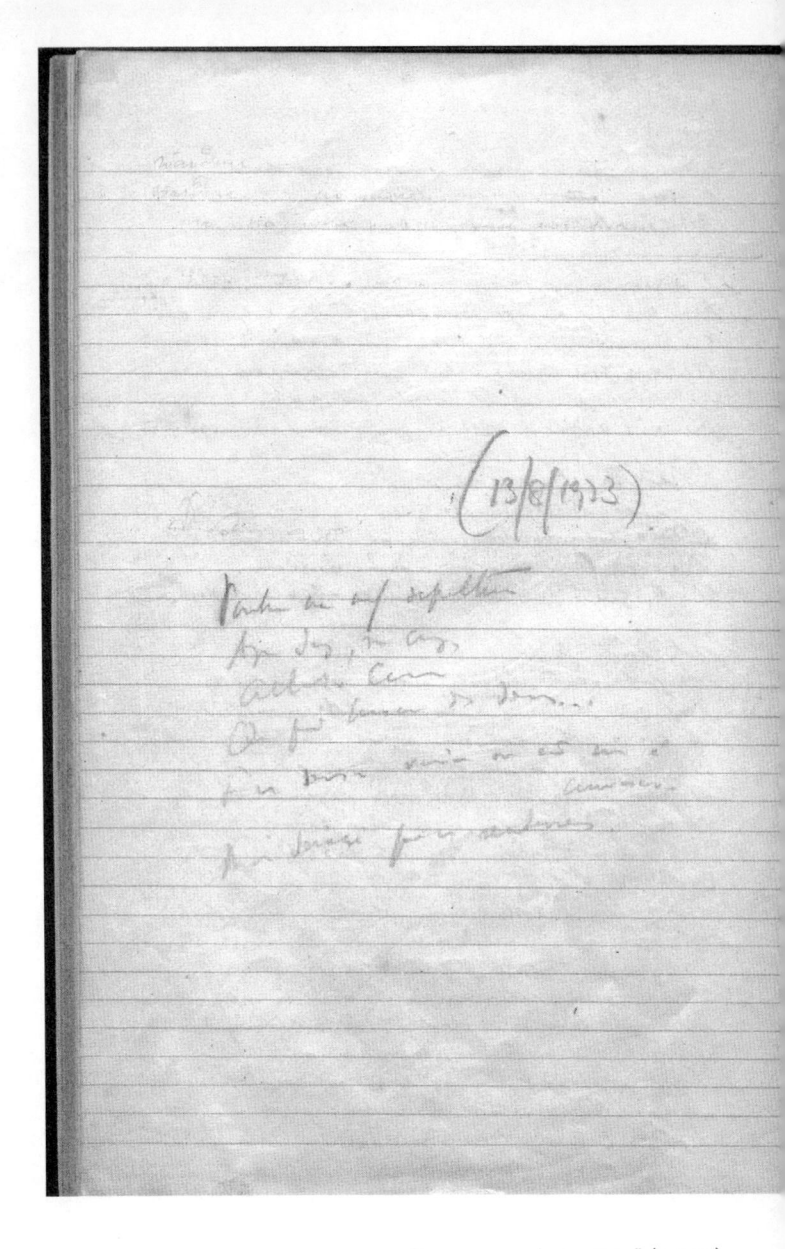

Vi que não ha Natureza,
Que Natureza não existe...
Que ha montes, valles, planicies,
Que ha arvores, flores, hervas,
Que ha rios e pedras,
Mas que não ha um todo a que isso pertença,
Que um conjuncto real e verdadeiro
É uma doença das nossas idéas...

A Natureza é partes sem um Todo.
Isto é talvez o tal mysterio de que fallam...

Foi isto o que, sem pensar nem deter-me,
Calculei que devia ser a verdade
Que todos querem achar e que não acham,
E que só eu, porque a não quiz achar, achei...

XLVIII

Da mais alta janella da minha casa
Com um lenço branco digo adeus
Aos meus versos que partem para a Humanidade.
E não estou contente nem triste...
Esse é o destino dos versos...
Escrevi-os e devo mostral-os a todos
Porque não posso fazer o contrario
Como a flôr não pode esconder a côr
Nem o rio esconder que corre
Nem a arvore esconder que dá fructo...

Eil-os que vão já longe como que na diligencia
E eu sem querer sinto pena
Como uma dôr no corpo.

ESCRITA MEDIÚNICA; COMUNICAÇÃO DE HENRY MORE (145-38^r)
"THIS IS THE PLAY OF A FEMALE SPIRIT"

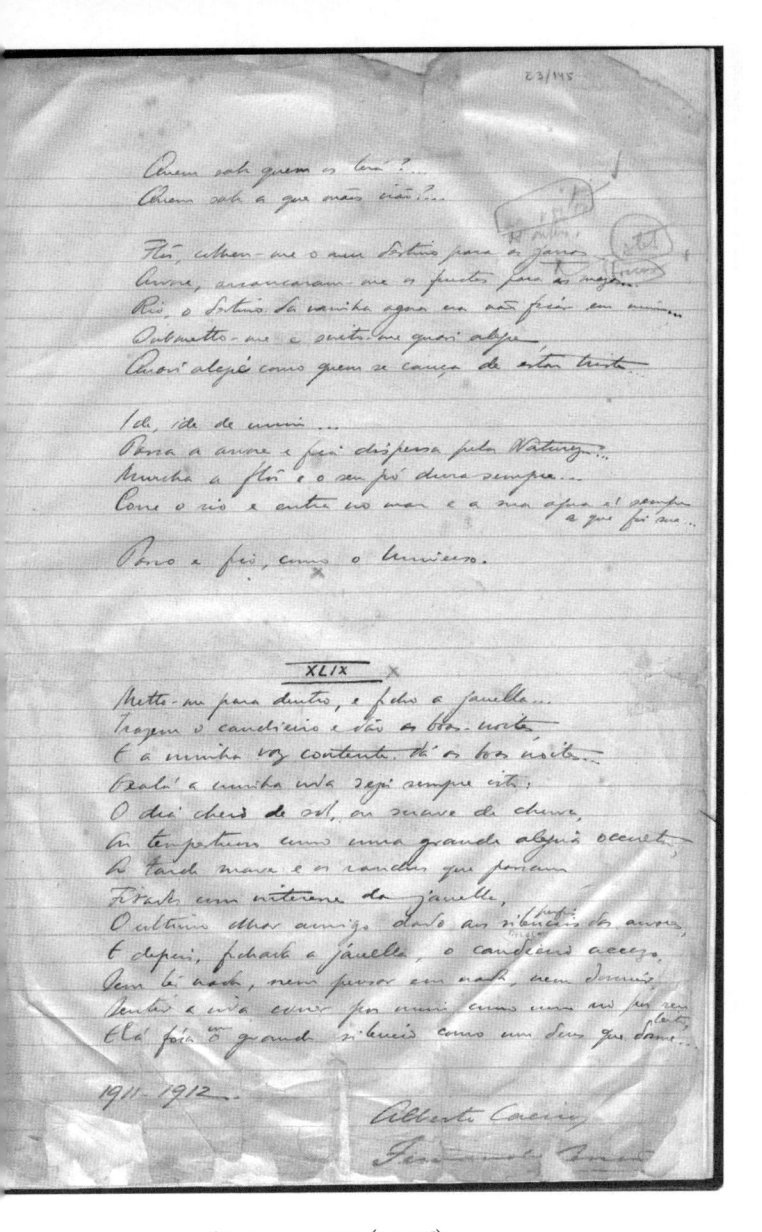

Quem sabe quem os tira?...
Quem sabe a que mãos irão?...

Flor, colheu-me o meu destino para os olhos.
Árvore, arrancaram-me os frutos para as bocas.
Rio, o destino da minha agora era não fosse em mim...
Submetto-me e sinto-me quasi alegre,
Quasi alegre como quem se cansa de estar triste.

Ide, ide de mim...
Passa a árvore e fica dispersa pela Natureza...
Murcha a flor e o seu pó dura sempre...
Corre o rio e entra no mar e a sua agua é sempre
     a que foi sua...

Passo e fico, como o Universo.

<hr/>

XLIX

Metto-me para dentro, e fecho a janella.
Trazem o candieiro e dão as boas-noites.
E a minha voz contente dá as boas noites.
Oxalá a minha vida seja sempre isto:
O dia cheio de sol, ou suave de chuva,
Ou tempestuoso como uma grande alegria occulta,
A tarde suave e os ranchos que passam
Fitados com interesse da janella,
O ultimo olhar amigo dado ao silencio das arvores,
E depois, fechada a janella, o candieiro acceso,
Sem ler nada, nem pensar em nada, nem dormir,
Sentir a vida correr por mim como um rio por seu leito,
E lá fóra um grande silencio como um deus que dorme.

1911-1912.

Alberto Caeiro
Fernando Pessoa

POEMA XLIX, TRIGÉSIMA NONA FOLHA (145-39ʳ)
A ASSINATURA DE "PESSÔA" É, TAL COMO AS DATAS, UM ACRESCENTO TARDIO
(O ACENTO CIRCUNFLEXO INDICA QUE É ANTERIOR A 4-9-1916)

ESCRITA MEDIÚNICA; COMUNICAÇÃO DA MÃE (145-39ʳ)
"Morri hontem á noite na minha morada na Suissa. No dia da
minha morte tu estavas no maior dos marasmos [...] Não me posso
exprimir, Fernando [...] Morri na sexta feira, 18 de Junho de 1916
[...] não pensei senão em ti, meu querido fillho. [...] Dona Maria
Magdalena Nogueira Rosa"

Differente de tudo, como tudo.

Caeiro.

(48E-36ᵛ)
[c. 9-11-1924]

Muito seu

Caeiro

(21-71ʳ)

Alberto Caeiro.
(21-70ʳ)

Alberto Caeiro.
(14B-63ʳ)

Alberto Caeiro.
(14B-64ʳ)

Alberto Caeiro.
(14B-65ʳ)

Alberto Caeiro.
(14B-66ʳ)

Alberto Caeiro.
(14B-67ʳ)

Alberto Caeiro.
(14B-68ʳ)

Alberto Caeiro.
(14B-69ʳ)

ENSAIOS DE ASSINATURAS DE ALBERTO CAEIRO

PROSA

1

PLANO DE APRESENTAÇÃO

Um grande poeta materialista
(Alberto Caeiro)

Entre o grande numero de casos curiosos que existem na literatura, o caso de Alberto Caeiro é dos mais curiosos.¹

Alberto Caeiro:

Seculo – art[igo] do Sá Carneiro.

Montanha – art[igo] do Ribeiro Lopes (?)

*El Tea*ᵃ – artigo do A[lfredo] P[edro] Guisado.

(S. Miguel) – art[igo] do Côrtes-Rodrigues.

Economia – art[igo] do Carvalho Mourão (?)

A Aguia – art[igo] de F. Pessoa.

O Mundo – ver se se obtem Santos-Vieira.

(pelo lado anti-clerical ◊)

A Republica – pelo Boavida Portugal.

(Torres de Abreu² talvez consiga qualquér cousa. Se Albertino da Silva pudesse fallar, mesmo que atacasse!)

In England:

T. P.'s Weekly – page article

English (or another) *Review* – big article

a   Este jornal, *El Tea* – *Semanario independiente* – *Decenario defensor de los intereses agrarios*, foi publicado entre 1908 e 1936; em 1914 era impresso em Vigo. Nessa cidade galega decorre uma entrevista com Alberto Caeiro (texto 118).

Preface to translation[a]

France:
Art[icle] in *Mercure de France*
Pref[ace] to translation.

_____

Spanish: (through Guisado[3])
& perhaps *Renascimento*.

_____

Italian: ◊[4]

_____

German: ◊

_____

But the most astonishing circumstance is that C[aeiro] possesses in
an extraordinary degree that metaphysical subtlety which is gener-
ally, if not universally, considered as associated with spiritualistic
and Transcendentalist[5] doctrines.

This pure & absolute materialist, who admits no reality outside
things as he feels them, writes, quite in accordance with his theory
of things, but quite outside the state of mind that generally accepts
it, this is ◊ his ◊[th] poem:

◊

There is something not less than scholastic & ◊ in the extreme
subtlety of this metaphysics. Yet no one can[6] ignore that it is natural
from beginning to end.

_____

a   Este e outros textos em inglês encontram-se depois de uma série de textos em português
(como o artigo para *A Águia*).

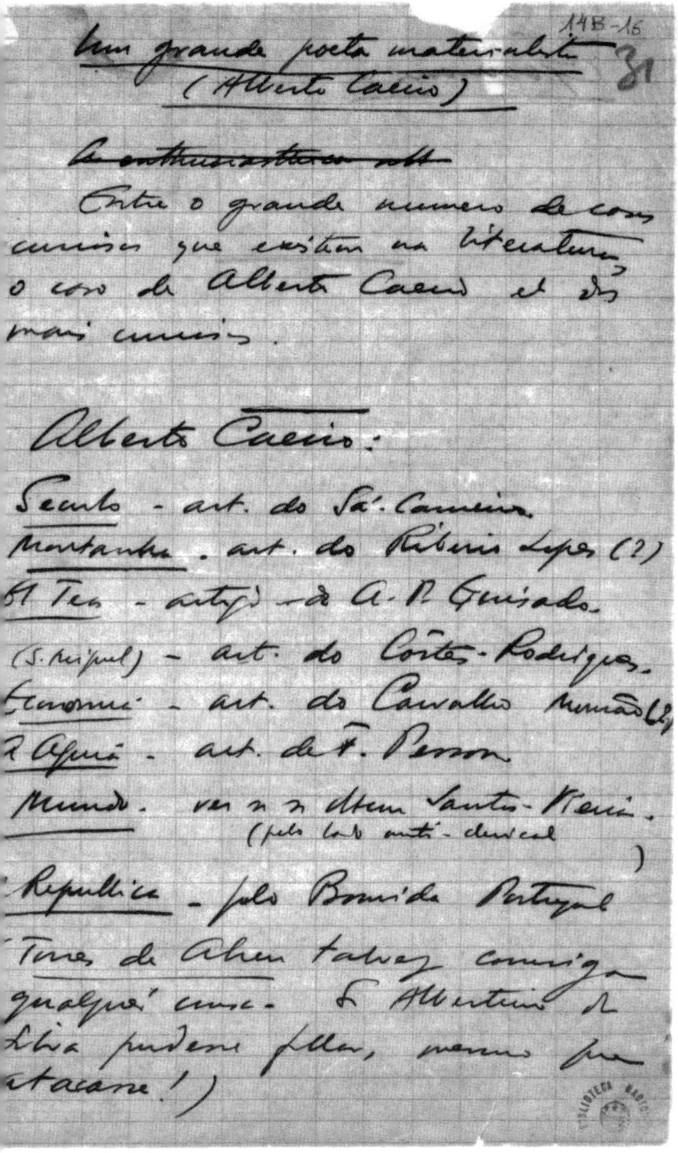

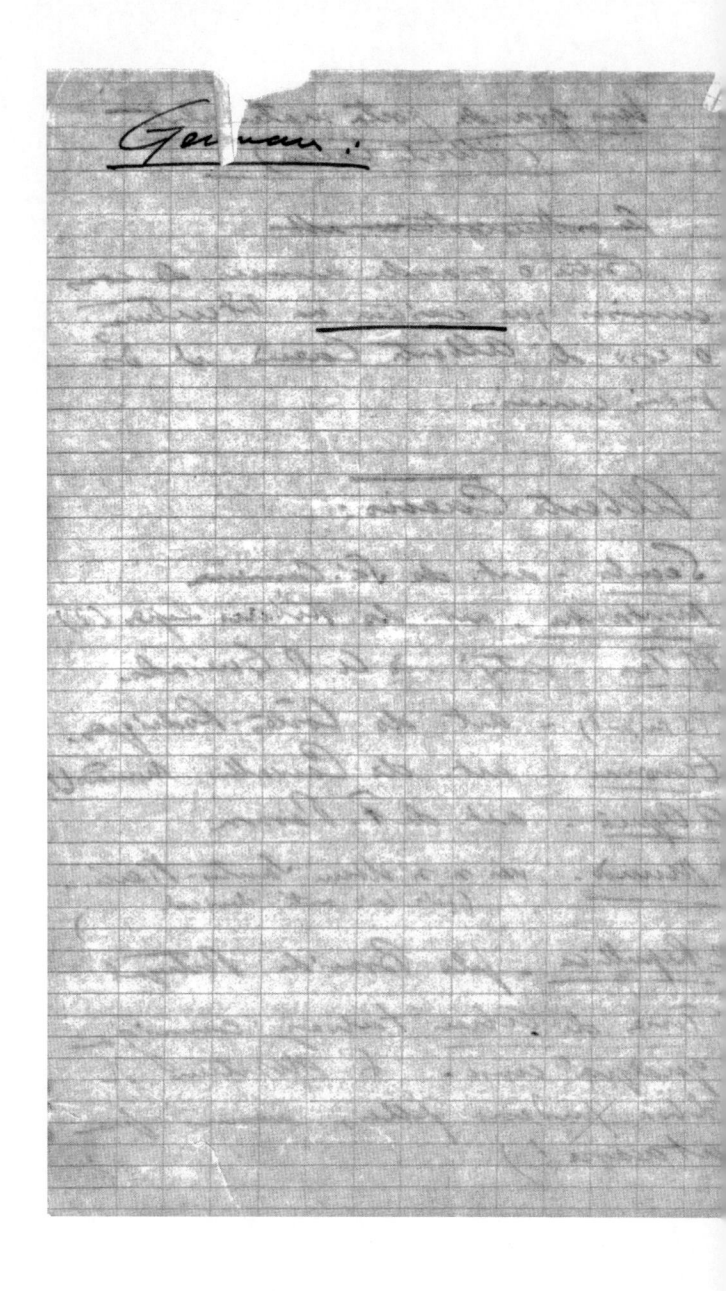

German:

in England.　　　　　31

T.P.'s Weekly — pap article
English (a ach) few — hj util
prepare to translate.

———

France:
art. ni Mercure de France
Pref. to Translation.

Spanish: (thy Spaniard)
& help Renacimiento.

Italian:

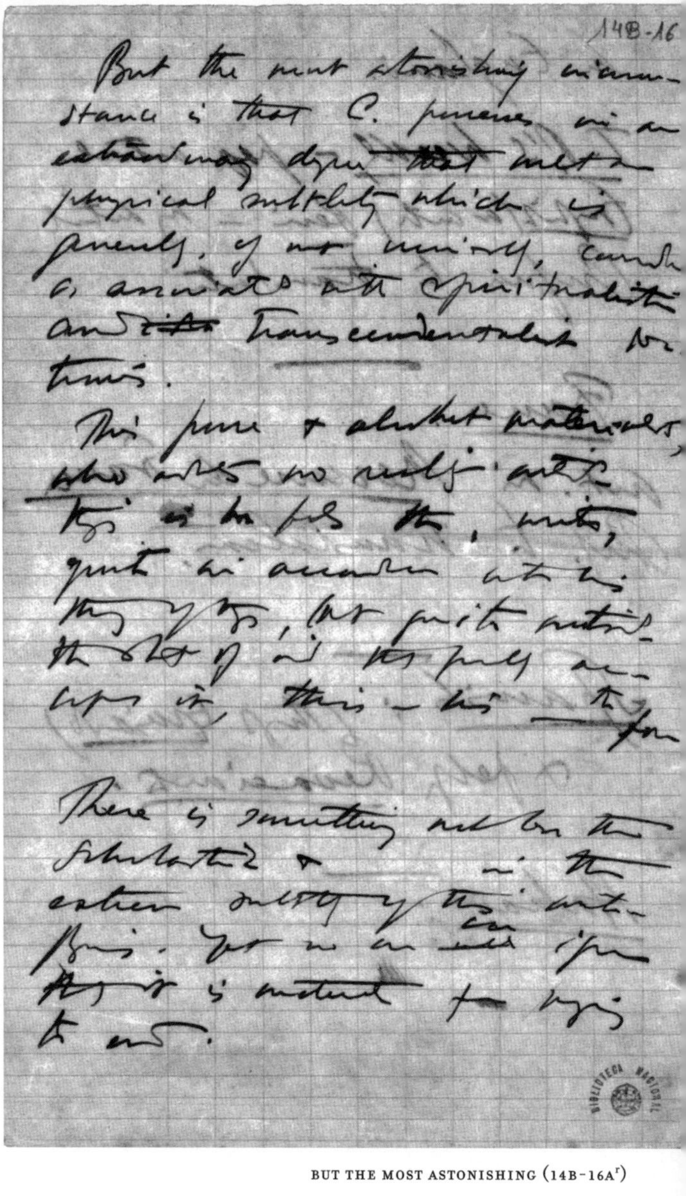

But the most astonishing circumstance is that C. possesses in an extraordinary degree that intense physical subtlety which is purely, of no meaning, combined or associated with spirituality and Transcendentalism...

BUT THE MOST ASTONISHING (14B-16Aʳ)

Mas a circunstância mais surpreendente é que C[aeiro] possui, num grau [TRAD.] *extraordinário, aquela subtileza metafísica que é geralmente, senão universalmente, considerada como associada a doutrinas espiritualistas e transcendentalistas.*

Este materialista puro e absoluto, que não admite qualquer realidade exterior às coisas tal como ele as sente, escreve, bastante de acordo com a sua teoria das coisas, mas muito alheio ao estado mental que geralmente a aceita, este é ◊ o seu ◊ poema:

◊

Há algo nada menos que escolástico e ◊ na extrema subtileza da sua metafísica. Ainda que ninguém possa ignorar que é natural do princípio ao fim.

1. Alberto Caeiro – *O Guardador de Rebanhos.*[1]   **117**
2. Entrevista com A. Caeiro, talvez no *Theatro.*   [1914]
3. Artigo sobre A. Caeiro, n'*A Aguia.*
4. Artigo sobre Caeiro no *T.P.'s Weekly.* – ?.
5. Trad. de A. C. – *The Keeper of Sheep.*
6. [Trad. de A. C.] – *Le Gardien de Troupeaux.*[1]
7. Tentar artigo no *Mercure de France*, sobre Alberto Caeiro.

PROSA

2

ENTREVISTAS

Entre[1] as muitas sensações de arte que devo a esta cidade de Vigo[2],
sou-lhe grato pelo encontro que aqui acabo de ter com o nosso mais
recente, e sem duvida o mais original, dos nossos poetas.

Mão amiga me havia mandado desde Portugal, para suavisação[3]
quiçá[4], do meu exilio, o livro de Alb[erto] Caeiro. Li-o aqui, a esta
janella, como elle o quereria, tendo deante dos meus olhos extasia-
dos o ◊ da bahia de Vigo. E não posso ter senão por providencial que
um acaso feliz me proporcionasse, tão cedo empós a leitura[5], travar
conhecimento com o poeta glorioso.[6]

Apresentou-nos um amigo commum. E á noite, ao jantar, na sala
◊ do Hotel ◊, eu tive com o poeta esta conversa, que eu avisei poderia
converter-se em entrevista.

Eu dissera-lhe da minha admiração perante a sua obra. Elle
escutára-me com o ar de[7] quem recebe o que lhe é devido, com
aquelle orgulho espontaneo e fresco[8] que é um dos maiores attrac-
tivos do homem, por quem, de suppor é[9], lhe reconheça o direito
a elle. E ninguem mais do que eu lho reconhece. Extraordinaria-
mente lh'o reconhece.

Sobre o café a conversa pôde intellectualizar-se por completo.
Consegui leval-a, sem custo, para um unico ponto, o que me interes-
sava, o livro de Caeiro. Pude ouvir-lhe as opiniões que transcrevo, e
que, não sendo, claro é, toda a conversa, muito representam, con-
tudo, do que se disse.

O poeta falla de si e da sua obra com uma especie de religiosidade e de natural elevação que, talvez, n'outros com menos direitos a fallar assim, parecessem francamente insupportaveis. Falla sempre com phrases dogmaticas, excessivamente syntheticas, censurando ou admirando (raro admira, porém) com absolutismo, despoticamente, como se não estivesse dando[10] uma opinião, mas dizendo a verdade intangivel.

Creio que foi pela altura em que lhe disse da minha desorientação primitiva em face da novidade do seu livro que a conversa[11] tomou aquelle aspecto que mais me apraz[12] transcrever aqui.

O amigo que me enviou o seu livro disse-me que elle era *renascente*, isto é[13], filiado na corrente da R[enascença] P[ortugueza]. Mas eu não creio...

— E faz muito bem. Se ha gente que seja differente da minha obra,[14] é essa. O seu amigo insultou-me sem me conhecer comparando-me com essa gente. Elles são mysticos. Eu o menos que sou é mystico. Que ha entre mim e elles? Nem o sermos poetas, porque elles o não são. Quando leio Pascoaes farto-me de rir. Nunca fui capaz de ler uma cousa d'elle até ao fim... Um homem que descobre sentidos occultos nas pedras, sentimentos humanos nas arvores, que faz gente dos poentes e das madrugadas, ◊ É como um idiota belga d'um Verhaeren, que um amigo meu, com quem fiquei mal porisso, me quiz lêr. Esse então é inacreditavel.

— A essa corrente pertence, penso, a Or[ação] á L[uz] de Junqueiro.

— Nem poderia deixar de ser. Basta ser tão má. O Junqueiro não é um poeta. É um arranjo de phrases.[15] Tudo n'elle é rithmo e metrica. A sua religiosidade é uma leria. A sua adoração[16] da natureza é outra leria. Pode alguem tomar a serio um typo que diz[17] que é [um hymno de luz religiosa][18] gravitando na orbita de Deus? Isto não quer dizer nada. É com cousas que não querem dizer nada, *excessivamente nada*, que as pessoas teem feito obras até agora. É preciso acabar com isso.

— E João de Barros?

— Qual? O contemporaneo... A[19] pedagogia não me interessa. Detesto-a[20], mesmo. Instruir é destruir. A unica cousa boa que ha em qualquer pessoa é o que ella não sabe.

— O sr. Caeiro é um materialista?

119
[1914]

— Não, não sou nem materialista nem deista nem cousa nenhuma. Sou um homem que um dia, ao abrir a janella, descobriu esta cousa importantissima: que a Natureza existe. Verifiquei que as arvores, os rios, as pedras são cousas que verdadeiramente existem. Nunca ninguém tinha pensado n'isto.

Não pretendo ser mais do que o maior poeta do mundo. Fiz a maior descoberta que vale a pena fazer e ao pé da qual todas as outras descobertas são entretenimentos de creanças estupidas[1]. Dei pelo Universo. Os gregos, com toda a sua nitidez visual, não fizeram tanto.

A[lberto] Caeiro
(entrevista)[1]

120
[1914]

signed A. S.

"Sou mesmo o primeiro[2] poeta que se lembrou de que a Natureza existe. Os outros poetas teem cantado a N[atureza] subordinando-a a elles, como se elles fossem Deus; eu canto a N[atureza] subordinando-me a ella, porque nada me indica que eu sou superior a ella, visto que ella me inclue, que eu nasço d'ella e que ◊

O meu materialismo é um materialismo expontaneo. Sou perfeitamente e constantemente atheu e materialista. Não houve nunca, bem sei, um materialista e um atheu como eu... Mas isso é porque o mat[erialis]mo e o ath[eis]mo só agora, em mim, encontram o seu poeta."[3] E A[lberto] C[aeiro] de tão curioso modo acentua o *eu*,[4] o *mim* que se vê a funda emoção[5] com que falla.[6]

121 Como elle me disse uma vez. "Só a prosa é que se emenda. O verso
[1914] nunca se emenda. A prosa é artificial. O verso é que é natural. Nós não fallamos em prosa. Fallamos em verso. Fallamos em verso sem rima nem rhythmo. Fazemos pausas na conversa que na leitura da prosa[1] *se não podem fazer*. Fallamos, sim, em verso, em verso natural — isto é, em verso sem rima nem rhythmo, com as pausas do nosso folego e sentimento.[2]

Os meus versos são naturaes porque são feitos assim...

O verso rhythmado e rimado é bastardo e illegitimo."[3]

PROSA

3

ARTIGO PARA A *ÁGUIA*

...acrescido de uma entrevista altamente provocadora, n'um sema-
nario de Lisboa, em que esta, a n[ossa] pobre cidade,¹ que habita
a sombra tão socegadamente, lhe mereceu dois seccos remoques.
Pouco importa isto em geral, e em particular, mormente, o que
a meu respeito ouvi. Quero, em todo o caso, pagar-lhe, fazendo-
-lhe a justiça que merece que lhe seja feita. E a principio lhe direi
que, se discordo de que elle seja, como se intitula, o maior poeta do
mundoª, não deixa de ser um dos maiores da nossa epoca e da nossa
terra.

_____

◊ é com elementos perfeitamente espiritualistas que construe o
edificio do seu materialismo absoluto.²

Por mais que elle queira encontrar nas cousas "existencia" e não
"significação", basta lêr a poesia numerada ◊ para se vêr quanto –
e flagrantemente³ – sahe da orbita das meras, auto-◊, attribuições
inspiracionais. A poesia⁴ ◊ é esta:

(borboleta ◊ᵇ

Estimo em mim a circumstancia de ao mesmo tempo que admiro
profundamente estes versos⁵ magnificos, poder apontar ao seu

a   Cf. "Não pretendo ser mais do que o maior poeta do mundo" (texto 119).
b   Ver o poema LX, que começa: "Passa uma borboleta por deante de mim".

autor que commetteu mysticismo puro. Tratar-se-ha, talvez,[6] de um mysticismo ás avessas, com uma applicação nova e especial; mas do mysticismo não pode haver duvida nenhuma.

O materialista espontaneo e absoluto nunca faria a distincção ultra-intellectual, ultra-metaphysica, ultra-mystica, entre uma borboleta como borboleta e o movimento e a côr das suas azas, consideradas estas, como mo[vimen]to e côr *abstractos*. Sim, não se trata de uma fórma de vêr dentro do materialismo do Poeta; aqui ha um ponto[7] de vista abstracto e estranho ao materialismo.

No fundo, a sua observação é tão pouco materialista e concreta que elle repara[8] numa folha n'uma determinada arvore como n'uma determinada flôr[9]: é sempre ver arvores, ver flores, abstractamente. Podia ser um homem da cidade, de livros apenas, afastado de tudo quanto é natureza e os problemas d'ella, tal o seu affastamento de quanto, na natureza, é realmente realidade, ◊

Um homem que diz que não ha "arvores" (no plural) mas "muitas vezes uma arvore"[a] podia ter ido mais longe, no logro logico do seu materialismo, aqui apenas mental, corporeo e não materialista, e ter reparado em que "arvore", na sua theoria, não existe;[10] que existe tal carvalho, tal sobreiro, tal eucalypto – mais[,] nem "eucalypto", "sobreiro" ou "car[valh]o", abstractamente, existem, nem "arvore" é "realidade" alguma.

O que o sr. A[lberto] C[aeiro] faz é uma *abstracção concreta*. Veste de concreto uma tendencia abstracta, que, naturalmente não de proposito[11], não deixa attingir o seu maximo de abstracção, mas que fica, bem reparando, nem abstracta nem concreta. E o materialismo abstracto fica tornado[12], por conseguinte, num materialismo extremamente relativo.

No sr. A[lberto] C[aeiro] toda a inspiração, longe de ser dos sentidos, é da intelligencia. Elle, propriamente, não é um poeta. É um

a   Refere-se ao poema xLv, "Um renque de arvores lá longe, lá para a encosta" (cf. as notas dos primeiros versos).

metaphysico á grega, escrevendo em verso theorizações puramente metaphysicas.

Repito que o admiro, que o admiro extraordinariamente. Mas não apraz[13] á minha analyse chamar-lhe um poeta abstractamente materialista[14]. É um philosopho abstractamente materialista, *consumido physicamente de alma*,[15] em um poeta abstractamente mystico[16]. Creio no Deus em que[17] o sr. Caeiro não crê (se bem que falla tanto n'elle), que este é a *confirmação do sr. Caeiro e a verdade pura.[18] Assim como para materialista o acho espiritualista em extremo, e como para poeta o acho philosopho em excesso, para espontaneo acho-o consciente de mais[19]. Sei o que é pensar — concebo objecções e um dos meus maiores prazeres, ao lêr *O G[uardador] de R[ebanhos]*, foi reparar como o Poeta, aqui e alli, n'esta ou n'aquella altura dos seus versos, vae, subrepticiamente ou não, respondendo ás objecções possiveis. Assim ◊

Toda a sua obra, para quem sabe, analysando,[20] olhar para além do seu primeiro aspecto de desordenada e casual, é extraordinariamente calculada, medida, *reparada*.

Por muito que repare para as cousas, o sr. A[lberto] C[aeiro] repara razoavelmente para si-proprio. Enganará os incautos da critica; mas para quem, como eu, não vê[21], no dado, senão o analysavel, ◊

Torno a repetir que admiro extraordinariamente o sr. A[lberto] C[aeiro] e que o acho um dos maiores e[22] dos mais originais poetas que tenho lido. E torno[23] tambem a repetir-vos que o não acceito como elle se nos offerece, mas que, sob a mascara do materialismo absoluto, lhe vejo a alma mystica, cheia de ◊[24]. Elle perdoar-me-ha que eu lhe diga que mais o admiro porisso, que mais interessante o acho porisso.

Note-se bem que, ao affirmar que o sr. A[lberto] C[aeiro] é *consciente* na sua arte e que o seu mate[rialis]mo é um nome, eu não quero dizer que elle tenha con[sciencia] d'isso... Creio que elle se engana a si-proprio. Elle não tem consciencia, creio, da sua consciencia.

O que me leva a crêr que o sr. A[lberto] C[aeiro] não é absolutamente um poeta consciente[25], como seria se fosse, por exemplo, um mystificador ou um puro philosopho é que contende a sua theoria n'alguns pontos possiveis e absolutamente visiveis.

(IV. ◊)[a]

Ora, salta aos olhos do pensamento que nenhum ramo de arvore, a suppor-se (o que já é puro "entendimento" á Caeiro) que pode "julgar" qualquer cousa, não julga que o sol é Deus ou que a trovoada é uma quantidade de gente zangada. Isso julga um homem, um homem primitivo, e é duvidoso que mesmo d'esse se pudesse dizer que, naturalmente, achasse que o sol é Deus.

Presto homenagem ao esforço do sr. A[lberto] C[aeiro] ao querer-se despir de tudo quanto é artificial[26] e puramente humano. Constato, porém, que nem sempre o faz, e isto em partes onde me parece impossivel que não repare que o não está fazendo[27]. A poesia quatro (a n.º 4 do livro) é um exemplo flagrante.

123 *A[lberto] C[aeiro] —Aguia*
[1914]

Da *certeza* e ◊ com que os seus sentidos aprehendem a realidade não pode haver duvida. Vejam-se estes passos:[1]

e corre um silencio...[b]
um vago ouro lustroso...[c]

a   Que começa "Esta tarde a trovoada cahiu".
b   Verso 38 do poema I: "E corre um silencio pela herva fóra".
c   Verso 36 do poema V: "Um vago oiro lustroso vae perdendo a escuridão".

A sua imaginação é curiosamente infantil e limpida. As imagens são por vezes de uma frescura que nos arranca a tudo quanto em nós se acumula de civilizado e nos[2] torna a qualquér cousa que[3], não sabemos onde nem como, perdemos:

◊ como o levantar-se vento...[a]
◊ como um girasol.[b]

Isto, que parece tão simples e espontaneo, precisa de uma enorme cultura de[4] visão e audição, de attenção aos phenomenos naturaes. Ser-nos-ha permittido perguntar (o meu[5] desconhecimento total da poesia do sr. A[lberto] C[aeiro] permitte-me isso) se não exige tambem, e antes d'isso, uma preliminar cultura litteraria verdadeira? Se fôssemos sentenciados a imaginar por força que especie de homem o sr. C[aeiro] é, diriamos que nos parece ser auctor já não novo – não m[ui]to novo, pelo menos – que, tendo atravessado um periodo da juventude de vasta cultura litteraria, por qualquer[6] razão se retira para o campo e ahi, abandonando *de todo* a litteratura e a cultura pelo livro, se entrega á natureza com o cerebro assim preparado, e, é claro, mais do que apto a sentir pelo genio que Deus lhe dera.[7]

No meio da sua apparente espontaneidade, a poesia do sr. A[lberto] C[aeiro] sabe-nos curiosamente a culta; e, conquanto pareça, e conquanto soe ingenua e ◊[8], não conseguimos[9] tirar de nós a impressão de que ella é de um homem culto e lido.

Não queremos com isto dizer que se trata de uma mystificação (Que genio d'esses era preciso terem os muitos que fizeram umas mistificações d'estas!)[10]

---

a   Último verso do poema xiv: "E o que escrevo é natural como o levantar-se vento..."
b   Primeiro verso do poema ii: "Ao meu olhar, tudo é nitido como um girasol".

Entendamo'-nos bem... Ninguem mais alto do que eu[1] grita a
enorme, a flagrante originalidade da obra do sr. A[lberto] C[aeiro],
assim como a sua elevação, a sua ◊

O que eu contesto ao[2] snr. C[aeiro], d'entre as qualidades[3] que
elle diz ter[4], é a espontaneidade, a inocencia, a perfeita simplici-
dade. Não creio que elle seja um espontaneo, nem que elle seja um
ingenuo, nem que elle seja um ◊

Sobretudo não creio na falta[5] de cultura que elle apregôa, nem na
sua indifferença por tudo quanto é a Natureza.

Mas isto, que eu lhe contesto, não diminue a figura de A[lberto]
C[aeiro] de como elle quér que nós a consideremos. Antes, porisso
— e é isto que eu quero frizar flagrantemente — maior, mais alta,
mais original, é a obra d'este poeta[6], se elle, em vez de ser um inge-
nuo e um simples, é um intellectual, um consciente, um culto. Creio
ter demonstrado as duas primeiras cousas[7]; a terceira, não a posso
demonstrar, mas posso affirmar que a creio.

A meu vêr[1], precisamente o que é grande no sr. A[lberto] Caeiro é o
modo como utiliza os methodos da poesia[2] espiritualista e idealista
para nos tornar completamente bella a sua poesia materialista.

Tivesse o snr. A[lberto] C[aeiro] feito poesia absolutamente
materialista, e veria como até o proprio materialismo dos seus ver-
sos soffreria[3]. É aos armazens do mysticismo e do espiritualismo
que a sua Musa vae buscar com que se engalane.[4]

A[lberto] C[aeiro] é um dos maiores poetas da nossa epoca e da nossa terra. Só uma incomprehensão da magnitude e da originalidade[5] da sua obra, ou uma aversão idiota por ella, podem esconder isto a qualquér pessoa competente para ter opiniões criticas. A sua obra é assombrosamente original. Mesmo suppondo ao seu autor uma cultura que abranja ter lido Whitman[a] – isso, e é aqui que o[6] valôr d'ella se verifica – nada nos explica como derivada, sahe, possivelmente, a fórma do verso. Mas esta é, na verdade, tão casada com a fórma da ideação de A[lberto] C[aeiro], tão evidentemente tal como não podia deixar de ser, que acho excusado e inutil pesquizar n'este ◊. Quer conheça Whitman, quer não, o sr. A[lberto] C[aeiro] é egualmente original, e é original como ninguem.

Esta phrase casual e usual cabe magnificamente a uma descrição do seu genio[7] extraordinario. A[lberto] C[aeiro] é original como ninguem. Não conheço, em tudo quanto é litteratura, e que eu conheça, poeta tão original. Blake e Whitman lembram logo. Mas a obra do primeiro[8] é plenamente desequilibrada, e a sua base philosophica tira a existe[ncia][9], em parte, dos mysticos e dos occultistas, se bem que em parte seja originalissima. E Whitman não se eleva a uma concepção philosophica que de longe se pareça com nitida. A[lberto] C[aeiro] é, por isso, maior do que ambos esses grandes poetas.

---

a Na Biblioteca Particular de Fernando Pessoa encontram-se os seguintes livros de e sobre estes autores: Walt Whitman, *Poems by Walt Whitman*, editado por William Thomas Stead (London: "Review of Reviews" Office, [1895]); CFP, 8-664 MN); Walt Whitman, *Leaves of Grass* (London, New York, Toronto, Melbourne: Cassell & Company, 1909; CFP, 8-580); Bliss Perry, *Walt Whitman: his life and work*, com ilustrações (London: Archibald Constable & Co., Ltd, Boston, New York: Houghton Mifflin & Co., 1906; CFP, 8-434).

A[lberto] C[aeiro] representa uma reacção contra todos os movimentos presentes que teem qualquer cousa de mysticos ou de artificiaes. O symbolismo, o saudosismo, tanto um como o outro[1] são inimigos da obra de A[lberto] C[aeiro].

<hr style="width:30%" />

A[lberto] C[aeiro] diz de si proprio que é o "Descobridor[2] da Natureza", o "Colombo das sensações verdadeiras"[a]. Não se repare no orgulho excessivo das phrases, sem lêr a obra e vêr que ellas teem, pelo menos, uma justificação subjectiva. Comprehende-se, antes de mais pensar no assumpto, que quem escreveu *O G[uardador] de R[ebanhos]* possa escrever de si e da sua obra aquellas palavras excessivas.

127 *A[lberto] Caeiro.* (Aguia)
[1914]

II.

Não seria possivel uma rigorosa analyse do livro[1] extraordinario do sr. A[lberto] C[aeiro], se, preliminarmente, não facilitassemos — senão levassemos[2] — essa analyse n'um affastamento dos elementos perturbadores d'elle — elementos esses da creação do sr. A[l-berto] C[aeiro].

Entre[3] as affirmações contidas no seu livro, o sr. A[lberto] C[aeiro] faz 5 affirmações, repetida e lapidarmente, a respeito de si proprio como poeta. Essas affirmações entram na logica da sua obra e da sua philosophia. Concebendo a sua theoria metaphysica

---

[a]   Vejam-se as variantes dos versos 30 e 31 do poema xlvi: "Sou o Descobridor da Natureza, | Sou o Argonauta das sensações verdadeiras."

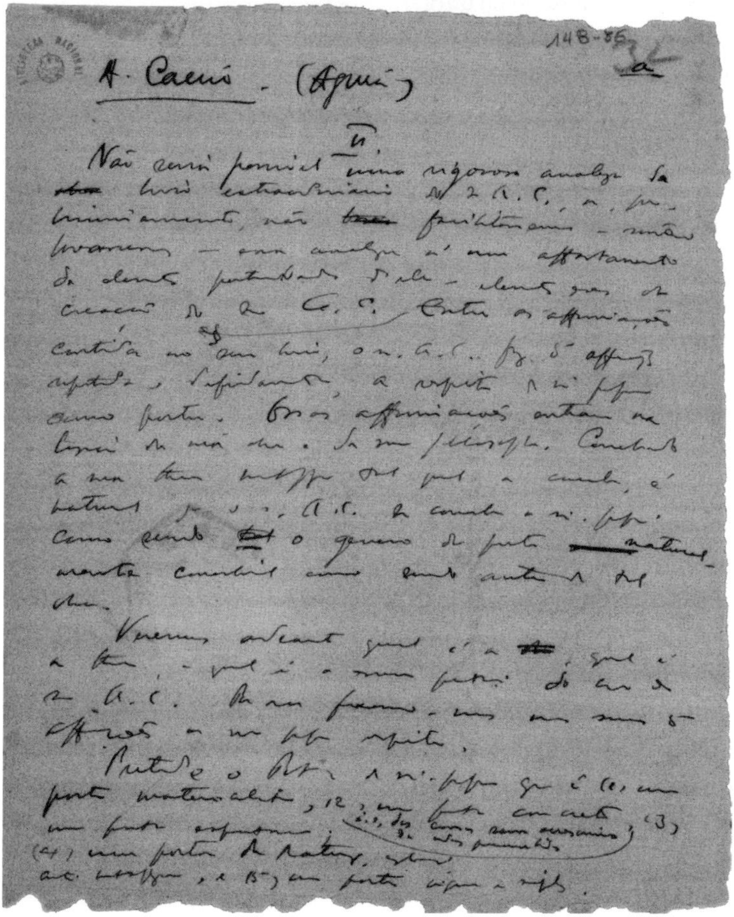

A. Caeiro _ (Aqui)

[manuscrito autógrafo, texto de leitura incerta]

tal qual a concebe, é natural que o sr. A[lberto] C[aeiro] se conceba a si proprio como sendo o genero[4] de poeta naturalmente[5] concebivel como sendo autor de tal obra.

Veremos adeante qual é a ◊[6], qual é a theoria, e qual é a essencia poetica do livro do sr. A[lberto] C[aeiro]. Por ora fixemo-nos nas suas 5 affirmações a seu proprio respeito.

Pretende o Poeta de si-proprio que é (1) um poeta materialista, (2) um poeta concreto, i.e., das cousas sem acrescimo de ideas pre-concebidas[7] (3) um poeta espontaneo; (4) um poeta da Natureza, isto é, anti metaphysico, e (5) um poeta ingenuo e simples.

São, repare-se, 5 affirmações diffe[ren]tes. Noto isto porque parece haver identidade entre algumas.

128
[1914]

Vamos contestar, *seriatim* e radicalmente, estas 5 pretensões do sr. A[lberto] C[aeiro]. Antes, porem, precisamos fazer notar que o que vamos contestar não é que a *obra* do sr. A[lberto] C[aeiro] não seja todas essas 5 cousas que ella pretende ser. Sem duvida nenhuma que a sua obra é materialista, naturalista, concreta, expontanea de aspecto e origem, simples no modo de sentir e exprimir. Tudo isto — com que extraordinario valôr e originalidade, veremos depois — é o livro do sr. Caeiro.[1]

Distingamos, porem, na obra, as theorias dos processos[2], o logar a que se chega da estrada que para lá se segue.[3]

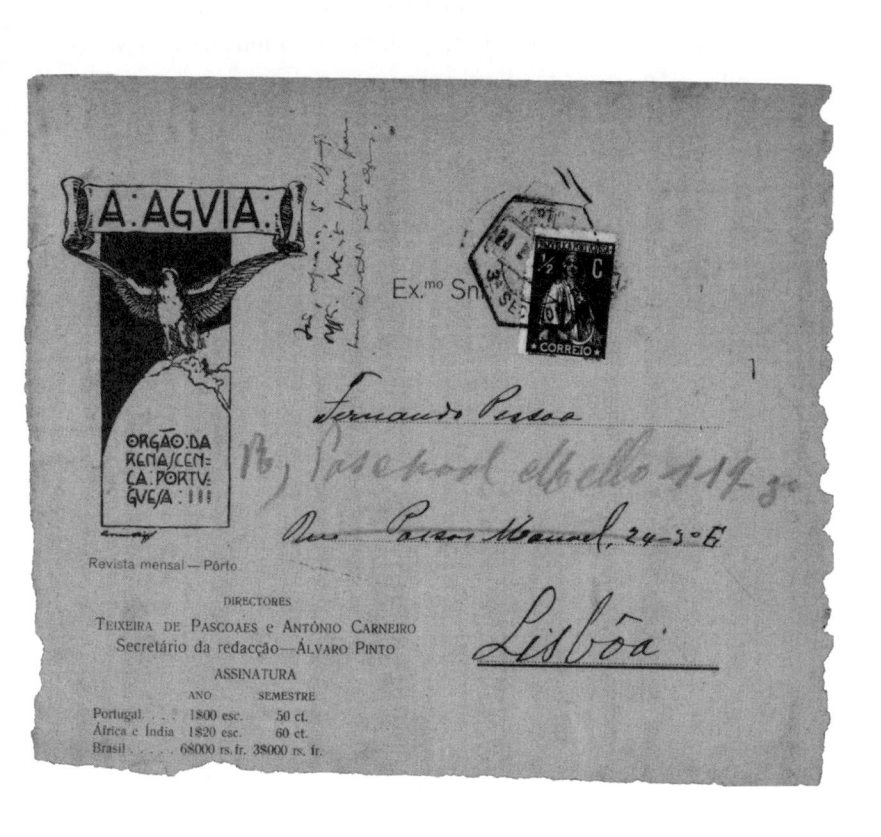

129 Repare-se: O extraordinario valôr da obra do sr. A[lberto] C[aeiro]
[1914]
está precisamente em ella ser obra de um mystico materialista, de
um abstracto[1] que só trata das cousas concretas, d'um ingenuo e
simples que não pensa senão complexamente, d'um poeta da Natu-
reza que o é[2] do espirito, d'um poeta espontaneo cuja espontanei-
dade é o producto de uma reflexão profunda. No mero enunciado
d'isto salta á intelligencia a assombrosa[3] originalidade do sr. A[l-
berto] Caeiro.

Se elle fosse o absoluto materialista que pretende que é, seria, não
um homem, mas uma pedra. E o ser pedra não é, confesse-se, a
forma[4] de existencia mais apta a exprimir emoções em verso.

A[lberto] C[aeiro] é uma impossibilidade realisada.[5] Talvez da
immediata e inconsciente noção de ser isso que a sua obra nos dá
é que vem o pasmo admirativo que o encontro com essa obra logo
nos causa.[6]

O G[uardador] de R[ebanhos] é uma das grandes obras lyricas de
todos os tempos e todos os paizes.

Mas a O[ração] á L[uz][7 a], e a Elegia de Pascoaes, que[8] nos pareceram
novas e ◊, sabem-nos[9] a velhas e a repetidoras ao lado da absoluta
novidade, da surpreza ◊ que é *O G[uardador] de R[ebanhos]*.[10]

---

a   De Guerra Junqueiro, publicado em 1904.

APÊNDICE:
DOIS TEXTOS CONTEMPORÂNEOS

Obiter Dicta ou *Optimismo.*   *ou Sursum corda!*   **130**
A proposito do livro do sr. A[lberto] Caeiro.   [1914]

Não que o livro do sr. A[lberto] C[aeiro] seja supremo; posto que excellente não é transcendente. Usamol-o, por deante de nós o termos, para prova do n[osso] assento sociologico ◊
——————————— (livros)
Onde a alma intima do Povo vibra e se mostra, não a alma superficial do Povo que em Camões,[1] Garrett ◊, mas a outra, a mais intima, ◊

Além de *viva*, esta poesia é *nacional.*
É mais[,] dá-se no Brazil como cá: é racial.
Dá-se sob o sent[imen]to republicano, é coeva d'elle; com elle cresceu.

Podem as n[ossas] *finanças
etc
este....
penhor do que, se cahirmos mais[2], levantar-nos-hemos.

———————————

Todos quantos, com os olhos marejados de lagrimas de subita alegria, sentimos bater em nós, n'um impulso, como que timido e arrepiado, por immenso e ◊ que se sente, a alma inconfundivel e sublime do Povo Portuguez.

———————————

O livro do sr. A[lberto] C[aeiro] é a causa occasional d'este artigo, que, – posta de parte, por inutil e ◊ agora, a modestia – nos parece de uma utilidade muito grande, dado que o queriamos comprehender.

———————————

O poeta torna-se sociologo.

Porque – e é por isto que este argumento a todos sobreleva – um povo realmente humilde, *velho* realmente, um povo cuja fraqueza e doença são as da velhice, cuja debilidade é decrepitude, é inteiramente incapaz – como um individuo[3] n'essas condições o é – não só de pensar[4] grandes cousas, mas[5] de pensar grandes cousas *novas*, e muito menos de pensar grandes cousas novas *mais em harmonia com o seu intimo caracter do que as da sua juventude!* Por mal que esteja o povo portuguez, não está *prostrado, moribundo ou decrepito; está muito doente.

Não só é *fatal este argumento aos argumentos[6] dos que nos julgam decadentes em absoluto, como o é aos argumentos monarchicos, por razões que adeante apontaremos. É mais forte este argumento profundamente sociologico – o unico sci[entifi]co – a poesia da republica, que tudo quanto até agora se tem dito.

Estes[7] argumentos são economicos, politicos, litterarios – *sociologicos* não são.

---

131 Curioso que, mesmo quando se repete, consegue ser diverso. Por-
[1914] quanto, a sua obra é a repetição constante de um só principio, p[rincipio] tão fluido, fecundo e vasto que, sem sahir de si-proprio, tudo alegra, tudo exprime e tudo illumina.[1]

And the astonishing final verse of the $\Diamond^{th}$ poem:

Things are the only occult meaning of things[a]

or

The only occult meaning of things are[2] things themselves.

a verse of which it is not too much to say that it opens new roads for philosophic meditation.

Caeiro is the only poet of nature. In a sense, he *is* Nature: he is Nature speaking and being vocal.

He endears to us his house on the hill, that garden-wall[3], the road & the ◊ that now & then passes on it.

He has neither interest in mankind[4], nor in any human activity, not even in art. All these things are to him unnatural.

Only Nature is divine & it is not divine.[5]

E o impressionante verso final do poema ◊:   [TRAD.]

> *As cousas são o unico sentido occulto das cousas.*
>
> ou
>
> *O unico sentido occulto das cousas são as próprias coisas.*

um verso do qual não é exagerado dizer-se que abre novos caminhos à meditação filosófica.

Caeiro é o único poeta da natureza. Num certo sentido, ele é a Natureza: ele é a Natureza a comunicar e a ganhar voz.

Ele torna-nos querida a sua casa no outeiro, o muro do seu jardim, a estrada e o ◊ que de vez em quando passa nela.

Não se interessa pela humanidade, nem por nenhuma actividade humana, nem sequer pela arte. Todas essas coisas são para ele não-naturais.

Apenas a Natureza é divina e ela não é divina.

a   Tradução do último verso do poema xxxix de *O Guardador de Rebanhos*.

PROSA

4

DIVULGAÇÃO EM INGLATERRA

Alberto Caeiro.

The twentieth century has at last found its poet – not in the sense that this poet sings the 20th century, but in the sense that a poet has at last appeared who represents an absolute novelty, something altogether unconnected with literary traditions of any kind whatsoever[2]. It is natural to say that the 20th century has found its poet for no other reason than this – that the extraordinary originality of this poet happens in the 20th century. *The Rime of the Ancient Mariner* in relation[3] to its time is, if anything, less original than A[lberto] C[aeiro]'s astonishing volume – The Keeper of Sheep – (O G[uardador] de R[ebanhos]) which has just appeared in Lisbon.

No one in P[ortu]g[uese] literary milieux had ever heard of him. He appeared suddenly. And his contribution to Portug[uese], and European literature, breaks away, as we have said from all traditions & currents that were valid in the past or are active to-day.

A[lberto] C[aeiro] is the poet of absolute materialism. This is his first originality; there never was, properly speaking, a poet of materialism... The second innovation is that C[aeiro] puts into his absolute materialism a poetical colour & intensity which we[4] have been accustomed to find only in the highest spiritualistic poetry.[5]

Things are to him absolute realities, more real even than our sensations of them. Thought is a disease. *Poetic* thought is an anomaly.

Metaphysics is delirium. Mysticism is a kind of ennui. And, while he is absolutely and entirely (even dazzlingly) coherent in these theories, C[aeiro] cannot be described except as a great poet[6], as a thinker, as a master of poetic thought & expression, as a metaphysician in verse and as a mystic *in fine*. The resolution of the contradiction into a real and living unity of inspiration & of expression[7] is the secret of his supreme greatness.

This language seems strange & strained. But that greatness is indisputable. Nothing can give an adequate idea of the originality of the work except total quotation of it. Even *sustained quotation would entail a *limiting* of his ◊ scope. No adjective except bewildering can describe[8] the originality of his work.

It is the case of meeting things like this, the ◊[th] poem in the work:

Hallo[9], Keeper of sheep.[a]

It is the case of finding philosophical statements of this kind:

Things have no meaning: things have existence
Things therefore are the only occult meaning of things.[b]

Or this:

◊

The book is full of things of this kind. It is nothing[10] but things of this kind. There are things[11] in the work that are among the supreme things of poetry. The great metaphysical poem (n.º 5)[12] where pantheism is dragged down into materialism [...][13]; the

---

a   Primeiro verso do poema x: "Olá, guardador de rebanhos".
b   Últimos dois versos do poema xxxix: "As cousas não teem significação: teem existencia. | As cousas são o unico sentido occulto das cousas."

bewildering materialistic[14] concept of Christ — the 8th poem — where, after the most *degrading *draft of the *moral image[15] † of Christ that has ever been found, the poem rises, *through materialism* (this is the ◊) into a ◊ spirituality; the small poems, each as truly as one *concept which is always the same & always diff[eren] t; the staggering *materialistic* denial of the reality of a *whole* called Nat[ure]:

Nat[ure] is parts without a whole.[a]

And the 2 final poems, where the majesty & sobriety of verse reach[16] a ◊ not known until the summits of classical poetry — C[aeiro] is all this.

He strips things of their[17] constant poetic reality. He seems not those poets who say that flowers smile, that rivers sing & that ◊

For mystic poets say ◊[b]

It is hopeless to give the reader anything resembling an idea of what this great poet, the greatest[18] of all time, is. The best thing, though it is *bad *method, is to quote the last two poems in the work. They are these:

XLVIII
XLIX[19]

He reminds us of 2 poets — Whitman & the *bucolic Francis Jammes. But Caeiro is undoubtedly above Jammes & even far beyond Whitman. Whitman[20] is for Whi[tman] the contrastive power ◊ Whitman is in every particle inferior to Caeiro.

a   Verso 15 do poema XLVII: "A Natureza é partes sem um todo."
b   Verso 6 do poema XXXVIII: "Porque os poetas mysticos dizem que as flores sentem".

Alberto Caeiro.

O século xx encontrou finalmente o seu poeta – não no sentido de este poeta expressar o século xx, mas no sentido de ter surgido finalmente um poeta que representa uma absoluta novidade, uma obra completamente à parte de todas as tradições literárias, sejam elas de que tipo forem. É justo dizer- -se que o século xx encontrou o seu poeta por nenhuma outra razão senão esta – que a extraordinária originalidade deste poeta acontece no século xx. The Rime of the Ancient Mariner *em relação ao seu tempo é, se possível, menos original do que o volume impressionante de A[lberto] C[aeiro] – O G[uardador] de R[ebanhos] – que acabou de ser publicado em Lisboa.*

Ninguém ouvira falar dele no meio literário português. Ele surgiu subitamente. E a sua contribuição para a literatura portuguesa e europeia destaca-se, tal como dissemos, de todas as tradições e correntes que foram válidas no passado ou que permanecem activas hoje em dia.

A[lberto] C[aeiro] é o poeta do materialismo absoluto. Esta é a sua primeira originalidade: nunca existiu, propriamente falando, um poeta do materialismo... A segunda inovação é que C[aeiro] dá ao seu absoluto materialismo uma cor e uma intensidade poéticas que só nos acostumá- mos a encontrar na mais elevada poesia espiritualista.

As coisas são para ele realidades absolutas, mais reais do que as nossas sensações delas. O pensamento é uma doença. O pensamento poético é uma anomalia. A metafísica é delírio. O misticismo é um tipo de tédio. E, embora absoluta e inteiramente coerente com estas teorias, C[aeiro] não pode ser descrito senão como um grande poeta, como um pensador, como um mestre da expressão e do pensamento poéticos, como um metafísico em verso e, essencialmente, um místico. A resolução da contradição numa unidade viva e real de inspiração e de expressão é o segredo da sua suprema grandeza.

T.P.'s Weekly — Academy. — Athenaeum —

17/62

Alberto Caeiro. Saturday Review

The Outlook

The twentieth century has at last found its poet — not in the sense that this poet sings the 20th century but in the sense that a poet has at last appeared who represents an absolute novelty, something altogether unconnected with literary traditions of any kind whatsoever. It is natural to say that the 20th. century has found it poet for no other reason than this — that the extraordinary originality of this poet happens in the 20th. century. The Rime of the Ancient Mariner ~~correlation~~ to it there is, if anything, less ought than A. C.'s already who — the King of Sleep — (O G R R) which has just appeared in Lisbon.

No one in Portuguese literary milieux had ever heard of him. He appeared suddenly. And his contribution to Portuguese, as though litterae, breaks any, as we have one of all titles & unmost, they were valid in the past or are active to-day.

A. C. is the poet of absolute materialism. This is his first origin; there can as, properly speaking, a poet of materialism... The and author is that C. puts into his absolute matter — a poetic ardour & intensity which not in him we accustomed to find only in the highest spirituality poets.

Esta linguagem parece estranha e rígida. Mas a sua grandeza é indiscutível. Nada pode dar uma ideia adequada da originalidade da obra excepto uma citação completa dela. Mesmo uma citação extensa implicaria uma limitação do seu alcance. Nenhum outro adjectivo senão desconcertante pode descrever a originalidade da sua obra. É o caso ao encontrarmos coisas como esta, no poema ◊ da obra:

Olá, guardador de rebanhos.

É o caso ao encontrarmos afirmações filosóficas deste tipo:

As cousas não teem significação: teem existencia.
As cousas são o unico sentido occulto das cousas.

Ou isto:

◊

O livro está cheio de coisas deste género. Não é senão coisas deste género. Há coisas na obra que estão entre as coisas supremas da poesia. O grande poema metafísico (n.º 5) em que o panteísmo é destituído a materialismo [...]; o desconcertante conceito materialista de Cristo – o poema 8 – onde, depois do mais degradante esboço da imagem moral † de Cristo que alguma vez se viu, o poema se ergue, através do materialismo (isto é o ◊) até uma ◊ espiritualidade; os pequenos poemas, cada qual tão verdadeiro quanto um conceito que é sempre o mesmo e sempre diferente; a espantosa negação materialista da realidade de um todo chamado Natureza:

A Natureza é partes sem um todo

E os dois poemas finais, em que a majestade e a sobriedade do verso alcançam um ◊ desconhecido até ao auge da poesia clássica – C[aeiro] é tudo isto.

Ele retira às coisas a sua constante realidade poética. Não se assemelha aos poetas que dizem que as flores sorriem, que os rios cantam e que ◊

Porque os poetas mysticos dizem ◊

É impossível dar ao leitor qualquer coisa semelhante a uma ideia do que este grande poeta, o maior de todos os tempos, é. O melhor, ainda que seja mau método, é transcrever os dois últimos poemas da obra. São os seguintes:

XLVIII
XLIX

Ele lembra-nos dois poetas – Whitman e o bucólico Francis Jammes. Mas Caeiro está sem dúvida acima de Jammes e muito para além de Whitman. Whitman representa para Whi[tman] a força contrastante ◊ Whitman é em todos os pormenores inferior a Caeiro.

The Keeper of Sheep
A Great[1] Portuguese Book of Poems

133
[1914]

It is not generally known[2] – not even in Portugal, and foreigners stand excused upon that – that Portuguese poetry is to-day, not only[3] the greatest but the most original of our time. Many pages[4] of this paper would not do justice to the several great and original poets of contemporary Portugal, &, to study these capably, we would have to carry back the study of Portuguese poetry to the middle of last century, when Anthero de Quental broke with Portuguese sanctioned ways[5] to forge ideas and to convey sub-metaphysical ideas,[6] and created at once the essential Portuguese attitude towards the Universe and the attitude[7] towards anything which is essentially Portuguese. The attitude in question may be described as the subjective sentiment of Nature; not subjective in the sense of feeling Nature in accordance with us as Wordsworth & Shelley did, nor of feeling it symbolically as V[ictor] Hugo did, but subjective in the sense of, so to speak, looking at Nature from within & seeing a tree or a stone, not from outside it[8], with however mellow a feeling, but from inside it, the poet identifying[9] himself with the natural object.

All Portuguese poetry has run in this line, threading this intellectual image in all directions – either finding spiritualistic paths with Abilio Guerra Junqueiro[10], or pantheistic spiritualism[11] with Ant[oni]o C[orrêa] d'O[liveira], or pantheistic transcendentalism[12] with T[eixeira] de Pascoaes.

All poets not classifiable as pertaining to this current will be found[13] either to base their inspiration on a lower basis, as, for instance, on directly popular sentiment, as in the case of João de Deus, or to have dwelt upon entirely foreign elements, as is the case of João de Barros[14], who is a pure Verhaerean poet.[a]

It is the astonishing fact about Alberto Caeiro, whose first book has just been published, that he does not belong to either of these currents, that he is himself with a clearness & independence so astonishing as to be well nigh unexplainable on hard critical lines. Yet he is easy to understand if we interpret him as a horizon of new[15] intellectual elements into a poetry so full of them as Modern Portuguese poetry[16] is, and his appearance needs no explanation but

---

a   Um livro deste autor, hoje de localização desconhecida, fez parte da Biblioteca Particular de Pessoa: Émile Verhaeren, *Poèmes: Les Flamandes; Les moines; Les bords de la route; augmenté de plusieurs poèmes.* 8ème éd, Paris, Mercure de France, 1911 (Cf. Pizarro, Ferrari e Cardiello, 2010, p. 422).

"The Keeper of Sheep"

A ~~Remarkable~~ ^{Great} Portuguese Book of Poems

By a mere chance I was led to
read the ~~recent~~ book by which a
Portuguese poet made his appearance
in the ~~already~~ ~~overcrowd~~ poetry
~~markets of that country~~

It is not generally known — not
even in Portugal, and precious
[?] and secured upon that — that
Portuguese poetry is to-day, ~~if~~ not [of]
the greatest but the next [highest?] [of]
our time. [...] poets of this paper
would not do justice to the several
great and [highest?] poets [...]
[...] poetry, & , to [...] these
[...], no one can [...] to carry
back the [...] of [...] poetry to
the middle of last century, when [...]
[...] broke with [...]
[...] [...] was, and to
[...] one-[...] its, and
create at once the essential.
[...] attitude towards the universe

and the [illegible] [illegible] [illegible]
this [illegible] which ; [illegible]
[illegible]. The attitude in question
may be described as the subjective
[illegible] of Nature ; not subjective
in the sense of [illegible] Nature in
[illegible] [illegible] as is [illegible]
[illegible] [illegible], nor of [illegible] it [illegible]
on [illegible] [illegible], but [illegible] in
the sense of [illegible] to [illegible], looking at
nature from inside & [illegible] a tree
or a stone, not from outside it,
with however [illegible] a [illegible], but
for [illegible] it [illegible] itself
all the [illegible] object.

All [illegible] [illegible] in [illegible] in this
line, [illegible] their intellects [illegible]
in [illegible] [illegible] — with [illegible] opposite
[illegible] with [illegible] [illegible], or [illegible]
[illegible] into A B C & D, in
[illegible] [illegible] this [illegible] seem as to
T. & Pessoa.

the extraordinary inter-diffusion of poetical spirit in the literary Republic.[17]

It may be wondered why we choose[18] Alberto Caeiro, and not an older[19] poet, to speak about Modern Portuguese poetry[20]. The reason is[21] very simple, but it is not that I consider him superior to Guerra Junqueiro, for instance, or to Teixeira de Pascoaes, to seek no further. As his work stands, his one book is evidently not justly[22] comparable to Junqueiro's ten or Pascoaes' twelve[23], neither has he reached[24] the summits of inspiration[25] as Junqueiro in the *Prayer to Light*[a], the only modern poem that can stand today against Worthword's ode[26] or Pascoaes in the extraordinary *Elegy*, the only modern poem that renders Browning's *Last Ride Together*[b] to a mere shade.[27]

My reason for writing on Alb[erto] Caeiro rather than on any other Portuguese poet is that Albert[o] Caeiro is more *interesting* than any of them. He is more astonishing, not [because][28] he is greater than some of the others, but [because][29] he is much more of a phenomenon than any of the others is.[30]

His independence in respect of Portuguese lyrical currents, his equal independence in respect of any lyrical or literary currents whatsoever[31] sum up his interest. He belongs to a species of poet of which there are only some examples, such as Blake, Whitman, Francis Jammes. But, though[32] possibly he cannot be set besides the first of these[33] — we have, however, no right to compare his one book to Blake's total work[34] —, he certainly possesses the quality of being, though of other species, remarkable too in the shaping of his poetry[35]. He resembles Whitman most. But he transcends Whitman by the sanity & clarity of his inspiration & by the directness with

---

a Na Biblioteca Particular de Pessoa encontra-se um exemplar da primeira edição deste livro. Guerra Junqueiro, *Oração à Luz*, Porto, Livraria Chardron de Lello & Irmão Editores, 1904 (CFP, 8-288).

b Robert Browning, *Poems of Robert Browning: 1833-1865*, London, Paris, New York, Toronto, Melbourne, Cassell and Co., Ltd., 1907 (CFP, 8-73). No exemplar da Biblioteca Particular existem traduções interlineares a lápis ainda inéditas de vários versos deste poema (cf. pp. 413-416).

which[35] he works out his feelings into a coherent & astonishing new metaphysics.

Alb[erto] C[aeiro]'s philosophy[36] is a pure materialistic pantheism. But in his words this attitude has all the soft allurements of spiritualism[37], all the occult power of idealism and all the clearness and naturalness of[38] simple materialist philosophies.

It is difficult to describe what he thinks without translating all he wrote. His philosophy is very easily gathered from his little book, which is read in a quarter of an hour, and only understood as it is read, though far [we] are in a position to note how astonishingly new is his point of view, and how normal his way of expressing it.

His philosophy is summed up in these two lines of his:

Comprehender uma flôr ◊
Comêr um fructo ◊[a]

Or in lines like these

Sentido intimo ◊[b]

This is his authentic thesis (there[39] is no other one for it):

In this book, which is all about himself, we have nothing about him, except that his eyes are blue.

[We] have nothing[40] about his thoughts or his feelings, except that

"my thoughts are sensations"[c]

a   Vejam-se os versos 7 e 8 do poema IX: "Pensar uma flor é vel-a e cheiral-a | E comer um fructo é saber-lhe o sentido."
b   Verso 31 do poema V: "'Sentido intimo do universo'..."
c   Verso 3 do poema IX: "E os meus pensamentos são todos sensações."

and that his feelings are

◊

Yet when we finish the book, his understanding stands before us clear as day[41]. It is something altogether new & fresh.

His attitude[42] is this: he substitutes senses to thought and strives to bring his life as far as possible to the level of the life of a tree or of[43] a flower. He is the most objective poet that has ever been.

O Guardador de Rebanhos [TRAD.]
Um Grande Livro Português de Poemas

———————

Não é do conhecimento geral — nem mesmo em Portugal, e os estrangeiros têm isso como desculpa — que a poesia portuguesa é, actualmente, não só a mais grandiosa, mas também a mais original do nosso tempo.

Muitas páginas deste jornal não fariam justiça aos vários grandes e originais poetas do Portugal contemporâneo, e, para os estudar cuidadosamente, teríamos de recuar o estudo da poesia portuguesa até meados do século passado, quando Antero de Quental rompeu com os modos portugueses consagrados de forjar ideias e transmitir ideias submetafísicas, e criou então a essência da atitude portuguesa perante o Universo e a atitude perante tudo o que seja essencialmente português. A atitude em questão pode ser descrita como o sentimento subjectivo da Natureza; não subjectivo no sentido de sentir a Natureza de acordo connosco, como Wordsworth e Shelley, nem tão-pouco sentindo-a simbolicamente como V[ictor] Hugo, mas subjectivo no sentido de, por assim dizer, olhar para a Natureza a partir de dentro e vendo uma árvore ou uma pedra, não do exterior, com um qualquer doce sentimento, mas a partir de dentro, identificando-se o poeta com o objecto natural.

Toda a poesia portuguesa seguiu esta via, orientando uma imagem intelectual em todas as direcções — seja encontrando caminhos espirituais com Abílio Guerra Junqueiro, ou um espiritualismo panteísta com Ant[óni]o C[orreia] d'O[liveira], ou transcendentalismo panteísta com T[eixeira] de Pascoaes.

Verificar-se-á que todos os poetas não classificáveis como pertencentes a esta corrente baseiam a sua inspiração em algo inferior, como, por exemplo, no sentimento popular directo, como é o caso de João de Deus, ou associam elementos puramente estrangeiros, como é o caso de João de Barros, que é um poeta inteiramente verhaereano.

É o facto surpreendente em Alberto Caeiro, cujo primeiro livro acaba de ser publicado, que ele não pertence a nenhuma destas correntes, que tem ele próprio uma clareza e independência tão surpreendentes quanto inexplicáveis em termos críticos. No entanto, é fácil de compreender, se o interpretarmos como um horizonte de novos elementos intelectuais numa poesia tão plena deles como é a Moderna Poesia Portuguesa, e o seu surgimento não carece de outra explicação senão a extraordinária interdifusão do espírito poético na República literária.

Pode questionar-se porquê a escolha de Alberto Caeiro, e não de um poeta mais velho, para falar da Moderna Poesia Portuguesa. A razão é muito simples, e não é porque eu o considere superior a Guerra Junqueiro, por exemplo, ou a Teixeira de Pascoaes, para não ir mais longe. Atendendo à sua obra, o seu único livro não é justamente comparável com os dez de Junqueiro ou os doze de Pascoaes, nem tão-pouco ele alcançou o auge da inspiração como Junqueiro em Oração à Luz, *o único poema moderno equiparável à ode de Wordsworth ou à extraordinária* Elegia *de Pascoaes, o único poema moderno que reduz* The Last Ride Together *de Browning a uma mera sombra.*

A razão pela qual escrevo sobre Alb[erto] Caeiro, e não sobre qualquer outro poeta português, é que Albert[o] Caeiro é mais interessante do que qualquer um deles. É mais impressionante, não porque seja superior a alguns outros poetas, mas porque é um fenómeno mais único do que qualquer deles.

A sua independência no que respeita às correntes líricas portuguesas, a mesma independência no que respeita a quaisquer outras correntes líricas ou literárias são, em resumo, o que o torna interessante. Ele pertence a uma espécie de poeta de que temos apenas alguns exemplos, tais como Blake, Whitman, Francis Jammes. Mas, embora talvez não possa ser colocado ao lado do primeiro destes – não temos, porém, o direito de comparar o seu livro único com a obra integral de Blake –, possui sem dúvida a qualidade de, embora de outra espécie, também ser notável na execução da sua poesia. Assemelha-se mais a Whitman. Mas transcende Whitman pela sanidade e na clareza da sua inspiração e pela exactidão com que expõe os seus sentimentos numa metafísica coerente e impressionantemente nova.

A filosofia de Alb[erto] C[aeiro] é um panteísmo materialista puro. Mas nas suas palavras esta atitude reúne todos os encantos do espiritualismo, todo o poder oculto do idealismo e toda a clareza e naturalidade das simples filosofias materialistas.

É difícil descrever o que ele pensa sem traduzir tudo o que ele escreveu. A sua filosofia é facilmente apreendida a partir deste pequeno livro, que pode ser lido num quarto de hora, e compreendida apenas à medida que é lida, ainda que estejamos longe de estar na posição de notar o quão surpreendentemente novo é o seu ponto de vista, e o quão normal é a sua forma de o expressar.

A sua filosofia é resumida nestes dois versos seus:

> Comprehender uma flôr ◊
> Comêr um fructo ◊

Ou em versos como este:

> Sentido intimo ◊

Esta é a sua autêntica tese (não há outra):
Neste livro, que é todo sobre ele próprio, não encontramos nada sobre
ele, excepto que tem olhos azuis.

Não encontramos nada sobre os seus pensamentos ou sentimentos,
excepto que

"os meus pensamentos são sensações"

e que os seus sentimentos são

◊

Porém, quando terminamos o livro, o seu pensamento surge diante
nós tão claro quanto o dia. É algo simultaneamente novo e fresco.

A sua atitude é esta: substitui sentidos por pensamento e procura levar
a sua vida, tanto quanto possível, para o nível da vida de uma árvore ou
de uma flor. É o poeta mais objectivo que alguma vez existiu.

PROSA

5

PREFÁCIO DO TRADUTOR

Os textos seguintes, de forma mais ou menos inequívoca, pertencem ao projecto de um prefácio à tradução para inglês dos poemas caeirianos. Inicialmente, o tradutor terá sido o próprio Fernando Pessoa ou um autor não nominado; a partir de 1915-1916, Thomas Crosse, que no plano de publicações da Olisipo surge como tradutor de Complete Poems of Alberto Caeiro. Veja-se a secção "Documentos relativos ao projecto Olisipo", em O Comércio e a Publicidade (1986, pp. 149-162) e o capítulo 108, dedicado a Thomas Crosse, em Eu Sou Uma Antologia (2013).

Caeiro has created

134
[c. 1914]

    (1) a new sentiment of Nature

    (2) a new mysticism

    (3) a new simplicity, which is neither a simplicity of faith, nor a simplicity of sadness (as in Verlaine's case)[1] nor a simplicity of abdication from thought and ◊. Much as he likes to prove his irrationalism, he is a thinker & a very great thinker. Nothing is so ennobling as this faith that declares the senses superior to the intellect, that speaks of intellect as of a Disease.

He has contradictions very slight, but he is conscious of all of them & has forewarned his critics. His c[ontradicti]ons are of 3 kinds: (1) in his thought, (2) in his feeling, (3)[2] in his poetical manner.

There in thought are almost none, but such as they are, he explains this way:[a]

[TRAD.] *Caeiro criou*

   (1) um novo sentimento de Natureza

   (2) um novo misticismo

   (3) uma nova simplicidade, que não é uma simplicidade de fé, nem uma simplicidade de tristeza (como no caso de Verlaine), nem uma simplicidade de renúncia do pensamento e ◊. Por muito que ele goste de provar o seu irracionalismo, é um pensador e um grande pensador. Nada é mais nobre do que esta crença que declara as sensações superiores ao intelecto, que fala do intelecto como de uma Doença.

   Tem algumas leves contradições, mas está consciente de todas elas e advertiu antecipadamente os críticos. As suas contradições são de três tipos: (1) no seu pensamento, (2) no seu sentimento, (3) no seu modo poético.

   Em pensamento são quase inexistentes, mas, tal como são, ele explica- -as deste modo:

135 Alb[erto] Cae[iro] – Translator's Preface.
[c. 1915]

At first sight it seems that something of Whitman is present in these poems. I have no information as to Caeiro's knowledge of foreign languages, or of English and of Whitman particularly; yet, on the

a   Pessoa ia citar aqui a primeira versão do poema xv ("Estas 4 canções, escrevi-as estando doente"), mas riscou essa versão, talvez para acrescentar, mais tarde, a tradução, ou por já existir a nova versão (verso "As duas canções que seguem"); ver o poema xv e o anexo que se encontra nas notas finais.

face of it, and after a very cursory reading of the poems, I suspect the first to have been, at best, very slight, and the second & third nil. However it may be, on close examination there is really no influence of Whitman here. There is at most an occasional coincidence and the coincidence is merely of tone, and more apparent therefore than real. The essential difference is enormous.

The traits common to the two poets are the love of Nature and simplicity, and the astounding acuity of sensation.[1] But, whereas Whitman insistently reads transcendental meanings into Nature, nothing can be further from Caeiro's attitude than that; it is, as a[2] matter of fact, the exact opposite to his attitude. And whereas Whitman's sensations are immensely various and include both natural and artificial, and the metaphysical as well as the physical, Caeiro's persistently exclude even the more "natural artificial" things and are only metaphysical in that extremely peculiar negative manner which is one of the novelties of his attitude.

Again, Caeiro has a perfectly definite and coherent philosophy. It may not be as coherent in[3] word and phrase as might be wished from a philosopher; but he is not a philosopher, but a poet. It may not be coherent from the outset, but it grows more and more definite as we read on till, in the final poems of *The Keeper of Sheep*, it takes a definite and unmistakable shape. It is a quite perfectly defined absolute objectivism — the completest system of absolute objectivism which we have ever had, either from philosopher or from writer. There is philosophy in Whitman, but it is the philosophy of a poet and not of a thinker; and where there is philosophy it is not of an original cast, the sentiment alone being original. Not so in Caeiro, in whom both thought and feeling are altogether novel.

Finally, though both are "sensationists", Caeiro's sensationism is of a type different from Whitman's. The difference, though it seems subtle and difficult to explain, is nevertheless quite clear. It lies chiefly in this: Caeiro seizes on a single subject and sees it *clearly*;

even when he seems to see it in a complex way, it will be found that that is but some means to see it all the more clearly. Whitman strives to see, not clearly, but deeply. Caeiro sees only the object, striving to separate it as much as possible from all other objects and from all sensations or ideas not, so to speak, part of the object itself. Whitman does the exact contrary: he strives to link up the object with all others, with many others, with the soul and the Universe and God.

Lastly, the very temperaments of the two poets differ.[4] Even when he thinks, Whitman's thought is a mode of his feeling,[5] or absolutely a mood, in the common decadent sense. Even when Caeiro feels, his feeling is a mode of his thought.

This description of their differences might be prolonged indefinitely. Whitman's violent democratic feeling could be contrasted with Caeiro's abhorrence for any sort of humanitarianism, Whitman's interest in all things human, with Caeiro's indifference to all that men feel, suffer or enjoy.

After all, and all things considered, when we eliminate the superficial resemblance derived from the non-rhythmical character of the poetry of both men, and the abstract revolt against civilization, the resemblances between them are exhausted.

Besides, Whitman has really a sense of metrical rhythm; it is of a special kind, but it exists. Caeiro's rhythm is noticeably absent. He is so distinctly intellectual, that the lines have no wave of feeling from which to derive their rhythmical movement.

What after all is C[aeiro]'s value, his message to us, as the phrase goes? It is not difficult to determine. To a world plunged in various kinds of subjectivisms, he brings Absolute Objectivism, more absolute than the pagan objectivists ever had it. To a world over-civilized he brings Absolute Nature back again. To a world merged in humanitarisms, in workers' problems, in ethical societies, in social movements, he brings an absolute contempt for the fate and the life of man, which, if it be thought excessive, is at least natural to him and a magnificent corrective. Wordsworth had opposed natural man to artificial man; "natural man" is for Caeiro as artificial as anything else except Nature.[6] Our first impression of Caeiro is that everybody knows what he tells us, that there is therefore no need to say it. But it is the old story of Columbus' egg. If everybody knows this, why has no one said it? If not worth saying, but true, why has every poet said the contrary?

Alb[erto] Cae[iro] — Prefácio do Tradutor.

À primeira vista parece haver algo de Whitman nestes poemas. Não tenho informação quanto ao conhecimento de Caeiro de línguas estrangeiras, de inglês ou de Whitman em particular; porém, após uma leitura muito rápida dos poemas, suspeito que o primeiro terá sido, na melhor das hipóteses, muito limitado e o segundo e terceiro, nulos. Independentemente disso, após uma análise mais atenta, não se encontra neles qualquer influência de Whitman. Existe, quando muito, uma coincidência ocasional e a coincidência é meramente no tom, e assim sendo mais aparente do que real. A diferença essencial é enorme.

Os traços comuns aos dois poetas são o amor pela Natureza e pela simplicidade, e a incrível acuidade da sensação. Mas, enquanto Whitman lê insistentemente significados transcendentais na Natureza, nada pode ser mais alheio à atitude de Caeiro do que isso; na realidade, é o oposto da sua atitude. E enquanto as sensações de Whitman são imensamente variadas e incluem tanto o natural como o artificial, e tanto o metafísico como o físico, as de Caeiro excluem persistentemente até as coisas "artificiais mais naturais" e são apenas metafísicas daquela maneira extremamente peculiar que é uma das novidades da sua atitude.

Uma vez mais, Caeiro tem uma filosofia perfeitamente coerente e definida. Pode não ser tão coerente em palavras e frases como desejaríamos de um filósofo; mas Caeiro não é filósofo, é poeta. Pode não ser coerente vista de fora, mas torna-se cada vez mais definida à medida que o lemos até que, nos poemas finais do Guardador de Rebanhos, *toma uma forma definida e inquestionável. Trata-se de um objectivismo absoluto, perfeitamente definido — o mais completo sistema de objectivismo absoluto que alguma vez existiu, quer num filósofo quer num escritor. Há filosofia em Whitman, mas é a filosofia de um poeta e não de um pensador; e a filosofia que há nele não é original, só o sentimento é original. Não se passa o mesmo em Caeiro, cujo pensamento e sentimento são totalmente novos.*

Na realidade, apesar de serem ambos "sensacionistas", o sensacionismo de Caeiro é de um tipo diferente do de Whitman. A diferença, ainda que pareça subtil e de difícil explicação, é porém bastante clara. Reside sobretudo nisto: Caeiro explora um só assunto e vê-o com clareza; mesmo quando parece vê-lo de modo mais complexo, apercebemo-nos depois de que isso não é senão um meio de o ver com mais clareza. Whitman procura ver, não com clareza, mas profundamente. Caeiro vê apenas o objecto, procurando separá-lo o mais possível de outros objectos e de todas as sensações ou ideias que não sejam, por assim dizer, parte desse mesmo objecto. Whitman faz exactamente o oposto: procura relacionar o objecto com todos os outros, com muitos outros, com a alma e o Universo e Deus.

Por fim, o próprio temperamento dos dois poetas é diferente. Mesmo quando pensa, o pensamento de Whitman é um modo do seu sentimento, ou em absoluto um estado de espírito, no sentido decadente comum. Mesmo quando Caeiro sente, o seu sentimento é um modo do seu pensamento.

A descrição das suas diferenças poderia ser indefinidamente prolongada. O sentimento violentamente democrático de Whitman poderia ser contrastado com a aversão de Caeiro a todo o tipo de humanitarismo. O interesse de Whitman por todas as coisas humanas, com a indiferença de Caeiro por todos os sentimentos, sofrimentos ou alegrias dos homens.

Ao fim e ao cabo, considerando todas estas coisas, quando elimina-
mos a semelhança superficial do carácter não-rítmico da poesia dos dois
homens, e a revolta abstracta contra toda a civilização, as semelhanças
entre eles esgotam-se.

De resto, Whitman tem realmente um sentido de ritmo métrico; é
de um tipo especial, mas existe. Em Caeiro o ritmo está notavelmente
ausente. Ele é tão distintamente intelectual, que os versos não têm um
fluxo de sentimento do qual derive o seu movimento rítmico.

Onde está afinal o valor de Caeiro, a sua mensagem para nós, como
se costuma dizer? Não é difícil de determinar. A um mundo mergulhado
em diversos tipos de subjectivismo, ele traz o Objectivismo Absoluto,
mais absoluto do que os objectivistas pagãos alguma vez tiveram. A um
mundo demasiado civilizado, ele traz a Natureza Absoluta de volta.
A um mundo imerso em humanitarismos, nos problemas dos trabalhado-
res, nas sociedades éticas, nos movimentos sociais, ele traz um abso-
luto desprezo pelo destino e pela vida do homem, que, embora possa
considerar-se excessivo, é pelo menos natural para ele e um magnífico
correctivo. Wordsworth opôs o homem natural ao homem artificial;
"o homem natural" é para Caeiro tão artificial quanto tudo o resto,
excepto a Natureza.

A nossa primeira impressão de Caeiro é de que toda a gente sabe o
que ele nos diz e que, portanto, não há necessidade nenhuma de o dizer.
Mas é a velha história do ovo de Colombo. Se toda a gente o sabe, porque é
que ninguém o disse? Se não é necessário dizê-lo, mas verdadeiro, porque
disseram todos os poetas o contrário?

To whom can Caeiro be compared? To very few poets. Not, be it at once said, to that Cesario Verde to whom he refers as if to a literary ancestor, though a kind of fore-degenerate ancestor. Cesario Verde had on Caeiro the kind of influence which may be called merely provocative of inspiration, without handing on any *kind*[1] of inspiration. An example familiar to the reader is Chateaubriand's very real *influence*[2] on Hugo, a man totally different, personally, literarily and socially. Another good example is[3] ◊

The very few poets to whom Caeiro may be compared, either because be merely reminds, or might remind, us of them, or because he may be conceived of as having been influenced by them, whether we think it seriously or not, are Whitman, Francis Jammes and his countryman[4] Teixeira de Pascoaes.

He resembles Whitman most. He resembles Francis Jammes on some secondary points. He reminds us strongly of Pascoaes because his attitude towards Nature,[5] being essentially a metaphysical, a naturalistic and what may be called an absorbed attitude, is as[6] that of Pascoaes, yet Caeiro is all that inverting what P[ascoaes] is in the same way.[a]

Caeiro e Pascoaes.

Tanto Caeiro como Pascoaes encaram a Natureza *de um modo directamente metaphysico e mystico*, ambos encaram a Natureza como o que ha de importante, excluindo ou quasi excluindo o Homem e a Civilização, e ambos, finalmente, integram tudo o que cantam n'esse seu sentimento naturalista. Esta base abstracta teem de commum: mas no resto são, não differentes, mas *absolutamente oppostos*[7]. Talvez C[aeiro] proceda de P[ascoaes]; mas procede por opposição, por

---

a   Segue-se um parágrafo redigido em português, ou porque o texto inicialmente terminava aqui, ou porque uma parte seria desenvolvida e traduzida depois.

reacção. P[ascoaes] virado do avesso, sem o tirar do logar onde está, dá isto – Alberto Caeiro.

C[aeiro], like Whitman, leaves us perplexed. We are thrown off our critical attitude by so extraordinary a phenomenon. We have never seen anything like it. Even after Whitman, C[aeiro] is strange and terribly, appallingly new.[8] Even in our age, when we believe nothing can astonish us or shout novelty at us, C[aeiro] does astonish and does breathe absolute novelty. To be able to do this in an age like ours is the definite and final proof of his genius.[9]

He is so novel that it is sometimes hard to conceive clearly all his novelty. He is too new, and his excessive novelty troubles our vision of him, as all excessive things trouble vision, though it is quite a novelty for novelty itself[10] to be the thing to be excessive and vision-troubling. But that is the remarkable thing. Even novelty and the way of being new are novelties in Caeiro. He is different from all poets in another way than all great poets are different from other great poets. He has his individuality in another way of having it than all poets preceding him. Whitman is quite inferior in this respect. To explain Whitman, even on a basis admitting him all conceivable originality, we need but think of him as an intense liver[11] of life and his poems come out of that like flowers from a shrub. But the same method does not hold about Caeiro. Even if we think of him as a man who lives outside civilization (an impossible hypothesis of course), as a man of an exceptionally clear vision of things, that does not logically produce in our minds a result resembling The Keeper of Sheep. The very tenderness for things as mere things which characterises the type of man we have posited[12] does not characterise Caeiro. He sometimes[13] speaks tenderly of things, but he asks our pardon for doing so, explaining that he only speaks so in consideration of our "stupidity of senses", to make us feel "the absolutely real existence" of things. Left to himself, he has no tenderness for things, he has hardly any tenderness even for his sensations. Here we touch his great originality, his almost inconceivable objectivity.[14] He sees things with the eyes only, not with the mind. He does not let any thoughts arise when he looks at a flower. Far from seeing sermons in stones, he never even lets himself conceive a stone as beginning a sermon. The only sermon a stone contains for him is that it exists. The only thing a stone tells him is that it has nothing at all to tell him. A state of mind may be conceived resembling this. *But it cannot be conceived in a poet*[15]. This way of looking at a stone may be described as the totally unpoetic way of looking at it. The stupendous fact about Caeiro is that out of this sentiment, or rather, absence of sentiment, he makes poetry. He feels positively what hitherto could not be conceived except as a negative sentiment. Put it to yourselves: what do you think of a stone when you look at it without thinking about it? This comes to this: what do you think of a stone when you don't think about it at all? The question is quite absurd, of course. The strange point about it is that all Caeiro's poetry is based upon that sentiment that you find it impossible to represent to yourself as able to exist. Perhaps I have not been unsuccessful in pointing out the extraordinary nature of Caeiro's inspiration, the phenomenal novelty of his poetry, the astonishing unprecedentedness of his genius, of his whole attitude.

Alberto Caeiro is reported to have regretted the name of "sensationism" which a disciple of his – a rather queer[16] disciple it is true – Mr. Alvaro de Campos gave to his attitude, and to the attitude he created. If Caeiro protested against the word as possibly seeming to indicate a "school", like Futurism, for instance, he was right, and for two reasons. For the very suggestion of schools and literary movements sounds badly when applied to so uncivilized and natural a kind of poetry. And besides, though he has at least two "disciples", the fact is that he has had on them an influence equal to that which some poet

– Cesario Verde, perhaps – had on him: neither resembles him at all, though, indeed, far more clearly than C[esario] V[erde]'s[17] influence in him, his influence may be seen all over their work.

But the fact is – these considerations once put aside – that no name could describe his attitude better. His poetry is "sensationist". Its basis is the substitution of sensation for thought, not only as a basis of inspiration – which is comprehensible – but as a means of expression, if we may so speak. And, be it added, those two disciples of his, different as they are from him and from each other – are also indeed sensationists. For Dr. Ricardo Reis[18], with his neo-classicism, his actual and real belief in the existence of the pagan deities, is a pure sensationist,[19] though a different kind of sensationist. His attitude towards nature is as aggressive to thought as Caeiro's; he reads no meanings into things. He sees them only, and if he seems to see them differently from Caeiro it is because, though seeing them as unintellectually and unpoetically as Caeiro, he sees them through a definite religious concept[20] of the universe – paganism, pure paganism, and this necessarily alters his very direct way of feeling. But he is a pagan because paganism is the[21] sensationist religion. Of course, a pure and integral sensationist like C[aeiro] has, logically enough, no religion at all, religion not being among the immediate data of pure and direct sensation. But R[icardo] R[eis][22] has put the logic of his attitude as purely sensationist very clearly. According to him, we not only should bow down to the pure objectivity of things (hence his sensationism proper, and his neo-classicism, for the classic poets were those who commented least, at least directly, upon things), but bow down to the equal objectivity, reality, naturalness of the necessities of our nature, of which the religious sentiment is one. C[aeiro] is the pure and absolute sensationist who bows down to sensations *quâ exterior* and admits no more. R[icardo] R[eis] is less absolute; he bows down also to the primitive elements of our own nature, our primitive feelings being as real and natural to him as flowers and trees. He is therefore religious. And, seeing that he is a sensationist, he is a pagan in his religion; which is due, not only to the nature of sensation once conceived of as admitting a religion of some kind, but also to the influence of those classical readings to which his sensationism had inclined him.

Alvaro de Campos – curiously enough – is on the opposite point, entirely opposed to Ricardo Reis. Yet he is not less than the latter a disciple of Caeiro and a sensationist proper. He has accepted from Caeiro not the essential and objective, but the deducible and subjective part of his attitude. Sensation is all, Caeiro holds, and thought is a disease. By sensation Caeiro means the sensation of things as they are, without adding to it any elements from personal thought, convention, sentiment[23] or any other soul-place. For Campos, sensation is indeed all but not necessarily sensation of things as they are, but of things as they are felt. So that he takes sensation subjectively and applies all his efforts, once so thinking, not to develop in himself the sensation of things as they are, but all sorts of sensations of things, even of the same thing. To feel is all: it is logical to conclude that the best is to feel all sorts of things in all sorts of ways, or, as Alvaro de Campos says himself, "to feel everything in every way". So he applies himself to feeling the town as much as he feels the country, the normal as he feels the abnormal, the bad as he feels the good, the morbid as the healthy. He never questions, he feels. He is the indisciplined child of sensation. C[aeiro] has one discipline: things must be felt as they are. R[icardo] R[eis] has another kind of discipline: things must be felt, not only as they are, but also so as to fall in with a certain ideal of classic measure and rule. In A[lvaro] de Campos things must simply be felt.

But the common origin of these three widely different aspects of the same theory is patent and manifest.

Caeiro has no ethics except simplicity. R[icardo] R[eis] has a pagan ethics, half epicurean and half stoic, but a very definite ethics, which gives his poetry an elevation that C[aeiro] himself, though, mastership apart, the greater genius, cannot attain. A[lvaro] de C[ampos] has no shadow of an ethics; he is non-moral, if not positively immoral, for,[24] of course, according to his theory it is natural that he should love the stronger better than the weak sensations, and the strong sensations are, at least all selfish and occasionally the sensations of cruelty and lust. Thus A[lvaro] de C[ampos] resembles Whitman most of the three. But he has nothing of Whitman's camaraderie: he is always apart from the crowd, and when feeling with them it is very clearly and very confessedly to please himself and give himself brutal sensations. The idea that a child of eight is demoralised (*Ode II, ad finem*)[a] is positively pleasant to him, for the idea of that satisfies two very strong sensations – cruelty and lust. The most C[aeiro] says that may be called immoral is that he cares nothing for what men suffer, and that the existence of sick people is interesting because it is a fact. R[icardo] R[eis] has nothing of this. He lives in himself, with his pagan faith and his sad epicureanism, but one of his attitudes is precisely not to hurt anyone. He cares absolutely nothing for others, not even enough to be interested in their suffering or in their existence. He is moral because he is self-sufficient.

It may be said, comparing these three poets with the three orders of religious spirits, and comparing sensationism for the moment (perhaps improperly) with a religion, that R[icardo] R[eis] is the normal religious spirit of that faith; Caeiro the pure mystic; Alvaro de Campos the ritualist in excess. For Caeiro loses sight of Nature in nature, loses sight of sensation in sensation, loses sight of things in things. And Campos loses sight of sensation in sensations.

---

a   Veja-se o final da *Ode Triunfal*: "Ah, e a gente ordinária e suja, que parece sempre a mesma, | Que emprega palavrões como palavras usuais, | Cujos filhos roubam às portas das mercearias | E cujas filhas aos oito anos – e eu acho isto belo e amo-o! – | Masturbam homens de aspecto decente nos vãos de escada" (Pessoa, 2014, p. 54).

Alberto Caeiro:

A quem pode Caeiro ser comparado? A muito poucos poetas. Não — que fique dito — a Cesário Verde, a quem ele se refere como que a um antepassado literário, ainda que um tipo de antepassado pré-degenerado. Cesário Verde teve sobre Caeiro o tipo de influência que pode ser designada de meramente provocadora de inspiração, sem implicar nenhum tipo de inspiração. Um exemplo familiar ao leitor é a real influência de Chateaubriand sobre Hugo, um homem totalmente diferente, pessoal, literária e socialmente. Outro bom exemplo é ◊

Os escassos poetas a quem Caeiro pode ser comparado, ou porque ele meramente os lembra ou porque nos possa lembrar deles, ou porque assume ter sido influenciado por eles, quer o levemos a sério ou não, são Whitman, Francis Jammes e o seu conterrâneo Teixeira de Pascoaes.

Ele assemelha-se mais a Whitman. Assemelha-se a Francis Jammes nalguns pontos secundários. Lembra-nos fortemente Pascoaes devido à sua atitude quanto à Natureza, essencialmente uma atitude metafísica, naturalista e o que pode designar-se por absorvida, tal como a de Pascoaes; porém Caeiro é a inversão daquilo que P[ascoaes] é do mesmo modo.

Caeiro e Pascoaes.

Tanto Caeiro como Pascoaes encaram a Natureza de um modo *directamente metaphysico e mystico*, ambos encaram a Natureza como o que ha de importante, excluindo ou quasi excluindo o Homem e a Civilização, e ambos, finalmente, integram tudo o que cantam n'esse seu sentimento naturalista. Esta base abstracta teem de commum: mas no resto são, não differentes, mas *absolutamente oppostos*. Talvez C[aeiro] proceda de P[ascoaes]; mas procede por opposição, por reacção. P[ascoaes] virado do avesso, sem o tirar do logar onde está, dá isto — Alberto Caeiro.

C[aeiro], tal como Whitman, deixa-nos perplexos. Somos desviados da nossa atitude crítica por um fenómeno assim tão extraordinário. Nunca vimos nada assim. Mesmo depois de Whitman, C[aeiro] é estranho e terrivelmente, pavorosamente, novo. Mesmo na nossa era, em que acreditamos que nada nos pode surpreender ou ferir-nos pela novidade, C[aeiro] surpreende e respira absoluta novidade. Consegui--lo numa era como a nossa é a prova final e definitiva do seu génio. Ele é tão novo, que por vezes é difícil compreender com clareza a sua novidade. Ele é demasiado novo e a sua excessiva novidade perturba a nossa visão, do mesmo modo que todas as coisas excessivas perturbam a visão, embora seja uma novidade para a própria novidade ser a coisa excessiva e perturbadora da visão. Mas esta é a coisa a enfatizar. Até a novidade e o modo de ser novo são novidades em Caeiro. Ele é diferente de todos os poetas num sentido diferente em que todos os grandes poetas são diferentes dos outros grandes poetas. Tem a sua individualidade de um modo diferente de todos os poetas que o precederam. Whitman é bastante inferior, neste sentido. Para explicar Whitman, mesmo auferindo-lhe toda a originalidade concebível, precisamos apenas de pensar nele como um intenso experimentador da vida e nos seus poemas brotando daí como flores de um arbusto. Mas o mesmo método não se aplica a Caeiro. Mesmo se pensarmos nele como homem que vive fora da civilização (uma hipótese impossível, naturalmente), como um homem de uma visão excepcionalmente clara das coisas, isso não produz logicamente nas nossas mentes um resultado que se assemelhe a O Guardador de Rebanhos. A própria ternura pelas coisas como simples coisas, que caracteriza o tipo de homem que descrevemos, não é característica de Caeiro. Ela fala, por vezes, das coisas com ternura, mas pede-nos perdão por o fazer, explicando que só o faz em consideração pela nossa "estupidez dos sentidos", para nos fazer sentir "a existência absolutamente real" das coisas. Deixado ao seu próprio critério, ele não tem ternura pelas coisas, e dificilmente terá sequer alguma ternura pelas suas sensações. Aqui entramos em contacto com a sua grande originalidade, a sua quase inconcebível *objectividade. Ele vê as coisas apenas com os olhos, não com a mente. Não se deixa acometer por nenhum pensamento quando olha para uma flor. Longe de ver sermões nas pedras, nem sequer admite uma pedra como ponto de partida de um sermão. Para ele, o único sermão que uma pedra contém é que existe. A única coisa que uma pedra lhe diz é que não tem nada de nada para lhe dizer. Pode conceber-se um estado de espírito que se assemelhe a este.* Mas não pode ser concebido num poeta. *Este modo de olhar para uma pedra pode descrever-se como um modo totalmente não poético de a olhar. O facto extraordinário acerca de Caeiro é que a partir deste sentimento, ou melhor dizendo, desta ausência de sentimento, ele faz poesia. Sente como positivo o que até então não podia ser sentido senão como um sentimento negativo. Perguntai-vos: o que pensais de uma flor quando olhais para uma flor sem pensardes nela? O que conduz a isto: o que pensais de uma pedra quando não pensais de todo nela? A pergunta é bastante absurda, claro. A questão estranha aqui é que toda a poesia de Caeiro se baseia nesse sentimento que julgais impossível de representar como podendo existir. Talvez tenha logrado apontar a natureza extraordinária da inspiração de Caeiro, a novidade fenomenal da sua poesia, do seu génio espantoso e ímpar de toda a sua atitude.*

Diz-se de Alberto Caeiro que lamentou o nome "sensacionismo" que um discípulo seu — um discípulo um pouco estranho, é verdade —, o Sr. Álvaro de Campos, deu à sua atitude e à atitude que inaugurou. Se Caeiro protestou contra a palavra por possivelmente parecer indicar o nome de uma "escola", como futurismo, por exemplo, teve razão, e por duas razões. Porque a mera sugestão de escolas e movimentos literários soa desapropriada quando aplicada a um tipo de poesia tão natural e não civilizada. E, além disso, ainda que ele tenha pelo menos dois "discípulos", o facto é que teve sobre eles uma influência equiparável àquela que um certo poeta — Cesário Verde, talvez — teve sobre ele: não se lhe assemelham em nada, apesar de ser um facto que a sua influência, muito mais claramente do que a influência de C[esário] V[erde] sobre ele, possa ser identificada ao longo de toda a obra deles.

Mas o facto é que – postas de lado estas considerações – nenhum nome poderia descrever melhor a sua atitude. A sua poesia é "sensacionista". A base dela é a substituição da sensação pelo pensamento, não apenas como base da inspiração – o que é compreensível –, mas como um meio de expressão, se assim podemos dizê-lo. E, acrescente-se, os seus dois discípulos, que se distinguem tanto dele como um do outro – são também, de facto, sensacionistas. Porque o Dr. Ricardo Reis, com o seu neoclassicismo, a sua crença real e concreta na existência das divindades pagãs, é um autêntico sensacionista, embora seja um tipo diferente de sensacionista. A sua atitude em relação à natureza é tão hostil ao pensamento como a de Caeiro; ele não vê significado algum nas coisas. Vê-as apenas e, se aparenta vê-las de modo diferente do de Caeiro, é porque, apesar de as ver de modo tão não-intelectual e não-poético quanto Caeiro, as vê através de um bem definido conceito religioso do universo – o paganismo, o paganismo puro, e isso altera necessariamente o seu muito directo modo de sentir. Mas é pagão porque o paganismo é a religião sensacionista. Claro que um sensacionista puro e integral como C[aeiro] não tem, logicamente, nenhuma religião, não se contando a religião entre os dados imediatos da sensação pura e directa. Mas R[icardo] R[eis] exprimiu com grande clareza a lógica da sua atitude como lógica puramente sensacionista. Segundo ele, devemos não só curvar-nos perante a pura objectividade das coisas (daí o seu autêntico sensacionismo e o seu neoclassicismo, porque os poetas clássicos foram os que menos comentaram as coisas, ou que as comentaram menos directamente), mas curvar-nos ante a igual objectividade, realidade, naturalidade das necessidades da nossa natureza, sendo uma delas o sentimento religioso. C[aeiro] é o sensacionista puro e absoluto que se curva ante as sensações qua exterior e não admite nenhuma outra. R[icardo] R[eis] é menos absoluto; curva-se também ante os elementos primitivos da nossa própria natureza, sendo os nossos sentimentos primitivos tão reais e naturais para ele como as flores e as árvores. Daí que seja religioso. E, visto que é sensacionista, é pagão de religião;

o que se deve, não apenas à natureza da sensação outrora concebida como admitindo uma religião de algum tipo, mas também à influência das leituras clássicas para que o sensacionismo o inclinara. *Álvaro de Campos* — curiosamente — encontra-se no extremo oposto, completamente oposto ao de Ricardo Reis. No entanto, não é menos discípulo de Caeiro, nem menos autenticamente sensacionista. Recebeu de Caeiro não o essencial e objectivo, mas a parte dedutível e subjectiva da sua atitude. A sensação é tudo, afirma Caeiro, e o pensamento é uma doença. Por sensação, Caeiro quer dizer a sensação das coisas tais como são, sem lhes acrescentarmos quaisquer elementos do pensamento, convenção, sentimento ou outro qualquer "lugar-alma" pessoal. Para Campos, a sensação é de facto tudo, mas não necessariamente a sensação das coisas tais como são, mas das coisas como são sentidas. De modo que ele entende a sensação subjectivamente e aplica todos os seus esforços, ao pensar deste modo, não em desenvolver em si mesmo a sensação das coisas tais como são, mas todo o tipo de sensação das coisas, mesmo que da mesma coisa. Sentir é tudo: é lógico concluir que o melhor é sentir todos os tipos de coisas de todos os modos possíveis, ou, como diz o próprio Álvaro de Campos, "sentir tudo de todas as maneiras". Assim, esforça-se por sentir a cidade na mesma medida em que sente o campo, o normal na mesma medida que o anómalo, o mau como sente o bem, o mórbido como o saudável. Nunca questiona, sente. É o filho indisciplinado da sensação. C[aeiro] tem uma só disciplina: as coisas devem ser sentidas tais como são. R[icardo] R[eis] tem outro tipo de disciplina: as coisas devem ser sentidas, não apenas como são, mas também de modo que se integrem num certo ideal de medida e regra clássicas. Em Á[lvaro] de Campos as coisas devem simplesmente ser sentidas.

Mas a origem comum destes três aspectos amplamente diferentes da mesma teoria é patente e manifesta.

Caeiro não tem ética excepto a simplicidade. R[icardo] R[eis] tem uma ética pagã, meio epicurista e meio estóica, mas uma ética bem definida, que dá à sua poesia uma elevação que o próprio C[aeiro], que, mes-

tria à parte, é o maior génio dos dois, não conseguiu alcançar. Á[lvaro] de C[ampos] não tem sombra de ética; é amoral, senão positivamente imoral, visto que, é claro, de acordo com a sua teoria, é natural que ame mais as sensações fortes que as fracas e as sensações fortes são todas elas egoístas e, ocasionalmente, sensações de crueldade e luxúria. Portanto, Á[lvaro] de C[ampos] é, dos três, o que mais se parece com Whitman. Mas não tem nada da camaradagem de Whitman; mantém-se sempre afastado da multidão e, quando sente com ela, é muito claramente e confessamente para agradar a si próprio e oferecer-se sensações brutais. A ideia de que uma criança de oito anos é desmoralizada (Ode II, ad finem) é positivamente agradável para ele, porque essa ideia satisfaz duas sensações muito fortes — crueldade e luxúria. O máximo que C[aeiro] diz que talvez possa ser considerado imoral é que não se preocupa de todo com o sofrimento dos homens e que a existência de pessoas doentes é interessante porque é um facto. Em R[icardo] R[eis] não há nada disto. Reis vive dentro de si próprio, com a sua fé pagã e o seu triste epicurismo, mas uma das suas atitudes é precisamente não magoar ninguém. Não quer saber absolutamente nada dos outros, nem sequer o suficiente para se interessar pelo sofrimento ou pela existência deles. É moral porque é autossuficiente.

Podemos dizer, comparando estes três poetas com as três ordens dos espíritos religiosos, e comparando o sensacionismo para já (talvez inapropriadamente) com uma religião, que R[icardo] R[eis] é o normal espírito religioso dessa fé; Caeiro, o místico puro; Álvaro de Campos, o ritualista em excesso. Porque Caeiro perde de vista a Natureza na natureza, perde de vista a sensação na sensação, perde de vista as coisas nas coisas. E Campos perde de vista a sensação nas sensações.

137
[c. 1915]

— A preface is always bad, and a translator's preface positively immoral. But sometimes, like immorality, a preface is a necessary thing. This is one of the cases in which there is the excuse of necessity. The great poet whom I present to the English reading public — rather more attentive to poetry than it recently had fallen off from being — belongs to a literature of which we know less than the classic next-to-nothing. And this miserly bit of know[ledge] of that literature is merely that Camões is its greatest poet[1], — a statement which, though it is controvertible and has been controverted, has at least the appearance[2] of supposing knowledge of other poets, when, after all, it only means that[3] we are more or less sure there must be others.

— The ordinary presentation of Alberto Caeiro to the English public should, in this literary connection, mean an establishing of his relation to immediately preceding literature in his country, and an establishing of such of his influences as are outside the normal, or even abnormal, knowledge of that public. But, being[4] so, this is in the present case, entirely the contrary. The curious fact about Alberto Caeiro is that he comes apparently out of nothing, more completely out of nothing than any other poet. The one Portuguese poet whose influence he supposes himself to be under is so remote from him both in quality and strength of inspiration, that it is idle to do more than say so.

But we will not limit our brief study of Caeiro[5] to speaking of his influences[6]; we will push our study further and summon the reader's attention gently[7] to the absolute aspects of the present book as poetry out of national and other relational connections.

[TRAD.] — *Um prefácio é sempre mau e um prefácio do tradutor é positivamente imoral. Mas às vezes, tal como a imoralidade, um prefácio é uma coisa necessária. Este é um dos casos a que se aplica a desculpa da necessidade.*

- A preface is always bad, and a translator's preface positively immoral. But sometimes, like immorality, a preface is a necessary thing. This is in one of the cases in which there is the excuse of necessity. The great poet whom I present to the English reading public - rather more attentive to poetry than it recently had fallen off from being - belongs to a literature of which we know less than the classic next-to-nothing, ~~that is that~~ ~~that Camões is its greatest of Portuguese poet~~ And this miserly bit of know of that literature is merely that Camões is its greatest poet, - a statement which, though it is controvertible and has been controverted, has at least the appearnce of supposing knowledge of other poets, when, after all, ~~they are more sure~~ ~~x~~ it only means that we are more or less sure there must be others.

- The ordinary presentation of Alberto Caeiro to the English public should, in this literary connection, mean an establishing of his relation to immediately preceding literature in his country, and an establishing of such of his influences as are outside the normal, or even abnormal, knowledge of that public. But, beign so, this is in the present case, entirely the contrary. The curious fact about Alberto Caeiro is that he comes apparently out of nothing, more completely out of nothing than any other poet. The one Portuguese poet whose influence he supposes himself to be under is so remote from him both in quality and strength of inspiration, that it is idle to do more than say so.

2

But we will not limit our brief study of ~~Caeiro~~ Caeiro to a eaking of his influences; we will push our study further and ~~solicit~~ summon the reader's attention gently to the absolute aspects of the present book as poetry out of national and other relational connections.

O grande poeta que venho apresentar ao público inglês — geralmente mais atento à poesia do que mais recentemente tem sido — pertence a uma tradição literária da qual conhecemos menos do que o clássico "quase nada". E esse paupérrimo pedaço de conhecimento dessa tradição literária resume-se à constatação de que Camões é o seu maior poeta — uma afirmação que, embora controversa e criticada, tem a aparência de supor conhecimento de outros poetas, quando, na realidade, significa apenas que estamos mais ou menos seguros de que deve haver outros.

—A normal apresentação de Alberto Caeiro ao público inglês devia significar, nesta conexão literária, uma definição da sua relação com a literatura que imediatamente o precede no seu país, e uma definição das suas influências que não são do conhecimento comum ou até incomum desse público. Mas, assim sendo, passa-se neste caso inteiramente o oposto. O facto curioso acerca de Alberto Caeiro é que ele surge, aparentemente, do nada, mais completamente do nada do que qualquer outro poeta. O único poeta português sob cuja influência assume posicionar-se é tão distante dele tanto em qualidade como em força de inspiração, que é desnecessário dizer mais do que isso.

Mas não limitaremos o nosso breve estudo de Caeiro a falar das suas influências; levaremos o nosso estudo mais longe e cativaremos gentilmente a atenção do leitor para os aspectos absolutos do presente livro como poesia de conexões nacionais e de outras relações.

138 A[lberto] Caeiro
[c. 1916]

In placing before the English-reading public my translation of these poems, I do[1] so with the full confidence that I am making a revelation. I claim, in all confidence, that I am putting before Englishmen the most original poetry that our young century has as yet produced —[2] a poetry so fresh, so *new*, untainted[3] to such a degree by any kind of conventional attitude, that the words a Portuguese friend said to me, when speaking of these very poems, are more than justified. "Every time I read them", he said, "I cannot bring myself to believe that they have been written. It is so *impossible* an achievement…!" And so much more *impossible*, that it is of the simplest, most natural & most spontaneous kind.

II

Alberto Caeiro – that is not his whole name, for 2 surnames are suppressed – was born in Lisbon in August 1887. He died in Lisbon in January[4] of the present year.

The Keeper of Sheep is both a series of extraordinary poems & a philosophical system; hence its strength, its unity & its power. The later poems, even allowing for the fact that they are mere fragments, are weak even in tone, in comparison with that great achievement. Exception must be made for the two love poems… But thereafter his *tone* suffers. It does not become garrulous or[5], properly speaking, weak. But it loses its intellectual keenness, it becomes uncertain, even tentative. Each fragment[6] seems to have cost him an effort to write, & he seems to have run tired of things to *want it.◊[7]

But in these later poems there is something looser, nothing like the coherent strength that[8] runs through *The Keeper of Sheep* & gives it its unity.

A small love-episode, that could have been unimportant in most men's lives, that would, at most, have used the usual past verb for the same matters, drawn from his always fine lines ◊[9]

His object was altogether worthy of his attitude, but the man, whose stones & trees did not delude [him] into annunciating them,[10] was easily made to believe in love.

He paid dearly for it. For no doubt his disease progressed much from its effect, what meant, in respect of the absence[11] of all that bitterness & even lamentation that his great & gentle soul[12] could not stoop to, ◊

His very weakness in such matters, linked to his astonishing restrain[t] must have brought[13] terrible pain in his secret heart. Probably it brought it all the more [because][14] he died young but his grief[15] found much not in tears or roses.

◊ a love-episode, so short that it produced only 2 little poems & a project of another. Yet these, such as they are, are of the great love poems of the world. So great was the genius of the man that he could not but be original & new in the smallest & most transitory thing ◊

The Keeper of Sheep remains one of[16] the highest works of all time, hard-bound upon a sense of nature or *wit, so spontaneous, so fresh & so natural that it is astonishing that any one should have had it.[17]

[TRAD.] A[lberto] Caeiro

Ao apresentar ao público anglófono a minha tradução destes poemas, faço-o com absoluta convicção de que estou a fazer uma revelação. Afirmo, com toda a convicção, que venho revelar ao público inglês a poesia mais original que o nosso jovem século já produziu – uma poesia tão fresca, tão nova, de tal modo impoluta por todo o tipo de atitude convencional, que as palavras que um amigo português me disse, referindo-se a estes mesmos poemas, são mais do que justificadas. "De todas as vezes que os leio", disse-me ele, "dificilmente consigo acreditar que foram realmente escritos. São uma concretização tão impossível...!" E tão mais impossível *porquanto se trata do tipo mais simples, mais natural e mais espontâneo de poesia.*

II

Alberto Caeiro — este não é o seu nome completo, visto que foram omitidos dois nomes — nasceu em Lisboa, em Agosto de 1887. Morreu em Lisboa em Janeiro do ano passado.

O Guardador de Rebanhos *é simultaneamente uma série de poemas extraordinários e um sistema filosófico; daí a sua força, a sua unidade e o seu poder. Os poemas posteriores, mesmo considerando o facto de serem meros fragmentos, são mais fracos mesmo no tom, em comparação com essa grande realização. À excepção dos dois poemas de amor... Mas daí em diante o seu* tom *ressente-se. O tom não se torna prolixo ou, propriamente falando, fraco. Mas perde o seu rigor intelectual, torna-se vacilante, até hesitante. Cada fragmento parece ter sido escrito com esforço e ele parece ter-se cansado das coisas.* ◊

Mas nestes poemas tardios há algo de incoeso, nada como a força coerente que atravessa O Guardador de Rebanhos *e que lhe confere a sua unidade.*

Um breve episódio amoroso, que teria sido despiciendo na vida da maioria dos homens, que teriam, no máximo, usado o costumeiro verbo no passado para os mesmos assuntos, desenhado nos seus sempre elegantes versos ◊

O seu objecto era totalmente digno da sua atitude, mas o homem cujas pedras e árvores não convenceram a anunciá-las, foi facilmente levado a acreditar no amor.

Pagou caro por isso. Posto que, sem dúvida, a sua doença se agravou muito devido aos seus efeitos, o que significou, no que respeita à ausência de toda aquela amargura e até lamento, que a sua alma grande e gentil não pôde inclinar-se, ◊

A sua própria fraqueza em tais assuntos, associada ao seu incrível refreamento, deverá ter causado uma terrível dor ao seu secreto coração. Provavelmente causou mais ainda porque ele morreu jovem, mas a sua mágoa não encontrou muito em lágrimas nem rosas.

◊ *um episódio amoroso, tão breve que produziu apenas dois poemas curtos e o projecto de um outro. Esses, porém, tal como são, são dos maiores poemas de amor do mundo. Tão alto foi o génio do homem que ele não podia senão ser original e novo, mesmo nas coisas mais pequenas e transitórias* ◊

O Guardador de Rebanhos permanece como uma das obras mais elevadas de todos os tempos, inspirado por um sentido da natureza ou do espírito, tão espontâneo, tão fresco e tão natural, que é surpreendente que alguém o possa ter possuído.

139
[c. 1916]
In the later poems, his lucid inspiration[1] became slightly blurred, a little less lucid. The transformation dates from The[2] Love-Sick Shepherd. Love brought a touch of sentiment into this strangely unsentimental poetry. When that love brought disillusion & sorrow[3], it was not likely that the sentiment should depart. Caeiro never returned to the splendid non-mysticism of The Keeper of Sheep.

Some of his later poems[4], if he could have[5] written them at the same time as The K[eeper] of S[heep], would either not have been admitted by him into that book, or admitted only under such a reservation as the four[a] "poems written during illness."[6]

---

a   Quatro no plano inicial; dois, posteriormente. Veja-se o poema xv e o anexo (nas notas finais) desse poema.

His life was so natural, that we hail as first natural that he should have died when his inspiration seemed about to[7] change. If he could have looked on his life from the outside, we think he would have been the first to see the fitness of such a death occurring when it occurred.

Nos poemas mais tardios, a sua inspiração lúcida tornou-se ligeira- [TRAD.] *mente turva, um pouco menos lúcida. A transformação data de* O Pastor Amoroso. *O amor veio acrescentar um toque de sentimento a esta poesia estranhamente não-sentimental. Quando esse amor ocasionou desilusão e tristeza, não seria provável que o sentimento desaparecesse. Caeiro nunca regressou ao esplêndido não-misticismo de* O Guardador de Rebanhos.

Alguns dos seus poemas mais tardios, pudesse ele tê-los escrito ao mesmo tempo que O Guardador de Rebanhos, *jamais os teria admitido nesse livro, ou seriam apenas admitidos sob reserva, tal como as quatro "canções que escreveu estando doente".*

A sua vida foi tão natural, que clamaríamos como natural que ele tivesse morrido logo que a sua inspiração desse provas de estar a alterar-se. Se ele tivesse podido observar a sua vida do exterior, achamos que seria o primeiro a ver a conveniência de tal morte ocorrer quando ocorreu.

But Caeiro displaces all our mental habits & puts all our notions out of drowsing.

He does it, first of all, by the philosophy which can hardly be said to be simply "at the bottom" of his poetry, because it is both at the bottom & at the top of it. Whatever a mystic may be, he is certainly a kind of mystic. But he is, not only a materialistic mystic, which is already strange enough, but still can be imag[in]ed, for there is some sort of a modern precedent in Nietzsche & of an ancient one in some Greeks, but a non-subjectivistic mystic, which is quite bewildering. Some of those ancient Greeks, already referred to, are something like that, but it is so difficult to conceive a recent "modern" being precisely like a primitive Greek, that we are not at all aided by the very analogy that does at first seem to help us.

Caeiro puts us out, next, by the secondary[1] aspects of his philosophy. Being a poet of what may be called "the absolute Concrete" he never looks on that concrete *otherwise than abstractly*. No man is more sure of the absolute, unsubjective reality of a tree, of a stone, of a flower. How[2] it might be thought that he would particularize, that he would say "an oak", "a round stone", "a marigold". But he does not: he keeps on saying "a tree", "a stone", "a flower".

All these observations will be better understood after reading the poems.

But, if the matter is thus perplexing, the manner is more perplexing still.

The intellectual manner, to begin with. There is nothing less poetic, less lyrical than C[aeiro]'s philosophical attitude. It is quite devoid of "imagination", of vagueness, of "sympathy" with things. Far from "feeling" them, his mental process, a hundred times explicitly put, is that he does not feel them, or feel with them.

Again, his simplicity is full of intellectual complexity. He is poet purely of sense, but he seems to have his intellect put into his senses. Then, again, he is absolutely self-conscious. He knows every possible weakness of his. Where there may be a logical fault, he hastens to the rescue with a simple & direct argument. Where ◊

This man, so purely an ancient – nay, a primitive – Greek[,] that he is bewildering, is quite "modern" at the same time.

It is this man of contradictions, this lucidly muddled personality that gives him his complete & intense originality – an originality, in every way, scarcely ever attained by any poet; certainly never before attained by a poet born[3] in a worn & sophisticated age.

Dr. Antonio Mora, explaining him on the lines[4] of a similar philosophy – on discipular lines, perhaps – has left this aspect of his out; & that is why I do not feel it supererogatory to call attention to it. Dr. Mora is also a Pagan, in the same complete & Greek sense that Caeiro is a Pagan. So, to Dr. Mora, C[aeir]o is a great poet, but hardly a *strange* poet. He[5] is great [because] he has brought back the Pagan sense of the world; he is not strange [because] Dr. Mora thinks the Pagan sense of the world a *possible* sense in our time. Now the Greek point is that the Pagan sense of the world is impossible; & the formidable (there is no other word) originality[6] of Caeiro lies in that he has realized this impossibility.

No theory of reincarnation can take him in. He is not the soul of a primitive Greek brought into a modern to-day; he is altogether a great Greek, more truly Greek[7] that most Greek poets, & what there is modern in him is only the inscrutable part, as inscrutable as lies nothing in Portugal, being born from a Portuguese[8].

He has the Greek sense of proportion without the Greek sense of form. His poems are written on irregular, unrhythmic lines; they are of any length, like Whitman's, & they are less rhythmic in their paragraphs, being, each of them, fault [to] bad ear. But the poems are faultless as to proportion, not one line is too much, not one word is misplaced, not one interpretation is made.

The clear ◊ thought, the ◊ emotion of this poet whose characteristic affirmations are represented by that verse that a stone is more real than an emotion, & that biting a fruit[9] is the only way of *thinking it*.[a]

[TRAD.] Th[omas] Crosse

Mas Caeiro desloca todos os nossos hábitos mentais e põe em xeque todas as nossas noções.

Fá-lo, antes de mais, através da filosofia que dificilmente podemos considerar estar apenas "na base" da sua poesia, pois está na base, mas também no cume dela. O que quer que seja um místico, ele é certamente um tipo de místico. Mas é não apenas um místico materialista, o que já é bastante estranho, embora possamos facilmente concebê-lo, pois encontramos alguns precedentes modernos em Nietzsche e mais antigos entre alguns gregos, mas também um místico não-subjectivista, o que é bastante perturbador. Alguns gregos antigos, já mencionados, foram algo semelhante a isso, mas é tão difícil conceber um ser "moderno", actual que seja exactamente como um grego primitivo, que não somos de forma alguma auxiliados pela analogia que inicialmente pareceria orientar-nos.

Caeiro confunde-nos ainda pelos aspectos secundários da sua filosofia. Sendo um poeta daquilo a que podemos chamar "o Concreto absoluto", ele nunca olha para o concreto senão de forma abstracta. Não existe ninguém mais confiante na realidade absoluta, não-subjectiva,

a   Possível referência ao poema ix d'*O Guardador de Rebanhos*: "Pensar uma flor é vel-a e cheiral-a | E comer um fructo é saber-lhe o sentido."

duma árvore, duma pedra, duma flor. Poderia julgar-se que ele particularizaria, que diria "um carvalho", "uma pedra redonda", "um malmequer". Mas não: continua a dizer "uma árvore", "uma pedra", "uma flor". Todas estas observações serão mais bem compreendidas após a leitura dos poemas.

Contudo, se o assunto é assaz perplexo, a forma é ainda mais perplexa.

A forma intelectual, desde logo. Não há nada menos poético, menos lírico, que a atitude filosófica de C[aeiro]. É bastante desprovida de "imaginação", de imprecisão, de "simpatia" pelas coisas. Bem longe de "senti-las", o seu processo mental, exposto explicitamente uma centena de vezes, confirma que ele não as sente, ou não sente com elas.

Novamente, a sua simplicidade está cheia de complexidade intelectual. É poeta apenas dos sentidos, mas parece que o seu intelecto coincide precisamente com os sentidos.

Ora, por outro lado, ele é absolutamente consciente de si mesmo. Conhece todas as suas possíveis fraquezas. Onde possa haver um erro lógico, ele apressa-se a resgatá-lo com um argumento simples e directo. Onde ◊

Este homem, tão puramente um antigo – não, primitivo – grego, que se torna perturbador, é ao mesmo tempo bastante "moderno" também.

É este homem de contradições, esta personalidade lucidamente confusa que lhe dá a sua completa e intensa originalidade – uma originalidade, de qualquer modo, raramente alcançada pelos poetas; certamente nunca alcançada por um poeta nascido numa era gasta e sofisticada. O Dr. Antonio Mora, explicando-o através de raciocínios da mesma filosofia – talvez em raciocínios de discípulo – omitiu este seu aspecto, e é por isso que não considero pretensioso chamar a atenção para ele. O Dr. Mora também é pagão, no mesmo sentido completo e grego que Caeiro é pagão. Ora então, para o Dr. Mora, C[aeiro] é um grande poeta, mas dificilmente um poeta estranho. *É grande [porque] trouxe de volta o significado pagão do mundo; não é estranho, [porque] o Dr. Mora concebe o significado pagão do mundo como um significado possível do nosso tempo. Contudo, o argumento grego é que o significado pagão do mundo é impossível; e a formidável (não há outra palavra) originalidade de Caeiro reside no facto de ele ter consciência dessa impossibilidade.*

Não há teoria de reincarnação que o possa seduzir. Ele não é a alma de um grego primitivo transportada para os dias modernos; é, no seu todo, um grande grego, mais grego que a maioria dos poetas gregos, e aquilo que há de moderno nele é apenas a parte inescrutável, tão inescrutável como não se encontra paralelo em Portugal, tendo ele nascido de uma portuguesa.

Tem o sentido grego de proporção, sem ter o sentido grego de forma. Os seus poemas são escritos em versos irregulares, sem ritmo; são portanto de extensão variável, tal como os de Whitman, e são menos rítmicos nos parágrafos, sendo, todos eles, dissonantes a um mau ouvido. Porém, os seus poemas são irrepreensíveis quanto à proporção, não há um verso que esteja a mais, não há uma palavra fora do lugar, não se faz uma única interpretação.

O claro pensamento ◊, a emoção ◊ deste poeta cujas afirmações características são representadas pelo verso em que afirma que uma pedra é mais real que uma emoção, e que trincar um fruto é a única maneira de pensá-lo.

APÊNDICE: TEXTOS TALVEZ DESTINADOS AO PREFÁCIO

Alberto Caeiro.

141
[c. 1914]

If originality and spontaneity are the supreme qualities in a poet, C[aeiro] is the greater of all poets that the world has ever seen. Of course, o[riginality] & s[pontaneity] are not the supreme qualities in a poet.[1]

His philosophic system is singularly coherent.

Alberto Caeiro.   [TRAD.]

Se a originalidade e a espontaneidade são as supremas qualidades de um poeta, C[aeiro] é o melhor de todos os poetas que o mundo alguma vez conheceu. Claro que originalidade e espontaneidade não são as supremas qualidades de um poeta.

O seu sistema filosófico é singularmente coerente.

WHITMAN E CAEIRO (14B-62ʳ)

Differences between Whitman & Caeiro are clear:

— Caeiro is clear, W[hitman] is confused, muddled.

— Caeiro is a subtler rhythmist than W[hitman].

— C[aeiro] is far more of an *intellectual* than W[hitman].

— We are convinced there is no influence at all. C[aeiro] is so like & so diff[eren]t from W[hitman]. He is so near and so far from him, that if he became him, he would either come nearer or go further away.

— W[hitman] rarely has the tender emotion that is constantly characteristic of C[aeiro]. C[aeiro] is an atheist S[ain]t Francis of Assisi. W[hitman] can neither be called an atheist or a S[ain]t Francis of Assisi.

— W[hitman] has unity like C[aeiro]'s 8th & $\lozenge^{th}$ poems.

— C[aeiro] is a greater purely lyrical poet than W[hitman]. Whether himself active or not, W[hitman] is a poet of action. C[aeiro] is a purely contemplative poet. C[aeiro] is even abstract, even when he is concrete. It has been noted — how[1] diff[eren]t from Whitman! — that he never names a particular tree or flower. He always speaks of trees & flowers in the absolute abstract.

— Even[2] when the attitudes seem alike, W[hitman] is always clearly democratic. C[aeiro]'s not obtrusively, but very clearly & very evidently aristocratic.

Blake [—] Whitman — Caeiro[3] seems a natural evolution.

Swinburne has spoken thus of Whitman: Never was high poetry etc (B[liss] Perry p. 275)[a].

a   "Mr. Swinburne, writing in 1872, — after the first rapture of his discovery of Whitman was over, and before the revulsion betrayed in his *Fortnightly Review* article began, — said very keenly: 'There are in him two distinct men of most inharmonious kinds; a poet and a formalist... Never was high poetry so puddled and adulterated with mere doctrine in its crudest form... It is when he is thinking his part, of the duties and properties of a representative poeta, an official democrat, that the strength forsakes his hand and the music ceases at his lips'" (*Walt Whitman, His Life and Work*; Perry, 1906, pp. 274-275; Casa Fernando Pessoa, 8-434). Trad.: "Swinburne, num texto de 1872

Though C[aeiro]'s poetry is almost all mere doctrine, it cannot be said of it that it in[4] anyway fuddles & adulterates the undeniable poetry. It is poetry & philosophy simultaneously and interpenetrated.[5]

We[6] read C[aeiro]'s poetry & know in no[7] notebook of his (if he keeps note-books) could we find anything like Whitman's "Get from Mr. &" (B[liss] Perry. 305).[a] He is both too concrete to obtain his concrete facts thus second-hand, & too abstract to care for the facts thus concrete. The swing of his pendulum is greater than Whitman's. It is more concrete & more abstract, more materialistic & more spiritualistic, both clearer & more complex.

C[aeiro], besides, is essentially disciplined.

——————

Their fundamental standpoints, after all, have only one thing in common – the opposition to civilization, to concrete & to pure thought, *quâ* pure thought. All[8] the rest is diff[eren]t. C[aeiro] is a radical enemy of all creeds; his creed, which is none at all, sets them all aside. Whitman's includes all. And this is ample proof of[9] C[aeiro]'s eminently intellectual attitude. He sees clearly & logically. A creed involving all creeds[10], if greater is also vaguer than them all.[11]

——————

– passada a sua euforia inicial com a descoberta de Whitman, e antes de a repulsa patente no seu artigo da *Fortnightly Review* começar –, disse entusiasticamente: 'Existem nele dois homens distintos dos tipos mais desarmoniosos; um poeta e um formalista... Nunca a alta poesia foi tão enlameada e adulterada pela mera doutrina na sua forma mais grosseira... É quando ele pensa no seu papel, nas obrigações e propriedades de um poeta representativo, um democrata oficial, que a força abandona a sua mão e a música cessa nos seus lábios.'"

a   "Sometimes it is not only imagination, but even thought that is lacking. 'Get from Mr. Arkhurst the names of all insects – interweave a train of thought suitable,' is Whitman's notebook formula for composing a proposed poem" (Perry, 1906, pp. 304-305; na margem direita do seu exemplar, Pessoa anotou "curious", curioso). Trad.: "Às vezes não é apenas a imaginação, mas o próprio pensamento que está ausente: 'Pedir a Mr. Arkhurst os nomes de todos os insectos – tecer uma linha de pensamento adequada', é a fórmula do caderno de notas de Whitman para compor um poema proposto."

A[lberto] C[aeiro]

As diferenças entre Whitman e Caeiro são claras:

– Caeiro é claro, W[hitman] é confuso, obscuro.

– Caeiro é um ritmista mais subtil do que W[hitman].

– C[aeiro] tem muito mais de intelectual do que W[hitman].

– Estamos convencidos de que não há, de todo, influência. C[aeiro] é tão semelhante como diferente de W[hitman]. Está tão próximo e tão distante dele, que, se se transformasse nele, ou se aproximaria ou se afastaria mais.

– W[hitman] raramente possui a terna emoção que é constantemente característica em C[aeiro]. C[aeiro] é um S[ão] Francisco de Assis ateu. W[hitman] não pode ser considerado nem ateu, nem S[ão] Francisco de Assis.

– W[hitman] tem unidade como os 8.º e ◊.º poemas de C[aeiro].

– C[aeiro] é melhor poeta puramente lírico do que W[hitman]. Independentemente de ser ou não activo, W[hitman] é um poeta da acção. C[aeiro] é um poeta puramente contemplativo. C[aeiro] é sempre abstracto, mesmo quando é concreto. Tem sido assinalado – quão diferente de Whitman! – que ele nunca nomeia uma árvore ou flor em particular. Refere-se sempre a árvores e flores absolutamente em abstracto.

– Mesmo quando as atitudes parecem semelhantes, W[hitman] é sempre claramente democrático. C[aeiro] é, embora não ostensivamente, muito claramente e muito evidentemente aristocrático.

Blake [–] Whitman – Caeiro parece a evolução natural.

Swinburne falou assim de Whitman: Nunca a alta poesia foi etc. (B[liss] Perry p. 275).

Apesar de a poesia de C[aeiro] ser quase toda mera doutrina, não se pode dizer que isso, de modo algum, turve e adultere a inegável poesia. É poesia e filosofia simultaneamente e interpenetradas.

Lemos a poesia de C[aeiro] e sabemos que em nenhum dos seus cadernos de notas (se é que ele tem cadernos de notas) poderíamos encontrar

*algo do género do "Pedir a Mr. &" (B[liss] Perry. 305) de Whitman. Ele é
demasiado concreto para obter os seus factos concretos em segunda mão,
e demasiado abstracto para se preocupar com factos assim tão concretos.
A amplitude do seu pêndulo é maior que a de Whitman. É mais concreto e
mais abstracto, mais intelectual e mais espiritualista, simultaneamente
mais claro e mais complexo.*

C[aeiro] é, além do mais, essencialmente disciplinado.

---

*No fundo, os seus pontos de partida fundamentais têm apenas uma coisa
em comum − a oposição à civilização, ao pensamento puro e concreto,
quâ ao puro pensamento. Tudo o resto é dif[erente]. C[aeiro] é um ini-
migo radical de todas as crenças; a sua crença, que é nenhuma, põe-nas
a todas de parte. A crença de Whitman inclui-as todas. Tal é uma prova
clara da atitude eminentemente intelectual de C[aeiro]. Ele vê de modo
claro e lógico. Uma crença que integre todas as crenças, ainda que mais
ampla, é também mais vaga que todas elas.*

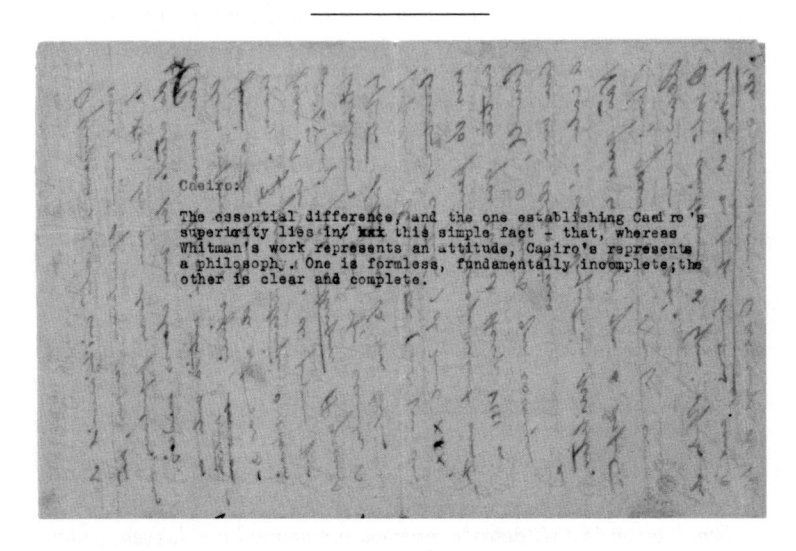

WHITMAN E CAEIRO (66D-1A^v)

Caeiro:

The essential difference, and the one establishing Caeiro's superiority lies in this simple fact — that, whereas Whitman's work represents an attitude, Caeiro's represents a philosophy. One is formless, fundamentally incomplete; the other is clear and complete.

Caeiro: [TRAD.]

A diferença essencial, a que estabelece a superioridade de Caeiro, reside no simples facto de — enquanto o trabalho de Whitman representa uma atitude, o de Caeiro representa uma filosofia. Um é informe, fundamentalmente incompleto; o outro é claro e completo.

Caeiro **144**
                    Trad[ucção] [c. 1915]

p[oem]a 34.

That has got something to do with the fact that there are people who think.[a]

If she has, let her have it…[b]

And as I am, whithout thinking, I have the Earth & Sky.[c]

a   Verso 4 do poema xxxiv: "Que tem que vêr com haver gente que pensa…"
b   Verso 13 do poema xxxiv: "Se ella tivesse, seria gente".
c   Verso 21 do poema xxxiv: "E assim, sem pensar, tenho a Terra e o Céu."

PROSA

6

COMENTÁRIOS

*No espólio pessoano restam seis folhas de um conjunto maior no qual
Pessoa fez uma cópia dactilografada de O Guardador de Rebanhos.
Dessa cópia terão sido conservadas apenas as folhas que continham um
apontamento (ou "comento") no verso. A cópia será de 1914-1915, já que
se encontra em folhas com marca-d'água* EXPRESS BOND, *afins a outras
que têm textos de crítica teatral (14⁴-6, 7 e 10) e um escrito atribuído a
Ricardo Reis (76A-59 e 60), mas os comentários no verso dessas folhas
— seis no total: 14B-26, 27, 28, 29, 30 e 31 — serão de 1917. É possível que
Pessoa, já tendo terminado de copiar para o caderno de O Guardador os
49 poemas do ciclo, tenha decidido prescindir da cópia dactilografada e
tenha conservado apenas as seis folhas em que escreveu — provavelmente
de pé, atendendo ao ângulo da escrita — seis comentários referentes aos
poemas* VIII, IX, X, XV, XXV *e* XLII. *São esses comentários, que já foram
atribuídos a Ricardo Reis por Teresa Sobral Cunha, mas que carecem de
atribuição explícita, os textos que publicamos, como conjunto, nesta sec-
ção. Não consideramos que a nota de 1914 sobre o poema* XVII *(68A-2ʳ)
faça parte deste conjunto.*

[POEMA VIII]   **145**
                                                      [c. 1917]

◊ esse¹ assombroso sonho do Novo Jesus, talvez a cousa² mais ori-
ginal, considerando tudo, que em modernos dias se tem escripto.³
Em Caeiro parece haver uma impossibilidade radical de não sentir

tudo frescamente, matutinamente. Os seus comentos são de quem ouviu[4] contar aos deuses cousas da origem do mundo. Elle parece ser mais novo de seculos do que todos nós, e apenas[5] estar a nós ligado pelas deficiencias, fraquezas ou hesitações da sua matutina ideação. São os intersticios do seu pensamento poetico que se enchem do entulhar da nossa gasta maneira de pensar...[6]

146 [POEMA IX]
[c. 1917]

Se nos houvessem dito que era de um materialista[1] que havia de emanar a mais original e mais limpida poesia, a poesia mais puramente poesia de hoje, não nos levariam[2] a mal que duvidassemos. Se nos fallassem n'um mystico materialista, mas um mystico[3] com todas as qualidades de requinte espiritual do mystico, e ao mesmo tempo o mais absoluto e radical dos materialistas, nem nos dariamos ao trabalho de virar as costas ao[4] grosseiro paradoxo. Se alguem nos dissesse que haveria um poeta de hoje que apareceria com uma poesia *inteiramente* nova, o total contrario[5] da nossa — encolheriamos talvez os hombros, para não ◊. Alberto Caeiro realiza estas contradições todas.

———————

Saudemos n'elle o mais original dos poetas modernos, um dos maiores poetas de todos os tempos...[6]

147 [POEMA X]
[c. 1917]

— A sua poesia é tão natural que por vezes nos parece não ter nada de grande nem de sublime... É tão expontanea e ingenua que nos esquecemos que é completamente nova, inteiramente original.

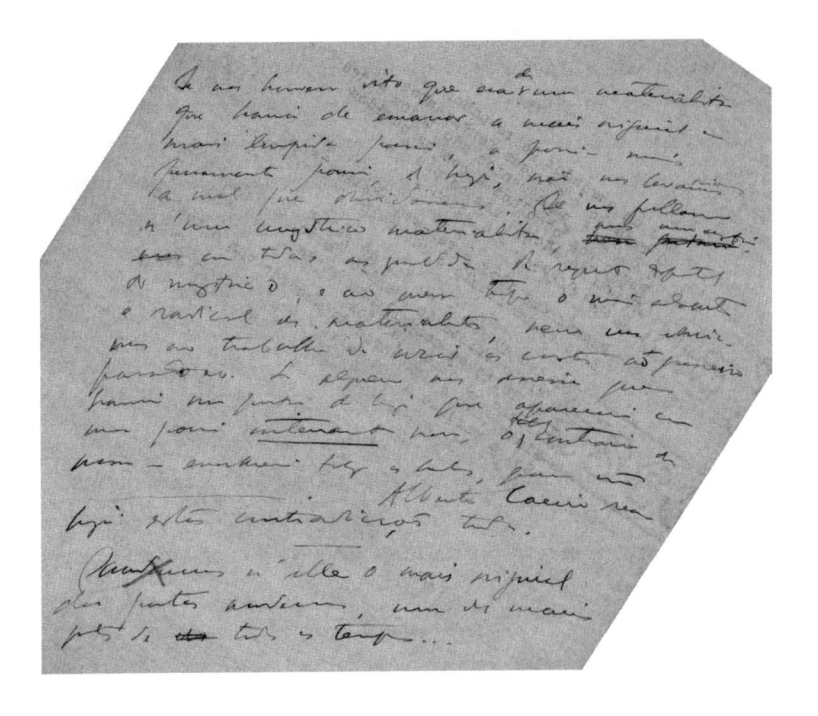

NOTA ESCRITA NA DIAGONAL, COMO AS CINCO RESTANTES (14B-28ʳ)

[POEMA XV]

148
[c. 1917]

O que admiro em Alb[erto] C[aeiro] é o forte pensamento – sim, um raciocinio – que une e liga os seus poemas. Elle nunca se contradiz, na verdade, e, quando pode parecer que se contradiz, lá está, n'um ou outro canto dos seus versos[1], a objecção[2] prevista e respondida. Profunda consciencia[3] da propria obra,[4] o pensamento sobrepondo-se á inspiração? Ou profundo genio[5], de um grego[6] sentindo e vendo tudo? Em qualquer das hypotheses, a figura literaria é enorme, estupenda, grande demais[7], até, para a pequenez polychroma da n/ epoca.[8]

149 [POEMA XXV]
[c. 1917]

Ou seja a suprema perfeição de um poema como o vigesimo-quinto, poema que parece ser¹ elle-proprio, aladamente, uma bola de sabão do pensamento:
(Quote)

150 [POEMA XLII]
[c. 1917]

Calma nota á margem de toda a historia, dizendo, mais do que o fizeram cem extensas odes¹ e cem poetas, a eterna vacuidade da acção humana.

PROSA

7

ANTÓNIO MORA

António Mora e Fernando Pessoa foram, antes de Ricardo Reis se consolidar como autor do prefácio aos Poemas Completos de Caeiro, *candidatos à autoria desse prefácio. Os dois primeiros textos são páginas para esse prefácio. O terceiro é o último trecho de* Prolegomenos para Uma Reformação do Paganismo, *tratado que contém, segundo Álvaro de Campos, toda a filosofia de António Mora, visto que* "O Regresso dos Deuses *é mais um estudo critico que outra cousa", e que Mora, diz Campos por volta de 1930, pensava "em integrar o systema geometrico [do* Regresso], *como appendice ou capitulo supplementar, nos proprios* Prolegomenos" *(em Pessoa, 2014, p. 487). O certo é que por volta de 1917 Mora era apresentado, em listas de projectos, como autor da* "Introducção Geral ao Neo-Paganismo Portuguez" *intitulada* O Regresso dos Deuses, *e que essa introdução começava a eclipsar os* Prolegómenos, *a obra preferida por Campos.*

Pref. *Caeiro*   *Mora ou Pessoa*   **151**
                                                          [c. 1917]

I.

Ao pedido, que me foi feito, de[1] que prefaciasse a primeira edição dos poemas do reconstructor da essencia do paganismo, não serviu, infelizmente, de excusa a minha allegação de incompetencia ante as theorias, e a insufficiencia ante a figura do Mestre. Quizeram aquelles parentes de Caeiro, que se encarregaram de lhe publicar a obra, que ella não deixasse de ser precedida de uma explicação, que lhe determinasse o espantoso[2] logar entre a litteratura poetica. E, se por fim accedi, é que talvez melhor conviesse a um crente nos Deuses antigos, do que a qualquer outro, a apresentação ao publico d'esta obra.[3]

Se é extensa a apresentação, medite-se[4] que é necessario que o seja. Affirmar que Alberto Caeiro é o reconstructor do paganismo, sem mais, tem a desvantagem de ◊ dado que ninguem sabe o que é o paganismo, nem, portanto, o que possa ser reconstruil-o.

152
[c. 1917] Tinha por que começar o paganismo por a substancia apparecer. Mas a substancia como?

Como o que está na inteligencia tem de estar primeiro nos sentidos (aqui dito sem intuito philosophico, mas apontando apenas o facto material[1]), o paganismo[2] tinha que ser instinctivo, de sensibilidade[3], antes de poder novamente ser uma idéa formada e consciente. Era preciso, para que pudesse renascer o paganismo, que começasse por apparecer *um pagão*. Era preciso um homem cujo spirito[4] fôsse pagan, para que expontaneamente revelasse á sensibilidade o paganismo, a que outros,[5] podendo então adaptar-se, dariam a fórma intellectual. Era necessario que encontrassemos a vaga[6] substancia do paganismo; outros, sentindo-a e comprehendendo-a, a transportariam para os attributos.

Sem duvida, se o Destino quizesse que assim fôsse, o faria. O Destino o fez.

Appareceu Alberto Caeiro.

Que direcção inexplicavel do Fado[7], que gesto inicial[8] dos Deuses obrou esse milagre humano? Como foi que um portuguez, nascido na extrema decadencia[9] da Europa, na ultima abjecção da patria[10], encontra em si a substancia intima d'aquella verdade por que os gregos conquistaram o mundo? Não sei explicar, nem é preciso, acceito o facto por o que os Deuses o quizeram.

O universo que Caeiro vê é o contrario do que vêem os homens do nosso tempo, os homens da nossa civilização desde que ella se formou na morte apparente do paganismo.

Para nos dar a substancia absoluta do paganismo, tinha Caeiro que ser mais grego que os gregos, mais puramente objectivista que elles. É-o. Nenhum pagan[11] poderia ter escripto aquelle verso culminante de Caeiro, e, para mim, o verso culminante de toda a litteratura:

A [Natureza é partes] sem um todo.[a]

Simples, transposta, infantil, a obra é ainda informe: está cheia de contradicções superficiaes, de elementos extranhos á sua essencia. Nem essa essencia é nitidamente distinguivel atravez das accreções[12]. O proprio Caeiro, com a sua maravilhosa lucidez, mental como visual, o nota, e nota os seus defeitos, e os explica, para que o desculpemos. Elle sabe que o seu paganismo é dito em uma lingua de christãos; que o seu pensamento pagão[13] passa atravez de um meio christan, e que ha a refracção pontual, com que é preciso contar.[14]

Em que consiste a reformação do paganismo, e a novidade d'ella? Não no recurso, porque porventura é tudo cyclico e a roda dos eventos toca na terra de ora em quando com o mesmo poncto[1] de seu

a   Verso 15 do poema XLVII de *O Guardador de Rebanhos*.

aro[2], sendo porém outro o poncto[3] da terra em que toca; porque, ainda que tudo possa em certo modo repetir-se, é certo ainda que como diz Caeiro:

Nada torna, nada se repete, porque tudo é real.[a]

E assim o recurso.[4]

Consiste a ref[ormação] do pag[anismo], assim, na reconstrucção racional da religião antiga, em que a nossa civilização nasceu. Não renasce a mesma, porque isso fôsse voltar, não ella, senão o proprio tempo.[5]

Chegada porém a civilização europêa áquelle estado[6] de afastamento da barbarie em que por-força apparecem as artes da cultura, a religião christã soffreu[7] seu primeiro abalo. Incapaz, tal qual era, de supportar a sciencia ou a arte, poisque ambas se fundam[8] na liberdade, e ella era tyrania; ambas no ◊

154 1. Antonio Móra — *O Regresso dos Deuses — Introducção Geral ao Neo-*
[c. 1917] *-Paganismo Portuguez.*
2. Alberto Caeiro — 1889-1915 — *O Guardador de Rebanhos, e outros poemas e fragmentos.*
3. Ricardo Reis — *Odes.*

English Translation (in one volume):
The Portuguese Neo-Pagans.

a   Último verso do poema que começa "Quando tornar a vir a primavera".

1. Alberto Caeiro (1889-1915): *O Guardador de Rebanhos, seguido de outros poemas e fragmentos.*
(Abre o livro uma nota succinta dos parentes do poeta, que publicam o livro.)
2. Ricardo Reis: *Odes.*
(São cincoenta. Abre o livro um curto prefacio do auctor.)
3. Antonio Móra: *O Regresso dos Deuses — Introducção Geral ao Neo-Paganismo Portuguez.*
-------------------------------- *ao mesmo tempo.*

4. Ricardo Reis: *Novas Odes.*
5. Antonio Móra: *Os Fundamentos do Paganismo — Theoria do Dualismo Objectivista.*
-------------------------------- *ao mesmo tempo.*

O Movimento Neo-Pagão
Portuguez compõe-se
d'estas cinco obras.

As trez primeiras deverão ser publicadas em fins de
1917, e as outras duas no anno
seguinte. Sendo possivel, as
primeiras em Outubro 1917
e as outras, quando
não possa ser em
Maio 1918, em
Outubro.

SAUDAÇÃO AO PORVIR PAÇÃO — FINAL DE *O REGRESSO DOS DEUSES* (12A-19ᵛ)
"Saudo em Caeiro e Ricardo Reis, saudo em nós-proprios, o Regresso dos Deuses!
Alegrae-vos, todos vós que choraes, sem saber porquê, na maior doença das civilizações!
O Grande Pan renasceu!"

VARIANTE DO FINAL DE *O REGRESSO DOS DEUSES* (12¹-99)
"Eu saúdo [↑ Acclamo] em Alberto Caeiro o Regresso dos Deuses! Alegrae-vos
vos todos, que choraes na Decadencia maior da Historia!
O Grande Pan <ren> tornou a nascer! [↑ *renasceu!*]"

VARIANTE DO FINAL DE *O REGRESSO DOS DEUSES* (14C-26^r)
"*Fim*
Do Caeiro porém nasce tudo. Nelle o futuro sta todo, como a arvore na semente.
Nelle saúdo pois, antecipando os posteros [↑ o mundo],
<(sem o regresso> [↑ o recurso] do paganismo, o regresso dos deuses.
Alegrae-vos, todos <quantos> [↑ que] gemeis nas prisões e nas cellas.
O Grande Pan renasceu!"

PROSA

8

RICARDO REIS

Limitamo-nos nesta secção a incluir dois textos de Reis que se encontram num dos núcleos do espólio pessoano em que estão inventariados muitos textos referentes a Alberto Caeiro (o envelope 14B, de 14B-3 a 14B-45) — núcleo que optámos por transcrever na íntegra nesta edição —, e inserir ainda outros dois testemunhos do prefácio de Reis aos Poemas Completos de Caeiro. O último texto é, justamente, a versão "definitiva" desse prefácio, mas há mais de 40 fragmentos, anteriores a 1929, que seria difícil esquecer ou "apagar", simplesmente porque um rascunho seja ulterior. Em suma, figuram aqui quatro dos mais de 40 textos prefaciais de Reis, sendo o último o que costuma servir de "pórtico" a algumas edições da poesia caeiriana.

Chamaram-o os Deuses, ainda tão novo[1], á região inferior onde a magoa não chega e onde o prazer não desce. Sem duvida que o fizeram pelo dom evidente da sua sabedoria não perfeita, mas mais perfeita que a nossa. Aquelles actores ◊ de que somos apenas os titeres[2], sabem, em sua razão mais lata[3], porque influxo das strellas, buscou tão cedo á terra-origem o seu filho que mais a amou. Tudo nos é velado, sonho, entre um somno e outro somno, esta curta visão radiosa do perfeito e incompleto universo.[4]

156
[1916-1917]

É difficil escrever com paciencia de todos os imitadores de uma imitação do paganismo.

Talvez nunca vereis tão a proposito citar aquella fabula de Colombo e do ovo.[5a]

O tom "moderno" de muitos dos seus versos é o que mais lamento. Nenhuma obra tem direito a que a colloquemos no tempo.

O traço franciscano de alguns resultados metricos da sua sensibilidade. S. F[rancis]co de Assis:[6] o abominavel fundador de uma seita[7] abominavel.

O seu paganismo é atheu. É apenas[8] paganismo. Nem o Destino, a Vontade anterior aos Deuses[9], apparece na sua obra.

O maximo da simplicidade com o maximo da originalidade. É tão simples, que é complexo para nós, que estamos habituados a chamar simplicidade á complexidade.

Por detraz de todas as variações permanece, inalteravel substancia de uma forma mutante, um conceito do universo specialmente pagão, e que as modas não attingem. É difficil fazer ver isto – como qualquer outra cousa – a quem o não sente. A indifferença á dor, o acceitamento orgulhoso, posto que passivo, do destino, não basta para formar um stoico: falta o stoicismo. A busca, embora moderada, de prazeres, sceptica para com outra especie de beneficios a esperar do mundo, não é sufficiente para que o seu cultor mereça o nome de epicurista: falta o epicurismo. Do mesmo modo a acceitação de muitos deuses – que a outra cousa não monta a hagiolatria do christismo catholico – sendo suff[icien]te para symptoma de polytheismo, não basta para que esse polytheismo se possa considerar como identico ao dos pagãos: falta o paganismo. Em Alberto Caeiro vemos a substancia sem os attributos. Caeiro não tem a sensibilidade pagan, porque não vive n'um meio pagão. O que ha nelle de maravilhoso é que tambem não tem a sensibilidade christan. Isto o distingue de todos quantos – desde a Renascença até hoje – quizeram recrear-se pagãos.

Os conceitos modernos do paganismo teem de commum[10], que, mesmo quando são intuições justas[11], são intuições incompletas. Em todos os casos se tomou um dos membros physicos pela causa spiritual[12], um dos attributos pela substancia. O mal está em que, em nenhum dos casos, a intuição abrangeu mais que, de cada vez, um só attributo.

Assim, os cultores modernos do paganismo teem procurado imital-o, ou atravez de uma impassibilidade especial que se lhes affigurou ser o distinctivo dos espiritos[13] pagãos; ou atravez de uma moral immoral, que se lhes ◊

Enfermaram de trez cousas: o não poder conceber o paganismo se não em antagonismo, e portanto em relação, ao christismo; o não poder ver o paganismo na sua substancia, mas só atravez dos seus attributos e, ainda assim, em geral atravez de determinado attributo só e não da somma d'elles todos; e ◊

Como o christismo no mesmo tempo que se oppõe ao paganismo, descende d'elle, é facil conceber o paganismo atravez de uma ou outra das ◊ christistas[14] por d'elle derivar; mas o conceito assim formado enferma radicalmente de ter sido concebido a dentro do proprio instincto christista[15] de que se procura desvestir.

Não vou entrar, evidentemente, em uma analyse[16] differencial do spirito[17] pagão, e do chistista. Obra era essa para um livro, e não pequeno. O meu proposito, neste lugar, é definir em que é que Alb[erto] Caeiro[18] é o reconstructor do paganismo, o revelador da sua essencia perdida; para o fazer tenho de indicar claramente qual é essa essencia, depois[19] em que é que, até Caeiro, se perdeu na obra que elle conseguiu.

Pode imitar-se a "impassibilidade" supposta pagã ◊

A obj[ectivida]de grega, porém, não pode ser, *em si*, na sua essencia, nem nos seus effeitos, imitada por quem não a tenha. Só a pode ter quem tiver os sentidos da natureza constituidos[20] de modo que sinta[21] objectivamente.

C[aeiro] é mais objectivo que os gregos antigos porque:

(1) a sua obra é uma *reacção* e é porisso uma affirmação mais forte que a original; sendo porisso menos spontanea.

(2) ◊

O characteristico essencial da mentalidade pagan é a objectividade[22] absoluta. Os outros characteristicos, que lhe têm[23] sido encontrados, são effeitos d'aquella causa immanente. É um ou outro d'esses[24] attributos que, de a Renascença até hoje[25], os modernos teem visto, e teem[26] procurado imitar.

Uns teem procurado fazer de pagãos, ou imitar os pagãos, educando-se em uma objectividade puramente visual; a objectividade pagan era, porém, não só visual, como na verdade[27] temperamental. Não era só o uso perfeitamente objectivo da vista, ou o de outro sentido qualquer; era a objectividade[28] essencial de que aquellas eram apenas as manifestações nos sentidos.[29]

Era preciso ir mais longe – despir-se do habito christão de fazer a realidade começar em nós[30]; passar a viver da sensação *para fóra*, e não da sensação *para dentro*, como é nosso habito em Christo.

Ora isto, mesmo que alguem o houvesse visto, não o poderia fazer[31] qualquer, por um esforço qualquer de intelligencia ou de disciplina.

Era mister nascer como uma organização interior do spirito adaptada a ter, spontaneamente, uma sensibilidade assim orientada.

Pref[acio] in Alb[erto] Caeiro

Quando Caeiro, no seu poema principal, exclama:

A N[aturez]a [é partes] sem um todo,[a]

affirma uma idéa que é inteiramente extranha á nossa mentalidade, uma idéa *que nenhum de nós podia ter*. Podemos[1], é claro, comprehendel-a; mas não podemos nunca comprehender como alguem a teve.
Ora toda a obra de Caeiro é composta de idéas d'essas.

O grego Parmenides tem a idéa seguinte do mundo: que elle é infinito[2], eterno, e uno, e além d'isso[3], *que tem a fórma de uma esphera*. Esta juncção de qualidades é impenssavel para nós.

Pref[acio] de R[icardo] Reis

Quando pela primeira vez, estando então em Portugal[b], ouvi ler *O Guardador de Rebanhos* tive a maior e a mais perfeita sensação da

---

a   Verso 15 do poema xlvii de *O Guardador de Rebanhos*.
b   Este texto é muito anterior à carta sobre a génese dos heterónimos (13 de Janeiro de 1935), mas nessa carta Pessoa diz que Reis vive no Brasil desde 1919, pois se teria expatriado por ser monárquico.

m[inha] vida. Rolou-se-me de sobre o coração, de repente, todo o peso da nossa civilização portug[ueza], todo o peso do christianis[mo] avito cuja sombra jaz sobre a nossa alma. Respirei outra vez a grandeza, a fôrça e a singela perfeição das grandes emoções primitivas, que vinham da natureza sem datar das almas. Abriram--se-me de par em par, visualmente, as portas em que Amon começa o dia. Senti-me differente, como um mortal chamado ao convivio dos Deuses. E na verdade dos Deuses, que não de Caeiro, era aquella obra espantosa. Nunca poderei esquecer essas horas de imprevista iniciação em que vi, em toda a sua frescura e certeza, a Natureza natural frente a frente.[1]

159
[1929]
Alberto Caeiro da Silva nasceu em Lisboa a [16] de Abril em 1889, e nessa cidade falleceu, tuberculoso, em ◊ de ◊ 1915. A sua vida, porém, decorreu quasi toda numa quinta do Ribatejo[1]; só os primeiros dois anos d'elle, e os ultimos mezes, foram passados na sua cidade natal. Nessa quinta isolada cuja aldeia considerava por sentimento como sua terra,[2] escreveu Caeiro quasi todos os seus poemas − os primeiros,[3] a que chamou "de creança"[4], os do livro intitulado *O Guardador de Rebanhos*, os do livro, ou o quer que fôsse, incompleto, chamado *O Pastor Amoroso,* e alguns, os primeiros, dos que eu mesmo[5], herdando-os para publicar, com todos os outros, reuni sob a designação, que Alvaro de Campos me lembrou bem[6], de *Poemas Inconjunctos*.[7] Os ultimos d'estes poemas[8], a partir d'aquelle numerado ◊, são porém producto do ultimo periodo da vida do auctor, de novo passada em Lisboa. Julgo de meu dever estabelecer esta breve distincção, pois alguns d'esses ultimos poemas revelam[9], pela[10] perturbação da doença, uma novidade um pouco extranha ao character geral da obra, assim em natureza como em direcção.[11]

A vida de Caeiro não pode narrar-se pois que não ha nella de que narrar. Seus poemas são o que houve nelle de vida.[12] Em tudo mais não houve incidentes, nem ha historia. O mesmo breve episodio, improficuo e absurdo, que deu origem aos ◊ poemas de *O Pastor Amoroso*, não foi um incidente, senão, por assim dizer, um esquecimento.[13]

A obra de Caeiro representa a reconstrucção integral do paganismo, na sua essencia absoluta, tal como nem os gregos nem os romanos, que viveram nelle e porisso o não pensaram, o puderam fazer. A obra, porém, e o seu paganismo, não foram nem pensados nem até sentidos: foram vividos com o que quer que seja que é em nós mais profundo que o sentimento ou a razão.[14] Dizer mais fora explicar, o que de nada serve; affirmar menos fora mentir. Toda obra falla por si, com a voz que lhe é propria, e naquella linguagem[15] em que se forma na mente[16]; quem não entende, não pode entender[17], e não ha pois que explicar-lhe[18]. É como fazer comprehender a alguem um idioma que nunca apprendeu, espaçando as palavras no dizer.[19]

Ignorante da vida e quasi ignorante das lettras, quasi sem convivio nem cultura, fez Caeiro a sua obra por um progresso imperceptivel e profundo, como aquelle que dirige, atravez das consciencias inconscientes[20] dos homens, o desinvolvimento logico das civilizações[21]. Foi um progresso de sensações, ou, antes, de maneiras de as ter, e uma evolução intima de pensamentos derivados de taes sensações progressivas[22]. Por uma intuição sobrehumana, como aquellas que fundam religiões para sempre, porém a que não assenta o titulo de religiosa, porisso que, como o sol e a chuva, repugna toda a religião e toda a metaphysica, este homem descobriu o mundo sem pensar nelle, e creou um conceito do universo que não contem meras interpretações.[23]

Pensei, quando primeiro me foi entregada a empreza de publicar estes livros, em fazer em prefacio um largo estudo[24], critico e excursivo[25], sobre a obra de Caeiro e as suas theorias e natural destino[26]. Tentei com abundancia escrevel-o. Porém não pude[27] formar[28] estudo algum que me satisfizesse[29]. Não se pode commentar, porque se não pode pensar, o que é directo, como o céu e a terra; pode tamsomente ver-se e sentir-se.[30]

Pesa-me que a razão me compilla a dizer este pouco de palavras[31] ante a obra do meu Mestre, de não poder escrever[32], de util ou de necessario, com a cabeça, mais que disse, com o coração,[33] na Ode [XIV] do Livro I meu, com a qual choro o homem que foi para mim[34], como virá a ser[35] para mais que muitos, o revelador da Realidade, ou, como elle mesmo disse, "o Argonauta das sensações verdadeiras" – o grande Libertador, que nos restituiu, cantando, ao nada luminoso que somos; que nos arrancou á morte e á vida, deixando--nos entre as simples coisas, que nada conhecem, em seu decurso, de viver nem de morrer; que nos livrou[36] da esperança e da desesperança, para que nos não consolemos sem razão nem nos entristeçamos sem causa; convivas com elle, sem pensar, da necessidade[37] objectiva do Universo.[38]

Dou a obra, cuja edição me foi commettida, ao acaso fatal do mundo. Dou-a e digo:[39]

Alegrae-vos, todos vós que choraes na maior das doenças da Historia!

O Grande Pan renasceu!

Esta obra inteira é dedicada
por desejo do proprio auctor
á memoria de
Cesario Verde

PROSA

9

I.I. CROSSE

The first qualification for a critic of science or of art, that is to say, of an intellectual production which strives for an absolute value (truth or beauty) is that he should be able to distinguish between relative & absolute values. When a work of art[1] pleases him, when he feels it is beautiful, his first intellectual movement, after that movement of sensibility[2], should be to ask himself: Do I find this beautiful as a man, or as a man of my time, or as a man of my country? Does this appeal, really, to the man in me, or to the modern man in me, or the English, or French, or Italian that I am?

Very few are able to undertake such self-analysis, but we are optimistic enough about mankind to believe that the greater number of clever men are not able to undertake it [because][3] they have never been taught that they ought to undertake it.

If this principle of self-criticism before criticism of others, of analysis of impressions before analysis of the results of impressions, were more commonly put into practice, we would have been spared many follies. As it is[4] the sage of looking back at 40 on the foolish enthusiasm of 20 has no equal sense than looking back at 60 to the equally foolish, though seeming-cooler, enthusiasm of 40.

I have ever held it necessary to take this mental attitude. So when I first read Alberto Caeiro, I have felt the enthusiasm of ◊

Here at last – said I to myself – is a work that appeals to me not as a man[5] of to-day (no work could be further removed from every known current of contemporary art), not as an Englishman (no work could be less English), but indeed as a man of mankind. The more I analysed my feelings, the more I came to accept this conclusion of mine as true.

I am not so bold of my real opinion of Caeiro's worth, as to tell the reader frankly how much I think of him.

The great discovery of Caeiro – the mysticism of objectivity. As mystics see meaning in all things, Caeiro, in his own words, sees[6]

> lack of meaning in all things,
> See it & I love myself[7] [because][8] to be a thing is to mean nothing.[a]

[TRAD.] I.I. Crosse
Caeiro e a Reacção Pagã

A primeira competência necessária ao crítico de ciência ou de arte, isto é, à produção intelectual que ambiciona um valor absoluto (a verdade ou a beleza), é que seja capaz de distinguir entre valores relativos e absolutos. Quando uma obra de arte lhe agrada, quando sente que é bela, o seu primeiro movimento intelectual, após o movimento realizado pela sua sensibilidade, deve ser perguntar-se a si mesmo: acho esta obra bela enquanto homem, enquanto homem do meu tempo ou enquanto homem

a   Veja-se o final do poema inconjunto que começa "Tu, mystico...": "Eu vejo ausencia de significação em todas as cousas; | Vejo-o e amo-me, porque ser uma cousa é não significar nada. | Ser uma cousa é não ser susceptivel de interpretação."

do meu país? Será que ela agrada, no fundo, ao homem em mim, ao homem moderno em mim, ou ao inglês, ou francês, ou italiano que sou?

Muito poucos conseguem realizar esta auto-análise, porém somos suficientemente optimistas com respeito à humanidade para crer que a maior parte dos homens inteligentes só não é capaz de a realizar porque nunca lhes foi ensinado que deviam realizá-la.

Se este princípio de autocrítica anterior à crítica de outros, esta análise de impressões anterior à análise dos resultados das impressões, fossem praticados com mais frequência, teríamos sido poupados a muitos disparates. Tal como a sabedoria de aos 40 olhar para trás, para o entusiasmo louco dos 20, não tem o mesmo sentido do olhar aos 60 para o igualmente louco, embora aparentemente mais tranquilo, entusiasmo dos 40.

Sempre considerei necessário ter esta atitude mental. De modo que, quando li pela primeira vez Alberto Caeiro, senti o entusiasmo dos ◊

Eis finalmente – disse a mim próprio – uma obra que me atrai não enquanto homem de hoje (nenhuma obra poderia estar mais afastada de todas as correntes da arte contemporânea que nos são conhecidas), não enquanto inglês (nenhuma obra poderia ser menos inglesa), mas enquanto homem da humanidade.

Quanto mais analisava os meus sentimentos, mais tomava esta minha conclusão como verdade.

Não estou tão seguro da minha real opinião acerca do valor de Caeiro para que possa dizer ao leitor francamente o que penso dele.

A grande descoberta de Caeiro – o misticismo da objectividade. Tal como os místicos vêem sentido em todas as coisas, Caeiro, nas suas próprias palavras, vê

> *ausencia de significação em todas as cousas;*
> *Vejo-o e amo-me, porque ser uma cousa é não significar nada.*

PROSA

10

ÁLVARO DE CAMPOS

Não considerando necessário reproduzir aqui a totalidade das "Notas para a Recordação do Meu Mestre Caeiro" publicadas na Obra Completa de Álvaro de Campos (2014), limitamo-nos a incluir quatro: aquelas em que, de forma mais explícita, se faz referência aos poemas caeirianos. As palavras de Caeiro encontram-se em textos de outros heterónimos e autores fictícios, e há máximas (por exemplo, "Tudo é differente de nós, e por isso é que tudo existe" [Notas 1; 16A-12^r]) e pensamentos (por exemplo, "Toda a coisa que vemos, devemos vel-a sempre pela primeira vez, porque realmente é a primeira vez que a vemos. E então cada flor amarella é uma nova flor amarella, ainda que seja o que se chama a mesma de hontem" [Notas 2; 71A-52^r]) que devem ser procurados em textos alheios, muitos dos quais iam conformar essa grande série intitulada Ficções do Inter-lúdio. Nas notas seguintes, importantes para ler a poesia do heterónimo, surge com frequência a "voz" de Caeiro.

A obra de Caeiro divide-se, não só no livro, mas na verdade,[1] em trez partes — O Guardador de Rebanhos, O Pastor Amoroso e aquella terceira parte a que Ricardo Reis poz o nome authentico de Poemas Inconjunctos. O Pastor Amoroso é um interludio inutil, mas os poucos poemas[2] que o compõem são dos grandes poemas de amor do mundo, porque são poemas de amor por serem de amor, e não por serem poemas. O poeta amou[3] porque amou, e não porque ha amor, e foi isso mesmo que disse.

161
[c. 1930]

O Guardador de Rebanhos é a vida mental de Caeiro até a dili-
gencia levantar no cimo[4] da estrada. Os *Poemas Inconjunctos* são já
a descida. Distingo assim, para mim proprio: ha poemas dos *P[oe-
mas] I[nconjunctos]* que eu imagino[5] que talvez pudesse ter escripto.
Não ha giro da minha imaginação que me faça passar pelo sonho de
poder ter escripto qualquer poema de *O G[uardador] de Rebanhos*.
Nos poemas inconjunctos ha cansaço, e portanto differença.
Caeiro é Caeiro, mas Caeiro doente. Nem sempre doente, mas ás
vezes doente. Identico mas um pouco alheado.[6] Isto applica-se
sobretudo aos poemas medios d'essa terceira parte da sua obra.

162
[c. Jan.-Fev. 1931]
O meu mestre Caeiro não era um pagão: era o paganismo. O Ricardo
Reis é um pagão, o Antonio Mora é um pagão, eu sou um pagão; o
proprio Fernando Pessoa seria um pagão, se não fôsse um novelo
embrulhado para o lado de dentro. Mas o Ricardo Reis é um pagão
por character, o Antonio Mora é um pagão por intelligencia, eu sou
um pagão por revolta, isto é, por temperamento. Em Caeiro não
havia explicação para o paganismo; havia consubstanciação.

Vou definir isto da maneira em que se definem as coisas inde-
finiveis – pela cobardia do exemplo. Uma das coisas que mais niti-
damente nos saccodem na comparação de nós com os gregos é a
ausencia de conceito de infinito, a repugnancia de infinito, entre
os gregos. Ora o meu mestre Caeiro tinha lá mesmo esse mesmo
inconceito. Vou contar, creio que com grande exactidão, a conversa
assombrosa em que m'o revelou.

Referia-me elle, aliás desenvolvendo o que diz num dos poe-
mas de "O Guardador de Rebanhos"[a], que não sei quem lhe tinha
chamado em tempos "poeta materialista". Sem achar a phrase justa,

a   Provavelmente o poema IX.

porque o meu mestre Caeiro não é definivel com qualquer phrase justa, disse-lhe, comtudo, que não era absurda de todo a atribuição.

E expliquei-lhe[1], mais ou menos bem, o que é o materialismo classico. Caeiro ouviu-me com uma attenção de cara dolorosa, e depois disse-me bruscamente:[2] "Mas isso o que é é muito estupido. Isso é uma coisa de padres sem religião e portanto sem desculpa nenhuma".[3]

Fiquei attonito, e apontei-lhe varias similhanças[4] entre o materialismo e a doutrina d'elle, salva a poesia d'esta ultima. Caeiro protestou.[5] "Mas isso a que v. chama poesia[6] é que é tudo. Nem é poesia: é vêr.[7] Essa gente materialista é cega. V. diz que elles dizem que o espaço é infinito. Onde é que elles viram isso no espaço?"

E eu, desnorteado.[8] "Mas v. não concebe o espaço como infinito? v. não póde conceber o espaço como infinito?"[9]

"Não concebo nada como infinito.[10] Como é que eu hei de conceber qualquer coisa como infinito?"[11]

"Homem", disse eu, "suponha um espaço.[12] Para além d'esse espaço[13] ha mais espaço, para além d'esse mais, e depois mais, e mais, e mais... Não acaba..."[14]

"Porquê?" disse o meu mestre Caeiro.[15]

Fiquei num terramoto mental.[16] "Suponha que acaba", gritei. "O que ha depois?"[17]

"Se acaba, depois não ha nada", respondeu.[18]

Este genero de argumentação, cumulativamente infantil e feminina, e portanto irrespondivel, atou-me o cerebro durante uns momentos.[19]

"Mas v. concebe isso?" deixei cahir por fim.[20]

"Se concebo o quê?[21] Uma coisa ter limites? Pudera![22] O que não tem limites não existe. Existir é haver outra coisa qualquer, e portanto cada coisa ser limitada. O que é que custa conceber que uma coisa é uma coisa, e não está sempre a ser uma outra coisa que está mais adeante?"[23]

Nessa altura senti carnalmente que estava discutindo, não com outro homem, mas com outro universo.[24] Fiz uma ultima tentativa, um desvio que me obriguei a sentir legitimo.[25] "Olhe, Caeiro...[26] Considere os numeros... Onde é que acabam os numeros? Tomemos[27] qualquer numero – 34, por exemplo. Para além d'elle temos[28] 35, 36, 37, 38, e assim[29] sem poder parar. Não ha numero grande que não haja um numero maior..."[30] "Mas isso são só numeros", protestou o meu mestre Caeiro.[31]

E depois accrescentou, olhando-me com uma formidavel infancia:[32]

"O que é o 34 na Realidade?"[33]

163
[c. 1931]
"Nunca altero o que escrevi", disse-me uma vez o meu mestre Caeiro. "Se o escrevi assim é porque o senti assim, e nada tem para o caso que eu hoje sinta de um modo differente. Os meus poemas contradizem-se muitas vezes, bem sei, mas que importa, se eu me não contradigo? Ha coisas nalguns dos meus poemas, sabe?, que eu não seria capaz de escrever agora, em occasião nenhuma. Mas escrevi-as então, e essa é que foi a occasião em que as escrevi. Por isso ficam como estão."

E, a meu pedido, exemplificou:

"Olhe, por exemplo, varias coisas[1] no poema sobre o Menino Jesus[a]. Eu hoje era incapaz, nem por distracção, de dizer que a direcção do meu olhar é o dedo d'elle apontando. Eu era incapaz de dizer que elle brinca com os meus sonhos e vira uns de pernas para o ar e põe uns em cima dos outros, e outras coisas assim. Enfim, eu era incapaz de escrever o poema hoje, e afinal isso é que quer dizer tudo."

a   Referência ao poema VIII.

Defendi o poema, e as proprias phrases que Caeiro nelle incriminava.

"Não, não teem defeza. São absolutamente falsas. A direcção de um olhar não é um dedo: é a direcção de um olhar. Não se brinca com sonhos como se fossem pedras ou caixas de phosphoros vazias. E tudo aquillo mesmo não é nada. Foi uma distracção minha; mas eu tambem existo nas minhas distracções, embora distrahidamente.

"Lembro-me perfeitamente de como escrevi esse poema. O Padre B--- tinha estado lá em casa a fallar com a minha tia e[2] esteve a dizer tantas coisas que me irritaram que eu escrevi o poema para respirar. Porisso é que elle está fóra da minha respiração vulgar. Mas o estado de irritação é um estado falso em mim; porisso o poema não está inteiramente certo commigo, mas só com a minha irritação e com a pessoa a mais que a irritação é quando a gente a tem.

"Hoje, se estivesse irritado — o que já é muito difficil de acontecer — eu não escreveria coisa nenhuma. Deixava a irritação irritar-se. Depois, quando sentisse vontade de escrever, escrevia. Deixava o escrever escrever-se.

"Ainda hoje, de vez em quando, escrevo um ou outro poema com que não concordo; mas escrevo-o. Assim como acho interessante toda a gente por não ser eu, acho às vezes interessante um ou outro momento em que não sou eu. Em todo o caso, já hoje me não é possivel afastar-me tanto do que quero como no poema[3] sobre o Menino Jesus. Posso afastar-me de mim, mas já não me afasto da Realidade."

———

Durante uns momentos, Caeiro esteve silencioso. Depois accrescentou:

"O poema de agora em que me afastei mais de mim é aquelle que escrevi o mez passado, depois daquella conversa entre o Ricardo

Reis e o Antonio Mora sobre o paganismo e os deuses." (Referia-se ao poema ◊ dos "Inconjunctos")[4a] "Ouvi-os, e puz-me a imaginar como é que se imaginava uma religião. E lembrou-me que deveria ser assim. Por isso escrevi o poema, não como acto poetico mas como acto de imaginação... Sim, como se estivesse contando um conto a uma creança. Tinha que pôr lá o Principe... Eu tambem posso fazer contos de fadas — mas só uma vez, é claro..." "Ha um outro poema seu", disse eu, "que está um pouco nessas condições." E, como Caeiro olhasse a pergunta, "É aquelle em que v., fallando de um homem numa casa illuminada, a distancia, diz, quando deixa de ver o homem, que elle deixou de ser real". (Trata--se, como é de ver, do poema ◊ dos Inconjunctos)[5b] "Eu não digo que elle deixou de ser real: digo que elle deixou de ser real para mim. Não quero dizer que elle deixasse de ser visivel para quem esteja onde o veja. Deixou de ser visivel para mim. Pode até ter morrido."

"V. admitte, então, duas fórmas de realidade?"

"Muito mais do que duas", respondeu inesperadamente o meu mestre Caeiro. "V. bem vê... Aquella cadeira é cadeira e aquella cadeira é madeira, e aquella cadeira é a substancia de que a madeira é feita, e que não sei o que é na chimica, e aquella cadeira é talvez — é com certeza — muitas outras coisas mais. Mas é as todas. Se a vejo é principalmente cadeira;[6] se a toco é principalmente madeira, se a mordesse[7] e tomasse o sabor[8] da madeira, ella seria principalmente a composição da madeira. São como o lado direito e o esquerdo, e a frente e as costas de qualquer cousa. Todos os lados são reaes, cada um do seu lado. O homem que eu deixei de ver seria real, mas era de outro lado; como eu não estava d'esse lado, deixou de ser real para mim.[9]

a Possível referência ao poema "Eu também sei fazer conjecturas", dedicado a Ricardo Reis e publicado na revista *Presença*, n.º 31-32, Coimbra, Março-Junho de 1931, p. 10, sob o título "O Penúltimo Poema".
b Referência inequívoca ao poema "É noite. A noite é muito escura" (67-58ʳ).

Uma das conversas mais interessantes, em que entrou o meu mes-
tre Caeiro, foi aquella, em Lisboa, em que estavamos todos os do
grupo e por acaso de fallar se discutiu o conceito de Realidade.
Se não me engano[1] ao lembrar, essa parte da conversa começou
por uma observação lateral do F[ernando] P[essoa] a qualquer coisa
que se havia dito. A observação foi esta:[2] "No conceito de Ser não
cabem partes nem gradações; uma coisa é ou não é."
"Não sei se será bem assim", objectei eu.[3] "Ha que analysar esse
conceito de ser. Parece-me que elle é uma superstição metaphysica,
pelo menos até certo ponto…"
"Mas o conceito de Ser nem é susceptivel de analyse", respondeu
o F[ernando] P[essoa]. "A sua indivisibilidade começa ahi."
"O conceito não será", repliquei,[4] "mas o seu valor é." O F[ernando]
respondeu: "Mas o que é o 'valor' de um conceito independente-
mente do proprio conceito? Um conceito, isto é, uma idéa abstracta
não é susceptivel de mais nem menos, e portanto não é susceptivel
de valor, que é sempre uma questão de mais ou menos. Pode haver
valor no uso ou na applicação; mas esse valor é do uso ou da applica-
ção e não do conceito em si mesmo."[5]
Nisto interrompeu o meu mestre Caeiro, que estivera ouvindo
muito com os olhos esta discussão transpontina. "Onde não pode
haver mais nem menos não ha nada."
"Ora essa, porquê?" perguntou o F[ernando].
"Porque tudo quanto é real pode ser mais ou menos, e a não ser
o que é real nada pode existir."
"Dê um exemplo, ó Caeiro", disse eu.
"A chuva", respondeu o meu mestre. "A chuva é uma coisa real.
Porisso pode chover mais e pode chover menos. Se v. me disser:
'esta[6] chuva não pode ser mais e não pode ser menos',[7] eu respon-
derei, 'então[8] essa chuva não existe'. A não ser, é claro, que v. queira
dizer a chuva tal como é nesse momento: essa realmente é a que é e
se fôsse mais ou menos era outra. Mas eu quero dizer outra coisa…"

"Está bem, comprehendi perfeitamente", atalhei eu.

Antes que eu prosseguisse, para dizer não sei já o quê, o F[ernando] P[essoa] voltou-se para Caeiro: "Diga-me v. uma coisa" (e apontou com o cigarro): "como é que v. considera um sonho? Um sonho é real ou não?"

"Considero um sonho como considero uma sombra", respondeu Caeiro inesperadamente, com a sua costumada promptidão divina. "Uma sombra é real mas é menos real que uma pedra. Um sonho é real – senão não era sonho – mas[9] é menos real que uma coisa. Ser real é ser assim".

O F[ernando] P[essoa] tem a vantagem de viver mais nas idéas do que em si mesmo. Esqueceu-se não só de que estava argumentando, mas até da verdade ou falsidade do que ouvia: entusiasmaram-o as possibilidades metaphysicas d'esta theoria subita, independentemente da verdade ou falsidade d'ella. Estes esthetas são assim.[10]

"Isso é uma idéa admiravel! E é originalissima! Nunca me tinha occorrido" (E este "nunca me tinha occorrido"?, tam ingenuamente suggeridor da natural impossibilidade de occorrer a outrem qualquer coisa que não tivesse já occorrido a elle, Fernando?)...

"Nunca me tinha occorrido que se pudesse considerar a realidade como susceptivel de graus. Isso, de facto, equivale a considerar o Ser não como uma idéa propriamente abstracta mas como uma idéa numerica..."

"Isso é um bocado confuso para mim"[11] hesitou Caeiro "mas parece-me que sim,[12] que é isso. O que eu quero dizer é isto: ser real é haver outras coisas reaes, porque não se pode ser real sòsinho; e como ser real é ser uma coisa que não é essas outras coisas, é ser differente d'ellas; e como a realidade é uma coisa como o tamanho ou o peso – senão não havia realidade – e como todas as coisas são differentes, não ha coisas eguaes em realidade como não ha coisas eguaes em tamanho e em peso. Ha de haver sempre uma differença, embora seja muito pequena. Ser real é isto."

"Isso ainda é mais curioso!" exclamou o F[ernando] P[essoa]

"V. então considera a realidade como um attributo[13] das coisas; assim parece ser, visto que a compara ao tamanho e ao peso. Mas diga-me uma coisa: qual é a coisa de que a realidade é um attributo?[14] O que é que está por traz da realidade?"

"Por traz da realidade?" repetiu o meu mestre Caeiro. "Por traz da realidade não está nada. Tambem por traz do tamanho não está nada, e por traz do peso não está nada."

"Mas se uma coisa não tiver realidade não existe, e pode existir sem ter tamanho nem peso..."

"Não se fôr uma coisa que por natureza tenha tamanho e peso. Uma pedra não pode existir sem tamanho; uma pedra não pode existir sem peso. Mas uma pedra não é um tamanho[15] e uma pedra não é um peso. Tambem uma pedra não pode existir sem realidade, mas a pedra não é uma realidade."

"Está bem", respondeu o F[ernando], entre impaciente, apanhante de idéas incertas, e fugir-lhe-o-chão.[16] "Mas quando v. diz 'uma pedra tem realidade'[17] v. distingue pedra de realidade."

"Distingo: a pedra não é realidade, tem realidade. A pedra é só pedra."

"E o que quer isso dizer?"

"Não sei: está alli. Uma pedra é uma pedra e tem que ter realidade para ser pedra. Uma pedra é uma pedra e tem que ter peso para ser pedra. Um homem não é uma cara mas tem que ter cara para ser homem. Eu não sei porque isto é assim, nem sei mesmo se ha porquê para isto ou para qualquer coisa..."

"V. sabe, Caeiro", disse o F[ernando] reflectivamente: "v. está a elaborar uma philosophia um tanto ou quanto contraria ao que v. pensa e sente. V. está a fazer uma especie[18] de kantismo seu – creando uma pedra-noumenon, uma pedra-em-si... Eu explico, eu explico..." E passou a explicar a these kantiana e como o que Caeiro dissera se conformava mais ou menos com ella. Depois indicou a differença; ou o que, a seu ver, era a differença: "Para Kant esses attributos – peso, tamanho (não realidade) – são conceitos impostos á pedra-em-si pelos nossos sentidos, ou, melhor, pelo facto de que observamos. V. parece indicar que esses conceitos são tão coisas como a propria pedra-em-si. Ora isso é que torna a sua theoria difficil de comprehender, ao passo que a de Kant, verdadeira ou falsa, é perfeitamente comprehensivel."

O meu mestre Caeiro ouvira isto com a maior attenção. Uma ou outra vez piscou os olhos como para sacudir idéas como somnos. E, depois de pensar um bocado, respondeu:

"Eu não tenho theorias. Eu não tenho philosophia. Eu vejo mas não sei nada. Chamo a uma pedra uma pedra para a distinguir de uma flor ou de uma arvore, emfim[19] de tudo quanto não seja pedra. Ora cada pedra é differente de outra pedra, mas não é por não ser pedra: é por ter outro tamanho e outro peso e outra fórma e outra côr. E tambem por ser outra coisa. Chamo a uma pedra e a outra pedra ambas pedras porque são parecidas uma com a outra naquellas coisas que fazem a gente chamar pedra a uma pedra. Mas na verdade a gente devia dar a cada pedra um nome differente e proprio, como se faz aos homens; isso não se faz porque seria impossivel arranjar tanta palavra, mas não porque fôsse erro…"

O F[ernando] P[essoa] atalhou: "Diga-me uma coisa, para esclarecer tudo: v. admitte uma 'pedreidade', por assim dizer, assim como admitte um tamanho e um peso? Assim como v. diz "esta pedra é maior – isto é, tem mais tamanho – que aquella, ou "esta pedra tem mais peso que aquella", dirá v. tambem "esta pedra é mais pedra do que aquella"? ou, em outras palavras, "esta pedra tem mais pedreidade que aquella?"

"Sim, senhor" respondeu logo o meu mestre. "Eu estou prompto a dizer, 'esta pedra é mais pedra que aquella'. E estou prompto a dizer isto se ella fôr maior que a outra, ou tiver mais peso, porque o tamanho e o peso são necessarios a uma pedra para ella ser pedra…

ou, principalmente, se ella tiver mais completamente que outra todos os attributos, como, v. lhes chama, que uma pedra tem que ter para ser pedra."[20] "E o que chama v. a uma pedra que v. vê em sonho?"[21] e o F[ernando] sorriu.

"Chamo-lhe um sonho", disse o meu mestre Caeiro. "Chamo-lhe um sonho de uma pedra".

"Comprehendo" e o F[ernando] acenou. "V. — como se diria philosophicamente — não distingue a substancia dos attributos. Uma pedra é uma coisa composta de um certo numero de attributos — os necessarios para compôr[22] aquillo a que se chama uma pedra — e de uma certa quantidade de cada attributo, que é o que dá á[23] pedra determinado tamanho, determinada dureza, determinado peso, determinada côr, que a distinguem de outra pedra, sendo comtudo ambas ellas pedras porque teem os mesmos attributos, embora em quantidade differente.[24] Ora isto equivale a negar a existencia real da pedra: a pedra passa a ser simplesmente uma somma de coisas reaes..."

"Mas uma somma real! É a somma de um peso real e de um tamanho[25] real e de uma côr real e assim por deante. E porisso é que a pedra, além do tamanho, do peso, etc., tem realidade tambem... Não tem realidade como pedra: tem realidade porque é uma somma de attributos, como v. lhes chama, todos reaes. Como cada attributo tem realidade, a pedra tem-a tambem."[26]

"Voltemos ao sonho", disse o F[ernando]. "V. a uma pedra que vê em sonho chama um sonho, ou, quando muito, um sonho de uma pedra. Porque diz v. 'de uma pedra'?[27] Porque emprega a palavra 'pedra'?"[28]

"Pela mesma razão que v., quando vê o meu retrato, diz 'isto é o Caeiro'[29] e não quer dizer que seja eu em carne e osso".

Desatámos todos a rir. "Comprehendo e desisto"[30], disse o Fernando a rir comnosco. *Les dieux sont ceux qui ne doutent jamais.*[31] Nunca[32] comprehendi tão bem a phrase de Villiers de l'Isle Adam.

Esta conversa ficou-me gravada na alma; creio que a reproduzi com uma nitidez que não está longe de tachygraphica, salvo a tachygraphia. Tenho a memoria intensa e clara que é um dos characteristicos de certos typos de loucura. E esta conversa teve um grande resultado. Está claro que foi inconsequente como todas as conversas, e que seria facil provar que, perante uma logica[33] rigorosa, só quem não fallou se não contradisse. Nas affirmações e respostas, interessantes como sempre, do meu mestre Caeiro pode um espirito philosophico encontrar reflexos do que na verdade seriam systemas differentes. Mas, ao conceder isto, não creio nisto. Caeiro devia estar certo e ter razão, ainda nos pontos em que a não tivesse.

De resto, esta conversa teve um grande resultado. Foi nella que o Antonio Mora bebeu a inspiração para um dos capitulos mais assombrosos dos seus *Prolegomenos* – o capitulo sobre a idéa de Realidade. Em todo o decurso da conversa, foi o Antonio Mora o unico que não disse nada. Limitou-se a ouvir com os olhos parados para dentro as idéas que se tinham estado a dizer. As idéas do meu mestre Caeiro, expostas nesta conversa com o atabalhoamento intellectual do instincto, e, portanto de um modo forçosamente impreciso e contradictorio,[34] foram convertidas, nos *Prolegomenos*, num systema coherente e logico.[35]

Não pretendo diminuir o valor realissimo de Antonio Mora. Mas, assim como a base de todo o seu systema philosophico nasceu, segundo elle mesmo o diz com orgulho abstracto, da simples phrase de Caeiro, "A Natureza é partes sem um todo", assim uma parte d'esse systema – o maravilhoso conceito da Realidade como "dimensão", e o conceito derivado de "graus de realidade" – nasceu precisamente d'esta conversa. O seu a seu dono, e tudo ao meu mestre Caeiro.

PROSA

ANEXOS

Finalmente, incluímos alguns textos que também podem ser relevantes para ler Alberto Caeiro. O primeiro é datável de 1913, quando Fernando Pessoa chamou a Jaime Cortesão – em carta de 22 de Janeiro – "o primeiro dos poetas da novíssima geração" e lhe disse que era peculiar a esses poetas todos o sentimento da Natureza, sentimento "em que tomaram (sem o saber, é claro) o facho das mãos de Tennyson, mais alumiando-o, até a chama ser outra, de maior, na alma altíssima da nossa Raça" (Pessoa, 1999, p. 72). São vários os textos em que Pessoa se refere, entre 1912 e 1913, ao sentimento da Natureza como característico da geração que começa a escrever só no século xx, depois de ter afirmado que "a Renascença não tem o sentimento da Natureza" (na réplica a Adolfo Coelho; cf. Portugal, 1915, p. 10). As reflexões sobre a nova poesia portuguesa terão marcado a génese de Alberto Caeiro enquanto poeta da Natureza. O segundo texto, de cerca de 6 de Janeiro de 1930, é um rascunho de carta para Aleister Crowley, a quem Pessoa disse, nessa data, que talvez viajasse a Inglaterra no fim de Fevereiro. Os últimos quatro textos pertencem a tentativas de Pessoa de reunir e prefaciar o conjunto das suas obras heterónimas.

O Sentimento da Natureza.

O Sentimento da Natureza é a noção de que as cousas teem vida.

Graus[1] d'esse sentimento:

1: A vida é *emprestada* ás cousas; é-lhes dada de fóra. Isto é antigo como o mundo. Não ha[2] a noção *directa* de que as cousas *vivem*; ha-a de que as cousas vivem em relação a certos estados de alma nossos. Quando Camões falla nos "*saudosos* campos do Mondego" não quere de modo nenhum dizer que os campos são gente, que sentem saudades. O seu sentimento d'elles leva-o a attribuir-lhes essa[3] saudade. Como[4] uma physionomia de certo aspecto abatido trahe tristeza, certo estado ◊ dos campos por analogia — casando-se, mais, com o estado de alma do poeta — é dado[5] como triste tambem. A expressão banal "um dia *alegre*", "um dia *triste*" pertencem a esta categoria infima de sentimento da Natureza. *É simplesmente o emprestar-lhes ou o sentimento que temos* (é o caso banal dos poetas dizerem que a formosura parece viva, o sol triste, etc. na ausencia da sua amada), *ou*[6] *o sentimento que, por analogia com os nossos estados physionomicos, parecem ter, ou*[7] *o sentimento que temos ante elles — como o chamar a um dia um dia triste quere dizer que é um dia que nos faz tristes a nós.* Em qualquér dos 3 casos não ha senão *emprestar* vida e alma ás cousas.

Este é o basilar sentimento da Natureza, simples e antigo. Toda a metaphora banal a respeito das cousas tem este sentido. Dizer que o dia é alegre ou triste, que uma voz é alegre ou triste, que um rio corre soluçando — é isto.

O phenomeno mythologico de attribuir a um rio[8] uma nympha ◊ — no seu limite, o symbolismo o rio por uma nympha é o requinte d'esta ordem de sentimento da Natureza. É, como se está vendo, o secular sentimento da Natureza, que, 1°, nos gregos toma fórma nitida e, como já vimos — no caso da nympha ◊ — fórma requintada. Na literatura Greco-romana attinge portanto o maximo grau inferior do Sentimento da Natureza.

O grego — é de concluir, portanto — não sentia a Natureza. É certo; sentia-a atravez do homem. O grego tinha só o sentimento do Homem.

(O grego[9] – gloriosa creança – vivia nas sensações; porisso era um nitido, visto que as sensações são, de sua natureza, nitidas, visto que são sensações. Tinha a noção da fórma ◊[10] Raciocinio) (Sentia as sensações no que tinham de *exterior*, de nitido portanto.) Mas ha ainda um terceiro grau – o mais alto – d'este modo de sentir a Natureza. De attribuir vida ás cousas, cria-se-lhes uma figura viva (nympha, genio) representativo d'ellas. Finalmente, sentindo intensamente, fundem-se as duas cousas e ficam as cousas vivas com uma vida como que humana, mas ao mesmo tempo ainda como[11] exterior a ellas. São humanisadas e por isso concebidas como sentindo.[12]

Cf. Comtesse Mathieu[13] de Noailles: les choses

Sont pour moi de douces personnes.[a]

Porisso todo o que sente assim a Natureza ama o paganismo; com effeito, por mais que não seja pagão[14], sempre o é um pouco no seu modo de sentir as cousas. É este, de resto, e como já dissemos, o modo mais simples de sentir a Natureza (e cahir n'elle marca um *regresso*, um retrocesso).[15]

---

2. O segundo modo de *animar* as cousas é attribuindo-lhes uma vida exterior mas *não emprestada por nós*, dada do outro lado das cousas, d'aquelle que nós não vemos.

Como o outro, e mais simples, sentimento da Natureza, tem este trez formas.

A primeira – a mais simples e a basilar – é a de considerar as cousas como animadas por uma vida *divina*, como commovidamente creações de Deus. Este sentimento appareceu primeiro, nitidamente, com S. Francisco de Assis. (Existia já, um tanto, e informemente, na poesia da India (?), mas ahi é toda interior, toda tacteante, toda vaga e incerta, e sem aquelle cunho nitido e patente que torna lucido[16] o que queremos explicar quando vamos vêr o exemplo em S. Francisco de Assis.) O valor das cousas é divino para S. Francisco... (As flores nos gregos e romanos, e em Shakespeare e mesmo Milton[17] = comparar)[a]

N'um grau mais alto de espiritualisação, as cousas tornam-se symbolos do Além, como que emissarios divinos mandados á nossa ignorancia.

Finalmente, no ultimo grau, funde-se o facto de as cousas serem symbolos com o que symbolisam –

S. Francisco sentia-se ligado ás cousas por mais alguma cousa do que por as sensações[18]. Estava unido a ellas de mais de dentro[19]. Toda a face do mundo [se] tinha alterado para elle. (Devia ter simultaneamente alterado a attitude da alma popular que um homem d'esses representava; tinha – a alma europea[20] tinha-se tornado christã.)[21]

Anexo 21 *A[leister] C[rowley]*
[c. 6-1-1930]

The creation of Caeiro and of the discipleship of Reis and Campos seems, at first sight, an elaborate joke of the imagination. But it is not. It [is] a great act of intellectual magic, a magnum opus of the impersonal creative power.

---

a Confronte-se o seguinte apontamento solto: *"Sent[imen]to da Natureza* | Verg[ilio] Georg[ics] IV. 116 sq. | Cf. Shakespeare, Milton (Lycidas)" (40-25[r]).

For several reasons, purely material and of no interest at all, either in absolute or relatively to the present letter, January and February (or, at least, the greater part of February) will be unpropitious months for [what] I may call an exact stay in Lisbon[1]. But March will in every way be an excellent month. In March I can give time[2], both material and mental, to something, like your presence, really worthy of such Time.[3]

There is, however, a vague possibility of my having to go to France or even to England by that time or perhaps in February *still. If so I shall let you know in advance, & it will facilitate our meeting.

Interview in[4] "Revista Portugueza" — especially the end.[a]

I need all the concentration I can have for the preparation of what may be called, figuratively, as an act of intellectual magic — that is to say, for the preparation of a literary creation in a, so to speak, fourth dimension of the mind.[b]

A[leister] C[rowley] [TRAD.]

A criação de Caeiro e do discipulado de Reis e Campos parece, à primeira vista, um elaborado jogo da imaginação. Mas não é. É um grande acto de magia intelectual, um magnum opus *do poder criador impessoal.*

a   No final dessa entrevista de 1923, Pessoa refere-se ao "Paganismo Superior" e ao "Politeísmo Supremo".

b   Referência ao conjunto das obras heterónimas e aos diversos "diálogos em família" entre os heterónimos. Veja-se este apontamento inédito em que Crowley também aparece: "O que são os graus mysticos, magicos e alchimicos? O que é o sub-grau de Senhor do Limiar? (A confusão psychica em Cagliostro, Blavatsky, Crowley, é isso?) É o uso da magia uma tentação a evitar? ou uma força? Caeiro é um acto magico? E outros assim? A creação artistica (ou philosophica) é um acto alchimico (ou magico?)" (53-99').

Por razões diversas, puramente materiais e sem qualquer interesse, tanto em absoluto como no que respeita à presente carta, Janeiro e Fevereiro (ou, pelo menos, a maior parte de Fevereiro) serão meses pouco propícios para o que poderia chamar uma estada exata em Lisboa. Março, porém, será em todos os aspectos um excelente mês. Em Março posso conceder tempo, material e mental, para algo realmente merecedor desse Tempo, como a sua presença.

Há, no entanto, uma vaga possibilidade de ter de me deslocar a França ou até mesmo a Inglaterra por essa altura ou talvez *ainda em Fevereiro. Nesse caso, avisá-lo-ia antecipadamente, e tal facilitará o nosso encontro.

Entrevista na "Revista Portugueza" – especialmente o final.

Preciso de toda a concentração possível para a preparação do que pode designar-se, figurativamente, um acto de magia intelectual – ou seja, para a preparação de uma criação literária numa quarta dimensão da mente, por assim dizer.

Anexo 22 ASPECTOS
[c. 1918]

Prefacio geral.
1. Alberto Caeiro (1889-1915) – "O Guardador de Rebanhos" e outros poemas e fragmentos.
2. Ricardo Reis: "Odes".
3. Antonio Mora: "Alberto Caeiro e a renovação do paganismo".
4. Alvaro de Campos: "Arco do Triumpho", Poemas.
5. Vicente Guedes: "Livro do Desasocego".[1]

A attitude, que deveis tomar para com estes livros publicados, é a de quem não tivesse lido[2] esta explicação, e os houvesse lido, tendo-os comprado, um a um, de cima das mesas de uma livraria. Outra não deve ser a condição mental de quem lê. Quando lêdes "Hamlet", não começaes por estabelecer bem no vosso espirito que aquelle enredo nunca foi real. Envenenarieis com isso o vosso proprio prazer, que nessa leitura buscaes. Quem lê deixa de viver. Fazei agora porque o façaes. Deixae de viver[3], e lêde. O que é a vida?

Mas aqui, mais intensamente que no caso da obra dramatica de um poeta, tendes que contar com o relevo real do author supposto. Não vos assiste o direito de acreditar na minha explicação. Deveis suppor, logo ella lida, que menti; que ides ler obras de diversos poetas, ou de escriptores diversos, e que atravez d'ellas podeis colher emoções, ou ensinamentos, d'elles, em que eu, salvo como publicador, não estou nem collabóro. Quem vos diz que esta attitude não seja[4], no fim, a mais justamente conforme com a ignorada realidade das cousas?

Na minha obra pessoal cousas haverá que mostrem similhança com o que ha nestas obras. Não vos admireis. São legitimas influencias litterarias – ou minhas nelles, ou d'elles em mim. Não ha similhança ou coexistencia de personalidades.

Cada personalidade d'essas – reparae – é perfeitamente uma comsigo propria, e, onde ha uma obra disposta chronologicamente, como em Caeiro e Alvaro de Campos, a evolução da pessoa moral e intellectual do author é perfeitamente definida.

Vêde como isto se dá em Caeiro. Da limpidez primitiva (que nunca, eu, logrei comprehender ou sentir) da impressão nativa, a evolução é directa, a dentro de "O G[uardador] de R[ebanhos]", para a aprofundação philosophica. O pequeno episodio – expressivo de qualquer realidade do author, que ignoro – de "O P[astor] Amoroso" intervem e differencia. Depois, com a vinda da doença, a perfeita lucilação imaginativa ou sensivel se apaga, e temos, nos poemas fragmentarios finaes do livro, em certo ponto ainda a continuação do aprofundamento, pela evolução do espirito[5] do poeta, em outros ponctos uma turbação da obra, pela doença final, real como as minhas mãos, a que, com magua minha que chorei em lagrimas, o grande poeta succumbiu. Finjo? Não finjo. Se quizesse fingir, para que escreveria isto?

Estas cousas passaram-se, garanto; onde se passaram não sei, mas foi tanto quanto neste mundo qualquer cousa se passa, em casas reaes, cujas janellas abrem sobre paisagens realmente visiveis. Nunca lá estive – mas acaso sou eu quem escreve?

Na vossa vida practica, cheia de cousas impossiveis, e que nunca podiam ter acontecido; na vossa vida de sentimento, domestica ou propria, cheia de cousas de emoção que nunca se sentiram neste mundo, ha acaso realidades tão presentes como estas, que talvez julgaes indefinitivas? Ah, as sombras sois vós e as vossas sensações. A realidade, sendo verdadeira, é assim como m'a escreveram estes, e como estes, que a escreveram, foram.

Não me digaes que sou medium de espiritos extranhos á terra. Com a terra me quero, e com o seu ambito azul. O horizonte inclue quanto eu incluo; o resto são os maus sonhos que cada um tem a sós comsigo.

Prefacio ás F[icções] do I[nterludio] [a]

Referem os astrologos os effeitos em[1] todas as coisas á opera-
ção de quatro elementos[2] – o fogo, a agua, o ar e a terra. Com este
sentido poderemos comprehender a operação das influencias. Uns
agem sobre os homens como a terra, soterrando-os e abolindo-os,
e esses são os mandantes do mundo. Uns agem sobre os homens
como o ar, involvendo-os e escondendo-os uns dos outros, e esses
são os mandantes do além-mundo. Uns agem sobre os homens
como agua, que os ensopa e converte em sua mesma substancia,
e esses são os ideologos e os philosophos, que dispersam[3] pelos
outros as energias da propria alma. Uns agem sobre os homens
como o fogo, que queima nelles todo o accidental, e os deixa nús
e reaes, proprios e veridicos, e esses são os libertadores. Caeiro é
d'essa raça. Caeiro teve essa força. Que importa que Caeiro seja de
mim, se assim é Caeiro?

Assim, operando sobre Reis, que ainda não havia escripto alguma
cousa, fez nascer nelle uma fórma propria e uma pessoa esthetica.
Assim, operando sobre Campos, o alargou dentro de si, como se lhe
quebrasse diques. Assim, operando sobre mim mesmo, me livrou
de sombras e farrapos, me deu mais inspiração á inspiração e mais
alma á alma. Depois d'isto, assim prodigiosamente conseguido,
quem perguntará se Caeiro existiu?

Centro não só da minha alma, mas da alma do velho mundo res-
surecto.

a   "Ficções do Interlúdio" é o título de um conjunto de poemas ("Plenilúnio", "Saudade Dada",
"Pierrot bêbado", "Minuete invisível" e "Hiemal") publicado na revista *Portugal Futurista*, em 1917.
Pessoa também imaginou que esse fosse o título geral das obras heterónimas e escreveu várias
páginas para a introdução. Veja-se, em *Obras Completas de Álvaro de Campos*, um esquema das "Fic-
ções do Interlúdio" dividido em cinco capítulos: "1. Introducção Geral. [...] Poemas Completos de
Alberto Caeiro [...] Notas para a recordação do meu mestre Caeiro [...] 2. Ricardo Reis, "Odes" [...]
Alvaro de Campos, "Poemas antes de Acordar" [...] 3. Alvaro de Campos, "Arco de Triumpho" [...]
4. Congresso [...] 5. Alvaro de Campos, "Accesorios"" (Pessoa, 2014, p. 576).

Nestes desdobramentos de personalidade, ou, antes, invenções
de personalidades differentes, ha dois graus ou typos, que estarão
revelados ao leitor, se os seguiu, por characteristicas distinctivas.
No primeiro grau, a personalidade distingue-se por idéas[1] e senti-
mentos proprios, distinctos dos meus, assim como, em mais baixo
nivel d'esse grau, se distingue por idéas[2], postas em raciocinio ou
argumento, que não são minhas, ou, se o são, o não conheço. *O Ban-
queiro Anarchista*[3] é um exemplo d'este grau inferior; o *Livro do Desa-
socego*[4] e a personagem Bernardo Soares são o grau superior.

Ha o leitor de reparar que, embora eu publique (publicasse) o
Livro do Desasocego como sendo de um tal Bernardo Soares, ajudante
de guarda-livros na cidade de Lisboa, o não incluí todavia nes-
tas *Ficções do Interludio*[5]. É que Bernardo Soares, distinguindo-se
de mim por suas idéas, seus sentimentos, seus modos de ver e de
comprehender, não se distingue de mim pelo estylo de expôr. Dou
a personalidade differente atravez do estylo que me é natural, não
havendo mais que a distincção inevitavel do tom especial que a pro-
pria especialidade das emoções necessariamente projecta.

Nos authores das *Ficções do Interludio* não são só as idéas e os sen-
timentos que se distinguem dos meus: a mesma technica da compo-
sição, o mesmo estylo, é differente do meu. Ahi cada personagem
é creada integralmente differente, e não apenas differentemente
pensada[6]. Por isso nas *Ficções do Interludio* predomina o verso. Em
prosa é mais difficil de se outrar.

Dividiu Aristoteles a poesia em lyrica, elegiaca, epica e dramatica. Como todas as classificações bem pensadas, é esta util e clara; como todas as classificações, é falsa. Os generos não se separam com tanta facilidade intima, e, se analysarmos bem aquillo de que se compõem, verificaremos que da poesia lyrica à dramatica ha uma gradação continua. Com effeito, e indo às mesmas origens da poesia dramatica – Eschylo, por exemplo –, será mais certo dizer que encontramos poesia lyrica posta na bocca de diversos personagens.[a]

O primeiro grau da poesia lyrica é aquelle em que o poeta, concentrado no seu sentimento, exprime esse sentimento. Se elle, porém, fôr uma creatura de sentimentos variaveis e varios, exprimirá como que uma multiplicidade de personagens[1], unificadas sòmente pelo estylo[2]. Um passo mais, na escala poetica, e temos[3] o poeta que é uma creatura de sentimentos varios e ficticios, mais imaginativo do que sentimental, e vivendo cada estado de alma antes[4] pela intelligencia que pela emoção. Este poeta exprimir-se-ha como uma multiplicidade de personagens, unificadas, não já pelo temperamento e o estylo, pois que o temperamento está substituido pela imaginação, e o sentimento pela intelligencia, mas tamsòmente pelo simples estylo. Outro passo, na mesma escala de despersonalização, ou seja de imaginação, e temos o poeta que em cada um dos seus estados mentaes varios se integra de tal modo nelle que de todo se despersonaliza, de sorte que, vivendo analyticamente esse estado da alma, faz d'elle como que a expressão de um outro personagem, e, sendo assim, o mesmo estylo tende a variar. Dê-se o passo final, e teremos um poeta que seja varios poetas, um

---

a   No exemplar de *The Lyrical Dramas of Æschylus* (1906; reimpressão de Agosto de 1917), que se encontra na Biblioteca Particular de Fernando Pessoa (cota 8-176), o tradutor, John Stuart Blackie, refere-se a Aristóteles e defende "how essentially the lyrical element predominates in their construction [in the construction of the Æschylean pieces]"; cf. a página 17 e a secção "On the genius and character of the Greek tragedy".

poeta dramatico escrevendo em poesia lyrica. Cada grupo de estados de alma mais approximados insensivelmente se tornará uma personagem, com estylo proprio, com sentimentos porventura differentes, até oppostos, aos typicos do poeta na sua pessoa viva. E assim se terá levado a poesia lyrica – ou qualquer fórma literaria analoga em sua substancia à poesia lyrica – até à poesia dramatica, sem, todavia, se lhe dar a fórma do drama, nem explicita nem implicitamente.

Supponhamos que um supremo despersonalizado, como Shakespeare, em vez de crear o personagem Hamlet como parte de um drama, o creava como simples personagem, sem drama. Teria escripto, por assim dizer, um drama de uma só personagem, um monologo prolongado e analytico. Não seria legitimo ir buscar a esse personagem uma definição dos sentimentos e dos pensamentos de Shakespeare, a não ser que o personagem fôsse falhado, porque o mau dramaturgo é o que se revela.

Por qualquer motivo temperamental que me não proponho analysar, nem importa que analyse, construi dentro de mim varias personagens distinctas entre si e de mim, personagens essas a que attribui poemas varios que não são como eu, nos meus sentimentos e idéas, os escreveria.

Assim tem estes poemas de Caeiro, os de Ricardo Reis e os de Alvaro de Campos que ser considerados. Não ha que buscar em quaesquer d'elles idéas ou sentimentos meus, pois muitos d'elles exprimem idéas que não acceito, sentimentos que nunca tive. Ha simplesmente que os ler como estão, que é aliás como se deve ler. Um exemplo: escrevi com sobressalto e repugnancia o poema oitavo do Guardador de Rebanhos, com a sua blasphemia infantil e o seu anti-espiritualismo absoluto. Na minha pessoa propria, e apparentemente real, com que vivo social e objectivamente, nem uso da blasphemia, nem sou anti-espiritualista. Alberto Caeiro, porém, como eu o concebi, é assim: assim tem pois elle que escrever, quer eu queira quer não, quer eu pense como elle ou não. Negar-me o

direito de fazer isto seria o mesmo que negar a Shakespeare o direito
de dar expressão à alma de Lady Macbeth, com o fundamento de que
elle, poeta, nem era mulher, nem, que se saiba, hystero-epileptico,
ou de lhe attribuir uma tendencia hallucinatoria e uma ambição que
não recúa perante o crime. Se assim é das personagens ficticias[5]
de um drama, é egualmente licito das personagens ficticias sem
drama, poisque é licito porque ellas são ficticias e não porque estão
num drama.
Parece excusado explicar uma coisa de si tam simples e intuiti-
vamente comprehensivel. Succede, porém, que a estupidez humana
é grande, e a bondade humana não é notavel.

FICÇÕES DO INTERLUDIO: "PUBLISH IN 1933" (133F-28ᵛ)

NOTAS

Registam-se aqui as variações de cada texto a partir dos originais do espólio de Fernando Pessoa (Biblioteca Nacional de Portugal/Espólio n.º 3; BNP/E3). Nas notas podem ocorrer os símbolos seguintes, também utilizados na edição crítica das obras do autor:

◊   espaço deixado em branco pelo autor
*   leitura conjecturada
†   palavra ilegível
//   passagem dubitada pelo autor
<>   segmento autógrafo riscado
<>/\   substituição por superposição
<>[↑]   substituição por riscado e acrescento
[↑]   acrescento na entrelinha superior
[↓]   acrescento na entrelinha inferior
[→]   acrescento na margem direita
[←]   acrescento na margem esquerda

Nesta secção, as palavras dos editores figuram em tipo itálico.

[67-38ᵛ e 38aʲ] [67-2ʳ a 5ʲ] [145-1ʳ a 3ʲ] [Athena 4]
[Anexo 67-1ʲ] [Anexo 65-60ʲ]

Poema publicado na revista Athena, n.º 4,
1925, pp. 145-146. Em 1925, 23 poemas do ciclo
O Guardador de Rebanhos foram publicados
na revista dirigida por Fernando Pessoa e Ruy
Vaz, sob o título "Escolha de Poemas de Alberto
Caeiro | (1889-1915) || De 'O Guardador de
Rebanhos' | (1911-1912)". Existem intervenções
manuscritas no exemplar da Athena que
Pessoa conservou na sua biblioteca; consulte-
-se, na página web da Biblioteca Digital da
Casa Fernando Pessoa, o livro que recebeu
a cota o-28MN. (O exemplar anotado por
Pessoa da revista Athena não faz hoje parte
dos livros à guarda da Casa Fernando Pessoa.
Estava na posse de Manuela Nogueira,
sobrinha-herdeira de Pessoa, no momento
da digitalização em Abril de 2008, mas foi
leiloado a 13 de Novembro desse ano pela
soma de 1600 euros; cf. The Fernando Pessoa
Auction, 2008, item 60.) Do primeiro poema
de O Guardador existem quatro testemunhos
longos e dois mais curtos: A (67-38ᵛ e 38aʳ), B
(67-2ʳ a 5ʲ), Cad (145) e Ath (Athena 4), são
os mais longos; C (67-1ʳ) e D (65-60ʳ), os mais
curtos. É interessante notar que em A — um
bifólio pautado de grandes dimensões — figura
a data mais antiga que se conhece do ciclo de
poemas caeirianos: o dia 4 de Março de 1914
(cf. 67-38aᵛ). Esta data seria extensível aos
poemas XVI, XIX, XXXV e XXXIX, de que existe
um testemunho no mesmo bifólio. Para a

descrição material dos suportes de escrita,
vejam-se a página web da Biblioteca Nacional
de Portugal dedicada a Alberto Caeiro (http://
purl.pt/1000/1/alberto-caeiro/index.html) e
o volume Poemas de Alberto Caeiro (2015),
editado por Ivo Castro.

NOTAS

2   **ABCad** guardasse... **Ath** guardasse.]
    na versão impressa desaparecem quase
    todas as reticências.

3   **A** Minha alma é como um pastor
    B Minh' alma é como um pastor,
    Cad <Minh' alma> [↑ <Meu ser>]
    [→ <Minha alma> <††>] [← <Minha
    vida> ↑ Minha alma] **Ath** Minha alma é
    como um pastor

4   **AB** Pertence ao **Cad** /Pertence/[↑ *Vive
    com] [← Conhece] ao [↑ o] vento e ao
    [↑ o] sol **Ath** Conhece o vento e o sol

5   **ABCadAth** E anda pela mão das
    Estações] em 65-60ʳ existe uma
    variante: Vive lá fora com as estações,

6   **AB** A correr e a brincar... **Cad** A correr
    e a brincar [↑ variar.] [→ acompanhar
    ↓ seguir] [← A seguir e a olhar.] **Ath** A
    seguir e a olhar.] em 65-60ʳ existe uma
    variante: A ficar [↑ passar] e a olhar.

7   **A** sem o homem [↑ gente] **BCadAth** sem
    gente

8   **ABCad** lado... **Ath** lado.

9   **A** Mas eu fiquei triste como um pôr de
    sol **B** Mas eu fico triste como um pôr de
    sol **Cad** [← <Mas eu fico>] <Mas eu fico>
    <t>/T\riste como [↓ o que] um pôr

de sol [→ parece ser] [↑ Mas eu fico
triste, por isso e por cousa nenhuma]
[↑ Triste como um pôr de sol para
quem não olha.] [↑ Como um por de
sol para nos] [↑ Como um pôr de sol
para a nossa imaginação] Ath Mas eu
fico triste como um pôr de sol
10 AB *não consta destes testemunhos.*
Cad *unido e depois separado do nono
verso* Ath Para a nossa imaginação,
11 A Quando acontece ao fundo do
oceano B Quando acontece ao fundo
do oceano, Cad Quando acontece ao
fundo do[↑a] oceano [↑ planicie], C
Quando acontece ao fundo da planicie,
Ath Quando esfria no fundo [← chão]
da planicie [→ Quando os olhos o veem
ao fundo {↑ se vê acabar lá ao longe}
(da planicie)] *as últimas palavras, "da
planicie", encontram-se entre parênteses
curvos, indicando hesitação do autor;
optamos por não as inserir.*
12 AB E se sente a noite entrar Cad E se
sente a noite entrar [↑ ter entrado]
[→ que a noite já entrou] [← Quando se
sente a noite entrada] Ath E se sente a
noite [→ já] entrada
13 A Como uma borboleta pela janella...
B Como uma borboleta pela janella.
Cad Como uma borboleta pela janella.
[↓ invisivel (que se não viu entrar)
↓ que entrou sem se vêr] [← Sem se ter
visto que é {↑ era} ella.] Ath Como uma
borboleta pela janella. [→ dentro de
casa.] [→ com a janella aberta.]
9-13 *Segue a transcrição de uma folha
solta, 65-60ʳ, em que Pessoa ponderou
outros versos.*

Mas eu fico triste, como um pôr do sol
Para a nossa imaginação
Ou como um quarto onde já é noite
<Se pens> <que> [↑ Sem que] se desse
por ella chegar.

Para a nossa imaginação
Quando <acont> [↑ acaba] ao fundo da
planicie
E no quarto onde estamos [↑ por traz
de nós] é quasi noite
Sem que se soubesse como,
Quando nos voltamos para traz. [↓ met-
temos {↓ voltamos} para dentro.]

Vive lá fóra com as estações,
A ficar [↑ passar] e a olhar.

Mal a diligencia assoma onde desce a
estrada
14 A Mas a m/ tristeza é alegre B Mas a
minha tristeza é alegre Cad Mas a minha
tristeza é alegre [↑ socego] Ath Mas a
minha tristeza é alegre [↑ socego]
1-15 *Segue a transcrição de uma
outra folha solta, 67-1ʳ. Os versos
estão encimados pelo número um em
numeração romana, "I".*

Eu nunca guardei rebanhos,
Mas é como se os guardasse.
<Quem sou> [↑ Minh' alma] é como
um pastor,
Pertence ao vento e ao sol,
E anda pela mão das Estações
A correr e a brincar. (A correr como
ellas correm.)
Toda a paz da Natureza sem gente
Vem sentar-se a meu lado;
Mas eu fico triste, por isso e por coisa
nenhuma,
Como um pôr do sol para a nossa
imaginação,
Quando acontece ao fundo da planicie,
E [↑ se] sente que a noite chegou sem
se ver
Como uma borboleta que <entrou> se
ouve em [↓ já dentro de] casa.

Mas a minha tristeza é alegre
Porque é natural e justa,

Mas eu fico triste, como um pôr do sol
Para a nossa imaginação
Quando acontece [↑ dura ↑ fica] no
fundo da planicie
E se sente que a noite [↑ já] entrou
Como uma borboleta pela janella
[↑ que se não viu.]

E se sente a noite entrada
Sem se ter dado por [↓ visto que é] ella.

16 **ABCad** ter a alma **Ath** estar na alma
17 **A** Quando nem dá por si [↑ pensa que
existe] **B** Quando nem pensa que existe
Cad Quando <nem> [↑ só] [↓ <nem>
↓ <mal>] [↑ já] pensa que existe
Ath Quando já pensa que existe
18 **A** E colhe [↑ as mãos colhem] flores
sem [↑ ella] dar por isso... **B** E as
mãos colhem flôres sem ella dar por
isso... **Cad** E [↓ se] as mãos colhem
flores sem ella dar por isso... [↓ <e
ella não da por isso>] **Ath** E as mãos
colhem flores sem ella dar por isso.]
"flores" nunca está acentuado em **Ath**;
*por vezes, não sempre, em testemunhos
manuscritos e dactilografados ("flôr" e
"flôres").*
21 **AB** são innocentes... **Cad** são
<innocentes> [↑ contentes], **Ath** são
contentes.
22 **A** são innocentes **B** são innocentes,
Cad são <innocentes> [↑ contentes],
Ath são contentes,
23 **A** Porque se **BCadAth** Porque, se
24 **A** innocentes e tristes, **B** innocentes e
tristes **Cad** innocentes [↑ contentes] e
tristes [↑ < semi(↑ meio)-alegres>],
Ath contentes e tristes,
25 **AB** Seriam alegres e innocentes...
Cad Seriam allegres e <innocentes>

[↑ contentes]... **Ath** Seriam alegres e
contentes.
26 **ABCad** incommoda **Ath** incommóda
27 **ABCad** mais... **Ath** mais.
28 **ABCad** desejos... **Ath** desejos.
29 **A** minha **BCadAth** minha.
30 **A** de olhar para a m/ sombra... **B** de
olhar para a minha sombra... **Cad**
de <olhar para a minha sombra...>
[↑ <estar ao pé de mim.>] [↓ estar
sòsinho.] **Ath** de estar sòsinho.]
*"sòsinho" tem acento grave, mas há casos
em que surge com acento agudo (em
XXXIV, 2, por exemplo).*
31 **AB** ás vezes **Cad** ás vezes[←,] **Ath** ás vezes,
32 **AB** Ser arvore ou ser cordeirinho
Cad Ser arvore ou [↑ Imaginar]
[← Por imaginar,] ser cordeirinho
Ath Por imaginar, ser cordeirinho
36 **A** É só porque escrevo ao pôr do sol **B** É
só porque escrevo ao pôr do sol, **Cad** É
só porque escrevo [↑ penso {↑ sinto}
nos versos] [← sinto o que escrevo]
ao pôr-do-sol, **Ath** É só porque sinto o
que escrevo ao pôr do sol,
38 **ABCad** fóra... **Ath** fóra.
40 **ABCad** passeando nos caminhos
Ath passeando pelos caminhos
41 **ABCad** n'um papel que está dentro do
meu pensamento, **Ath** num papel que
está no meu pensamento,
43 **AB** vejo o recorte de mim **Cad** vejo o
[↑ um] recorte de mim **Ath** vejo um
recorte [← outro] de mim
44 **A** outeiro **BCadAth** outeiro,
45 **A** para o rebanho e vendo as m/ ideias
BCadAth para o meu rebanho e vendo as
minhas idéas,
46 **A** *verso inexistente.* **BCadAth** Ou olhando
para as minhas idéas e vendo o meu
rebanho,
48 **AB** E quér fingir que comprehende...
Cad E quere fingir que comprehende...
Ath E quer fingir que comprehende.

49 **A** todos que me lêrem **B** todos que
me lêrem, **Cad** todos que me lerem,
Ath todos os que me lerem,
50 **A** chapéu **BCadAth** chapeu
51 **A** Do limiar da m/ porta **B** Do limiar da
minha porta **Cad** Do limiar da [↑ <De
onde me vêem á>] [← De <onde>
{↑ quando} me vêem á] minha porta
Ath Quando me vêem á minha porta
52 **AB** Mal a diligencia assoma ao cimo do
outeiro... **Cad** Mal a diligencia <assoma
ao> [↑ <começa no>] [↓ levanta no]
cimo do outeiro... **Ath** Mal a diligencia
levanta no cimo do outreiro. [← vem
soando até ao madrugar] [→ se levanta
/do/] [← levanta stet ↑ SIC] *a palavra
"stet", depois de "levanta", indica que este
verbo não se deve modificar.*
53 **A** sol, **B** sol **CadAth** sol,
58 **ABCad** versos... **Ath** versos.
59 **A** lêrem **BCadAth** lerem
60 **A** De mim que sou qualquér cousa
natural **BCad** Que sou qualquér cousa
natural – **Ath** Que sou qualquer cousa
natural –
62 **A** Á sombra da qual **B** <A>/Á\ <cuja> som-
bra [↑ da qual] **CadAth** Á sombra da qual
63 **A** Se sentavam com um baque, cançados
de brincar **B** Se sentavam <, deixando-
-se cahir,> [↑ com um baque, cançados
de brincar,] | <Cansados de brincar,>
Cad Se sentavam com um baque, cança-
dos de brincar, **Ath** Se sentavam com um
baque, cansados de brincar,
64 **A** testa **BCadAth** testa quente
65 **ABCad** riscado... **Ath** riscado.

II | 2

[67-14'] [67-5' a 6'] [145-3' e 4']

*Existem um testemunho riscado, A (67-14'),
uma primeira passagem a limpo, B (67-5' a
6'), e o testemunho presente no caderno de
O Guardador, Cad (145-3' e 4'), datado
de 8 de Março de 1914, tal como o primeiro*

*poema do ciclo; os testemunhos antigos, A
e B, carecem de data, mas serão de 1914.
Note-se o alto número de reticências (sinal
utilizado para exprimir hesitação ou
surpresa), atendendo a que este poema não
foi publicado na revista Athena, onde esse
sinal praticamente desaparece.*

NOTAS

1 **A** O meu olhar é nitido como um
girasol **B** O meu olhar é nitido como
um girasol. **Cad** O meu olhar é [↑ está]
[↑ Onde eu ólho tudo está] nitido como
um girasol. [← Ao meu olhar, tudo é
{↑ Tudo que vejo está} nitido como
um girasol.] *optamos por não inserir a
variante "Tudo que vejo está", atendendo
a que se encontra sobre um traço cortado,
indicando hesitação.*

3 **A** esquerda **BCad** esquerda,

4 **A** <Ou>/E\ **BCad** E

6 **A** que eu nunca antes tinha visto **BCad**
que nunca antes eu tinha visto,

8 **A** Sei ter o pasmo <qu> essencial **B**
Sei ter o pasmo essencial **Cad** Sei ter o
pasmo <essencial> [↑ com os olhos]
[↓ por traz dos olhos] [→ commigo]

9 **A** Que tem uma creança se ao nascer
B Que teria uma creança se, ao nascer
Cad [↑ O] Que teria uma creança se, ao
nascer,] *o acrescento em Cad falta nas
outras edições.*

12 **AB** Para a eterna novidade do
mundo... **Cad** Para a eterna [↑ serena]
[↓ perpetua {↓ subita}] [← grande]
[← completa] novidade do mundo...]
*veja-se o poema que começa "Sinto-me
recemnascido a cada momento" (68-3').*

13 **A** n'um malmequer **B** n'um malmequér,
Cad n'um malmequer,] *"n'um", com
apóstrofo, que só desaparece nos poemas
publicados na revista Athena; veja-se, por
exemplo, o verso 41 do poema anterior.*

14 **ABCad** n'elle] *com apóstrofo, que
perderam os poemas publicados na*

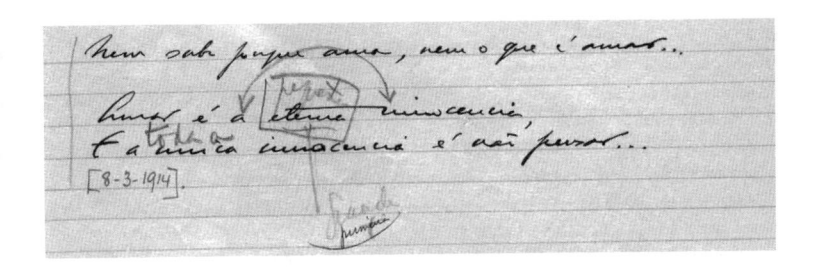

revista Athena; *veja-se, por exemplo, o verso 45 do poema v.*

18 **A** d'accordo. **B** de accôrdo... **Cad** de accôrdo...] *reticências conjecturais.*

19 **AB** philosophia, **Cad** philosophia:

20 **AB** Se fallo na Natureza, não é porque saiba o que ella é, **Cad** Se fallo na Natureza não é porque saiba o que ella é,

21 **A** Mas é porque a amo, e amo-a por isso **BCad** Mas porque a amo, e amo-a por isso,

24 **A** Amar é a eterna innocencia... **B** Amar é a eterna innocencia, **Cad** Amar é a eterna [↑ pequena] [↓ grande] [↓ primeira] innocencia,

25 **AB** E a a unica innocencia é não pensar... **Cad** E a unica [↑ toda a] innocencia é não pensar...

III | 3

[67-15'] [67-6' a 7'] [145-4']

Novamente, existem três testemunhos: A (67-15'), o mais antigo, que se encontra riscado; B (67-6' a 7'), aquele com a primeira passagem a limpo; e Cad (145-4'), o do caderno de O Guardador. Nenhum tem data, mas o incipit do poema está incluído na segunda lista de poemas de O Guardador de Rebanhos (48-27), de Março de 1914. Tal como o poema anterior, este não foi publicado em vida de Pessoa.

NOTAS

1 **A** janella **BCad** janella,

2 **AB** E sabendo de soslaio **Cad** E sabendo de soslaio [↑ de cima] [← por cima dos olhos]

4 **A** Verde... **BCad** Verde.

5 **A** <Elle> [↑ Elle] era um camponez **BCad** Elle era um camponez

6 **A** pela cidade... **BCad** pela cidade.

7 **A** casas **BCad** casas,

8 **A** ruas **BCad** ruas,

9 **A** cousas **B** cousas, **Cad** <cousas> [↑ pessoas],

10 **A** arvores **BCad** arvores,

12 **AB** E anda a reparar nas flores **Cad** E anda [↑ se vê] a reparar [↓ vê que está a reparar] nas flores

14 **A** tinha... **BCad** tinha,

15 **AB** Mas andava na cidade como quem anda no campo **Cad** Mas andava na cidade como quem [↑ não] anda no campo] *nem em* A *nem em* B *figura o importante acrescento inserido em* Cad.

16 **A** E [↑ triste] como esmagar flores **B** E triste como esmagar flôres **Cad** E triste como esmagar flores

18-19 *Os testemunhos* A *e* B *não têm estes versos.*

19 **Cad** Era poeta d'isto, [↓ mas] com [↓ na] tristeza.] *propomos uma nova leitura, também conjectural (entre "poeta" e "parte", preferimos "poeta").*

[67-15aᵛ e 15aⁱ] [67-7ⁱ a 9ⁱ] [145-4ⁱ a 6ⁱ]

Também existem três testemunhos,
localizados nos mesmos tipos de suportes
materiais A (67-15aᵛ e 15aⁱ), B (67-7ⁱ a 9ⁱ),
e Cad (145-4ⁱ a 6ⁱ). O primeiro deles,
A, encontra-se riscado. Nenhum tem data,
mas o incipit do poema está incluído na
segunda lista de poemas de O Guardador de
Rebanhos (48-27ⁱ), de Março de 1914.

NOTAS

2 **AB** ceu **Cad** céu

5 **A** meza **BCad** meza,

8 **A** ceu **BCad** céu

9 **A** E escureceu os caminhos...
  B E <escureceu> ennegreceu os
  caminhos... **Cad** E ennegreceu os
  caminhos...

10 **A** [↑ Quando] Os relampagos
  BCad Quando os relampagos

13 **AB** mêdo **Cad** medo

14 **AB** Puz-me a rezar a Santa Barbara
  Cad Puz-me [↑ Quiz-me] a rezar
  [← <pensar em rezar>] a Santa Barbara
  ] *depois de riscar "pensar em rezar", o*
  autor, com o mesmo lápis, acrescentou
  "querer"; se a penúltima variante for
  "Puz-me a pensar em rezar a Santa
  Barbara", a última seria "Puz-me a
  querer rezar a Santa Barbara".

15 **A** Como se fôsse **B** Como se eu fosse
  Cad Como <ser> se eu fosse

16 **ABCad** resando] *embora "rezar", com "z",*
  no v. 14.

17 **AB** Eu sentia-me ainda mais simples
  Cad Eu sentia[↑ r]-me[↑ hia] ainda
  mais simples

19 **AB** Sentia-me **Cad** Sentia-me[↑ r-me-
  -hia]

21 **AB** Tranquillamente, como o muro do
  quintal... **Cad** Tranquillamente, como
  o [↑ quando ao] muro do quintal;
  [← Tranquillamente, ouvindo a
  chaleira,]

22 **A** Tendo ideas e sentimentos por
  acaso **B** Tendo idéas e sentimentos
  por acaso [↑ os ter] **Cad** Tendo idéas
  e sentimentos por os ter [← E tendo
  parent<es>/as\ mais velhas que eu.]

23 **AB** Como uma flôr tem perfume e
  côr... **Cad** Como uma flôr tem perfume
  e côr... [← E fazendo isso como se
  florisse assim.]

24 **A** Santa-Barbara **B** Santa-Barbara.
  Cad Santa-Barbara...

25 **AB** crêr **Cad** crer

26 **A** Quem crê *em Santa Barbara
  B Quem crê que ha Santa Barbara,
  Cad (Quem crê que ha Santa Barbara,

27 **A** <Ou>/Ju\lgará que ella é gente
  BCad Julgará que ella é gente e visivel

28 **A** d'ella... **B** d'ella? **Cad** d'ella?)

30 **A** As flores **BCad** As flôres] *Pessoa nem*
  sempre acentua "flor" e "flores", e deixa
  de o fazer com o tempo.

31 **A** De Santa-Barbara?... Um ramo
  d'arvores, **B** De Santa Barbara?...
  Um ramo de arvore, **Cad** De Santa
  Barbara?... Um ramo de arvores,

34 **AB** Podia **Cad** Poderia

35 **AB** É Deus **Cad** <É Deus> [↑ Allumia]

36 **AB** É uma quantidade de gente
  Cad É uma quantidade de gente
  [↑ um barulho repentino]

37 **A** Zangada por cima de nós...<)>
  B Zangada por cima de nós...
  Cad Zangada por cima de nós [↑ Que
  principia com luz]...

38 **A** Ah como **BCad** Ah, como

40 **A** Ao pé da <dir> clara **BCad** Ao pé da clara

41 **A** E evidente <naturalidade>] *verso*
  entre sinais de hesitação. **B** E saúde em
  existir **Cad** E saúde em [↑ de] existir

42 **A** Das <plantas> [↑ arvores] e das plan-
  tas) **BCad** Das arvores e das plantas!)

46 **A** Como um dia em que [↑ todo o dia] a
  trovoada ameaça **BCad** Como um dia em
  que todo o dia a trovoada ameaça

47 **A** E nem [↑ <de n>] sequer [↑ de noite]
chega... **BCad** E nem sequér de noite
chega...

V | 5

[67-15ʳ; 67-22ᵛ e 67-22aᵛ] [67-9ʳ a 13ʳ] [145-6ʳ a 8ʳ] [Athena 4]
*Tal como o poema I, este foi publicado na
revista Athena, n.º 4, 1925. O poema V
encontra-se nas páginas 146-148,
onde figuram intervenções manuscritas
autógrafas que foram transcritas por Ivo
Castro em* Poemas de Alberto Caeiro
*(2015). Portanto, existem três testemunhos
manuscritos, para além daquele da*
Athena: A *(67-15ᵛ; 67-22ᵛ e 67-22aᵛ),*
B *(67-9ʳ a 13ʳ) e* Cad *(145). Nenhum tem
data, mas o* incipit *do poema está incluído
na segunda lista de poemas de* O Guardador
de Rebanhos *(48-27ʳ), de Março de 1914.
Para as descrições materiais, remetemos,
como já o fizemos, para a página web da
Biblioteca Nacional de Portugal dedicada
a Alberto Caeiro (http://purl.pt/1000/1/
alberto-caeiro/index.html) e para o volume
editado por Castro.*

NOTAS

1 **AB** nada... **Cad** nada...] *reticências
conjecturais.* **Ath** nada.] *neste último,
Pessoa corrige uma gralha: "bastaste"
para "bastante".*

3 **ABCad** mundo!... **Ath** mundo!

4 **ABCad** n'isso... **Ath** nisso.] *muitos
apóstrofos são retirados em* Ath; *vejam-se
as notas 13 e 14 do poema II.*

6 **A** Que sabôr acho eu ás causas
BCad Que opinião tenho sobre as
causas **Ath** Que opinião tenho [← eu]
sobre as causas

7 **A** Que meditações faço sobre Deus
e Christo, **B** Que tenho eu meditado
sobre Deus e Christo **Cad** Que tenho
eu meditado sobre Deus e Christo[s]
[↑ a alma] **Ath** Que tenho eu meditado
sobre Deus e a alma

9 **ABCad** n'isso **Ath** nisso

10 **AB** E não pensar... É correr as cortinas
Cad E não pensar... É cerrar [↑ correr]
[↑ fechar] as [↓ velar com] cortinas
Ath E não pensar. É correr as cortinas

11 **A** cortinas). **BCad** cortinas)... **Ath**
cortinas).

12 **A** mysterio!.. **BCadAth** mysterio!

13 **ABCad** mysterio... **Ath** mysterio.

15 **A** sol – **BCadAth** sol] *em* A *segue-se um verso
riscado:* <Abre-os e percebe que é o sol>

16 **ABCad** calôr... **Ath** calor.

17 **A** sol **BCadAth** sol,

18 **A** nada **BCadAth** nada,

20 **ABCad** poetas... **Ath** poetas.

21 **A** [↑ não] sabe o que faz **BCadAth** não
sabe o que faz

22 **A** é util e boa... **B** é util e bôa... **Cad**
é <util> [↑ commum] e bôa... **Ath** é
commum [→ de todos] e boa.] *veja-se
a nota do verso 67.*

23 **A** teem os [↑ aquelles] patos? **B** teem
aquell<e>/a\s <patos> [↑ arvores]?
CadAth teem aquellas arvores?

24 **A** A de <fazer> [↑ dizer] Quá-quá e
andar *com seu andar solemne
B A de <dizer Quá-quá, e andar com
seu andar solemne,> [↑ ser verdes na
forma e amarellas no centro]
Cad A de serem verdes e copadas e
[↑ de] terem ramos **Ath** A de serem
verdes e copadas e de terem ramos

25 **A** No seu andar estabelecido, que
nos faz rir **B** <Com o seu andar
estabelecido> [↑ E de dar fructo], que
[↑ não] nos faz <rir> [↑ pensar],
CadAth E a de dar fructo na sua hora,
o que não nos faz pensar

26 **A** A nós que não somos patos...
B A nós que <não somos patos...>
[↑ não sabemos dar por ellas...]
Cad A nós que não sabemos dar por
ellas... **Ath** A nós, que não sabemos dar
por ellas.

27 **A** Mas temos mais cousas de que os
patos se podem rir **B** Mas <temos
mais cousas de que os patos se podem
rir,> [↑ que melhor metaphysica que
a d'ellas,] **CadAth** Mas que melhor
metaphysica que a d'ellas,

28 **A** Se as pudessem saber **B** <Se as
pudessem saber,> [↑ Que é a de não
saber para que vivem,] **CadAth** Que é a
de não saber para que vivem

29 **A** Do que <nós> os patos cousas de que
nós nos rimos. **B** <Do que os patos
cousas de que nós possamos rir...>
[↑ Nem saber que o não sabem?...]
Cad Nem saber que o não sabem?...
Ath Nem saber que o não sabem?

30 **A** cousas" **B** cousas". **Cad** cousas"...
Ath cousas"...] *mantemos as aspas altas
dos manuscritos.*

31 **A** dos pensamentos"
B dos pensamentos". **Cad** dos
pensamentos"... **Ath** do universo"...

32 **A** Tudo isto é falso – assombrosamente
incrivel – **B** Tudo isto é falso –
assombrosamente incrivel –, **Cad** Tudo
isto é falso, tudo isto não quere dizer
nada... **Ath** Tudo isto é falso, tudo isto
não quer dizer nada.] *já no verso 48 do
poema 1, existe a mesma oposição "quere"
vs. "quer" (e ainda "quér); mantemos
"quer".*

33 **ABCad** d'essas... **Ath** d'essas.] *a leitura
de reticências em* A *e* Cad *é conjectural.*

34 **A** É como se o sol nascesse um dia
B É como se um pintor pintasse
um quadro **Cad** É como pensar em
mathematica [↑ razões] e logica
[↑ <sciencia> fins] **Ath** É como pensar
em razões e fins

35 **A** (pintado de verde ou <de> [↑ com]
um chapeu) **B** Com um sol <verde>
[↑ quadrado] n'um ceu <roxo>
[↑ preto]... **Cad** Quando [↑ o começo]
[d]a manhã <vae> [↑ está] <recuar>/

raiando\ e pel<as>/os\ [↑ lados das]
arvores **Ath** Quando o começo da
manhã está raiando e pelos lados das
arvores

36 **AB** *verso inexistente.* **Cad** Um vago
ouro [↑ oiro] lustroso vae perdendo
a escuridão... **Ath** Um vago ouro
lustroso vae perdendo a escuridão.]
*Ivo Castro defende "oiro" como lição
ulterior, evocando um poema ortónimo
e diferenciando "sons mais luminosos,
como 'oiro' e 'noite', e sons mais escuros
como 'ouro' e 'noute'" (em Pessoa, 2015:
136); admitimos esta possibilidade,
embora "oiro" não figure na* Athena, *tal
como "razões" e "fins" (cf. verso 34), e
embora em 14B-41ᵛ esteja "ouro".*

37 **A** Pensar no sentido [↑ intimo] das
cousas **BCadAth** Pensar no sentido
intimo das cousas

38 **AB** É anormal como pensar na saúde
Cad É <anormal> [↑ doentio] [↑ da
cidade] [← acrescentado], como
pensar na saúde **Ath** É accrescentado
[← postiço], como pensar na saúde[,]

39 **A** Ou como usar oculos... **B** Ou <usar
oculos...> [↑ andar de carro...]
Cad Ou beber por um copo a [↑ Ou
levar um copo á] água das fontes...
Ath Ou levar [← ir com] um copo
á água [→ Ou beber de garrafa a agua]
das fontes.

41 **ABCad** nenhum... **Ath** nenhum.

43 **AB** n'elle **Cad** n'elle, **Ath** nelle,

46 **ABCad** Dizendo-me – Aqui estou!
Ath Dizendo-me, *Aqui estou!*

47 **AB** Isto **CadAth** (Isto

48 **A** porque não sabe
BCadAth por não saber

49 **A** Não comprehende do que dizem
senão o que não quer dizer.
B Não comprehende quem falla
d'ellas<...> **CadAth** Não comprehende
quem falla d'ellas

50 **A** *verso inexistente.* **BCad** Com o modo de fallar que reparar para ellas ensina...) **Ath** Com o modo de fallar que reparar para ellas ensina.)

51 **A** é as flores, e as arvores, **BCadAth** é as flores e as arvores

52 **A** E os montes e o sol e o luar **BCad** E os montes e o sol e o luar, **Ath** E os montes e sol e o luar,] *em* Ath *falta, provavelmente por lapso, um artigo definido antes de "sol".*

53 **A** Então acredito n'elle **BCad** Então acredito n'elle, **Ath** Então accredito nelle,

54 **A** Então acredito n'elle a toda a hora **BCad** Então acredito n'elle a toda a hora, **Ath** Então accredito nelle a toda a hora,] *note-se, em* Ath, *o duplo "c" no verbo acreditar.*

55 **A** missa **BCadAth** missa,] *no início do verso, em* A, *"minha vida" está abreviado: "m/vida".*

56 **ABCad** pelos olhos e pelos ouvidos... **Ath** com os olhos e pelos ouvidos.] *em* Cad *há um traço cortado sob "e pelos ouvidos", indicando hesitação.*

57 **A** flores **B** flôres **CadAth** flores] *como já foi notado,* Pessoa *nem sempre acentua "flor" e "flores".*

58 **A** sol **BCadAth** sol,

59 **A** Porque lhe chamo **B** <Porque> [↑ Para que] lhe chamo **Cad** Para que lhe chamo

60 **A** Chamo-lhe flor e arvore, e montes e sol e luar, **BCad** Chamo-lhe flôr e arvore e monte e sol e luar, **Ath** Chamo-lhe flores e arvores e montes e sol e luar;

61 **AB** Porque se elle se fez, para eu o vêr, **CadAth** Porque, se elle se fez, para eu o ver,

62 **A** Sol e luar e flor e arvore e montes, **B** Sol e luar e flôres e arvores e montes, **CadAth** Sol e luar e flores e arvores e montes,

63 **A** Se elle me apparece vestido de arvores e montes **B** Se elle me apparece com corpo [↑ vestido] de arvores e montes **CadAth** Se elle me apparece como sendo arvores e montes

64 **A** flores, **B** flôres, **CadAth** flores,

65 **A** É que elle quér que eu [↑ o] conheça <como> **B** É que elle quér que eu [↑ o] conheça **Cad** É que elle quere que eu o conheça **Ath** É que elle quer que eu o conheça

66 **A** Como arvore e montes e flor e luar e sol **BCad** Como arvore e monte e flôr e luar e sol... **Ath** Como arvores e montes e flores e luar e sol.

67 **A** E porisso eu obedeço-lhe **BCad** E porisso eu obedeço-lhe, **Ath** E por isso eu obedeço-lhe,] *Pessoa costumava escrever "porisso" (cf.* III, *13, e* VI, *6), mas na revista* Athena *é preponderante a forma "por isso", embora no verso 22 deste poema esteja "porisso".*

68 **AB** *verso inexistente.* **Cad** (Que mais sei eu de Deus que Deus de si-proprio), **Ath** si-proprio?),

69 **A** Obedeço-lhe<,> no *ver, expontaneamente, **BCad** Obedeço-lhe a viver, expontaneamente, **Ath** Obedeço--lhe a viver, espontaneamente,

70 **A** Como quem <põe o chapeu para sahir,> [↑ abre os olhos e vê,] **B** Como quem abre os olhos e vê, **Cad** Como quem abre os olhos, e vê, **Ath** Como quem abre os olhos e vê,

71 **A** flor e arvore e montes **BCad** flôr e arvore e monte, **Ath** flores e arvores e montes,

72 **A** n'elle **BCad** n'elle, **Ath** nelle,

73 **A** vendo e ouvindo-o **B** vendo e ouvindo, **Cad** vendo e ouvindo-o

74 **ABCad** hora... **Ath** hora.

24/3/1930.
L. do D.   304

Releio passivamente, recebendo o que sinto como uma inspiração e um livramento, aquellas phrases simples de Caeiro, na referencia natural ao que resulta do pequeno tamanho da sua aldeia. D'alli, diz elle, porque é pequena, pode ver-se mais do mundo do que da cidade; e porisso a aldeia é maior que a cidade... "Porque eu sou do tamanho do que vejo
E não do tamanho da minha altura".

Phrases como estas, que parecem crescer sem vontade que as houvess dicto, limpam-me de toda a metaphysica que espontaneamente accrescento á vida. Depois de as ler, chego a minha janella sobre a rua estreita, olho o grande ceu e os muitos astros, e sou livrecom um esplendor alado cuja vibração me extremece no corpo todo.

"Sou do tamanho do que vejo"! Cada vez que penso esta phrase com toda a attenção dos meus nervos, ella me parece mais destinada a reconstruir constelladamente o universo. "Sou do tamanho do que vejo!" Que grande posse mental vae desde o poço das emoções profundas até ás altas estrellas que se reflectem nelle, e, assim, em certo modo, alli estão.

E ja agora, consciente de saber ver, olho a vasta metaphysica objectiva dos céus todos com uma segurança que me dá vontade de morrer cantando. "Sou do tamanho do que vejo!" E o vago luar, inteiramente meu, começa a estragar de vago o azul trémulo do horizonte.

Tenho vontade de erguer os braços e gritar coisas de uma selvageria ignorada, de dizer palavras aos mysterios altos, de affirmar uma nova personalidade larga aos grandes espaços da materia vazia.

Mas recolho-me e abrando. "Sou do tamanho do que vejo!" E a phrase fica-me sendo a alma inteira, encosto a ella todas as emoções que sinto, e sobre mim, por dentro, como sobre a cidade por fóra, cahe a paz indecifravel do luar/que começa com o anoitecer.

FRAGMENTO DO *LIVRO DO DESASSOSSEGO* (4-34r)
REFERÊNCIA AO POEMA VII DE *O GUARDADOR DE REBANHOS*

VI | 6

[67-22a^r] [67-13^r] [145-9^r]

Existem três testemunhos, com as mesmas características de vários dos conjuntos anteriores: A (67-22a^r), uma primeira versão manuscrita; B (67-13^r), uma primeira passagem a limpo dessa primeira versão; e Cad (145-9^r), a versão manuscrita existente no caderno de O Guardador. Nenhum testemunho tem data, mas o incipit do poema está incluído na segunda lista de poemas de O Guardador de Rebanhos (48- -27^r), de Março de 1914.

NOTAS

2 **A** quiz que não o conhecessemos
  BCad quiz que o não conhecessemos,

4 **A** calmos **BCad** calmos,

5 **A** arvores **BCad** arvores,

7 **AB** Bellos como as arvores e os regatos
  Cad Bellos [↑ Nós] como as arvores <e os regatos> [↑ são arvores],

8 **AB** *verso inexistente.* **Cad** E como os regatos são regatos,] *a vírgula é conjectural.*

9 **A** E dar-nos ha flor e fructo na sua primavera **B** E <dar-nos-ha flôr e fructo na noss [↑ sua] primavera e no seu estio> [↑ dar-nos-ha flores na sua primavera,] **Cad** E dar-nos-ha <flores> [↑ verdôr] na sua primavera,

11 **AB** *verso inexistente.* **Cad** E não nos dará mais nada, porque dar-nos mais seria tirar-no-nos.] *este acrescento tardio não fecha com reticências, como poderia ter sido expectável num verso final.*

VII | 7

[67-22a^r] [145-9^r]

Deste poema conservam-se apenas dois testemunhos manuscritos: A (67-22a^r) e Cad (145-9^r). Trata-se de um poema conhecidíssimo, mas com o qual Pessoa não terá ficado muito satisfeito; existem várias marcas que indicam esse estado

de descontentamento. A datação crítica deste texto depende da datação dos textos anteriores, visto que v e vi também foram manuscritos no bifólio 67-22 | 22a.

NOTAS

1 **A** Da m/ aldeia **Cad** Da minha aldeia

2 **A** Porisso a m/ aldeia é tão grande como outra terra qualquer **Cad** Porisso a minha aldeia é tão grande como outra terra qualquér,

3 **A** sou do <*tamanho> [↓ tamanho] **Cad** sou do tamanho

4 **A** da m/ altura... **Cad** da minha altura...] *sobre um traço cortado, indicando hesitação.*

6 **A** na m/ casa no cimo d'este outeiro **Cad** na minha casa no cimo [↑ a meio] d'este outeiro.

7 **A** <As grandes> [↑ Na cidade] as grandes casas fecham a vista **Cad** Na cidade as grandes casas fecham [↑ prendem] a vista á chave] *este e os três versos seguintes têm indicação de redacção provisória.*

8 **A** o n/ olhar para longe de todo o ceu **Cad** o nosso olhar para longe de todo o céu,

9 **A** tiram o que as nossas vistas nos podem dar **Cad** tiram <o que os nossos olhos nos podem dar> [↑ todo o tamanho para podermos olhar],

10 **A** n/ unica riqueza
   B nossa unica riqueza

VIII | 8

[67-22^r, 21, 20 e 23] [145-9^r a 15^r] [67-16^r a 19^r]
[Presença 30] [Anexo 14B-27^v]

Deste longo e singular poema existem quatro testemunhos completos: A (67-22^r, 21, 20 e 23), Cad (145-9^r a 15^r), antePre (67-16^r a 19^r) e Pre (Presença 30). Também se conserva um testemunho parcial (14B-27^v), que contém 15 versos e que se transcreve no fim das notas. A datação crítica deste poema depende da datação dos anteriores, visto que v, vi e vii também foram manuscritos no bifólio 67-22 | 22a. Interessa notar que em antePre o poema está intitulado "o oitavo poema de "o guardador de rebanhos"", como está também em Pre, mas sem as aspas altas. Refira-se ainda que Pessoa adaptou a sua ortografia à da revista de Coimbra, mas que nesta edição optamos por manter a do caderno de O Guardador.

NOTAS

1 A N'um <sabado ao> meio-dia
Cad N'um meio-dia
antePre Pre Num meio-dia

2 A Tive um sonho lucido e ◊ Cad
Tive um sonho lucido [↓ visivel] e feliz [→ como uma photographia.]
antePre Pre Tive um sonho como uma fotografia.

3 A Vi Jesus Christo descer á terra...
Cad Vi Jesus Christo [↑ <o bom Jes>] descer á terra. antePre Pre Vi Jesus Christo descer á terra.

4 A Veiu pela encosta d'um monte
Cad Veiu pela encosta d'um monte, antePre Pre Veio pela encosta de um monte] sem vírgula.

5 A menino Cad antePre Pre menino,

6 A Cad na herva antePre Pre pela erva

7 A flôres para as deitar fora Cad flores para as deitar fóra antePre flôres para as deitar fóra Pre flores para as deitar fora] sobre a acentuação de "flores", veja-se também o verso 13.

8 A de longe...] a leitura das reticências é conjectural. Cad antePre Pre de longe.

9 A do céu... Cad antePre Pre do céu.

10 A Era bom de mais para o cargo
Cad Era bom [↑ nosso] de mais para o cargo [↑ a pessoa ↑ o serviço ↓ a figura] [→ para fingir] antePre Pre Era nosso de mais para fingir

11 A De 2 pessôa da Trindade...
Cad De segunda pessoa da <T>/t\

rindade... antePre De segunda pessôa da trindade. Pre De segunda pessoa da trindade.] Pessoa escreveu o seu apelido com acento circunflexo, "Pessôa", até 1916; mas terá continuado a acentuar ocasionalmente a palavra "pessoa" depois dessa data.

12 A desacordo] talvez com duplo "c".
Cad desaccordo antePre Pre desacôrdo

13 A Com as flores e os <campos>
[↑ arvores] e as pedras... Cad Com /as/ flores e /as/ arvores e /as/ pedras... antePre Com flôres e árvores e pedras. Pre Com flores e árvores e pedras.

14 A No céu tinha que estar sempre sério
Cad No ceu tinha que estar sempre serio antePre Pre No céu tinha que estar sempre sério] nos versos 9 e 12 de Cad "céu" tem acento agudo.

16 A a cruz, e andar sempre a morrer
Cad a cruz e estar sempre a morrer, antePre Pre a cruz, e estar sempre a morrer

17 A Com uma corôa desagradavel de espinhos Cad Com uma corôa desagradavel [↑ toda á roda] de esphinhos antePre Com uma corôa toda à roda de espinhos Pre Com uma coroa tôda à roda de espinhos

18 A E os pés espetados por um prego horroroso Cad E os pés espetados por um prego <horroroso> [↑ comprido [↑ com cabeça], antePre Pre E os pés espetados por um prego com cabeça,]

19 A á roda da cintura Cad á roda [↑ da] cintura antePre Pre à roda da cintura

20 A Cad illustrações...
antePre Pre ilustrações.

21 A Nem sequer o deixam ter pae e mae
Cad Nem sequér o deixavam ter pae e mae antePre Nem sequér o deixavam ter pai e mae Pre Nem sequer o deixavam ter pai e mae

22 A crianças... ou creanças...
Cad creanças... antePre Pre crianças.

23 **A** O seu pae era duas pessoas
Cad O seu pae era duas pessôas –
antePre O seu pai era duas pessôas –
Pre O seu pai era duas pessoas –
24 **A** Um velho chamado José, de profissão
carpinteiro, **Cad** Um velho chamado
José, /de profissão/ carpinteiro,
antePrePre Um velho chamado José, que
era carpinteiro,] *a dúvida de* **Cad** *é*
resolvida nos testemunhos posteriores.
25 **ACad** pae d'elle; **antePrePre** pai dêle;
26 **A** E o outro pae era uma pomba
estupida **Cad** E o outro pae era uma
pomba estupida, **antePre** E o outro pai
era uma pomba estúpida,
27 **ACad** unica **antePrePre** única
28 **A** e não era pomba.
Cad <e não> [↑ nem] era pomba...
antePrePre nem era pomba.
29 **A** gosado antes de o ter... **Cad** não tinha
amado antes de o ter... **antePrePre** não
tinha amado antes de o ter.
30 **A** mulher, era **CadantePrePre** mulher: era
31 **A** D'onde [↓ Onde] elle tinha vindo do
céu... **Cad** Em que elle tinha vindo do
céu... **antePrePre** Em que êle tinha vindo
do céu.
32 **ACad** que elle, que nunca tivera mãe,
antePrePre que êle, que só nascera da mãe,
33 **A** pae para amar **Cad** pae para respeitar,
[↑ amar com respeito,]
antePrePre pai para amar com respeito,
34 **A** Pregasse a bondade e a justiça!...
Cad Prégasse a bondade e a justiça!...
antePrePre Prègasse a bondade e a
justiça!
36 **A** E o Espirito Santo andava a voar **Cad**
antePre E o Espirito-Santo andava a voar,
Pre E o Espírito-Santo andava a voar,
37 **A** Elle foi a caixa dos milagres e roubou
trez. **Cad** Elle foi á caixa dos milagres e
roubou trez. **antePre** Êle foi á caixa dos
milagres e roubou trez. **Pre** Êle foi à
caixa dos milagres e roubou três.

38 **A** fez que <Deus> [↑ ninguem]
soubesse que elle tinha fugido,
Cad fez que ninguem soubesse que elle
tinha fugido, **antePre** fez que ninguem
soubesse que êle tinha fugido,
Pre fêz que ninguém soubesse que êle
tinha fugido.
39 **A** Com o segundo creou <um Christo
Velho que poz na cruz> [↑ -se
eternamente menino e humano...]
Cad Com o segundo creou-se
eternamente <menin> humano e
menino.] *ponto ou reticências finais.*
antePrePre Com o segundo criou-se
eternamente humano e menino.
40 **ACad** creou um Christo
antePrePre criou um Cristo
41 **A** E deixou-o pregado <e>/na\ <cru>
[↑ cruz] que ha no céu
CadantePre E deixou-o pregado na cruz
que ha no céu **Pre** E deixou-o pregado
na cruz que há no céu
42 **ACad** modelo ás outras... **antePre** modêlo
ás outras. **Pre** modêlo às outras.
44 **A** <com>[↑ pel]o 1º raio que apanhou.
Cad pelo primeiro raio que apanhou...
antePrePre pelo primeiro raio que
apanhou.
45 **A** na m/ aldeia commigo...
Cad na minha aldeia commigo...
antePrePre na minha aldeia comigo...
46 **A** É uma creança bonita e natural.
Cad É uma creança bonita e /natural/.
antePrePre É uma criança bonita de riso
e natural.
47 **A** Assôa-se **Cad** Assôa-se [↑ Limpa o
nariz] **antePrePre** Limpa o nariz
48 **A** nas poças de agua, **CadantePre** nas
pôças de agua, **Pre** nas pôças de água,
49 **A** Colhe as flôres e gosta d'ellas
Cad Colhe as flores e gosta d'ellas
antePre Colhe as flôres e gosta délas e
esquece-as. **Pre** Colhe as flores e gosta
delas e esquece-as

ANTE 50 **A** Como qualquér creança nada
divina... **Cad** Como qualquér creança
nada [↑ que não tem que ser] divina...]
antePre Pre *verso inexistente.*

51 **ACad** fructa **antePre Pre** fruta
52 **A** e [↑ a] gritar dos cães... **Cad** e a gritar
dos cães... **antePre Pre** e a gritar dos cães.
53 **ACad** ellas **antePre Pre** elas
54 **ACad antePre** toda **Pre** tôda
55 **ACad antePre** atras **Pre** atrás
57 **ACad** á cabeça **antePre** ás cabeças **Pre** às
cabeças
58 **ACad** saias... **antePre Pre** saias.
59 **ACad** tudo... **antePre Pre** tudo.
60 **ACad** cousas... **antePre Pre** coisas.
61 **A** todos os detalhes das flores,
Cad todos os detalhes [↑ as feições] das
flores, **antePre** todas as coisas que ha
nas flôres. **Pre** tôdas as coisas que há
nas flores.
64 **ACad** ellas... **antePre Pre** elas.
65 **ACad** Deus... **antePre Pre** Deus.
66 **A** Diz que é um velho estupido e doente
Cad Diz que elle é um velho estupido e
doente **antePre Pre** Diz que êle é um velho
estupido e doente,
68 **ACad antePre** indecencias.
Pre indecências.
69 **ACad** Virgem Maria **antePre Pre** Virgem-
-Maria
70 **A** Espirito Santo coça-se **Cad antePre**
Espirito-Santo cóça-se **Pre** Espírito-
-Santo coça-se
71 **ACad** suja-as... **antePre Pre** suja-as.
72 **A** Tudo no ceu é estupido como a
Egreja Catholica... **Cad** Tudo no céu é
estupido como a Egreja Catholica...
antePre Pre Tudo no céu é estúpido como
a Igreja Católica.
74 **ACad** cousas que creou — **antePre** coisas
que criou — **Pre** coisas que criou —
75 **A** "Se é que elle as creou, do que
duvido"... **Cad** "Se é que elle as creou,
do que duvido"... —. **antePre** "Se é que

êle as criou, do que duvído" —. **Pre** "Se é
que êle as criou, do que duvido" —.
76 **A** Elle diz, [↑ por exemplo,] que as
flores cantam a sua gloria; **Cad** Elle diz,
por exemplo, que as flores [↑ os seres]
cantam a sua gloria; **antePre** Êle diz, por
exemplo, que os sêres cantam a sua
glória, **Pre** "Êle diz, por exemplo, que
os sêres cantam a sua glória,] *em* Pre *os
versos 76-80 estão entre aspas, embora
este sinal gráfico não figure noutros
testemunhos.*
77 **A** Mas as flores não cantam nada...
Cad Mas as flores [↑ os seres] não
cantam nada. **antePre Pre** Mas os sêres
não cantam nada.
78 **A** Se cantassem eram feias **Cad** Se
cantassem <não eram flores> seriam
feias [↑ cantores] **antePre Pre** Se
cantassem seriam cantores.
79 **A** E estrangeiras á sua belleza **Cad** E
estrangeiras á sua belleza [→ Os seres
existem e mais nada] | **antePre Pre** Os
sêres existem e mais nada, |
80 **A** Que é ser só perfume e côr... **Cad** Que
é ser só perfume e côr... [→ Porisso
se chamam seres.] **antePre** E por isso
se chamam sêres. **Pre** E por isso se
chamam sêres".
81 **ACad** cançado **antePre Pre** cansado
82 **A** [↑ O Menino] Jesus
Cad antePre Pre O Menino Jesus
83 **A** collo para casa... **Cad** collo para
casa...] *segue-se uma linha de traços: 16
no total.* **antePre** cólo para casa.] *segue-
-se uma linha de pontos: 34 no total.* **Pre**
cólo para casa.] *segue-se uma linha de
pontos: 40 no total.*
84 **A** Elle mora commigo na m/ casa no
cimo do <monte> [↑ outeiro]. **Cad** Elle
mora commigo na minha casa no cimo
[↑ na encosta] [↑ quasi ao cimo] do
outeiro. **antePre Pre** Êle mora comigo na
minha casa a meio do outeiro.

85 **A** Elle é a Eterna Creança, o Deus que
faltava... **Cad** Elle é a Eterna Creança,
o deus que faltava... **antePrePre** Êle é a
Eterna Criança, o deus que faltava.

86 **ACad** Elle **antePrePre** Êle

87 **A** Elle é a flôr que falla e que sorri e
que brinca **Cad** Elle [↑ é que] é a flôr
que falla e [↑ o divino] que sorri e que
brinca **antePrePre** Êle é o divino que
sorri e que brinca.

88 **A** E por isso é que eu sei com toda
certeza **Cad** E porisso é que eu sei com
toda a certeza **antePre** E por isso é que eu
sei com toda a certeza **Pre** E por isso é
que eu sei com tôda certeza

89 **ACad** elle **antePrePre** êle] *em* **Cad** *o*
autor hesitou numa letra inicial: <V>
verdadeiro

90 **ACad** creança tão **antePre** criança tam
Pre criança tão

91 **A** poeta **CadantePrePre** poeta,

92 **A** elle anda sempre commigo que eu
<não s> sou poeta sempre] *"comigo"*
ou "commigo" (cf. v. 84). **Cad** elle anda
sempre commigo que eu sou poeta
sempre, **antePrePre** êle anda sempre
comigo que eu sou poeta sempre,

93 **ACad** minimo **antePrePre** mínimo

94 **A** Me enche de commoção **Cad**
Me enche [↑ abre] de [↑]
commoção, **antePre** Me <abre de
comoção,> [→ enche de sensação,]
Pre Me enche de sensação,

95 **A** E o menor som, ou duro ou suave,
| **Cad** E o mais pequeno som, ou duro
ou suave, **antePrePre** E o mais pequeno
som, seja do que fôr,

96 **A** Enternece-se em mim. **Cad**
Enternece-se em mim... **antePre** Parece
<feito para mim.> [→ falar comigo.] **Pre**
Parece falar comigo.] *no texto crítico,*
emendamos "falar" para "fallar" e
"comigo" para "commigo".

97 **ACad** A Creança Nova que habita
commigo **antePre** A Criança Nova que
habita <comigo> [→ onde vivo] **Pre** A
Criança Nova que habita onde vivo

99 **A** a outra á Natureza... **Cad** a outra á
Natureza [↑ a tudo que existe] **antePre** a
outra a tudo o que existe

100 **A** E assim vamos os trez pelo
caminho da m/ alma **Cad** E [↑ assim]
vamos os trez pelo caminho [↑ por
um caminho qualquer] da minh' alma
[↑ do meu ser] **antePre** E assim vamos
os trez pelo caminho que houver, **Pre** E
assim vamos os três pelo caminho que
houver,

102 **ACad** E gosando o nosso segredo
commun **antePre** E gosando o nosso
segredo comum **Pre** E gozando o nosso
segrêdo comum

103 **A** por todos os póros **Cad** por todos
os póros [↑ a pelle] **antePre** por toda a
<péle> parte **Pre** por tôda a parte

104 **ACad** mysterio **antePre** misterio **Pre**
mistério

105 **A** E tudo vale a pena. **Cad** E tudo vale a
pena... **antePrePre** E que tudo vale a pena.

106 **A** <A direcção> A Creança Eterna
acompanha-me sempre... **Cad** A
Creança Eterna acompanha-me
sempre... **antePrePre** A Criança Eterna
acompanha-me sempre.

107 **A** é o seu dedo apontando... **Cad** é
[↑ <segue>] o seu dedo apontando...
antePrePre é o seu dedo apontando.

108 **ACad** attento **antePrePre** atento

109 **A** São as cocegas que elle me faz
nas orelhas... **Cad** São as [↑ <É assim
pelas>] cocegas que elle me faz,
brincando, nas orelhas... **antePre** São as
cocegas que ela me faz, brincando, nas
orelhas. **Pre** São as cócegas que êle me
faz, brincando, nas orelhas.] *apenas*
antePre *com "ela me faz" (refere-se à*
"Criança Eterna").

110 **ACad** Damo-nos tão **antePre** Damo-nos
tam **Pre** Damo-nos tão] *em* Cad *parece*
"damo'-nos tão".

111 **ACad** Na companhia da Natureza
antePre Pre Na companhia de tudo
112 **A** Que <não sabemos> [↑ nunca
pensamos] um no outro **Cad antePre Pre**
Que nunca pensamos um no outro,
113 **ACad antePre Pre**] *"juntos", e não*
"junctos", em todos os testemunhos.
114 **A** accordo intimo **Cad** accôrdo intimo
antePre Pre acôrdo íntimo
115 **A** esquerda. **Cad** esquerda... **antePre Pre**
esquerda.
116 **A** 5 pedrinhas **Cad antePre Pre** cinco
pedrinhas
118 **A** convem **Cad antePre Pre** convém
120 **A** Fosse um universo inteiro **Cad** Fosse
todo um universo **antePre Pre** Fôsse todo
um universo
121 **A** E fôsse por isso lamentavel
Cad E fosse porisso <lamentavel>
[↑ <horrivel (um <perigo>
↑ cataclysmo)] [→ um grande perigo
{→ para ella}] **antePre Pre** E fôsse por isso
um grande perigo para ela
122 **ACad** Deixal-a cahir no chão... **antePre**
Deixá-la caír no chão. **Pre** Deixá-la cair
no chão.
123 **A** Depois eu conto-lhe historias
das cousas <cá da terra> [↑ só dos
homens], **Cad** Depois <*um> [↑ eu]
conto-lhe historias das cousas só dos
homens, **antePre Pre** Depois eu conto-lhe
histórias das coisas só dos homens
124 **A** E elle sorri, porque tudo é
absurdo... **Cad** E elle sorri, porque tudo
é absurdo... **antePre** E êle sorri, porque
tudo é incrivel. **Pre** E êle sorri, porque
tudo é incrível.
125 **A** Ri dos reis e dos papas **Cad** Ri dos
reis e dos <papas> [↑ que não são
reis,] **antePre Pre** Ri dos reis e dos que
não são reis,

126 **A** fallar das guerras **Cad** fallar das
guerras, **antePre Pre** falar das guerras,
127 **ACad** commercios, e **antePre** comercios,
e **Pre** comércios, e
128 **A** Que põem fumo no ar dos altos
mares... **Cad** Que põem [↑ <espalham
↑ deixam ↑ largam>] [↑ ficam] fumo
no ar dos altos mares... **antePre Pre** Que
ficam fumo no ar dos altos mares.
129 **A** <E>/e\lle sabe que isso tudo falta
áquella verdade **Cad** elle sabe que isso
tudo falta áquella verdade **antePre** êle
sabe que tudo isso falta àquela verdade
130 **A** Que uma flôr tem ao florescer **Cad**
Que uma <flor> [↑ haste] tem a<†>/o\
florescer **antePre** Que uma flôr tem
ao florescer **Pre** Que uma flor tem ao
florecer] *Ivo Castro adopta "haste",*
considerando que é uma lição tardia
e que uma flor não floresce — já é um
florescimento —; pode tratar-se de uma
licença poética, mas adoptamos "haste"
atendendo a que a palavra "flor" foi
riscada em Cad.
132 **A** A percorrer os montes e os
valles **Cad** A percorrer [↑ aquecer
↑ adormecer] os montes e os valles
antePre Pre A variar os montes e os vales
133 **A** E a ser meiga nos muros das
quintas... **Cad** E a ser meiga [↑ pôr fogo
branco] [↓ fazer {→ doer os olhos}]
nos muros das quintas... [↓ <*nos>/
aos\ {→ muros caiados}] **antePre** E a
fazer doer aos olhos os muros caiados.
134 **A** Depois elle adormece e eu deito-
-o... **Cad** Depois elle adormece e eu
deito-o. **antePre Pre** Depois êle adormece
e eu deito-o.
135 **A** Eu <deit> levo-o ao collo para a casa
Cad /Eu/ levo-o ao collo para dentro
de casa **antePre Pre** Levo-o ao colo para
dentro de casa
136 **A** E deito **Cad antePre Pre** E deito-o,
137 **A** um ritual solemne **Cad** um ritual

solemne [↑ como a agua,] antePrePre um
ritual muito limpo
138 A até ás lagrimas...] Cad até ás
lagrimas... [↑ á nudez] [↓ elle estar
nú.] antePre até êle estar nú. Pre até êle
estar nu.
139 A Elle dorme dentro da m/ alma Cad
Elle dorme dentro da minh' alma antePre
Pre Êle dorme dentro da minha alma
140 ACad ás vezes acorda] *"acorda", sem
duplo "c" desta vez (ver o verso 152)*.
antePrePre às vezes acorda
141 A sonhos Cad sonhos: antePrePre
sonhos.
144 A sosinho Cad sosinho, antePre sòsinho
Pre sòzinho
145 A somno... Cad somno...] *segue-se
uma linha de traços: 17 no total.* antePre
sôno.] *segue-se uma linha de pontos: 31
no total.* Pre sono.] *segue-se uma linha
de pontos: 30 no total.*
147 A Seja eu a creança ‹e teu› ‹†›/mais\
pequena... Cad Seja eu a creança, o
mais pequeno. antePrePre Seja eu a
criança, o mais pequeno.
148 ACad collo antePre cólo Pre colo
149 A E leva-me a tua casa CadantePrePre E
leva-me para dentro da tua casa.
150 A o meu ser cançado e humano
Cad o meu ser ‹cançado› [↑ errado]
‹cançado› e humano antePrePre o meu
ser cansado e humano
151 A *verso inexistente.* CadantePrePre E
deita-me na tua cama.
152 A E conta-me historias, se eu
accordo[↑ar], Cad E c‹o›/a\nta-me
historias, ‹se eu accordar,› [↑ caso
eu acorde,] antePrePre E conta-me
histórias, caso eu acorde,
153 A Para eu adormecer... Cad Para eu
[↑ tornar a] adormecer... antePrePre
Para eu tornar a adormecer.
155 A qualquer Cad qualquér antePrePre
qualquer

156 A é... Cad é...] *segue-se uma linha de
traços: 17 no total.* antePre é.] *segue-se
uma linha de pontos: 30 no total.* Pre é.
] *segue-se uma linha de pontos: 28 no
total.*
157 A historia do meu Menino Jesus Cad
historia do meu Menino Jesus. antePre
história do meu ‹m›/M\Menino Jesus.
Pre história do meu Menino Jesus.
158 A *verso inexistente.* Cad Porque razão
verdadeira [↓ Porque razão que se
‹conheça› (↓ ‹pense›) {↑ perceba}]
antePrePre Porque razão que se percebe
159 A Porque não ha de ser ella mais
verdadeira Cad ‹Porque› ‹n›/N\ão
ha-de-ser ella mais verdadeira
antePre Não ha de ser ela mais
verdadeira Pre Não há de ser ela mais
verdadeira
160 A ‹Que todas as religiões e que todos
os poetas [↑ ‹poemas›]› [↓ Que tudo
quanto os philosophos {↑ poetas}
dizem] CadQue tudo quanto os
philosophos ‹inventam› [↑ pensam]
antePre Que tudo quanto os filosofos
pensam Pre Que tudo quanto os
filósofos pensam
161 A ensinam? Cad ensinam?... antePrePre
ensinam?
146-161 *Segue a transcrição de uma folha
solta, 14B-27', em que figuram 15 versos
riscados.*

Quando eu morrer, filhinho,
Seja eu a creança, o mais pequeno.
Pega-me tu ao collo
E leva-me para dentro da tua casa.
Despe o meu sêr cançado e humano
E deita-me na tua cama.
E conta-me historias, caso eu acorde,
Para eu tornar a adormecer...
E dá-me sonhos teus para eu brincar
Até que nasça qualquér dia
Que tu sabes qual é.

. . . .

Esta é a historia do meu Menino Jesus.
Porque não ha-de ser ella mais
    verdadeira
Que tudo quanto os philosophos
<inventam> pensam
E tudo quanto as religiões ensinam?...

IX | 9

[67-24'] [14B-28'] [145-15'] [Athena 4]
*Este poema foi publicado na revista
Athena, n.º 4, 1925, p. 148, mas também se
conservam dois testemunhos manuscritos
– A (67-24') e Cad (145-15') – e um
dactilografado – B (14B-28'') –, para além
da versão que consta da revista e na qual
não existem intervenções autógrafas. 67-
-24 e 67-25 é um conjunto de duas folhas
de papel de quadrícula caligráfica, que foi
manuscrito a tinta preta com uma escrita
rápida, quase isenta de interrupções; neste
conjunto estão os testemunhos mais antigos
dos poemas ix, x, xi, xii, xiii, xxiii e xxix,
os incipit dos poemas xiv, xvi, xvii, xviii,
xix, xx e xxi e o incipit do antigo poema
xviii ("Rimo quando calha"). A nosso ver,
todos estes poemas são de Março de 1914,
sendo que aqueles referidos através de
incipit já existiam quando o conjunto das
folhas 67-24 e 67-25 foi preenchido.*
NOTAS
1 **A** rebanhos **BCad** rebanhos: **Ath**
    rebanhos.
2 **A** O rebanho é <de meus> [↑ os meus]
    pensamentos **BCadAth** O rebanho é os
    meus pensamentos
3 **ABCad** sensações... **Ath** sensações.
5 **A** Com as mãos e com os pés
    BCad E com as mãos e com os pés
    Ath Com as mãos e os pés
6 **A** E com <a bocca> [↑ o nariz] e a
    bocca... **BCad** E com o nariz e a bocca...
    Ath E com o nariz e a bocca.
7 **ABCad** flôr **Ath** flor
8 **ABCad** sentido... **Ath** sentido.

9 **ABCad** Porisso quando n'um dia de calôr
    Ath Por isso quando num dia de calor
10 **A** triste de [↑ por] gosal-o
    BCadAth triste de gosal-o
11 **ABCad** herva **Ath** herva,
13 **A** de accordo com a realidade]
    "accordo" ou "acordo". **B** de accôrdo
    com a realidade, **Cad** de accôrdo com a
    [↑ deitado na] realidade, **Ath** deitado
    na realidade,

X | 10

[67-24' e 24''] [14B-29''] [145-15' e 16'] [Athena 4]
*O poema x foi publicado na revista Athena,
n.º 4, 1925, p. 148. Existem três testemunhos
anteriores: A (67-24' e 24''), B (14B-29'') e
Cad (145-15' e 16'). No exemplar da Athena
não existem intervenções autógrafas. Para
a datação crítica deste poema, veja-se a
descrição anterior.*
NOTAS
1 **A** Olá, **B** – Olá, **Cad** "Olá, **Ath** "Olá,
3 **A** que passa... **B** que passa? **Cad** passa?"
    Ath passa?"
4 **A** Que é vento, e que passa... **B** – Que é
    vento, e que passa, **Cad** "Que é vento, e
    que passa, **Ath** "Que é vento, e que passa,
5 **A** antes **BCadAth** antes,
6 **ABCad** depois... **Ath** depois.
7 **AB** diz? **Cad** diz?" **Ath** diz?"
8 **A** Muita cousa mais do que isso...
    B – Muita cousa mais do que isso...
    Cad "Muita cousa mais do que isso...
    Ath "Muita cousa mais do que isso.
9 **ABCad** cousas... **Ath** cousas.
10 **A** De memorias e de cousas distantes...
    B De memorias e de cousas distantes
    Cad e de cousas distantes [↑ saudades]
    *com uma variante: "De memorias, de
    saudades".* **Ath** De memorias e de
    saudades
11 **AB** fôram... **Cad** fôram..." **Ath** fôram."
12 **A** Nunca ouviste passar o vento, –
    B – Nunca ouvist<o>/e\ passar o vento.

Cad "Nunca ouviste passar o vento.
Ath "Nunca ouviste passar o vento.
13 A vento... BCadAth vento.
14 A mentira... BCadAth mentira,
15 A ti B ti... Cad ti..." Ath ti."

XI | 11

[67-24ᵛ] [145-16ʲ] [Anexo 67-26ʲ]

*Deste poema existem dois testemunhos
manuscritos, incluindo o do caderno, A
(67-24ᵛ) e Cad (145-16ʳ), e um testemunho
dactilografado, B (67-26ʲ), que optámos por
não confrontar com os anteriores e por fac-
-similar e transcrever depois das notas. Ivo
Castro escreve sobre este poema: "Trata-se de
uma versão variante, sem numeração, muito
tardia e distanciada, do poema XI", que pode
considerar-se uma "glosa autónoma sobre
um mesmo mote" (em Pessoa, 2015, p. 155).
Para a datação crítica do poema XI, veja-se a
descrição do IX.*

NOTAS

2   A Que é agradavel mas não é o correr
dos rios, Cad Que é agradavel [↑ bom
de ouvir] mas não é o correr dos [↑ sôa
como] rios

3   A Nem o susurro que as arvores
gemem... CadNem o [↓ Nem o]
murmurio que /as/ arvores fazem...
[↑ Nem como o socego com que as
arvores se mexem.]
4   A Para que é preciso ter um piano?...
Cad Para que é preciso ter um piano?
6   A E amar a Natureza CadE amar a
Natureza. [→ E ouvir só {↑ bem} os
sons que nascem.]
1 - 6   *Em 67-26ʳ encontram-se os versos
seguintes sob as indicações "CAEIRO
M." e "(1-1-1930, Evora)".*

Aquella senhora tem um piano,
Que é bonito de ouvir, mas é o que ella
      faz d'elle.
Faz uma musica feita,
Nem é o soar fraco dos ribeiros
      estreitos,
Nem o som affastado que muitas altas
      arvores juntas fazem.
(que mais que uma arvore alta fazem).

O melhor é não ter piano
E ouvir só o que nasce com som.

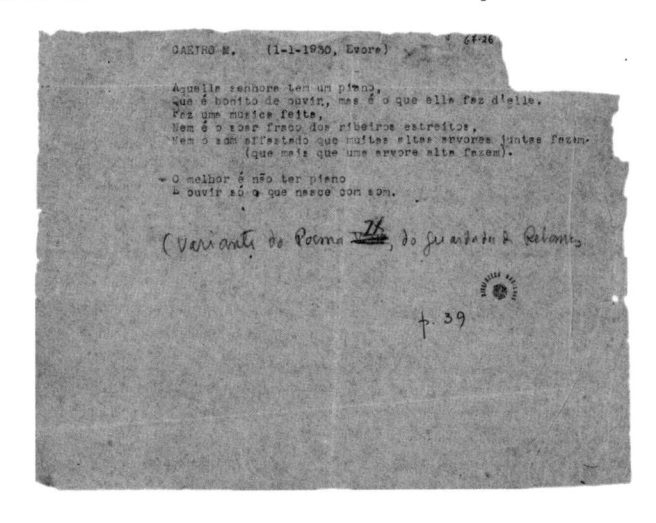

[67-24ᵛ] [145-16ⁱ] [Anexo 68-12ʳ]

Existem dois testemunhos completos, A (67-
-24ᵛ) e Cad (145-16'), e um terceiro, B (68-
-12'), que contém apenas —sob a indicação
sublinhada "Caeiro" —uma variante dos
versos 5-6. Os três estão manuscritos. Em B,
sob um traço divisório, encontra-se um poema
inconjunto ("Ah, querem uma luz melhor que a
do sol!") de 12 de Abril de 1919. Para a datação
crítica do poema XII, veja-se a descrição do IX.

NOTAS

1 **A** Virgilio **Cad** Vergilio
2 **A** litterariamente **Cad** literariamente
3 **A** Virgilio —] *ou "Vergilio —".*
   Cad Vergilio.
4 **A** lêr?) **Cad** lêr?).
6 **A** E a Natureza é bella e eterna [↓ antiga]
   — **Cad** E a Natureza é bella e antiga. [↓ esta
   mesma aqui.] [↓ está aqui mesmo.]
5-6 *Em 68-12ʳ figuram estes versos,*
   seguidos de um pequeno traço horizontal
   e a indicação "N!".

Mas os pastores de Virgilio não são
pastores: são Virgilio.
E a natureza é immed[↑i]atamente
  [↓ já] bella [↑ bella antes d'isso].

[67-25ⁱ] [145-17ⁱ] [Athena 4]

Trata-se de um dos poemas publicados na
revista Athena, n.º 4, 1925; este, na p. 148.
Existem dois testemunhos manuscritos: A
(67-25') e Cad (145-17'). Não há correcções
nem variantes no exemplar da Athena. Para
a datação crítica do poema XIII, veja-se a
descrição do IX.

NOTAS

2 **A** passa **CadAth** passa,
3 **A** leve, — **Cad** leve... **Ath** leve.
4 **A** E eu nem sei em que penso **CadAth** E
   eu não sei o que penso
5 **A** sabel-o. **Cad** sabel-o... **Ath** sabel-o.

[67-27ⁱ] [145-17ⁱ] [Anexo 67-29ᵛ]

Existem dois testemunhos manuscritos
deste poema, A (67-27') e Cad (145-17').
O testemunho A foi redigido na metade
inferior de 67-27'; na metade superior existe
uma lista de sete poemas sob o título O
Guardador de Rebanhos, datável de Março
de 1914: "1. A Salada. | 2. O luar <entre>
atravez dos altos ramos | 3. Esthetica. | 4. O
Guardador de Rebanhos. | 5. Quando o luar
bate na relva. | 6. Quem me déra que a m/ ◊
bois. | 7. Quem me dera que ◊ estrada". Em
A o poema tem uma única estrofe; em Cad,
duas. Na folha 67-25, onde figura o incipit
do poema, este foi renumerado de "XXII"
para "14" (dentro de círculo). É possível que
este seja o poema referido na segunda lista
de poemas de O Guardador de Rebanhos
(48-27'), quando Pessoa indica a inclusão de
um poema "On his poetry". No verso do bifólio
67-29 | 29a existe uma primeira versão do
poema XVI, que transcrevemos em anexo.

NOTAS

1 **A** Raras vezes
   Cad Raras [↑ nenhumas] vezes
2 **A** uma de cada lado da estrada.
   Cad uma <de cada lado da estrada.>
   [↑ ao lado da outra.]
5 **A** Porque [↑ me] falta a simplicidade
   divina **Cad** Porque me falta a
   simplicidade divina [↑ simples]
   [↓ natural]
6 **A** [↑ só] o meu exterior.
   Cad só o meu exterior.
7 **A** commovo-me **Cad** commovo-me,
8 **A** quando a terra se inclina
   Cad quando o chão é inclinado,]
   a vírgula é conjectural.
9 **A** E a m/ poesia é natural como o
   levantar-se vento... **Cad** E a minha
   poesia [↓ o que escrevo] é natural
   como o levantar-se vento...

ANEXO

[67-29ʳ – ms. e riscado]

Rimo quando calha

E as mais das vezes não rimo...

Copio a Natureza e não a interrogo.

(De que me serviria interrogal-a?)

<As rimas> [↑ Nem tudo] é terreno plano,

Por isso muitas vezes não rimo...

(add something here)

XV | 15

[67-28ʳ] [14B-26ᵛ] [145-17ʳ e 18ʳ] [Anexo 14B-15ᵛ]

Deste poema conservam-se três testemunhos completos: A (67-28ʳ), manuscrito; B (14B-26ᵛ), dactilografado; e Cad (145-17ʳ e 18ʳ), manuscrito; e ainda um testemunho muito diferente dos anteriores, 14B-15ᵛ, que optamos por transcrever na íntegra depois das notas. O incipit do poema xv está incluído na segunda lista de poemas de O Guardador de Rebanhos (48-27ʳ), de Março de 1914. Para a datação crítica do poema xv, veja-se também a descrição do IX. 14B-15ᵛ encontra-se numa sobrecapa de livro (John Mackinnon Robertson, The Baconian Heresy: A Confutation); veja-se o artigo "Uma biblioteca em expansão: sobrecapas de livros de Fernando Pessoa | A growing library: dust jackets from Fernando Pessoa's book collection", de Pizarro e Ferrari (2011), e ainda o artigo de Ferrari, "On the Margins of Fernando Pessoa's Private Library" (2011).

NOTAS

1   **A** As <4> [↑ 5] canções
    B As quatro canções
    Cad As quatro [↑ duas] canções

2   **A** Separam-se de tudo o que eu penso,
    B Separam-se de tudo <quanto>/o que\ eu penso, **Cad** Separam-se de tudo o que eu penso,

5   **A** doente...] *possíveis reticências.*
    BCad Escrevi-as estando doente

7   **A** sinto **B Cad** sinto,

8   **A** <E>/C\oncordam **BCad** Concordam

10   **A** são, **BCad** são

11   **A** *verso inexistente.*
    BCad (Senão não estaria doente),

13   **AB** Quando sou eu na saúde, **Cad** Quando sou eu na [↑ e] [↓ com] saúde,

16   **A** [↓ Devo ser todo doente – ideas e tudo –] **BCad** Devo ser todo doente – idéas e tudo.

17   **A** [↓ <Não> {← Quando} estou doente, não estou doente para outra cousa.] **BCad** Quando estou doente, não estou doente para outra cousa.

20   **A** E são a paysagem da m/ alma de noite **B** E são a paysagem da minha alma de noite, **Cad** E são a paysagem [↑ o campo] da minha alma [↑ maneira] de noite,

21   **A** <E a>/A\ mesma <differentemente> [↑ ao contrario...] **B** A mesma ao contrario... **Cad** A mesma [↑ O mesmo] ao contrario [↓ e a noite] [↓ e mais a noite]...

ANEXO

[14B-15ᵛ – ms. e riscado]

Estas 4 canções, escrevi-as estando doente.

Agora ficam escriptas e não fallemos mais n'ellas,

<Já que> Ignoremos, se pudermos, a n/ doença,

Mas nunca lhe chamemos saúde,

Como os homens fazem.

O defeito dos homens não é serem doentes:

É chamarem saúde á sua doença,

E por isso não buscarem a cura

Nem realizarem o que é saúde e doença.

XVI | 16

[67-38aᵛ] [145-18ʳ]

Existem dois testemunhos, que diferem nos últimos quatro versos: A (68-38aᵛ) e Cad (145-18ʳ). Em A figura uma data no canto superior direito da página: "4-III--1914". Trata-se de um "early [poem]", como se lê em Cad, e de um poema rimado, o que é uma raridade no ciclo de poemas de O Guardador. Em A, os últimos quatro versos têm um traço cortado à esquerda, indicando hesitação. Sobre a indicação "exet", riscada em Cad, escreve Ivo Castro: "interpreto [essa indicação] como ordem de retirada de texto, por oposição ao 'stet' com que Pessoa confirmava lições sobre que tivera, mas deixara de ter, dúvidas"; e observa ainda: "a ordem de exclusão não foi executada, mas ficamos com a suspeita de que, se a composição do ciclo tivesse tido mais tempo para ser reconsiderada, este poema rimado, tal como outros 'da doença', poderia vir a sofrer com isso. Ou não, porque tempo não faltou ao poeta" (em Pessoa, 2015, p. 167). O incipit deste poema está incluído na primeira lista de poemas de O Guardador de Rebanhos (48-27ʳ), de Março de 1914.

NOTAS

1 A fôsse Cad fosse

3 A d'onde Cad de onde

5 A Eu não tinha que <tinha *que> ter esperanças – tinha só que ter rodas... Cad Eu não tinha que ter esperanças – tinha só que ter rodas

6 A cabellos brancos Cad cabell<os>/o\ branc<os>/o\

7 A Quando eu já não servia[,] <para nada,> [↑ tiravam-me] Cad Quando eu já não servia, tiravam-me

8 A E eu ficava <especado> virado e partido no fundo de um barranco... Cad E eu ficava virado e partido no fundo de um barranco.

9 A Depois as ervas vinham a crescer e encobriam-me [↑ todo]... Cad Ou então faziam de mim qualquer coisa differente

10 A Passavam as arvores... e eu já <não> nem era visto... Cad E eu não sabia nada que do que de mim faziam...] foi retirado o primeiro "que" (apud Castro, em Pessoa, 2015, p. 169).

11 A Comia-me a terra... e eu <voltava> [↑ que] era ferro e madeira voltava--me <a ella...> [↑ o seu lodo] Cad Mas eu não sou um carro, sou differente,

12 A Ia direito ao coração da terra como a alma p'ra Christo. Cad Mas em que sou realmente differente nunca me diriam.

XVII | 17

[67-29ʳ] [145-19ʳ]

Deste poema existem dois testemunhos, ambos manuscritos: A (67-29ʳ) e Cad (145--19ʳ). Trata-se de um "early [poem]", assim catalogado em Cad, tal como o poema xvi. O incipit do poema xvii está incluído na primeira lista de poemas de O Guardador de Rebanhos (48-27ʳ), de Março de 1914. Em 67-29aʳ encontra-se a data "7-3-1914".

NOTAS

2 A plantas Cad plantas,

4 A A que ninguem [(a não ser eu)] reza. Cad A quem ninguem reza...] o segmento duplamente hesitado em A desaparece em Cad.

5 A vêm Cad vêem] retiramos o circunflexo da conjugação do verbo "vir"; "vêem", do verbo "ver", figura em 1, 51, xx, 6, e xxv, 11.

6 A os hospedes <chegados> [↑ ruidosos] Cad os hospedes ruidosos,

7 A mantas Cad mantas,

8 A Pedem "salada", descuidosos<,>/o\ Cad Pedem [↑ Dizem] "salada", descuidosos...,

10 **A** A sua frescura e os <seus> [↑ seus]
primeiros² filhos¹ **Cad** <E> a sua frescura
e os seus filhos primeiros] *adopta-se a*
troca de posição indicada em A.
ANTE 11 **A** <Os primogénitos de Deus,>
Cad *verso inexistente.*
11 **A** tem **Cad** tem,
ANTE 12 **A** <Os seus primeiros dentes
macios> **Cad** *verso inexistente.*

12 **A** A primeir<as>/a\ <esperança do
homem> [↑ cousas vivas <ver> {↑ e}
irisantes] **Cad** As primeiras cousas vivas
e irisantes] *a palavra "irisantes" terá*
sido marcada, com signos de hesitação,
por um leitor póstumo do manuscrito.

14 **A** Quando <o di> [↑ das <as> aguas]
desceram **Cad** Quando as aguas
desceram

15 **A** Verde e <hum> alagado **Cad** Verde e
alagado

16 **A** E no ar vazi<u>/o\ e atheu [↑ por
onde a pomba appareceu] **Cad** E no ar
por onde a pomba apareceu

17 **A** esbateu. **Cad** esbateu...

XVIII | 18

[67-27a°] [145-19' e 20']

Poema do qual existem dois testemunhos
manuscritos: A (67-27a°) e Cad (145-19' e
20'). Em A, no cabeçalho, a numeração foi
alterada várias vezes, de 16 para 18 para 19,
mas também a última opção foi riscada,
"[because] there is a 19(a)". Diz Ivo Castro:
"[19a] deve ser referência a 'O luar quando
bate na relva…' [de 4 de Março de 1914], que
na lista de incipits de 67-25' começou por ser
XIV e depois 19, número com que ficou" (em
Pessoa, 2015, p. 173). O incipit do poema XVIII
está incluído na primeira lista de poemas de
O Guardador de Rebanhos (48-27'), que
inclui composições da primeira semana de
Março de 1914; daí a datação crítica.

NOTAS

1 **A** fosse **Cad** fôsse

5 **A** Quem [↑ me] dera **Cad** Quem me dera
5 **A** fosse **Cad** fosse
6 **A** E que só tirasse o sol <para cuidado>
[↑ para e buscar…] **Cad** E tivesse só o
céu por cima e a agua por baixo…
8 **A** <amasse> [↑ estimasse]
Cad estimasse…
ANTE 9 **A** <Logo que eu não fôsse>
Cad *verso inexistente.*
10 **A** pena.] *o ponto é conjectural.*
Cad pena…

XIX | 19

[67-38a°] [145-20']

Existe o testemunho do caderno de O
Guardador, Cad (145-20'), e ainda um
outro mais antigo, A (67-38a°), também
manuscrito. Neste último, o poema
encontra-se sob uma data, "4-III-1914",
e sob a indicação "19a", dentro de um
círculo. O incipit deste poema está incluído
na primeira lista de O Guardador de
Rebanhos (48-27'), de Março de 1914.

NOTAS

3 **A** a voz da m/ velha ama **Cad** a voz da
creada velha
5 **A** N Sª **Cad** Nossa-Senhora
7 **A** Socorrendo **Cad** Soccorrendo
8 **A** Se eu hoje já não posso crêr que isto
é verdade, **Cad** Se eu <hoje> já não
posso crêr que isso é verdade,
9 **A** Para [↑ que /me/] bate **Cad** Para que
bate

XX | 20

[67-29a° e 29a°] [145-20' e 21'] [Athena 4]

Este é um dos poemas publicados na revista
Athena, *n.° 4, 1925; o exemplar com*
anotações tem, na p. 149, uma correcção
(v. 5) e duas variantes autorais (v. 22).
A (67-29a° e 29a°) e Cad (145-20' e 21') são
testemunhos manuscritos do texto impresso
em Ath (Athena 4). Em A existe uma data:
"7-3-1914".

NOTAS

1 **A** aldeia **CadAth** aldeia,

2 **A** aldeia **Cad** aldeia, **Ath** aldeia

3 **ACad** aldeia… **Ath** aldeia.

4 **A** tem [↑ grandes] navios
   CadAth tem grandes navios

5 **A** E navega n'elle ainda
   Cad E navega<m> n'elle ainda,
   Ath E navega[← m] nelle ainda,

6 **A** Porque aquelles cuja alma a tudo
   alinda **Cad** Para aquelles <cuja memoria
   a tudo se pega,> [↑ que veem em tudo
   o que lá não está,] **Ath** Para aquelles
   que vêem em tudo o que lá não está,

7 **A** naus. **Cad** naus… **Ath** naus.

9 **A** Portugal – **CadAth** Portugal.

13 **A** vem. **Cad** vem… **Ath** vem.

14 **A** E porisso, porque pertence a menos
   gente, **Cad** <Pelo Tejo> E porisso,
   porque pertence a menos gente,
   Ath E por isso, porque pertence a
   menos gente,] *em* Ath *este verso não*
   inaugura uma nova estrofe.

15 **A** É mais livre e natural o rio da m/
   aldeia. **Cad** É mais livre e <natural>
   [↑ maior] o rio da minha aldeia.
   Ath É mais livre e maior o rio da minha
   aldeia.

16 **A** mundo… **CadAth** mundo.

18 **A** d'aquelles que a procuram… **Cad**
   d'aquelles[↑ alguns] que a procuram…
   Ath d'aquelles que a encontram.

20 **A** m/ aldeia **CadAth** minha aldeia.

21 **A** m/ aldeia não faz pensar em nada.
   Cad m/ aldeia não faz pensar em nada…
   Ath m/ aldeia não faz pensar em nada.

22 **ACad** Quem está ao pé d'elle está
   só… **Ath** Quem está ao pé d'elle está
   só[←sinho] ao pé d'elle. [→ só alli.]

XXI | 21

[67-29ᵛ] [145-21ʳ e 22ʳ]

Poema do qual se conservam dois teste-
munhos: A (67-29ᵛ) e Cad (145-21ʳ e 22ʳ).

O primeiro encontra-se no bifólio em que se
localizam os poemas XVII, XVIII *e* XX *(e dois*
versos do XXII*), datáveis de* circa *7 de Março*
de 1914.

NOTAS

1 **A** trincar <o>/a\ <mundo> [↑ terra
   toda] **Cad** trincar a terra toda

2 **A** E sentir-lhe um paladar **Cad** E sentir-
   -lhe um paladar,] *em* Cad *este verso tem*
   um traço cortado à esquerda, indicando
   hesitação; de facto, este poema começa
   com uma interrogação.

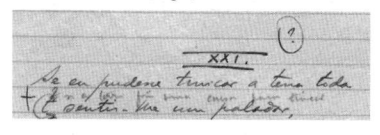

3 **A** *verso inexistente.* **Cad** E se a terra fôsse
   uma cousa para trincar] *acrescentamos*
   vírgula; uma seta indica que este verso
   deve ficar depois do anterior.

5 **A** feliz **Cad** feliz.

9 **A** E á <chuv> [↑ <*geada>] *chuva
   Cad E a chuva

11 **A** Naturalmente como
   Cad Naturalmente, como

12 **A** montanhas planicies
   Cad montanhas e planicies

13 **A** E haja rochedos e *desertos…
   Cad E que haja rochedos e herva…

14 **A** O <*ser> [↑ que é] preciso
   Cad O que é preciso

15 **A** infelicidade… **Cad** infelicidade,

16 **A** anda… **Cad** olha,

17 **A** anda… **Cad** anda,

18 **A** E quando se morre, lembrar-se ††
   de que o dia morre **Cad** E quando se
   vae morrer, lembrar-se de que o dia
   <*morre> morre

20 **A** Amen. **Cad** Assim <seja.> [→ é e {↓
   porisso} assim seja…] [→ E que se
   assim é, é porque é assim.]

[145-22ʳ]

Deste poema existe apenas o testemunho do
caderno de O Guardador, Cad (145-22ʳ), e
dois versos riscados – os primeiros dois – em
A (67-29aᵛ); a única diferença entre Cad e
A encontra-se no segundo verso, que em A
termina com reticências: "E espreita para o
calôr dos campos com a cara toda..." Desta
vez, as notas referem-se apenas à génese de
Cad, isto é, a um testemunho único. Para a
datação, veja-se a descrição anterior.

NOTAS

3   <n>/N\atureza de chapa

4   cara [↑ somma] *variantes alternativas.*

9   nos [↑ me] *variantes alternativas.*

14 Assim, porque assim o sinto, é que
    <o devo sentir...> [↑ é meu dever (↓ é
    completo ↓ é isso ↓ isso é) sentil-o...]

[67-25ᵛ] [145-22ʳ e 23ʳ] [Anexo 68-5ᵛ]

Existem dois testemunhos manuscritos deste
poema no espólio pessoano, A (67-25ʳ) e Cad
(145-22ʳ e 23ʳ), e ainda uma variante do
princípio do texto, que figura em anexo. Para
a datação crítica do poema XXIII, veja-se a
descrição do IX.

NOTAS

1   **A** ceu **Cad** céu

2   **A** E calmo como a agua ao sol **Cad** É
    calmo como a agua ao sol.

4   **A** nem se <espanta> [↑ <assusta>...]
    [→ espanta...] **Cad** Porque não
    interroga nem se espanta...] Cad
    segue uma linha em branco antes de
    uma nova estrofe.

5   **A** me assustasse **Cad** me espantasse

6   **A** Não nasciam flores **Cad** Não nasciam
    <mais> flores

7   **A** bello... **Cad** bello,

8   **A** flores **Cad** flôres] *"flores" tem acento*
    apenas neste verso; daí a emenda.

9   **A** bello... **Cad** bello,

10 **A** sentia menos flores **Cad** sentiria
    menos flores

12 **A** como é, e **Cad** como é e

13 **A** E eu acceito e **Cad** E eu acceito, e

14 **A** Para não parecer que penso n'isso)
    Cad Para não parecer [↓ saber]
    [↓ perceber] que penso n'isso...)

ANEXO

[68-5ᵛ – ms.]

São assim <*azues>/azues\ e calmos
Porque não interrogo [↓ pergunto] com
    elles
(Que posso eu perguntar a que alguem
    <*me> [↑ possa] responder?)

[67-30aᵛ] [145-23ʳ] [Athena 4]

Poema publicado na revista Athena, n.º 4,
1925, p. 149. Existem dois testemunhos
manuscritos, A (67-30aᵛ) e Cad (145-
-23ʳ), sendo que em Cad figuram versos que
não constam de A. Como noutros poemas
do caderno de O Guardador, Pessoa
acrescentou uma data, depois do poema,
com uma caneta de tinta vermelha; essa
data, "13-3-1914", é a mesma que figura
em 67-30ʳ. O incipit do poema XXIV está
incluído na segunda lista de poemas de
O Guardador de Rebanhos (48-27ʳ), de
Março de 1914.

NOTAS

1   **A** O que nós vemos das cousas são as
    cousas... **Cad** O que nós <sa> vemos das
    cousas são as cousas... **Ath** O que nós
    vemos das cousas são as cousas.

2-4 **A** *versos inexistentes.*
     CadAth *versos introduzidos.*

2   **Cad** cousa, se houvesse
    Ath cousa se houvesse

3   **Cad** ver e ouvir seriam illudirmo-nos,
    Ath ver e ouvir seriam illudirmo-nos

4   **Cad** Se vêr e ouvir são ver] *o segundo*
    "ver" não está acentuado.
    Ath Se ver e ouvir são ver

6-10 **A** *versos inexistentes.*
   CadAth *versos introduzidos.*

6 **Cad** vêr **Ath** ver

7 **Cad** vêr quando se vê **Ath** ver quando
   se vê,

9 **Cad** Nem vêr quando se pensa...
   Ath Nem ver quando se pensa.

10 **Cad** Mas isto (tristes de nós que
   trazemos a alma vestida!) –
   Ath Mas isso (tristes de nós que
   trazemos a alma vestida!),

11 **A** E isto exige um estudo profundo
   Cad Isto exige um estudo profundo,
   Ath Isso exige um estudo profundo,

ANTE 12 **A** Para fóra das cousas humanas,
   CadAth *verso inexistente.*

12 **A** Uma aprendisagem de ser primitivo
   Cad Uma aprendisagem de ser
   primitivo [↑ desaprender] **Ath** Uma
   apprendizagem de desapprender] *dois*
   vocábulos com duplo "p".

13 **A** E uma sequestração <◊>/na
   liberdade\ <n>/d'\aquelle convento

PRIMEIRAS VERSÕES
DOS POEMAS XXIV E XXV
(67-30Aᵛ E 67-30ʳ)

CadAth E uma sequestração na liberdade d'aquelle convento

14 **A** De [↑ que os poetas dizem] que as estrellas CadAth De que os poetas dizem que as estrellas

15 **A** E as flores as penitentes convictas de um só dia.] *o poema terminava neste verso, mas o autor acrescentou, mais tarde, os versos 16, 17 e 18.* CadAth *E as flores as penitentes convictas de um só dia,*] *com vírgula final.*

ANTE 16 **A** At the same time a preciseness [↑ so astonishing] in writing states of enjoyment of nature that it is difficult ◊] *este apontamento em inglês encontra--se apenas em* A, *entre os versos 15 e 16.*

18 **A** Sendo porisso que lhes chamamos estrellas e flores. **Cad** Sendo porisso que lhes chamamos estrellas e flôres.] *"flores" não tem acento nos versos anteriores.* **Ath** Sendo por isso que lhes chamamos [↓ as vemos] estrellas e flores.

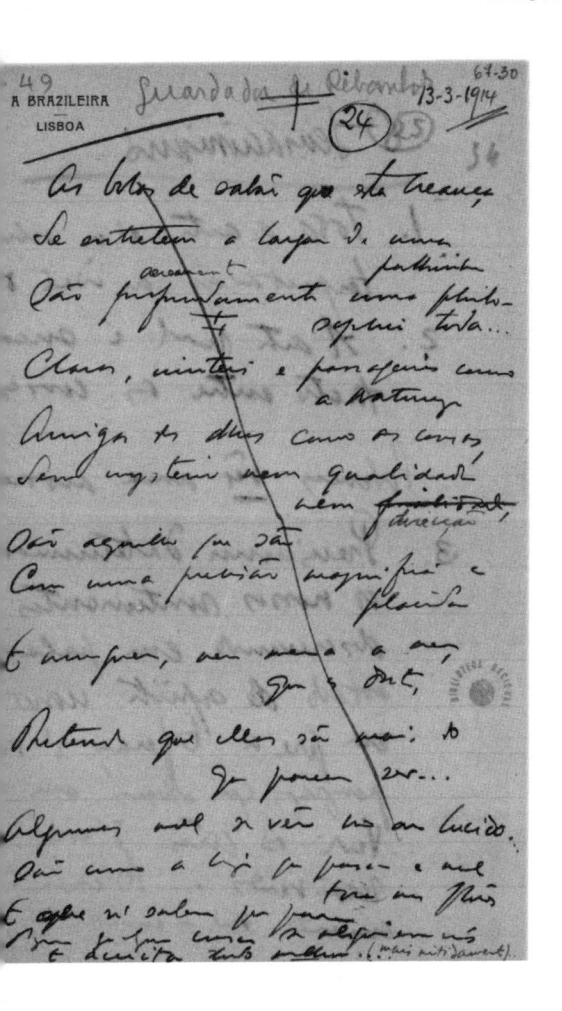

[67-30'] [14B-30'] [145-24'] [Athena 4] [Anexo 68-7']

Este poema, publicado na revista Athena,
*n.º 4, 1925, pp. 149-150, tem mais um verso
— que optámos por restaurar — em todos os
testemunhos manuscritos:* A *(67-30'),* B
(14B-30') e Cad *(145-24'). Ainda existe uma
outra folha (68-7) em que se pondera uma
variante — com dupla marca de hesitação —
do segundo verso: "Se entretém /a beijar/
d'esta palhinha". Tanto em* A *como em* Cad
*figura a data seguinte: 13 de Março de 1914.
O incipit do poema* xxv *está incluído na
segunda lista de poemas de* O Guardador de
Rebanhos *(48-27'), de Março de 1914.*

NOTAS

3   **A** São /profundamente/
[↑ aereamente] uma philosophia
toda... **BCad** São translucidamente
uma philosophia toda... **Ath** São
translucidamente uma philosophia
toda.

4   **A** Natureza **BCadAth** Natureza,

6   **A** Sem mysterio nem qualidade nem
<finalidade> [↓ direcção],
BCad Sem mysterio nem qualidade
nem direcção, **Ath** *verso inexistente,
embora não haja indícios de hesitação
em* A, B *nem* Cad.

8   **A** magnifica e placida **B** magnifica e
placida, **Cad** magnifica [↑ translucida]
e placida, **Ath** redondinha e aerea,

9   **AB** que as deita, **Cad** que as deita
[↑ deixa], **Ath** que as deixa,

10   **ABCad** ser... **Ath** ser.

11   **ABCad** lucido... **Ath** lucido.

12   **A** a briza que passa e mal toca nas
flôres **BCad** a briza que passa e mal toca
nas flores **Ath** a brisa que passa e mal
toca nas flores] *se "brisa" deriva do
francês "brise", o "z" é etimologicamente
desnecessário.*

13   **ABCad** briza **Ath** brisa

14   **A** qualquer **BCad** qualquér **Ath** qualquer

15   **A** E acceita tudo melhor... [↑ mais
nitidamente...] **BCad** E acceita tudo
mais nitidamente... **Ath** E acceita tudo
mais nitidamente.

[67-31'] [145-24' e 25'] [Athena 4]

Poema publicado na revista Athena, *n.º 4,
1925, p. 150. Conservam-se dois testemunhos
manuscritos,* A *(67-31') e* Cad *(145-24'
e 25'), sendo que o primeiro contém uma
data, 11 de Março de 1914, que depois foi
copiada para o segundo. Inicialmente, o
poema não estava numerado (o número 25,
em* A, *é relativamente tardio, tal como o 26,
em* Cad*), pelo que é fácil perceber que na
segunda lista de poemas de* O Guardador
de Rebanhos *(48-27'), de Março de 1914,
o incipit do poema* xxvi *esteja depois do
número 40.*

NOTAS

2   **A** Em que <a realidade externa> [↓ as
cousas teem toda a realidade que
podem ter] **Cad** Em que as cousas teem
toda a realidade que podem ter, **Ath** Em
que as cousas teem [← <mostram>(?)]
toda a realidade que podem ter,

3   **A** desleixadamente
Cad desleixadamente [↑ devagar]
Ath devagar

4   **A** sequér attribuo **Cad** sequér attribúo
Ath sequer attribúo

5   **A** cousas? **Cad** cousas... **Ath** cousas.

6   **ACad** flôr **Ath** flor

8   **ACad** côr **Ath** cor

9   **A** E exist/encia\ apenas...
Cad E existencia apenas...
Ath E existencia apenas.

10   **ACad** qualquér **Ath** qualquer

11   **A** ao agrado que as cousas me dão.
CadAth ás cousas em troca do agrado
que me dão.

12   **A** nada... **CadAth** nada.

13   **A** digo eu das cousas: "são bellas"

Cad digo eu <que> [d]as cousas: "são
bellas"? **Ath** digo eu das cousas: são
bellas?] *em prol da clareza, preferimos*
manter as aspas presentes em A e Cad.

14 **A** viver **CadAth** viver,
15 **A** Vagas, vêem **Cad** Vagas, veem
   Ath Invisiveis, veem]
16 **A** cousas **CadAth** cousas,
17 **A** Perante as cousas <*simples>
   [↓ que simplesmente existem.] **Cad**
   Perante as cousas que simplesmente
   existem... **Ath** Perante as cousas que
   simplesmente existem.
18 **A** Que difficil ser simples! **Cad** (Que
   difficil ser simples [↑ próprio] e não
   vêr senão o visivel!) **Ath** Que difficil ser
   proprio [↑ <*simples>] [↓ ter olhos] e
   não ver senão o visivel!

XXVII | 27

[67-32ʳ] [145-25ʳ]

Existem dois testemunhos deste poema:
A *(67-32ʳ) e* Cad *(145-25ʳ). Apenas no*
caderno de O Guardador, *o poema é*
dividido em várias estrofes. O incipit está
incluído na segunda lista de poemas de
O Guardador de Rebanhos *(48-27ʳ),*
de Março de 1914.

NOTAS

2 **A** <Não> Se fallo **Cad** Se [↑ ás vezes]
   fallo
5 **A** cousas... **Cad** cousas.
6 **A** personalidade, **Cad** personalidade:
8 **A** o n/ coração **Cad** o nosso coração
9 **A** sei... **Cad** sei.
10 **A** *verso inexistente.* **Cad** [↓ É isso tudo
   que verdadeiramente sou.]
11 **A** Goso isso tudo como quem gosa
   [↓ sente] o [↑ sabe que ha] sol...
   Cad Goso tudo isso como quem sabe
   que ha o [↓ está aqui ao] sol.

XXVIII | 28

[67-33ʳ] [145-25ʳ e 26ʳ] [Athena 4]

Poema publicado na revista Athena, *n.º 4,*
1925, pp. 150-151, do qual existem dois
testemunhos manuscritos: A *(67-33ʳ) e*
Cad *(145-25ʳ e 26ʳ). Para a datação, veja-*
-se a descrição dos poemas xxx *e* xxxi, *que*
também foram redigidos, inicialmente,
no bifólio 67-33 | 33a e que também foram
incluídos na segunda lista de poemas de
O Guardador de Rebanhos *(48-27ʳ).*

NOTAS

1 **A** Li hoje duas paginas
   CadAth Li hoje quasi duas paginas
2 **A** D'um livro d'um poeta mystico...
   CadAth D'um livro d'um poeta mystico,
3 **A** [← E] Ri **CadAth** E ri
3 **A** muito... **CadAth** muito.
5 **ACad** doidos... **Ath** doidos.
7 **A** alma, **CadAth** alma
8 **ACad** luar... **Ath** luar.
9 **A** Mas flores, se sentissem, não eram
   flôres: **Cad** Mas flores, se sentissem,
   não eram flôres: **Ath** Mas flores, se
   sentissem, não eram flores,] em Ath,
   "flor" e "flores" não são acentuadas;
   nos outros testemunhos, são-no, mas de
   forma errática.
10 **A** gente. **CadAth** gente;
12 **A** E se os rios **Cad** E se os <rios>
   [↑ pobres] dos rios **Ath** E se os rios
13 **A** Os rios eram homens doentes...
   CadAth Os rios seriam homens doentes.
15 **A** Para fallar nos sentimentos d'elles,
   CadAth Para fallar dos sentimentos d'elles.
16 **A** Fallar na alma das pedras e das flores
   e dos rios **CadAth** Fallar da alma das
   pedras, das flores, dos rios,
17 **A** pensamentos... **CadAth** pensamentos.
18 **A** pedras **CadAth** pedras,
19 **A** rios **CadAth** rios,
20 **ACad** flores... **Ath** flores.
22 **A** E <estou> [↑ fico] contente
   CadAth E fico contente,

23 **A** fóra. **CadAth** fóra;
25 **A** dentro… **Cad** "dentro": **Ath** dentro;
26 **ACad** Natureza… **Ath** Natureza.

[67-25ᵛ] [145-26ʳ e 27ʳ]

Deste poema existem dois testemunhos:
A (67-25ᵛ), numa folha quadriculada; e
Cad (145-26ʳ e 27ʳ), em duas páginas – a 26
e a 27 – do caderno de O Guardador. Em
A o poema foi renumerado, passando de
xxiii para 27 (em árabe, dentro de círculo),
embora em Cad seja o poema xxix. Para a
datação crítica do poema xxix, veja-se a
descrição do ix.

NOTAS

1 **A** escrevo… **Cad** escrevo.
2 **A** muito… **Cad** muito.
3 **A** flôres **Cad** flores
4 **A** uma nuvem passa
  Cad uma nuvem passa [↑ dura]
5 **A** Ou quando <†>/f\ica a noite
  Cad Ou quando entra [↑ fica] a noite
6 **A** E as flôres são côr da sombra…
  Cad E as flores são côr da sombra.
  [↑ que a gente sabe que ellas teem.]
  [↑ da gente lhes saber a côr.] [↓ <de
  nada>] [↓ da lembrança.] *veja-se o*
  pormenor das diversas variações do final
  deste verso.

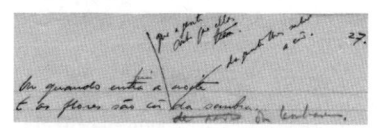

7 **A** Mas quem olha bem vê que são as
  mesmas flôres **Cad** Mas quem olha
  bem<,> vê que são as mesmas flôres.]
  deixámos "flores", sem acento, tal como
  surge nos versos anteriores.
9 **A** mim **Cad** mim:
10 **A** direita **Cad** direita,
11 **A** esquerda **Cad** esquerda,

12 **A** Mas sou sempre eu, graças ao ceu e á
  terra **Cad** Mas sou sempre eu, assente
  sobre os mesmos pés –
13 **A** *verso inexistente.* **Cad** <Eu> [↑ O]
  mesmo sempre, graças ao céu e á [↑ a
  haver a] [↓ a mim e á] terra
14 **A** E aos meus olhos [↑ e ouvidos]
  attentos **Cad** E aos meus olhos e
  ouvidos /attentos/ [↑ /convictos/]
15 **A** E á m/ clara simplicidade de alma.
  Cad E á minha clara simplicidade
  [↓ contiguidade] de alma…

[67-33ᵛ] [145-27ʳ] [Athena 4]

Poema publicado na revista Athena, n.º 4,
1925, p. 151, do qual se conservam testemunhos
manuscritos: A (67-33ᵛ) e Cad (145-27ʳ).
Em A, depois do último verso e de um traço
divisório duplo, existem uns versos riscados:
"A m/ alma é só a flôr do meu corpo".
Também em A, mas acrescentados e riscados
posteriormente, encontram-se dois versos
soltos na margem inferior: "Ainda assim trago
ao universo um novo mundo. | Christo não
fez tanto"; estes versos foram redigidos com a
folha virada 180 graus e seguidos da indicação
"copied" (relacionam-se com o poema xlvi,
datável do dia 10 de Maio de 1914). Admitimos
que o poema xxx seja de Março de 1914,
atendendo a que está incluído na segunda
lista de poemas de O Guardador (48-27).

NOTAS

1 **ACad** está bem – tenho-o…
  Ath está bem, tenho-o.
2 **A** corpo… **CadAth** corpo.
3 **A** A m/ alma é simples e não pensa…
  Cad A minh'alma é simples [↑ assim]
  e não pensa.] *o autor acrescentou a*
  variante "assim", mas também um traço
  cortado, indicando hesitação.
  Ath A minha alma é simples e não
  pensa.] *ver o verso 3 do poema 1, em que*
  "minha" não tem apóstrofo.

4 **A** saber... **CadAth** saber.

5 **A** n'isso... **Cad** n'isso. **Ath** nisso.

7 **A** Vivo no cimo d'um outeiro **Cad** Vivo no cimo [↑ ao meio] d'um outeiro **Ath** Vivo no cimo d'um outeiro] *Ivo Castro defende que a variante "ao meio" é posterior a Ath, isto é, a 1925 (em Pessoa, 2015, p. 22); é possível, mas o motivo que nos leva a adoptar esta variante é ainda mais complexo: inicialmente, Pessoa terá imaginado a casa de Caeiro no cimo de um outeiro, mas, posteriormente, tê-la-á deslocado para o meio de uma encosta. Vejam-se o verso 6 do poema VII e o verso 84 do poema VIII, tal como a comunicação de Ivo Castro "A casa a meio do outeiro" [1988] (2013, pp. 69-74).*

8 **A** N'uma casa <branc> [↑ caiada] e sòsinha **Cad** N'uma casa caiada e sósinha **Ath** Numa casa caiada e sòsinha,] *mantivemos o acento grave em "sòsinha" depois de confrontar vários casos.*

9 **A** m/ definição... **Cad** minha definição... **Ath** minha definição.

XXXI | 31

[67-33aʳ] [145-27ʳ e 28ʳ]

Este poema e o anterior encontram-se no mesmo bifólio (67-33 | 33a) e no mesmo caderno (145), mas este poema não foi publicado em 1925. Do XXXI existem, portanto, dois testemunhos: A (67-33aʳ) e Cad (145-27ʳ e 28ʳ), ambos manuscritos. O mais antigo será de Março de 1914, atendendo a que o incipit é incluído na segunda lista de poemas de O Guardador de Rebanhos (48-27ʳ). Convém salientar que não lemos o verso 12 como foi lido na edição crítica da INCM.

NOTAS

1 **A** flôres **Cad** flores

2 **A** E <que> se eu dissér que os rios cantam **Cad** E se eu dissér que os rios cantam,

3 **A** Não é porque **Cad** Não <ha> [↑ é] porque

5 **A** sentir aos homens **Cad** sentir aos homens [→ /falsos/] *com um acrescento tardio, "falsos", sobre um traço cortado, indicando hesitação.*

6 **A** verdadeiramente real das flores e dos rios, **Cad** verdadeiramente real [↑ verdadeira] das flores e dos rios.

7 **A** lerem **Cad** lêrem

9 **A** Não concordo commigo <e> [↑ mas] absolvo-me, **Cad** Não concordo commigo mas absolvo-me,

10 **A** verso inexistente. **Cad** Porque não me acceito a serio.

11 **A** Porque <não sou um> [↑ só sou] essa cousa penosa, um] *interprete da Natureza* **Cad** Porque sou essa cousa odiosa, um interprete da Natureza,

12 **A** Porque ha homens **Cad** Porque ha homens] *não acompanhamos a leitura "Porque ha em homens", porque a preposição "em" não parece um acrescento de Pessoa, mas de um amanuense ou de um compositor tipográfico que leu o "sou" do verso 11 como "em".*

13 **A** Que<, alias,> [↑ não é, alias,] linguagem nenhuma… [↓ Por ella não ser linguagem nenhuma] **Cad** Por ella não ser linguagem nenhuma…

XXXII | 32

[67-34] [145-28ʳ e 29ʳ] [Athena 4]

Poema publicado na revista Athena, n.º 4, 1925, pp. 151-152, do qual se conservam dois testemunhos manuscritos: A (67-34) e Cad (145-28ʳ e 29ʳ). No exemplar de mão da Athena existem intervenções manuscritas. O poema XXXII será de fim de Março; veja-se a descrição do poema XXXVII.

NOTAS

2 **A** estalagem **CadAth** estalagem.

3 **A** tambem... **CadAth** tambem.

4 **A** lucta pela justiça
Cad lucta pela [↑ para haver] justiça
Ath lucta para haver justiça

5 **A** soffrem **CadAth** soffrem,

6 **A** E d<a>/o\ <fadiga> [↑ trabalho
constante], e dos que teem <frio>/
fome\ **CadAth** E do trabalho constante,
e dos que teem fome,

7 **A** E dos ricos, que não se importam
com isso... **Cad** E dos ricos, que não se
importam com [↑ só teem costas para]
isso... [↓ *que não* são homens quando
se falla nisto.] **Ath** E dos ricos, que só
teem costas para [→ não se importam
com] isso,

8 **A** E olhando para mim
CadAth E, olhando para mim,

9 **A** E sorriu [↑ com agrado] julgando
CadAth E sorriu com agrado, julgando

10 **A** <A>/O\ <piedade> [↑ odio] que elle
sentia e <o>/a\ <odio> [↑ piedade]
CadAth O odio que elle sentia, e a
compaixão

11 **A** sentia **Cad** sentia... **Ath** sentia.

12 **ACad** ouvindo... **Ath** ouvindo.

14 **ACad** E o que soffrem ou gemem?
Ath E o que soffrem ou suppõem
[→ sentem] que soffrem?

15 **ACad** sofrerão... **Ath** sofrerão.

16 **A** outros **CadAth** outros,

17 **A** bem quer para fazer mal...
Cad bem, quer para fazer mal...
Ath bem, quer para fazer mal.

18 **A** A nossa alma e o ceu e a terra
bastam-nos... **Cad** A nossa alma e o céu
e a terra bastam-nos. **Ath** A nossa alma
[← O n/ vêr] e o ceu e a terra bastam-
-nos.] *na variante manuscrita "ver" tem
acento circunflexo; Pessoa terá esquecido
que "ver" surge sem esse acento na revista
Athena.*

19 **A** infeliz) **Cad** infeliz...). **Ath** infeliz.)

21 **A** Quando o ◊ fallava
Cad Quando o amigo de gente fallava,
Ath Quando o amigo de gente fallava

22 **A** *verso inexistente.* **Cad** (E <o que>
[↑ isso me] commoveu até ás
lagrimas) **Ath** (E isso me commoveu até
ás lagrimas),

23 **ACad** murmurio longinquo de
chocalhos **Ath** murmurio longinquo
dos chocalhos

25 **A** Parecia os sinos de uma **Cad** [← Não]
Parecia os sinos de uma **Ath** *Não parecia
os sinos d'uma*] *concordamos com Ivo
Castro na desnecessidade de italicizar o
início do verso* (em Pessoa, 2015, p. 198).

26 **A** A que fôssem **CadAth** A que fossem

27 **A** E <†>/as\ almas como a minha...
Cad E as almas simples como a minha...
Ath E as almas simples como a minha.

28 **A** bom... **CadAth** bom,

29 **A** flôres **CadAth** flores

32 **ACad** correndo... **Ath** correndo.

33 **A** missão <do> [↑ no] mundo...
Cad missão no mundo <—>/,\
Ath missão no mundo,

34 **A** bellamente **Cad** bellamente
[↑ claramente] **Ath** claramente,

35 **A** n'isso). **Cad** n'isso...) **Ath** nisso.)

36 **A** E o homem calou-se – ficou olhando
o poente... **Cad** E o homem calára-se,
olhando o poente. **Ath** E o homem
calara-se, olhando o poente.

ANTE 37 **A** Foi a unica cousa verdadeira
que elle disse **CadAth** *verso inexistente.*

37 **A** Mas o que tem com o poente
CadAth Mas que tem com o poente

XXXIII | 33

[67-34ʳ] [145-29ʳ]

*São dois os testemunhos deste poema, A (67-
-34ʳ) e Cad (145-29ʳ), que, embora curto, ficou
inacabado e tem sido editado de diversas
maneiras. A primeira versão será de fim de
Março; veja-se a descrição do poema XXXVII.*

1 **A** Pobres das flôres nos canteiros dos
jardins regulares **Cad** Pobres das flores
nos canteiros dos jardins regulares.

2 **A** Parecem ter medo da policia...
Cad Parecem [↑ <ás vezes>]
[↑ alegrias] ter medo da policia...
] não é evidente que o verso deva ficar
"Parecem alegrias...", supondo que a
palavra acrescentada seja "alegrias"; é
possível que a modificação do verso em
Cad tenha ficado incompleta.

3 **A** bôas **Cad** boas [↑ certas]

4 **A** tem o mesmo sorriso antigo
Cad teem o mesmo sorriso colorido
antigo

5 **A** Que tiveram para o primeiro olhar
Cad Que tiveram [↑ á solta] para o
primeiro olhar

6 **A** apparecer **Cad** apparecidas

7 **A** Para vêr se ellas fallavam...
Cad Para vêr se ellas fallavam... [↓ o
que ellas faziam {↑ mudavam...}
{↑ mudariam}] [↓ a quem pertenciam]
[↓ com o tacto {↓ os dedos} tambem]
e ainda existe um acrescento que incide
nas últimas variantes: Para [↓ as] vêr.
(Daí a proposta final: "Para as vêr com os
dedos tambem.")

[67-35'] [145-30']

Trata-se de um poema que não foi publicado
em vida de Pessoa e do qual estão à guarda
da BNP dois testemunhos manuscritos:
A (67-35') e Cad (145-30'). Será de fim de
Março; veja-se a descrição do poema xxxvii.

NOTAS

2 **A** sosinho **Cad** sósinho] com acento
agudo, desta vez.

3 **A** qualquer **Cad** qualquér

4 **A** vêr **Cad** ver

5 **A** m/ **Cad** minha

8 **A** E então <sinto-me> desagrado-me
Cad E então desagrado-me

12 **A** <Sabe lá> [↑ Terá] a terra
consciencia das plantas e arvores que
tem? **Cad** Terá a terra consciencia das
pedras e plantas que tem?] emenda-se
"terra" para "Terra" (cf. vv. 18 e 21).

13 **A** Se ella tive<sse>/er\, que a tenha...
Cad Se ella a tivér, que a tenha... [← Se
ella tivesse, seria gente;]

14 **A** verso inexistente. **Cad** E se fôsse gente,
não era a terra [↑ tinha feitio de
gente].

15 **A** Que me importa isso a mim?... **Cad**
[← Mas] Que me importa isso a mim?

16 **A** n'estas cousas **Cad** n'essas cousas,

17 **A** vêr **Cad** ver

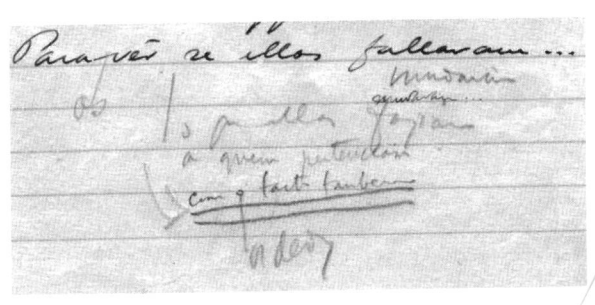

Cad — FINAL DO POEMA XXXIII

18   **A** vêr **Cad** ver
18   **A** Terra **Cad** Terra,
19   **ACad** vêr] *os testemunhos coincidem (cf.*
     vv. 17-18).
20   **A** escuras... **Cad** escuras.
21   **A** tenho o sol e a lua **Cad** tenho <o>/a\
     <sol e a lua.> [↑ Terra e o Céu.]

XXXV | 35

[67-38ʳ] [145-30ʳ e 31ʳ] [Athena 4]

Poema publicado na revista Athena, *n.º 4,
1925, p. 152. No espólio pessoano existem dois
testemunhos manuscritos:* A *(67-38ʳ) e* Cad
*(145-30ʳ e 31ʳ). No mesmo suporte em que se
encontra* A, *o bifólio 67-38 | 38a, existe um
poema caeiriano datado de 4 de Março de
1914 (cf. "O luar quando bate na relva").*

NOTAS

1   **ACad** ramos — **Ath** ramos,
3   **ACad** ramos... **Ath** ramos.
5   **A** O que o luar <de> atravez
    CadAth O que o luar <de> atravez
6   **A** É além **CadAth** É, além
7   **ACad** ramos **Ath** ramos,
ANTE 8 **A** (Assim como o digo pudesse-o
    eu comprehender) **Cad** <(Assim como
    o digo pudesse-o eu comprehender)>
    Ath *verso inexistente.*
8   **A** É não ser mais **Cad** É não ser mais
    <[↑ senão]> **Ath** É não ser mais
9   **A** Do que o luar atravez dos altos
    ramos... **Cad** <Do que> [↑ Que] o luar
    atravez do altos ramos. **Ath** Que o luar
    atravez dos altos ramos.

XXXVI | 36

[67-35ʳ] [145-31ʳ]

Poema não publicado na Athena *e do qual
a penas se conservam dois testemunhos
ma nuscritos:* A *(67-35ᵉ) e* Cad *(145-31ʳ).
No bi fólio 67-38 | 38a existe um verso solto,
"Quem tem as flôres não precisa de Deus",
que Teres a Sobral Cunha anexou a este
poema em* Poemas Completos de Alberto

Caeiro *(Pessoa, 1994, p. 86). O poema* XXXVI
*será de fim de Março; veja-se a descrição do
poema* XXXVII.

NOTAS

5   **A** verso sobre verso como quem
    constróe uma c<ou>/a\sa
    Cad verso sobre verso, como quem
    constr<ó>[↑u]e um muro
7   **A** [↑ Quando] <A>/a\ unica casa]
    Cad Quando a unica casa artistica
9   **A** mas como quem <olha,> [↑ respira,]
    Cad mas como quem <respira> [↑ não
    pensa],
10   **A** olho **Cad** ólho
14   **A** /divindade/ **Cad** divindade]
    sublinhado em Cad, *talvez indicando
    ainda alguma hesitação.*
16   **A** estações **Cad** Estações
18   **A** E não termos sonhos no n/ somno.
    Cad E não termos [↓ Afrouxando, e
    sem] sonhos no nosso somno.

XXXVII | 37

[67-35ʳ e 36ʳ] [145-31ʳ e 32ʳ] [Athena 4]

Poema publicado na revista Athena, *n.º 4,
1925, p. 152. Existem dois testemunhos
manuscritos,* A *(67-35ʳ e 36ʳ) e* Cad *(145-
-31ʳ e 32ʳ), e ainda uma variante do início
do verso 2 na folha 68-7: "O sol que foi de
hoje [demora-se nas nuvens que ficam]".
No exemplar da* Athena *figura uma outra
variante (ver a nota do verso 2). Para a
datação crítica, é importante notar que o
testemunho mais antigo,* A, *começa num
pedaço de folha de papel de quadrícula
caligráfica onde se encontram os poemas*
XXXIV *e* XXXVI, *e o incipit do* XXXV *(de c.
4-3-1914), e continua num pequeno pedaço
de papel liso com os poemas* XXXVIII, XXXIX
e XLVIII. *Do penúltimo poema referido, o*
XXXIX, *existe em 67-36ᵛ a primeira metade,
e em 67-38ʳ a segunda metade, datável
de c. 4-3-1914. Em 67-36ᵛ também figura
uma indicação, "Here 44, 45, 46, 47, 48,*

49", que remete para a segunda lista de poemas de O Guardador de Rebanhos, onde se lê "(44, 45, 46, 47, 48, 49)" (48-27'; datável de Março de 1914). É evidente que os poemas das folhas 67-35 e 67-36 não fazem parte dos "early poems" de O Guardador — como o xxxv–, mas não serão muito posteriores, atendendo às características físicas dos suportes e da escrita. Já 67-35 e 67-36 fazem parte de um conjunto de quatro folhas que terá sido manuscrito na mesma altura — 67-34 a 67-37 — e que pode e deve ser associado a outros conjuntos parciais do envelope 67: 67-20 a 67-25, por exemplo. Em suma, não é impossível que o poema xxxvii, dividido entre duas folhas diferentes, tal como os poemas presentes nas folhas 67-34 a 67-37, seja de fim de Março, enquanto outros, como os da primeira lista de O Guardador de Rebanhos (67-27'), sejam do início desse mês.

NOTAS

2 **A** O sol-<posto> [↑ poente] está nas nuvens do poente...
   Cad O sol-<poente> [↑ posto] está [↑ demora-se] nas nuvens do poente [↓ que ficam { ↑ param}]...
   Ath O sol-todo [← ido] demora-se nas nuvens que ficam.

3 **A** Vem um silvo vago de longe na tarde muito calma **Cad** Vem um silv<ar>/o\ vago de longe na tarde muito calma...
   Ath Vem um silvo vago de longe na tarde muito calma.

4 **A** Deve sêr d'um comboio longinquo...
   Cad Deve ser de um comboio longinquo... **Ath** Deve ser d'um comboio longinquo.

5 **A**Cad N'este **Ath** Neste

6 **A** timido **Cad** timido [↑ flaccido]
   Ath placido

7 **A**Cad desapparece... **Ath** desapparece.

8 **A** á flôr dos regatos, **Cad** á flôr dos ribeiros, **Ath** á flor dos ribeiros,

9 **A** Fôrmam-se bolhas <de> [↑ na] agua
   CadAth Formam-se bolhas na agua

12 **A** bolhas na agua **Cad** bolhas de [↑ na] agua **Ath** bolhas de agua

13 **A** Que apparecem e desapparecem.
   Cad Que apparecem [↑ nascem] e desapparecem... [↑ se desmancham...] **Ath** Que nascem e se desmancham.

XXXVIII | 38

[67-36'] [145-32']

Conservam-se dois testemunhos, ambos manuscritos, deste poema inédito aquando da morte de Pessoa: A (67-36') e Cad (145-32'). O poema, como muitos outros, foi renumerado: em A passou de "xxx" a "35" e, depois, a "38". Será de fim de Março; veja-se a descrição do poema xxxvii.

NOTAS

2 **A** Que faz meus irmãos <os homens que o olham como> [↑ todos os homens,]

4 **A** E n'esse puro momento, **Cad** E n'esse puro [↑ <bom> { ↓ bom}] momento

5 **A** sensivel, **Cad** sensivel

6 **A** Regressam lacrimosamente
   Cad Regressam lacrimosamente [↑ imperfeitamente]

9 **A** Que adora o sol nascer e adorava o **Cad** e <adorava-o> [↑ ainda o não adorava.]

10 **A** natural, mais **Cad** natural — mais

11 **A** Que adorar o ouro e Deus **Cad** Que adorar o <ouro> [↑ sol] e [↑ depois] Deus

12 **A** E a <melhor moral e a melhor>. [↑ arte e a moral...] **Cad** E <a arte> e a moral... [↑ depois] [↓ tudo o mais que não ha.]

[67-36ʳ e 38ʳ] [145-32ʳ e 33ʳ] [Athena 4]

Este poema foi publicado na revista Athena,
*n.º 4, 1925, pp. 152-153, onde figuram
múltiplas variantes do verso 7, um verso
que Pessoa reescreveu várias vezes, tal
como consta das folhas 68A-6, 68-7 e 68A-
-7. Da totalidade do poema existem três
testemunhos:* A *(67-36ᵛ e 38ʳ),* Cad *(145-32ʳ e
33ʳ) e* Ath *(Athena 4). Em 67-38aᵛ encontra-
-se a data "4-III-1914". Provavelmente o
verso 7 foi reescrito muitas vezes porque era,
inicialmente, o que encerrava este poema;
de facto, o testemunho* A *é "duplo", já que
se encontra em dois suportes materiais
diferentes: as folhas 67-36 (sete versos) e
67-38 (10 versos). Em 67-36ᵛ há uma nota
depois do verso 7: "Here 44, 45, 46, 47, 48,
49". Sobre este apontamento, escreve Ivo
Castro: "Confirmando que nessa altura
estava em causa o modo como o ciclo seria
configurado, foi adicionada entre os dois
poemas da página [67-36ᵛ] uma pequena
nota numérica: 'Here 44, 45, 46, 47, 48, 49',
que é muito semelhante à que se encontra na
lista [da folha] 47-28, que tem sido referida
como um misto de inventário de poemas
escritos e de cálculo de quantos faltaria
escrever" (em* Pessoa, 2015, p. 208)*. O
número total de 49 poemas é um número que
aproxima Caeiro de Whitman, como Patricio
Ferrari explica: "So significant is Whitman
for the formation of Caeiro that even the
number of poems (in the most complete index
prepared for 'O Guardador de Rebanhos')
takes us straight to the 1895 edition extant
in the library [Pessoa's Private Library, CFP
8-664MN]. On a loose manuscript, at the
bottom of the page, we read '(try to reach
50, or, at the very least, 45) or 49' (48-27';
in* Sensacionismo e Outros Ismos, 2009,
*p. 426), practically the number of poems that
makes up 'Song of Myself' in that particular
edition (51 poems). Last but not least, like*

Caeiro's poems, Whitman's were untitled and
divided by roman numerals" (Ferrari, 2011,
pp. 45-46).

NOTAS

1 A O mysterio das cousas? onde está
elle? Cad O mysterio das cousas – onde
está elle? Ath O mysterio das cousas,
onde está elle?

4 A arvore CadAth arvore?

5 ACad E eu, que não sou mais do que
elles Ath E eu, que não sou mais
[← real] do que elles

6 A olho CadAth ólho

7 A Rio como um <riacho> [↑ regato]
quando bate n'uma pedra… Cad Rio
como [↑ ao ver] [↓ ao concordar
com] um regato que bate n'uma
pedra… Ath Rio como um regato que
soa fresco [↓ tem som] [↑ tem outro
som] [↑ levanta a voz {↑ o som}]
[→ augmenta o som] numa pedra.
[→ soa á roda de uma pedra.] *existem
outras variantes em três documentos do
espólio pessoano:*
Rio com o repente de um riacho que
encontra [↑ salta] uma pedra (68A-6ʳ)
Rio como um regato que tem outro
som [↓ som novo] [↓ mais um som]
numa pedra. [↓ que faz crista numa
pedra.] *(68-7ʳ)*
Rio /alto/, como um regato abre o som
numa pedra. *(68A-7ʳ)*

9 A nenhum… Cad nenhum…
Ath nenhum.

10 A mais extranho que
CadAth mais extranho do que

11 A E de que todos os sonhos Cad E de
que os sonhos Ath E do que os sonhos

12 A E de que os pensamentos mais
medonhos CadAth E os pensamentos de
todos os philosophos,

15 A Sim eis o que as <m/ ideas>
[↑ cousas] disseram ás minhas
[↑ idéas] coisas CadSim, eis o que os

meus sentidos aprenderam comsigo,
Ath Sim, eis o que os meus sentidos
aprenderam sòsinhos: –
16 **A** <Mas> **Cad**As cousas não teem
significação: teem existencia...
Ath As cousas não teem significação:
teem existencia.
17 **ACad** das cousas... **Ath** das cousas.

XL | 40

[67-39'] [145-33'] [Athena 4]

*Poema publicado na revista Athena, n.º 4,
1925, p. 153; no exemplar de mão de Pessoa
não há intervenções autógrafas, mas há
um apontamento à direita do poema: "a
new art of mysticism" (trad.: uma nova
arte de misticismo). Conservam-se dois
testemunhos manuscritos:* A (67-39') *e*
Cad (145-33'). *Em A figura uma data,
"7-5-14", validada em* Cad, *"7-5-1914".
A numeração do poema, em* A, *mudou
de "44" para "37" e, finalmente, para
"40", sempre em numeração árabe. O
testemunho* A *encontra-se numa folha de
papel quadriculada, tirada de um bloco e
manuscrita a tinta preta, idêntica às duas
folhas seguintes no arquivo: 67-40 e 67-
-41. A datação do poema* XL *é extensível aos
poemas* XLI, XLII, XLIII, XLIV *e* XLV, *e assim
o terá compreendido Pessoa, que anotou
a data nesses poemas, no caderno de* O
Guardador.

NOTAS

1 **A** Voa uma borboleta [↑ por] deante de
mim **CadAth** Passa uma borboleta por
deante de mim

2 **A** E de repente eu reparo **CadAth** E pela
primeira vez no universo eu reparo

3 **A** Que as borboletas, [↑ assim] como
as flôres, <e as> [↑ não tem (↑ um seu}
perfume] **Cad**Que as borboletas não
teem côr nem movimento,
AthQue as borboletas não teem cor
nem movimento,] *a palavra "cor"*

deixa de ter acento circunflexo em Ath.
4 **A** Não teem côr nenhuma... **Cad** Assim
como as flores não teem perfume <no>
nem côr... **Cad** Assim como as flores
não teem perfume nem cor,
5 **A** A côr é que tem côr nas azas da
borboleta **Cad** A côr é que tem côr nas
azas da borboleta, **Ath** A cor é que tem
cor nas azas da borboleta,
6 **A** *verso inexistente.* **CadAth** No
movimento da borboleta o movimento
é que se move,
7 **A** <A>/O\ perfume é que tem perfume
na <◊>/existencia\ da flôr, **Cad** O
perfume é que tem perfume no
perfume da flor... **Ath** O perfume é que
tem perfume no perfume da flor.
8 **A** é apenas a borboleta
CadAth é apenas borboleta
9 **ACad** a flôr é apenas flôr...
Ath a flor é apenas flor.

XLI | 41

[67-39'] [145-34']

Existem dois testemunhos manuscritos,
A (67-39') *e* Cad (145-34'), *sendo que no
primeiro os 12 versos iniciais têm marca de
redacção provisória e que o segundo introduz
uma divisão estrófica entre os versos 7 e 8.
Em A, no canto superior direito, figura a
data "7-5-14", validada em* Cad: *"7-5-1914".
Em A, o poema foi remunerado: passou de
"45" para "38" e, finalmente, para "41".*

NOTAS

4 **A** eucalyptos **Cad** arvores

5 **A** Em todas as folhas das suas folhas
Cad Em todas as folhas [↑ maneiras]
das suas folhas

6 **A** illusão... **Cad** illusão,

8 **A** Ah os sentidos os doentes que vêm e
ouvem!... **Cad** Ah, os [↑ nossos] sentidos,
os doentes que veem e ouvem!

12 **A** E nem repararmos para que tinham
[↑ existirem] [↓ que ha] sentidos...]

segue-se um número 46 ao centro,
sublinhado e depois riscado, que sugere
que o poema podia ter ficado com 12
versos. **Cad** E nem repararmos para que
ha sentidos...
14 **A** <Se não houvesse> [↑ Porque a]
imperfeição <havia> /é\ uma cousa **Cad**
Porque a imperfeição é uma cousa,
15 **A** verso inexistente. **Cad** E haver gente
que erra é original [→ differente],
16 **A** verso inexistente. **Cad** E <é engraçado>
[↑ haver gente doente] torna o mundo
/engraçado/ [↑ maior].
17 **A** E se não houvesse imp., havia uma
cousa a menos... **Cad** Se não houvesse
imperfeição, havia uma cousa a menos,
19 **A** Para termos muito que ver e que
ouvir **Cad** Para termos muito que ver
e que ouvir... [↑ enquanto vemos e
ouvimos]
20 **A** verso inexistente. **Cad** (Emquanto os
olhos e os ouvidos se não fecham)]
este acrescento parece uma variante
do verso 19, mas talvez seja um verso
autónomo, atendendo a que começa
com "e" maiúsculo; encontra-se entre
parênteses curvos e está marcado,
na margem esquerda, com sinal de
hesitação.

XLII | 42

[67-40ʳ] [14B-31ᵛ] [145-34ʳ] [Athena 4]
Poema publicado na revista Athena, n.º 4,
1925, p. 153, do qual existem mais três
testemunhos: A (67-40ʳ), manuscrito; B
(14B-31ᵛ), dactilografado; e Cad (145-34ʳ),
manuscrito. Na parte superior da página
67-40ʳ, isto é, de A, encontram-se dois
versos soltos: "faze por entre sombrios seres
o alegre | E serás como <raras> [↑ realidade
entre vagos e] [↓ rei entre vassales e
uteis...]". A seguir figura a numeração do
poema, ao centro e sublinhada, que passou,
no testemunho A, de "46" para "39" e,

finalmente, para "42". Em Cad o poema está
datado de "7-5-1914". Propomos uma nova
leitura do quinto verso.

NOTAS
1 **A** estrada e foi-se...
BCadAth estrada, e foi-se;
2 **ACad** sequér mais feia... **B** sequer mais
feia... **Ath** sequer mais feia.
3 **A** fóra **BCadAth** fóra.
4 **A** pômos, passamos e esquecemos,
BCad pômos; passamos e esquecemos,
Ath pomos; passamos e esquecemos;
5 **A** E o sol é sempre pontual todos os
dias. **BCad** E o sol é sempre pontual
todos os dias... **Ath** E o sol é sempre
pontual [↓ o sol de] todos os dias.] Ivo
Castro leu erradamente o acrescento ("o
de de" vs. "o sol de") e não introduziu esta
alteração.

XLIII | 43

[67-40ʳ] [145-35ʳ] [125A-93ᵛ] [Athena 4]
Poema publicado na revista Athena,
n.º 4, 1925, p. 153. Conservam-se também
estes testemunhos: A (67-40ʳ) e Cad (145-
-35ʳ), manuscritos; e anteAth (125A-93ᵛ),
dactilografado. Este último é o duplicado da
cópia a químico de "Caeiro — 10.", isto é, da
página 10 do conjunto de poemas caeirianos
dactilografados que, em 1925, Pessoa
preparou para publicação na Athena.
O poema XLIII foi renumerado no
testemunho A, passando de "47" para "40" e,
finalmente, para "43". Em Cad está datado
de "7-5-1914".
NOTAS
1 **A** ave que passa e não deixa rasto
CadanteAthAth ave, que passa e não deixa
rasto,
2 **A** passagem do animal que fica
lembrada no chão... **CadanteAth**
Ath passagem do animal, que fica
lembrada no chão.
3 **A** esquece e assim deve ser

Cad esquece, e assim deve sêr.
anteAthAth esquece, e assim deve ser.

4 A O animal tem a dura tarefa de fazer
recordar... Cad O animal, onde já não
está e porisso de nada serve, anteAthAth
O animal, onde já não está e por isso
de nada serve,

5 A verso inexistente. Cad Mostra que já
esteve, o que não serve para nada...
anteAthAth Mostra que já esteve, o que
não serve para nada.

6 A E a recordação é uma traição à
Natureza, Cad anteAthAth A recordação é
uma traição á Natureza,

7 A a Natureza de hontem não é a
Natureza já... Cad anteAthAth a Natureza
de hontem não é Natureza.

8 A verso inexistente. Cad vêr...
anteAthAth ver.

9 A Passa ave, passa, e ensina-me
a passar... Cad Passa, ave, passa, e
ensina-me a passar... anteAthAth Passa,
ave, passa, e ensina-me a passar!

XLIV | 44

[67-41'] [145-35']

*Deste poema, que não entrou na Athena,
existem dois testemunhos no espólio pessoano:
A (67-41') e Cad (145-35'). Em A a numeração
variou: de "48" passou para "41" e, depois,
para "44". Em Cad figura a mesma data que se
encontra em poemas anteriores: "7-5-1914". Os
primeiros nove versos em A estão abrangidos
por um traço vertical cortado, à esquerda,
indicando hesitação, mas mudaram pouco de
A para Cad.*

NOTAS

1 A Acordo de noite subitamente
Cad Acórdo de noite subitamente,

3 A fora, Cad fóra.

4 A A <minha casa> [↑ meu quarto]
é uma cousa escura com paredes
vagamente [↑ *negramente]
<brancas> [↑ brancas]...
Cad O meu quarto é uma cousa escura
com paredes vagamente brancas.

5 A como de quem para de chorar...
Cad como se nada existisse.

6 A ruido Cad ruido ou ruído

7 A m/ meza Cad minha meza

8 A da terra e do ceu Cad da terra e do céu

9 A significa Cad significa,

10 A Mas estaco e sinto-me sorrir na
noite com os cantos da bocca,
Cad Mas estaco [↑ volto-me], e sinto-
-me sorrir na noite com os [↑ nos]
cantos da bocca,

11 A que o meu relogio <symbolisa>
symbolisa ou significa Cad que o meu
relogio symbolisa ou significa

13 A É a curiosa sensação de <com a sua
pequ> [↑ encher a noite enorme]
Cad É a curiosa sensação de encher a
noite enorme

14 A Com a sua pequenez.
Cad Com a sua pequenez...

15 A verso inexistente. Cad E esta sensação
é curiosa porque elle não [↓ só para
mim é que elle] enche a noite

16 A verso inexistente.
Cad Com a sua pequenez...

[67-41'] [145-35' e 36'] [125A-93] [Athena 4]

Poema publicado na revista Athena, *n.º 4,*
1925, p. 154. Existe este testemunho, isto
é, o exemplar da Athena *que faz parte da*
Biblioteca Particular de Fernando Pessoa
e que contém intervenções manuscritas, e
também dois testemunhos manuscritos,
A (67-41') e Cad *(145-35' e 36'), e um*
dactilografado, anteAth *(125A-93).*

O testemunho A *tem menos versos do que*
os outros e nele a numeração do poema
teve vários momentos: de "49" passou para
"42" e, finalmente, para "45". Uma data, já
referida em poemas anteriores, e manuscrita
a tinta vermelha, também consta de Cad:
"7-5-1914". O nosso estabelecimento textual
de certos versos difere do estabelecimento das
edições anteriores.

NOTAS

1 A Um renque d'arvores alli longe,
   lá p'ra a encosta, Cad Um renque de
   arvores lá longe, lá para a encosta...
   anteAthAth Um renque de arvores lá
   longe, lá para a encosta.

2 A Ha arvores apenas... CadanteAth Ha
   arvores apenas. Ath Ha arvores apenas.
   [→ muitas vezes uma arvore apenas]
   [↓ muitas uma arvore]

ANTE 3 A *verso inexistente.* Cad Ha só
   arvores, isto é, muitas vezes uma
   arvore só.] *existe uma variante em*
   68-5': "muitas vezes varias vezes | uma
   arvore". anteAthAth *verso inexistente.*

3 A *verso inexistente.* Cad "Renque" e [↑ o
   plural] "arvores" anteAthAth Renque e o
   plural arvores

4 A almas humanas que põem tudo em
   ordem... CadanteAthAth almas humanas,
   que põem tudo em ordem,

5 A cousa a cousa
   CadanteAthAth cousa a cousa,

6 A *verso inexistente.* Cad letreiros
   anteAthAth lettreiros

7 A E ◊ parellos
   CadanteAthAth E desenham parallelos

8 A Sobre a pobre terra innocente e
   mais verde e florida do que /isso./ Cad
   Sobre a pobre terra innocente e mais
   verde e florida do que isso!... anteAth
   <† se traça> [↑ *Sobre a pobre] terra
   innocente e mais verde e florida do que
   isso! Ath Sobre a pobre terra innocente
   [← inconsciente] [← ignorante] e mais
   verde e florida do que isso!

[67-10' e 9'] [145-36' e 37'] [125A-93] [Athena 4]

Poema publicado na revista Athena, *n.º 4,*
1925, pp. 154-155. No exemplar da Athena
que Fernando Pessoa conservou existem
muitas intervenções autógrafas. Ainda
foram reunidos mais três testemunhos: A
(67-10' e 9'), Cad *(145-36' e 37') e* anteAth
(125A-93). Em A *e em* Cad *figura a mesma*
data: 10 de Maio de 1914. O testemunho
anteAth *é a décima folha de um conjunto*
de folhas dactilografadas que serviram
para preparar a publicação da antologia de
poemas caeirianos na Athena; *como não se*
localizou a página undécima, o confronto
de A *e* Cad *com* anteAth *termina no verso*
22; anteAth *e* Ath *coincidem sempre, salvo*
quando existem intervenções manuscritas no
exemplar de mão da revista.

NOTAS

1 A d'aquele modo CadanteAthAth d'aquelle
   modo,] *nas primeiras versões, escritas*
   mais rapidamente, Pessoa parece não
   utilizar por vezes duplo "l" ou duplo "m"
   em algumas palavras; também limita a
   pontuação ao mínimo.

2 A calha Cad anteAthAth calha,

3 A <Segundo pe> Podendo ás vezes dizer
   o que penso CadanteAthAth Podendo ás
   vezes dizer o que penso,

4 A dizendo-o mal e em [↑ com] atrazo,
   Cad dizendo-o mal e com atrazo [↑ com

misturas], **anteAthAth** dizendo-o mal e com mixturas,

5 **A** Vou escrevendo os meus poemas sem querer **Cad** Vou escrevendo os meus versos sem querer **anteAthAth** Vou escrevendo os meus versos sem querer,

6 **A** Como se escrever não fosse gestos, **Cad** Como se escrever não fosse uma <acção real,> [↑ cousa composta de gestos {↓ movimento},] **anteAthAth** Como se escrever não fôsse uma cousa feita de gestos,] *Ivo Castro opta pela variante "movimento" (que também poderá ser "movimentos", no plural).*

7 **A** fôsse **Cad** fosse **anteAthAth** fôsse

8 **A** Como dar-me [↑ o] sol no rosto... **Cad** Como dar-me o sol no rosto [→ de fóra]... **anteAth** Como dar-me o sol de fôra. **Ath** Como dar-me o [← um {↑ o}] sol de fóra [← dentro].

10 **ACad** em que o sinto... **anteAth** em que o sinto. **Ath** em que <o> sinto.] *não é claro se o "o" está riscado.*

ANTE 11 A Procuro tirar todo o intervallo | Que ha entre pensar e dizer **Cad anteAthAth** *versos inexistentes.*

11 **A** Procuro <estr> /encostar\ as palavras á idéa **Cad** Procur<ar>/o\ encostar as palavras á idéa, **anteAthAth** Procuro encostar as palavras á idéa

12 **A** E não precisar d'uma ponte **Cad** E não precisar d'um corredor [↑ passaporte] **anteAth** E não precisar <de>/d'\ um corredor **Ath** E não precisar d'um corredor

13 **A** palavras. **Cad** palavras... **anteAthAth** palavras.

14 **A** Nem sempre sei sentir o que sinto que devo sentir — **Cad** Nem sempre consigo sentir o que <m> [↑ sei] que devo sentir. **anteAthAth** Nem sempre consigo sentir o que sei que devo sentir.

15 **A** Cobrem-me os trapos de comoções humanas, **Cad** O meu pensamento <não pode> [↑ só muito devagar] atravess<ar>/a\ o rio a nado **anteAthAth** O meu pensamento só muito devagar atravessa o rio a nado

16 **A** *verso inexistente.* **Cad** lhe mandam vestir [↑ fizeram usar]. **anteAthAth** o fizeram usar.

17 **A** aprendi **Cad** aprendi, **anteAthAth** apprendi,] *em latim, "apprehendĕre" tem duplo "p".*

18 **A** Procuro <não> esquecer o que ◊ **Cad** Procuro esquecer-me do modo de existir que me ensinaram **anteAthAth** Procuro esquecer-me do modo de lembrar que me ensinaram,

19 **A** os sentidos **Cad anteAthAth** os sentidos,

20 **A** as m/ emoções verdadeiras, **Cad** as minhas emoções verdadeiras **anteAthAth** as minhas emoções verdadeiras,

21 **A** *verso inexistente.* **Cad** E ser eu, <mas> não Alberto Caeiro, **anteAthAth** Desembrulhar-me e ser eu, não Alberto Caeiro,

22 **A** *verso inexistente.* **Cad** Mas um <bicho especial> [↑ animal natural {↓ direito} {↓ immediato}] que a Natureza produziu... **anteAth** Mas um animal humano que a Natureza produziu. **Ath** Mas um animal humano que a Natureza produziu. [← definiu {↓ conseguiu}] [← poz na superfície.]

ANTE 23 A E saber como devo sentir **CadAth** *verso inexistente.*

23 **A** Quero sentir a natureza não como homem **Cad** E assim escrevo, querendo sentir a Natureza, não [↑ nem sequer] como um homem, **Ath** E assim escrevo, querendo sentir a Natureza, nem sequer como um homem,

24 **A** Mas como quem pertence á natureza... **Cad** Mas como quem pertence á Natureza, e mais nada...

Ath Mas como quem sente a Natureza,
e mais nada.
25 **A** ora bem ora mal,
CadAth ora bem, ora mal,
26 **A** com o que quero
CadAth com o que quero dizer
27 **A** alli **CadAth** acolá,
28 **A** Mas indo no meu caminho como um
cego teimoso... **Cad** Mas indo sempre
no meu caminho como um cego
teimoso... **Ath** Mas indo sempre no
meu caminho como um cego teimoso.
ANTE 29 **A** Escrevo assim n'estes versos
| Porque todos fallam em verso... |
Todos fallam interrompendo para
respirar |E interrompendo as phrases
pelo sentimento | E comtudo |
Assim escrevo eu... **CadAth** *seis versos*
inexistentes, que em A se encontram entre
traços divisórios e substituídos pelos cinco
seguintes.
29 **ACad** alguem... **Ath** alguem.
30 **A** Natureza **Cad** Natureza, **Ath** Natureza.
31 **A** Colombo das sensações
verdadeiras... **Cad** <O Co> [↑ Sou] o
Colombo [↑ /Gama/] das sensações
verdadeiras. **Ath** Sou o Argonauta das
sensações verdadeiras.
32 **A** Ainda assim <trouxe> [↑ trago] ao
universo um novo universo **Cad** Trago
ao <U>/u\niverso um novo universo.
Ath Trago ao Universo um novo
Universo.
33 **A** Christo [↓ que só se metteu com as
almas,] não fez tanto **Cad** Christo, que
só se <metteu> [↓ entreteve] com as
[↓ occupou das] almas, não fez [↓ /
pôde fazer/] tanto [↓ Porque trago ao
universo elle-proprio] *ainda existe*
uma variante na página anterior de Cad,
145-36ᵛ: Christo não fez tanto, porque
quiz [↑ pensou em] salvar gente.
Ath Porque trago ao universo elle-
-proprio] *se considerarmos, em* Cad,

o verso *"Porque trago ao universo elle-*
-proprio" um acrescento posterior a
"Trago ao universo um novo universo",
e não uma variante, então o verso
sobre Cristo falta na revïsta Athena e
representa uma supressão significativa.
34 **A** Isto sinto, e isto escrevo,
Cad Ath Isto sinto e isto escrevo
35 **A** *verso inexistente.* **Cad** Perfeitamente
lucido [↑ sabedor] e sem esquecer
[↑ que não veja] **Ath** Perfeitamente
sabedor e sem que não veja [→ me
engane]
36 **A** Agora, <qu> cinco horas da
madrugada, **Cad** Que são cinco horas
<da manhã> [↑ do amanhecer]
Ath Que são cinco horas do amanhecer
37 **A** Com o sol ainda não apparecido,
Cad Ath E que o sol, que ainda não
mostrou a cabeça
38 **A** Cabeça ◊ por cima do muro do
horizonte, **Cad Ath** Por cima do muro do
horizonte,
39 **A** Mas apenas vendo-se lhe as pontas
dos dedos **Cad** Ainda assim já se lhe
veem as pontas dos dedos **Ath** Ainda
assim já se lhe vêem as pontas dos
dedos
41 **ACad** baixos... **Ath** baixos.

XLVII | 47

[67-42ʳ] [12¹-16ᵛ] [145-37ʳ e 38ʳ] [Athena 4]
Poema publicado na revista Athena,
n.º 4, 1925, p. 155. No exemplar da Athena
guardado por Fernando Pessoa existe uma
intervenção manuscrita no vigésimo verso.
Conservam-se mais três testemunhos deste
poema: A (67-42ʳ), B (12¹-16ᵛ), Cad (145-
-37ʳ e 38ʳ) e Ath *(Athena 4). A foi numerado*
"44", primeiro, e "47", depois. O incipit do
poema XLVII *está incluído na segunda lista*
de poemas de O Guardador de Rebanhos
(48-27ʳ), de Março de 1914.

1 **A** N'um dia excessivamente nitido **BCad**
N'um dia excessivamente nitido, **Ath**
Num dia excessivamente nitido,
2 **A** Dia que dava a vontade de ter
trabalhado m^{to} **B** Dia que dava a
vontade de ter trabalhado muito
Cad Dia que dava a vontade de [↑ ter]
trabalhado muito **Ath** Dia em que dava a
vontade de ter trabalhado muito
3 **ABCad** n'elle **Ath** nelle
4 **A** <An>[↑ En]trevi, como uma estrada
atravez de arvores, **B** Entrevi, como
[↑ quem vê] uma estrada atravez de
arvores [↑ como quem vê alguem
chegar atravez de arvores],
Cad Entrevi, como uma estrada atravez
de arvores, [↑ quem vê alguem chegar
atravez de arvores,] **Ath** Entrevi, como
uma estrada por entre as arvores,
6 **A** os poetas doentes [↑ falsos] fallam...
BCad os poetas falsos fallam...
Ath os poetas falsos fallam.
8 **ABCad** existe... **Ath** existe,
11 **A** Que ha <pedras> [↑ rios] e pedras,
B Que ha rios e pedras, **Cad** Que ha rios
e pedras **Ath** Que ha rios e pedras,] *a*
falta de vírgula em Cad *parece um lapso.*
12 **A** Mas que não um todo **B** Mas que não ha
um Todo **CadAth** Mas que não ha um todo
13 **A** Que o conjuncto real [↑ e]
verdadeiro **B** Que o conjuncto real
e verdadeiro **Cad** Que o [↑ um]
conjuncto real e verdadeiro **Ath** Que
um conjuncto real e verdadeiro
14 **A** É uma doença das nossas ideas...
B É uma doença das nossas ideias...
Cad É uma doença das nossas idéas....
Ath É uma doença das nossas idéas.
15 **AB** Todo... **Cad** Todo. **Ath** todo.] *veja-se o*
duodécimo verso, em que também não se
manteve "todo" com maiúscula inicial.
16 **A** <Tal>/Isto\ é talvez o [↑ tal] Mysterio
de que fallam... **BCad** Isto é talvez o

tal Mysterio de que fallam... **Ath** Isto é
talvez o tal Mysterio de que fallam.
17 **A** que, sem pensar nem <sentir>
[↑ deter-me], **B** que, sem pensar
nem deter-me [→ parar] **Cad** que,
sem pensar nem deter-me [↑ parar],
Ath que sem pensar nem parar,]
mantemos as duas vírgulas.
18 **A** Calculei que devia ser a verdade
<...>/,\ **B** Calculei [← Acertei] que
devia ser a <v>/V\erdade, **Cad** Calculei
- [↑ Acertei] que devia ser a verdade
Ath Acertei que devia ser a verdade
19 **A** Que todos <buscam> [↑ querem
achar] e não <encontram> [↑ acham]
B Que todos querem [↑ andam a]
achar e que não acham, **Cad** Que todos
querem [↑ andam a] achar e que não
acham, **Ath** Que todos andam a achar e
que não acham,
20 **A** E só eu, porque [↑ a] não <busquei>
[↑ quiz achar], <encontrei>
[↑ achei]... **BCad** E que só eu, porque
a não quiz [↓ fui] achar, achei...
Ath E que só eu, porque a não fui
[→ levantei para a] achar, achei.
[← stet] *a indicação final, "stet", obriga a*
deixar o verso tal como estava.

XLVIII | 48

[67-36^{v} e 37^{r}] [145-38^{r} e 39^{r}] [Athena 4]
Poema publicado na revista Athena, *n.º 4,*
1925, pp. 155-156, do qual se conservam
dois testemunhos manuscritos: A (67-36^{v} e
37^{r}) e Cad *(145-38^{r} e 39^{r}). Em A o poema foi*
renumerado: de "xxxii" passou para "45".
Este poema e o seguinte, o antigo "xxxiii |
46 | 49", iam fechar inicialmente o ciclo de
O Guardador, *quer o ciclo de uma trintena*
de composições, quer o ciclo de 49. Lembre-
-se a carta a Adolfo Casais Monteiro, de
13 de Janeiro de 1935, em que Pessoa diz
ter escrito "trinta e tantos poemas a fio"
(Pessoa, 2013, p. 646). O poema xlviii *será*

*de fim de Março; veja-se a descrição do
poema XXXVII.*

NOTAS

1 **A** m/ casa **CadAth** minha casa
3 **A** <De q> [↑ Aos] meus versos que
partem para a Humanidade...
Cad Aos meus versos que partem para
a Humanidade... **Ath** Aos meus versos
que partem para a humanidade.
4 **ACad** contente nem triste...
Ath alegre nem triste.
5 **ACad** versos... **Ath** versos.
8 **ACad** Como a flôr não pode esconder a
côr **Ath** Como a flor não pode esconder
a côr,
9 **ACad** corre **Ath** corre,] *não é impossível
ler uma vírgula em Cad.*
10 **A** Nem a arvore esconder que é
arvore... **Cad** Nem a arvore esconder
que dá fructo... **Ath** Nem a arvore
esconder que dá fructo.
11 **A** <Mas sinto> [↑ Eil-os que] vão já
longe **CadAth** Eil-os que vão já longe
13 **A** corpo... **CadAth** corpo.] *ponto final,
antes de novo parágrafo, em Ath; talvez
também em Cad, mas a mudança de
página torna a situação ambígua.*
14 **A** lerá? **Cad** lerá?... **Ath** lerá?
15 **A** irão? **Cad** irão?... **Ath** irão?
16 **A** Flôr, colheu-me o meu destino para
as jarras... **Cad** Flôr, colheu-me o meu
destino para as jarras... [↑ os outros.]
[↑ as vistas] *com a fórmula "stet" (fica
como está), indicando para manter
"jarras".* **Ath** Flor, colheu-me o meu
destino para os olhos.
17 **A** Arvore, arrancaram-me o fructo para
as mezas **Cad** Arvore, arrancaram-me
os fructos para as mezas [↑ boccas]...
Ath Arvore, arrancaram-me os fructos
para as boccas.
18 **ACad** mim... **Ath** mim.
19 **ACad** sinto-me... **Ath** sinto me
20 **ACad** triste... **Ath** triste.

21 **ACad** mim... **Ath** mim!
22 **A** natureza... **Cad** Natureza...
Ath Natureza.
23 **ACad** Murcha a flôr e o seu pó dura
sempre.... **Ath** Murcha a flor e o seu pó
dura sempre.
24 **A** a sua agua é sempre sua... [↓ a que
foi sua...] **Cad** a sua agua é sempre a que
foi sua... **Ath** a sua agua é sempre a que
foi sua.
25 **A** como o mundo todo...
CadAth como o Universo.

[67-43ʳ] [145-39ʳ] [Athena 4]
Poema publicado na revista Athena, *n.º 4,
1925, p. 156. No seu exemplar, Pessoa deixou
algumas intervenções manuscritas. Para além
do testemunho impresso, existem outros dois,
manuscritos: A (67-43ʳ) e Cad (145-39ʳ).
Em A, datável de Março de 1914, o poema foi
renumerado: de "XXXIII" passou para "46" e,
depois, para "49". Em Cad, fechando o ciclo
poético, figuram as datas "1911-1912" e duas
assinaturas: "Alberto Caeiro", escrita com a
mesma caneta, e "Fernando Pessôa", com uma
caneta diferente, de tinta vermelha.
O acento circunflexo no "o" de "Pessôa" permite
conjecturar que a segunda assinatura seja
anterior ao dia 4 de Setembro de 1916 (ver a
carta desse dia a Armando Côrtes-Rodrigues).*

NOTAS

1 **A** /Metto-me para dentro/, e fecho a
janella... **Cad** Metto-me para dentro,
e fecho a janella... **Ath** Metto-me para
dentro, e fecho a janella.
2 **A** <E> <t>/T\razem o candeeiro e dão as
boas noites **CadAth** Trazem o candieiro
e dão as boas-noites,
3 **A** E a m/ voz contente dá as boas-
-noites... **Cad** E a minha voz contente
dá as boas noites... **Ath** E a minha voz
contente dá as boas-noites.
4 **A** a m/ vida **CadAth** a minha vida

5 **A** cheio de sol ou suave de chuva
Cad cheio de sol, ou suave de chuva,
Ath cheio de sol, ou suave [↑ claro] de
chuva,
6 **A** Ou tempestuoso como uma grande
alegria occulta… **Cad** Ou tempestuoso
como uma grande alegria occulta,
Ath Ou tempestuoso como se [← aqui]
acabasse [→ <todo>] o mundo,
8 **A** Olhando [↑ Fitados] com interesse
das janellas… **CadAth** Fitados com
interesse da janella,
9 **A** olhar amigo dado aos perfis das
arvores **Cad** olhar amigo dado aos
silencios [↑ perfis] [↓ socegos] das
arvores, **Ath** olhar amigo dado ao
socego das arvores,
10 **A** fechadas as janellas, o candieiro
accezo, **Cad** fechada a janella, o
candieiro accezo, **Ath** fechada a
janella, o candieiro acceso,] *"aceso"
vem do latim "accēnsu-", razão pela
qual Pessoa terá mantido o duplo "c",
mas não o "z".*
11 **A** Sem lêr nada, nem pensar em nada,
nem dormir **Cad** Sem lêr nada, nem
pensar em nada, nem dormir,
Ath Sem ler nada, nem pensar em
nada, nem dormir,
12 **A** leito **CadAth** leito,
13 **A** E lá fôra o [↑ grande] silencio como
um deus que dorme… **Cad** E lá fora o

[↑ um] grande silencio como um deus
que dorme… **Ath** E lá fora um grande
silencio como um deus que dorme.]
*seguem-se as datas e as assinaturas
referidas na descrição.*

I | 50

[67-55ʳ, 65-63ʳ e 67-56ʳ]

*As três folhas que constituem este
testemunho, e que foram ocupadas
apenas no rosto (67-55ʳ, 65-63ʳ e 67-56ʳ),
encontram-se em duas secções do espólio
pessoano. Na primeira página, depois de
dois versos riscados ("O teu olhar raiou á
minha frente | Como um vento ao virar uma
esquina."), figura, ao centro, como se de
um título se tratasse, o nome "A.
Caeiro",
sublinhado, seguido do número "I"; isto quer
dizer que o nome do heterónimo substituiu
provisoriamente o nome do ciclo poético,
que talvez, a 6 de Julho de 1914 (a data
que consta de 67-55ʳ), ainda não existisse.
Mais: o poema terá surgido sem uma
atribuição explícita, porque "A. Caeiro" e
"(6-7-1914)" são dados acrescentados mais
tarde, com uma caneta diferente, de tinta
acastanhada.*

NOTAS

9 Sentado <á tua>/a teu\ <beira> [↑ lado]
7 Sinto melhor os rios sem ve|l-os (?!)]
*variante dividida entre as margens de
67-55ʳ e 65-63ʳ; ver o fac-símile na edição*

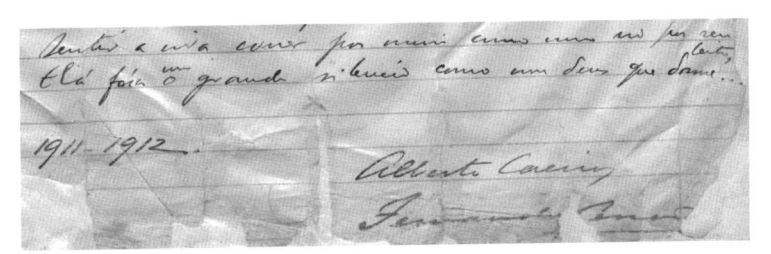

1911 - 1912.

Cad — FINAL DO POEMA XLIX

dos poemas caeirianos de Ivo Castro
(Pessoa, 2015, p. 243).

12 Tu ____ mudaste a Natureza...] o traço
indica a repetição do "não me" do verso
anterior.

POST 21 <Põe as tuas mãos entre as
minhas mãos | E deixa que nos
calemos ácerca da vida.>] versos
riscados, que Teresa Sobral Cunha tratou
como se o não estivessem.

II | 51

[67-56']

O poema II encontra-se na mesma página do
último verso do poema I: 67-56' (A). Em 52A-
-3' (B) existe uma variante dupla do primeiro
verso, variante que faz que o poema II tenha
dois ou três incipit possíveis (ver a nota 1).
Os últimos três versos da composição foram
acrescentados com uma caneta diferente na
metade inferior de 67-56', onde se pode ler um
verso latino riscado: "O manibus date lilia
plenis" (cf. Eneida, VI, 883).

NOTAS

1 A Vae alta no céu a lua da primavera.

B Para [↓ Está] alta no ceu a lua e é
primavera (Caeiro)] este apontamento
encontra-se num envelope (52A-3) que
chegou a Lisboa a 7 de Março de 1931 e
que contém, entre outros textos, uma das
"Notas para a recordação do meu mestre
Caeiro" (cf. Pessoa, 2014, pp. 469 e 585).

4 A Penso em ti, murmuro o teu nome;
<e não sou eu e> [↑ /e/ não sou eu:]
sou feliz.

6 A Eu andarei contigo pelo campo a
[↑ ver-te] colher flores.

6-9 <O teu nome murmurando a ti
assim, e dito a ti | É um novo modo
de Natureza. | Agora a Natureza não é
nada para mim.>] estes três versos foram
riscados e substituídos pelos actuais.

52

[68-14]

Poema não numerado e de testemunho
único. No rosto da folha 68-14, antes
do poema, figura o nome "Caeiro?",
sublinhado e seguido de interrogação,
a data "18/XI/1929" e a indicação O
Pastor Amoroso, sublinhada. É curioso
que o nome de Caeiro esteja interrogado,
mas não o esteja o do conjunto poético. A
data resolve o problema da datação, mas
convém referir que o poema foi manuscrito
numa folha de impresso para encomenda
de uma livraria de Londres, "F. & E.
Stoneham, Ltd., The City Booksellers",
em que já se encontrava um apontamento
assinado por "RReis": "A figura do mundo
antigo, e a homenagem da infancia
ao Destino" (68-14'). Atendendo ao
estado inacabado deste conjunto e ao
facto de a indicação O Pastor Amoroso
responder, ao que parece, à dúvida inicial
("Caeiro?"), optámos por não incluir este
poema num anexo.

NOTAS

5 Quem tem o modo de ver <*o>/os\
<*campo> [↑ campos] pelas hervas

6 Não deve ter a cegueira que faz
[↑ fazer] sentir.

8 Porque não se é amado como se nasce
[↑ mas] como acontece.

11 Como se <es>tivesse estado de cabeça
baixa,

13 E o [↑ grande] sol secca [↑ queima] as
lagrimas [↑ pequenas] [→ a vontade
de lagrimas] que não posso deixar de
ter.] é preciso abdicar do contraste entre
"grande" e "pequenas", se considerarmos
"a vontade de lagrimas" como uma
variante de "as lagrimas pequenas".

14 Como o campo é grande [↑ vasto]
e o <amor> [↑ amor] pequeno
[↑ interior]...!

15 Olho, e esqueço, como o <mundo>

[↑ mundo] [↑ a gente] enterra
[↓ a agua secca] e <◊>/as arvores\
emagrecem [↑ se despem]
[↑ desfolham] [↑ secca onde foi agua e
nas arvores desfólha.]

53

[67-63']

*O poema foi dactilografado a azul no
verso de meia folha de papel timbrado da
firma Toscano & Cruz, Limitada. A data,
"10/7/1930", encontra-se no canto superior
direito da página. O poema carece de título
e de atribuição, mas encontra-se arquivado
entre poemas caeirianos. Tem a mesma data
do poema seguinte.*

NOTAS

5 E ver menos, e ao mesmo tempo
gostar [↑ bem] de ir vendo [↑ <menos
longe>] tudo.
6 Mesmo a ausencia d'ella é uma
<compa,> coisa que está commigo.
10 Todo eu sou qualquer força que me
abandona[.] *o ponto é um acrescento
manuscrito.*
11 <E> <tudo>/Toda\ <o que sinto> [↑ a
realidade] olha para mim como um
girasol com a <realiaded> cara d'ella
[↓ <muito clara> {↓ <humana>}] no
meio.

54

[67-65']

*Este poema encontra-se na outra metade da
folha de papel utilizada para dactilografar o
poema anterior. As características materiais
do suporte e da escrita são as mesmas.*

NOTAS

1 Passei toda a noite, sem <pensar>
[↑ <que ha>] [↑ saber] <a> dormir,
vendo [↑ sem espaço {↑ nada}] a
figura d'ella
2 E vendo-a sempre de maneiras
differentes do que a <vejo.> encontro
<.>/a\ ella.
3 Faço <quadros> [↑ pensamentos] com
a recordação do que ella é quando me
falla,
4 E em cada <quadro> [↑ pensamento]
ella <é differente de que quando me
encontra.> [↑ varia de accordo com a
sua similhança.]
5 <Não é differente porque seja outra,
| Mas porque eu queria mais que ella
fôsse como a vejo nos quadros. |É a
mesma, mas>   Amar é pensar.]
*um espaço correspondente a seis letras
separa o terceiro verso riscado do novo
verso.*
7 Não sei bem o que quero, <e isto é
o amor> [↑ mesmo d'ella], e eu não
penso senão nella.
8 Tenho uma [← grande] distração
<pensada para dentro> [→ animada.]

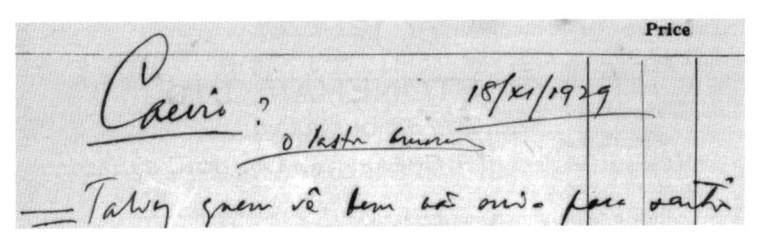

CABEÇALHO E *INCIPIT* DE 68-14

12 [→ E prefiro pensar <nella> {↑ d'ella},
    porque d'ella {→ como é} tenho
    {↓ <não sei que> qualquer} medo.]
13 Não sei bem o que quero, nem quero
    saber o que quero. Quero só pensar
    <n>ella.
14 Não peço nada a ninguem, nem a ella,
    senão pensar[.] <nella.>

55

[67-64ʳ]

*Poema dactilografado na mesma máquina
e na mesma data dos dois anteriores. Está
fortemente emendado e foi revisto na mesma
altura daqueles poemas. A seguir a este
poema – o sexto do conjunto –, encontram-
-se três versos manuscritos que foram
riscados: "Mas isto são maneiras de dizer, |
Que ainda trazem engano nas phrases. | Eu
era só, eu fiquei só, eis tudo."*

NOTAS

3   E, de tanto pensar, nem tocou a flauta
    que trouxe<.>/p\ara tocar.
4   Ninguem lhe <agradeceu...>
    [↑ appareceu ou desappareceu.]
    Nunca mais encontrou o cajado.
6   <Nunca mais tocou flauta na encosta,
    e> [↑ por amor] <n>/N\inguem o
    tinha amado<.>/,\ <nem antes d'isso>
    [↑ afinal.]
8-10 Os grandes valles cheios d<e>/
    os\ <verdura> <e de> <ao sol>
    [↑ <dourada>] <e de brilho de
    rios,> | <As grandes montanhas
    de longe, mais reaes que qualquer
    sentimento,> | O <grande céu, o sol
    limpo> amplo céu, o sol limpo, o azul
    certo, [↓ mesmos {↑ varios} verdes
    de sempre, | As grandes montanhas
    {↑ longe}, mais reaes que qualquer
    sentimento, |A realidade toda, com
    {↑ o} ceu e o ar e {↑ os} campos que
    existem, {↓ estão presentes,}] *o verso
    oitavo passa de "valles cheios dos" para*

*"mesmos varios verdes", como indica um
traço vertical.*

ANTE 11 (E de novo [↑ o] ar, que lhe
    faltara tanto tempo, lhe entrou fresco
    nos pulmões)] *entre parênteses,
    indicando hesitação; pode considerar-
    -se uma variante do último verso, o
    undécimo.*
11 E sentiu que de novo o ar <da vida>
    lhe abria[,] [↓ mas com dor,] uma
    <frescura> [↑ <fresta>] [↓ <*alegria>]
    [↑ uma liberdade.] [↓ † <de
    sentimentos> <† sensação>] no
    peito.] *na margem direita, riscadas,
    encontram-se algumas palavras:
    "liberdade verdadeira" e outras de difícil
    leitura.*

56

[67-67ʳ]

*Este poema foi escrito poucos dias depois
dos três anteriores: a 23 de Julho de 1930.
Antes do incipit, "Agora que sinto amor",
figuram cinco linhas dactilografadas a
azul, como a primeira parte do poema
(versos 1-9), e riscadas mais tarde por um
lápis: "Mother Paula – a applicação local
da Cruz de Guerra | em brasa. (the phrase
suggested by the appearance | of that person
in Rua dos Capellistas...) || E tudo é bello
porque tu és bella | (And all looks lovely in
thy loveliness)". A Cruz de Guerra é uma
condecoração militar portuguesa que foi
criada em 1916, quando Portugal entrou na
Grande Guerra. A Rua dos Capelistas era
uma famosa rua de prostitutas e fadistas
em Lisboa, o que torna tudo ainda mais
carregado de simbologia sexual. O verso
"And all looks lovely in thy loveliness"
(também citado no verso da lista de 14
Poemas Inconjunctos [48-26ʳ]) é o
último do soneto "Love's Blindness" de
Alfred Austin (1835-1913), poeta laureado
que nos seus solilóquios e nos seus idílios*

*celebra a natureza. Este poema, o último
de* O Pastor Amoroso, *foi dactilografado
a tinta azul (versos 1-9) e vermelha (10-
-16); concordamos com a proposta de Ivo
Castro: editar as duas partes, "escritas em
momentos separados mas consecutivos",
como "um único poema" (em Pessoa, 2015,
p. 258). Castro defende que "a pausa entre
os dois momentos não pode ter sido muito
longa, pois a folha não foi retirada da
máquina" (p. 260).*

NOTAS

2 Tenho <mais> interesse nos perfumes
[↑ no que cheira.]

4 Agora sinto o perfume das flores como
[↑ se visse {↑ houvesse}] uma coisa
[↑ /vida/] nova.

5 Sei bem que ellas cheiravam[,]
como sei que existia.] *a vírgula é um
acrescento manuscrito.*

6 [← São coisas que se sabem por fóra.
{↓ maneira.}] *acrescento manuscrito
com uma variante.*

7 Mas agora sei com <os sentidos.>
a respiração da [↑ parte de traz]
cabeça.] *acrescentamos um "da" antes
de "cabeça".*

ANTE 8 <Antigamente sabia com a
intelligencia, que é sempre dos
outros.>

8 Hoje <sei commigo e> as flores
sabem-me bem <no> [↑ num] paladar
<que ha no cheiro> [↑ <afastado>]
[↑<da cabeça>] [↑ que se cheira].

9 < Nem as vejo de as sentir cheirar
bem, /e amo/.> [→ <Não sei nada>]
Hoje às vezes acordo e cheiro <o
dia antes> antes de ver.] *segue-se
uma nota dactilografada a vermelho,
"(examine very carefully).", referente aos
versos seguintes, também dactilografados
a vermelho.*

15 <Deveria> Não sei o que hei de ser
commigo [→ sósinho].

16 Quero que ella me diga qualquer coisa
para eu acordar. [↓ de novo.] seguem-
-se três versos que não fazem parte,
necessariamente, deste poema: Quem
ama é diferente de quem é, | <E>
<é>/É\ a mesma pessoa <com amigos>
[↑ sem ninguem.] | Não tenho
paciencia para os grandes campos
abstractos [↑ <todos>].

57

[57A-57ʳ]

*Poema de testemunho único, localizado por
Fernando Cabral Martins e Richard Zenith,
numa folha de papel manuscrita a lápis, que
contém diversos textos: o poema ortónimo
"Tem somno em mim" (17-9-1914); a ode de
"RR" [Ricardo Reis], "Em Ceres anoitece"
(17-9-1914); a última secção do poema "A
Múmia", publicado em* Portugal Futurista
*(1917); e este e o seguinte poemas, ambos
caeirianos, separados por uma linha em que
se lê: "AC — 17-9-14".*

NOTAS

1 <Reconhecer> [↑ Passar a limpo] a
Materia

3 Por não perceberem para que
serviam[↑em]

5 As cortinas nas janellas da Materia
[↑ Sensação]

7-8 *Um sinal de troca de posição e uma seta
indicam a inversão.*

9 *Eis a m/ vida, verso a verso.*

58

[57A-57ʳ]

*Poema de testemunho único, manuscrito
na mesma página do poema anterior. No
verso 7 existe um sinal de troca de posição.
Os últimos três versos foram acrescentados a
tinta preta, na vertical.*

NOTAS

4 Outro diz: estive bem com a m/
consciencia e isso é bastante…

5 aparecerem] *sem duplo "p"*.

7 [← E porisso] Trago aqui <na>
[↑ dentro da algibeira²] o Universo¹.

8 E se [↑ Deus] me perguntasse[↑ r]: E o
que viste tu nas cousas?

9 Respondo: apenas as cousas... Tu não
puzeste lá mais nada.] *a segunda parte
do verso está dentro de parênteses rectos
no original*.

10 E Deus, que é da mesma opinião
[↑ apesar de tudo é esperto], fará [↑ de
mim] uma nova especie de santo.

59

[51-100⁺] [68-10⁺]

*Deste poema existem dois testemunhos
dactilografados: A (51-100ʳ), riscado e com
a indicação "Copied"; e B (68-10ʳ), uma
folha de angariação de publicidade de
Athena, para a qual A terá sido copiado.
No cabeçalho de A lê-se "Alberto Caeiro:",
a vermelho; no de B, "CAEIRO (data
desconhecida)", visto que em A não figura
uma data. O testemunho mais antigo, A,
encontra-se sobre uma ode de Ricardo Reis
que também não está datada, "Deixemos,
Lydia, a sciencia que não põe", mas faz parte
de um conjunto de folhas (51-100 e 101)
que contêm odes e fragmentos ricardianos,
misturados com apontamentos soltos de
circa 1914. O verso "Para além da curva da
estrada" também se encontra no poema 1 de
O Guardador de Rebanhos.*

NOTAS

10 **A** estamos **B** estamos.

11 **A** Ha belleza bastante e <não> estar
aqui e não n'outra parte qualquér.
B Ha belleza bastante em estar aqui e
não noutra parte qualquer.

12 **A** <Quem>/Se\ ha alguem para além da
curva da estrada, **B** Se ha alguem para
além da curva da estrada,

14 **A** *verso inexistente*. **B** Essa é que é a
estrada para elles.] *dactilografado a*

*tinta vermelha (e não preta, como o resto),
indicando que foi acrescentado em B.*

60

[67-51] [Athena 5]

Poema publicado na revista Athena,
*n.º 5, 1925, pp. 202-203, com importantes
intervenções autorais no exemplar que faz
parte da Biblioteca Particular de Fernando
Pessoa. O testemunho prévio, A (67-51),
está dactilografado e integra um conjunto
de folhas (67-51, 67-52, 67-53, 67-54, 67-
-58) que contém textos datados de 7 e 8 de
Novembro de 1915; deste conjunto também
faz parte a folha 67-47, mas nela está
contido um poema de 20 de Abril de 1919.*

NOTAS

3 **A** a cara que teem
Ath a cara que teem [← fazem]

4 **A** por minha [↑ causa],
Ath por minha causa,

8 **A** Isso tambem tem [↑ Elles lá terão]
a sua belleza, se elles forem bellos.
Ath Elles lá terão a sua belleza,
se forem bellos.

13 **A** *verso inexistente*. **Ath** Ter belleza
é mostrar belleza. Como poderia
ser sem se mostrar?] *acrescento
manuscrito a lápis; propomos uma nova
leitura.*

19 **A** Nem procurei explicar nada.
Ath Nem procurei achar nada.

20-21 **A** Nem achei que houvesse
mais explicação | Que a palavra
explicação não ter sentido nenhum.
] *o verso 20 continuava assim: "que não
haver nenhuma"; sobre esta frase está
dactilografado um segmento do verso 21:
"vra explicação não ter s".* **Ath** Nem achei
que houvesse mais explicação | Que
a palavra explicação não ter sentido
nenhum.

22 **A** chuva, **Ath** chuva —

24 **A** chovendo, **Ath** chovendo

25 **A** (E nunca a outra coisa),] *acrescento a lápis.* **Ath** (E nunca a outra coisa),

28 **A** Uma vez amei, julguei que me amariam, **Ath** Uma vez amei, julguei que me amaria<m>,] *importante alteração no exemplar pessoal da revista Athena.*

30 **A** Não fui amado por aquella [↑ pela unica] grande razão, **Ath** Não fui amado pela unica grande razão −[→ razão que é razão.]

31 **A** Porque não tinha que ser. **Ath** Porque não tinha que ser. [→ fui amado.]

32 **A** Consolei-me voltando ao sol e á chuva, **Ath** Consolei-me voltando [→ só] ao sol <e> [→ ou] á chuva,

34 **A** tão verdes para os que são amados **Ath** tam verdes para que os que são amados] *mantemos o testemunho de* A.

36 **A** [↑ Sentir é estar distrahido.] *acrescento a lápis.* **Ath** Sentir é estar distrahido.

61

Há dois testemunhos: A *(67-51ᵛ) e* Ath *(Athena 5). O segundo é o que consta da revista* Athena, *n.º 5, 1925, p. 202.*

NOTAS

4 **A** Parapoder **Ath** Para poder

8 **A** ouas **Ath** ou as

9 **A** folhas verdes<,>/.\ **Ath** folhas verdes.

62

[67-51ᵛ e 52ʳ] [Athena 5]
Existe o testemunho impresso na revista Athena, *n.º 5, 1925, pp. 203-204, e outro dactilografado,* A *(67-51ᵛ e 52ʳ), com um verso, o número 13, acrescentado a lápis. Em* A *este poema e os dois anteriores estão datados do dia 7 de Novembro de 1915.*

NOTAS

2 **A** morto, **Ath** morto.] *mantemos a vírgula.*

3 **A** maneira, **Ath** maneira

9 **A** amanhã, **Ath** manhã,] *mantemos "amanhã".*

10 **A** amanhã; **Ath** manhã.] *mantemos "amanhã".*

12 **A** certo. **Ath** certo;

14 **A** Por isso, **Ath** Porisso,] *mas também se encontra, na revista, "por isso", separado.*

18 **A** Eu não preciso de ir para dentro da terra com qualquer coisa preferivelmente. **Ath** Não tenho preferencias para quando já não puder ter preferencias.

19 **A** <Seja como fôr, serve.> [↓ O que fôr {↓ quando fôr} será o que é.] [↓ O que fôr será então o que é.] **Ath** O que fôr, quando fôr, é que será o que é.

63

[67-53] [Athena 5]
Poema publicado na revista Athena, *n.º 5, 1925, pp. 201-202, que também se encontra num testemunho anterior,* A *(67-53), que oferece um argumento de autoridade para emendar o penúltimo verso. A data "7-XI-1915" encontra-se em 67-53ᵛ, no final do poema. Na página 14 do exemplar de* Poems of Walt Whitman *(1895) da Biblioteca Particular de Fernando Pessoa encontra-se um apontamento que lembra o incipit deste poema ("A espantosa realidade das coisas"): "Atop of page 14 (poem XV of 'Song of Myself') we read 'A espantosa realidade de gente,' a hand--written comment which most likely precedes the marginal note left on page 30 ['á Caeiro']" (Ferrari, 2011, p. 61).*

NOTAS

4 **A** E é difficil eu explicar **Ath** E é difficil explicar

15 **A** Mas gosto d'ella por ser uma pedra, **Ath** Mas gosto d'ella por ella ser uma pedra,

OBRA COMPLETA DE ALBERTO CAEIRO | 429

16 **A** Gosto d'ella por [↑ que] ella não
sent<ir>/e\ nada, **Ath** Gosto d'ella
porque ella não sente nada,
17 **A** E eu não posso pensar que ella é
minha irmã. **Ath** Gosto d'ella porque
ella não tem parentesco nenhum
commigo.
18 **A** o<u>/i\ço **Ath** oiço
21 **A** Mas isto acho que deve ser bello
[↑ formoso?] [↓ *suave] porque o
sinto sem exforço **Ath** Mas acho que
isto deve estar bem porque o penso
sem exforço,
22 **A** Nem ideia(s) de outras pessoas a
ouvir-me, **Ath** Nem ideia de outras
pessoas a ouvir-me pensar;
30 **A** O valor está <para ahi,> [↑ só] nos
meus versos. **Ath** O valor está alli,
nos seus versos.] *"seus" será lapso
por "meus", como indica Ivo Castro (em
Pessoa, 2015, p. 285).*

64

[67-54'] [Athena 5]

*Existem dois testemunhos, A (67-54') e
Ath (Athena 5), sendo o segundo o texto
publicado na revista Athena, n.º 5, 1925,
p. 204, que contém uma proposta de
alteração. Poema datado, como os três
seguintes, de 8 de Novembro de 1915.*

NOTAS

4 **A** os dias são eguaes [↓ parecidos]. **Ath**
os dias [← foram] meus.
13 **A** *após o verso 12.* **Ath** *após espaço
interestrófico.*

65

[67-54']

*Poema de testemunho único, dactilografado
na mesma página do poema anterior.*

66

[67-54']

*Poema de testemunho único, dactilografado
na mesma página dos dois poemas
anteriores.*

NOTAS

1 so<o>/l\.
2 Ambos existem<.>/;\ [→ cada um como
é.] *acrescento a lápis.*

67

[67-54']

*Poema de testemunho único, dactilografado
no verso da folha que contém os três poemas
anteriores.*

NOTAS

4 a necessidade doentia[↑ e] *variante
manuscrita a lápis.*
5 Digam que eu continúo a verdecer
e a ser natural.] *segue-se uma linha
tracejada ao largo da folha e a data geral
dos poemas desta folha: "(8-XI-1915)".*

68

[67-58']

*Poema de testemunho único, dactilografado
no mesmo tipo de suporte dos poemas
anteriores e com a mesma data de muitos
deles, "8-XI-1915".*

NOTAS

6 profissão.] *a leitura do ponto é
conjectural.*
9 A luz é a realidade immediata para
[↑ que está defronte de] mim.
18 É [↓ só] elle que continua a existir.]
acrescento a lápis.

69

[58-2']

*Poema de testemunho único, encimado pelo
nome "A Caeiro", sublinhado e em posição
de título. Os versos estão datados de 11 de
Janeiro de 1916 e foram manuscritos na
mesma folha quadriculada já descrita na*

Obra Completa de Álvaro de Campos
(*2014, p. 623*), *folha que contém um*
fragmento da Ode Marcial de Campos.

NOTAS

7 O que importa é aquillo que dura e tem
   dimensão [↑ tamanho]...

9 Ser real é a cousa mais [↑ unica cousa]
   nobre do mundo...

70

[58-45']

Poema de testemunho único, datado de 21 de
Maio de 1917. Não tem atribuição explícita a
Caeiro, mas admitimos, como Teresa Sobral
Cunha (e depois outros editores), que seja
atribuível a Caeiro.

NOTAS

1 Leram-me hoje <s>/S\. Francisco de
   Assis[.] <dizendo que era>

5 Para que hei de eu chamar m/ irmã á
   agua, se ella não é m/ irmã?] *com duas*
   formas abreviadas.

10 Se eu lhe chamar m/ irmã, <só vejo>

11 Ao chamar-lhe m/ irmã, vejo que [↑ o]
    não é

12 E que se ella é <cham> [↑ a] agua o
    melhor é chamal-a agua;

15 E <tudo> isto sem nome nenhum.

71

[58-45']

Poema de testemunho único, datável de 21
de Maio de 1917, atendendo a que terá sido
escrito na sequência do anterior.

NOTAS

4 Não com o <conh> pensamento, mas
   com os olhos.

5 Uma cousa <que existe para se ver>
   [↑ que é <real> {↑ visivel} existe para
   se ver,]

7 Só existe directamente para o
   pensamento e não para os olhos.]
   trocamos a ordem de "o pensamento" e
   "os olhos", considerando, como Cabral

Martins e Zenith, que a ordem do
manuscrito foi um lapso do autor.

72

[58-45']

Poema de testemunho único. Atribuição
e datação dependem dos dois poemas
anteriores, que se encontram no mesmo
suporte e que formam, com este e o seguinte,
um conjunto.

73

[58-45']

Poema de testemunho único. Para a
atribuição e a datação crítica, ver os três
poemas anteriores. Substituímos, como
Cabral Martins e Zenith, a vírgula do verso 6
por ponto e vírgula.

74

[16A-7']

Poema de testemunho único, seguido de
uma indicação geral que abrange os textos
manuscritos na mesma folha: "Caeiro",
sublinhado e ao centro. À direita do nome,
uma data, também geral: "1-10-1917". Veja-
-se a descrição do poema anterior.

NOTAS

3 Porque embora affirme <que> que
   existe o que não existe

4 Sabe como é que as cousas existem,
   que é por existirem, [↓ existindo,]

8 Só não sabe que o pensamento não
   é um ponto qualquer.] *com um traço*
   vertical cortado na margem esquerda,
   indicando hesitação.

75

[16A-7']

Poema de testemunho único. Ivo Castro
(em Pessoa, 2015, p. 297) sugere ler
"isoladamente maior", em vez de
"isoladamente navio" (v. 6), mas
paleograficamente não é possível concordar.

Para a datação e a atribuição, vejam-se as descrições anteriores.

76

[16A-7ʳ]

Poema de testemunho único. Vejam-se as descrições dos poemas anteriores, presentes na mesma folha.

NOTAS

3 Lembra me] no original.

8 A unica definição é um contorno] acrescentamos vírgula no fim.

9 uma _____ .] Pessoa fazia um traço, por vezes, nos espaços que deixava em branco; não consideramos que o vazio seja deliberado, mas que a Pessoa lhe faltou um último termo. (Nota adicional: há três versos no início de 16A-7ᵛ que não são, necessariamente, o remate deste poema: ... mas o Universo existe mesmo sem o Universo. | Esta verdade capital é falsa só quando é dita, | <Porque foi pensada>.)

77

[16A-7ʳ]

Poema de testemunho único, manuscrito no mesmo tipo de folha e na mesma altura dos anteriores, donde a datação e a atribuição.

78

[16A-7ʳ]

Poema de testemunho único, como os anteriores. Este poema encerra um conjunto de poemas manuscritos em quatro páginas; daí esta página, a quarta, estar numerada com um 4 sublinhado, ao centro.

NOTA

6 Passado a sós no gesto sobrio e recondito.] com um traço vertical cortado na margem esquerda, indicando hesitação.

79

[67-59ʳ]

Poema de testemunho único, dactilografado a tinta azul (hoje lilás), depois da indicação inicial "Alberto Caeiro.", a tinta vermelha. Este poema e os três seguintes encontram-se no mesmo tipo de folhas de papel liso e contêm poucas variantes e correcções. Terão sido copiados na mesma altura, sendo que a data do segundo, "24--10-1917", talvez seja extensível aos três restantes.

80

[67-59]

Poema de testemunho único; veja-se a descrição anterior.

NOTAS

39 <E sito> E nunca o Universo é tão real como então,

41 Mas) tão sublimen<e>te não-meu.] a correcção risca um "e", mas não altera o "sublimente".

53 E isto] na edição crítica de 2015, "Se isto".

81

[67-60ʲ]

Poema de testemunho único; vejam-se as duas descrições anteriores.

NOTA

2 Pouco me importa o quê? Não sei: pouco me importa. (Nada me...)] Ivo Castro considera o final do verso — "pouco me importa" vs. "Nada me importa" — um caso de "variantes empatadas" (em Pessoa, 2015, p. 302) e opta pela primeira, embora costume advogar a edição da segunda variante, por regra; a nós, o que nos incomoda na variante "Nada me" é apenas a maiúscula inicial, porque não é claro que seja uma variante do remate do poema (como presumem os editores anteriores) e é possível que seja uma

variante que incide sobre toda a estrutura anafórica; daí a nossa proposta de edição deste poema de dois versos.

82

[67-60']

Poema de testemunho único, relacionado com os três anteriores.

NOTA

17 A humanidade é uma revolta [↑ de] escravos.] *correcção dactilografada pelo autor.*

83

[67-45'] [Athena 5]

Poema publicado na revista Athena, n.º 5, 1925, p. 197, do qual se conserva um testemunho dactilografado de oito versos (e não de 13): A (67-45'). Pessoa inseriu ainda mais dois versos no seu exemplar pessoal da revista. O testemunho A está encimado pela indicação "A. C.ro.". Este poema pode relacionar-se com o que começa "Seja o que fôr que esteja no centro do mundo", pelas afinidades materiais da dactilografia e pelo facto de interpelar um "philosopho doente".

A datação é complexa, porque "Fallas de civilização" é um poema que terá sido revisto e aumentado entre 1917 e 1925 (e mesmo post 1925, se os dois versos acrescentados a lápis em Ath forem posteriores).

NOTAS

1 A civilização e Ath civilização, e

3-4 A Dizes que todos sofrem com as cousas humanas d'esta maneira, Ath Dizes que todos soffrem, ou a maioria de todos, |Com as cousas humanas postas d'esta maneira,

6 A *verso inexistente.* Ath Dizes que se fossem como tu queres, seria melhor.

7 A Esucto sem te ouvir. Ath Escuto sem te ouvir.

8 A *verso inexistente.* Ath Para que te quereria eu ouvir?

10-11 A *versos inexistentes.* Ath Que tenho eu com o que deveria ser? | O que deve ser não existe [↓ é o que não é {↓ ha}] *versos acrescentados na margem direita, a lápis.*

13-15 A Não sei se ha felicidade em uma cousa ou outra. Ath Se as cousas fossem como tu queres, seriam só como tu queres. | Ai de ti e de todos que levam a vida | A querer inventar a machina de fazer felicidade!

84

[16A-8']

Poema de testemunho único, manuscrito, como os quatro seguintes, a 29 de Maio de 1918, em folha da firma F. A. PESSOA, *então localizada na Rua do Ouro, 87, 2.º, Lisboa. Esta folha e a seguinte, 16A-9, têm uma marca-d'água muito frequente em poemas ortónimos de 1918:* BRITISH BANKPOST. *A atribuição não é problemática, porque no canto superior esquerdo de 16A-8ʳ figura o nome "Alb. Caeiro.", sublinhado, e as folhas 16A-8 e 16A-9 estão numeradas, formando um conjunto. Os cinco poemas manuscritos nestas folhas estão separados por traços divisórios, ao centro.*

NOTA

ANTE 7 <Se a belleza tivesse> [↑ <Vemos>] <belleza nas arvores e nas flores,>

85

[16A-8']

Poema de testemunho único, redigido depois do anterior no rosto da folha 16A-8.

86

[16A-9']

Poema de testemunho único, redigido no rosto de uma folha idêntica à que serviu de suporte aos dois poemas anteriores.

87

[16A-9']

Poema de testemunho único, manuscrito depois do anterior no mesmo tipo de suporte que os cinco poemas caeirianos de 29 de Maio de 1918.

NOTA

7 A tua grandeza está em existires
[↑ /inteiramente/] fóra de mim.] a *inserção do acrescento "inteiramente" é opcional, atendendo a que está sobre um sinal de hesitação.*

88

[16A-9']

Poema de testemunho único, manuscrito na mesma página dos dois anteriores.

NOTAS

1 A agua chia n<a>/o\ pucar<a>/o\ que elevo á bocca.
2 "É um som fresco" diz-me quem me dá a <agua> [↑ bebel-a.]
3 Sorrio. O som é [↑ só] um som de chiar.
4 Bebo a agua sem ouvir nada na [↓ com a] m/ garganta.

89

[16A-9']

Poema de testemunho único que ocupa a terceira página de um conjunto de cinco poemas (vejam-se as quatro descrições anteriores).

NOTAS

ANTE 2 <Eu respondi: que tem cada flor e cada arvore? | E ele não retorquiu, pensando, sem duvida, que cada arvore | E cada flor valem por serem reaes e não ◊>
2 Todos sabem que uma flor é uma flor e uma <pedra> [↑ arvore] é uma <pedra> [→ arvore.]
3 Mas eu respondi, nem todos, ninguem.] *substituímos a primeira vírgula por dois pontos.*

90

[68-12]

Poema de testemunho único, manuscrito numa folha pautada, encimada, na primeira página, pela indicação "Caeiro", sublinhada e ao centro. Entre "Caeiro" e o incipit existem dois versos que remetem para o poema XII de O Guardador de Rebanhos *(ver o anexo desse poema). Depois do último verso, em 68-12', figura uma data: "12-<3>/4\-1919". Este poema foi pensado como o primeiro de uma série numerada de 1 a 14; veja-se a descrição seguinte. "Ah, querem uma luz melhor que a do sol" está incluído na lista de 14* Poemas Inconjunctos (48-26'), *com data de "12.4.1919".*

NOTAS

1 Ah, querem uma <me>/lu\z melhor que a do sol!
2 Querem prados [↑ campos] mais verdes <do> que estes!
3 Querem flores mais bellas <do> que estas que vejo!
4 A mim este sol, estes prados [↑ campos], estas flores contentam[→-me].
6 O que quero é um sol mais sol <do> que o sol,
7 O que quero é prados [↑ campos] mais prados [↑ campos] que estes prados,
10 Aquella cousa que está alli está mais alli (do) que alli está!] *esta vez o "do" não está riscado, mas entre parênteses, indicando hesitação.*
13-16 E o resto são as sombras dos homens,] *este verso e os três seguintes têm, à esquerda, um traço vertical cortado, sinal de dúvida.*
15 E o desejo de estar sentado de quem não sabe <que> [↑ estar de pé.]
19 A alma que está feita com o corpo] *verso intercalado a lápis.*
21 A existencia absolutamente real sem sombras, <††>, [↑ sem *cousas

{↓ mim}] *leitura conjectural; "mim"*
seria variante de "cousas".

22-23 A coincidencia exacta
[↓ /absoluta/] [↑ e inteira] de [↑ De]
uma cousa comsigo mesma.] *a*
maiúscula inicial da preposição "De"
sugere a divisão do verso.

91

[67-50ʳ] [Athena 5]
Poema publicado na revista Athena, *n.º 5,*
1925, p. 200, do qual existe um testemunho
manuscrito: A (67-50ᵛ). *O exemplar da*
Athena *conservado por Pessoa tem duas*
correcções autógrafas. Em A *figura uma*
data, "12-4-1919", que também se encontra
na folha 67-49; de facto, as folhas 67-48,
67-49 e 67-50 são idênticas, tiradas de um
bloco comercial e ocupadas pela mesma
altura. Nelas estão sete poemas, numerados
(por quem?) 3, 4, 5, 6, 8, 9 e 10. Fora do
envelope 67, encontram-se os poemas
numerados 1 (68-12), 11 (68-13ʳ), 12 (68-
-13ᵛ), 13 (65-55ʳ) e 14 (65-55ᵛ). "Pastor do
monte" está incluído na lista de 14 Poemas
Inconjunctos *(48-26'), com data de*
"12.4.1919".

NOTAS

1 **A** ovelhas — **Ath** ovelhas <—>/:\

2 **A** a tua, ou **Ath** a tua ou

3 **A** sinto, quando **Ath** sinto quando

9 **A** e tu pensas noutra cousa /
contentemente/, **Ath** e tu pensas noutra
cousa indifferentemente,

10 **A** E me bate na cara e me offusca,
e eu só penso no sol. **Ath** E me bate na
cara e me offusca, e eu só [↓ nem]
penso no sol.

92

[67-50ʳ] [Athena 5]
Poema publicado na revista Athena, *n.º 5,*
1925, pp. 199-200, do qual, para além
deste testemunho impresso, há um outro,

manuscrito: A (67-50ᵛ). *No cabeçalho de*
A, *lê-se: "Caeiro", sublinhado duas vezes,*
e "Livro por escrever", sublinhado uma vez.
Estas indicações, em posição de título,
foram manuscritas com a mesma caneta
que o poema, que está incluído na lista de 14
Poemas Inconjunctos *(48-26'), com data*
de "12.4.1919".

NOTAS

1 **A** Tu, mystico, vês um[a] <sentido>
[↑ significação] em todas as cousas.
Ath Tu, mystico, vês uma significação
em todas as cousas.

2 **A** velado, **Ath** velado.

3 **A** Ha uma linguagem occulta em tudo o
que vês. **Ath** Ha uma cousa occulta em
cada cousa que vês.

4 **A** O que vês, vel-o para veres outra
cousa. **Ath** O que vês, vel-o sempre para
veres outra cousa.

5 **A** Para mim, graças a ter olhos para vêr,
[↑ não o saber —] **Ath** Para mim, graças
a ter olhos só para ver,

6 **A** Eu vejo falta [↑ ausencia] de sentido
[↓ significação] em todas as cousas,
Ath Eu vejo ausencia de significação em
todas as cousas;

7 **A** Vejo-o, e amo-me; porque ser uma
cousa é não ter sentido [↓ significar
nada.] **Ath** Vejo-o e amo-me, porque
ser uma cousa é não significar nada.

8 **A** "interpretação" **Ath** interpretação.

93

[67-48] [Athena 5]
Poema publicado na revista Athena,
n.º 5, 1925, p. 198, do qual existe um
testemunho manuscrito, encimado pelo
nome "Caeiro.", sublinhado: A (67-48). *Este*
último documento encontra-se numa folha
picotada, com pautas e tirada de um bloco
comercial, idêntica às folhas 67-49 e 67-50.
Em 67-49ᵛ e em 67-50ᵛ figura a data "12-4-
-1919", extensível aos poemas presentes nas

três folhas: tinta e letra são homogéneas.
"Creança desconhecida e suja" está incluído
na lista de 14 Poemas Inconjunctos (48-
-26'), com data de "12.4.1919".

NOTAS

1 **A** m/ porta **Ath** minha porta
3 **A** Acho-te graça por nunca te ter visto
[→ antes], **Ath** Acho-te graça por nunca
te ter visto antes,
4 **A** pudesses **Ath** podesses
7 **A** <Vale mais ver> [↑ Aprecio a tua]
presença só com os olhos. **Ath** Apprecio
a tua presença só com os olhos.
8 **A** Vale mais [↑ a] pena vêr uma cousa
[← sempre] pela primeira vez (do)
que receber uma carta [↑ <que>
comprehender-se]. **Ath** Vale mais
a pena ver uma cousa sempre pela
primeira vez que conhecel-a,
9-10 **A** *versos inexistentes.* **Ath** Porque
conhecer é como nunca ter visto pela
primeira vez, |E nunca ter visto pela
primeira vez é só ter ouvido contar.
11 **A** E o modo **Ath** O modo
11 **A** diff' **Ath** diferente
11 *Em* Ath, *por razões tipográficas, este verso*
tem um tipo de letra mais pequeno do que
os restantes.
12 **A** Brinca. **Ath** Brinca!
15 **A** Nenhuma, e nenhuma veio [↑ pode
vir] brincar nunca á minha porta.
Ath Nenhuma, e nenhuma pode vir
brincar á minha porta.
POST 15 **A** <Brinca e suja-te: /ser feliz/.>
Ath *verso inexistente.*

94

[67-48ᵛ]
Poema de testemunho único, não
incluído na selecção da revista Athena,
mas presente na mesma folha do poema
anterior. Infelizmente, não foi publicado
pelos primeiros editores porque, segundo
se lê na margem direita de 67-48ᵛ, na

vertical, este poema seria "ilegível" em
termos de decifração. A nosso ver, a única
obscuridade está no verso sexto. "Petala
dobrada" está incluído na lista de 14
Poemas Inconjunctos (48-26'), com data
de "12.4.1919".

NOTAS

1 Petala dobrada para traz da rosa
[← que outros diriam] de velludo
[→ <tirada>],
4 Estive doente um momento.] *sobre um*
traço cortado, indicando hesitação.
6 <Agora estás aqui na minha mão.>
[↓ Agora nada te trouxe aind'agora.]
[↑ ____ estás aqui ____] *na primeira*
linha parece necessário acrescentar
"Agora"; na segunda, aproximar o "aqui"
do ponto final.
7 O que tu foste não és tu, se não estavas
aqui [↓ toda a rosa estava aqui].

95

[67-49'] [Athena 5]
Poema publicado na revista Athena,
n.º 5, 1925, p. 198, do qual também existe
um testemunho manuscrito: A (67-49').
Este último encontra-se no conjunto de
folhas picotadas e pautadas de um bloco
comercial (67-48 a 67-50), datáveis de 12 de
Abril de 1919. "Verdade, mentira, certeza,
incerteza" está incluído na lista de 14
Poemas Inconjunctos (48-26'), com data
de "12.4.1919".

NOTAS

1 **A** mentira; certeza, **Ath** mentira,
certeza,
2 **A** ahi na strada **Ath** alli na estrada
3 **A** degrau [↑ alto] **Ath** degrau alto
4 **A** Sobre o <joelho> mais alto [→ dos
joelhos <pa> cruzados.] **Ath** Sobre o
mais alto dos joelhos cruzados.
6 **A** para **Ath** pára
9 **A** parte do universo [↑ realidade]
Ath parte da realidade

9 Em Ath, por razões tipográficas, este verso
tem um tipo de letra mais pequeno do que
os restantes.
10 **A** tem methodo [↑ conhecimento]
Ath tem conhecimento
11 **A** gestos... **Ath** gestos.

96

[67-49ᵛ] [Athena 5]
Poema publicado na revista Athena, n.º 5,
1925, pp. 198-199. No espólio pessoano há
um testemunho manuscrito, A (67-49ᵛ),
datado de "12/4/1919". "Uma gargalhada
de rapariga" está incluído na lista de 14
Poemas Inconjunctos (48-26ʳ), com data
de "12.4.1919".

NOTAS
2 **A** Riu do que disse quem não vejo.]
acrescentado a lápis na entrelinha dos
versos 1 e 3.
3 **A** Lembro-me [↓ já] que ouvi.
Ath Lembro-me já que ouvi.
4 **A** strada, **Ath** estrada,
5 **A** Direi: não, os montes, as terras ao
sol, o sol, [↑ a casa aqui] este verso e o
seguinte estão com sinal de hesitação.
Ath Direi: não, os montes, as terras ao
sol, o sol, a casa aqui,
6 **A** <e>/E\ eu [↑ que] só oiço o ruido
calado do <q>/s\angue que ha na
minha vida <na cabeça> [↑ dos dois
lados da cabeça.] este verso e o anterior,
inicialmente, eram um único verso.
Ath E eu que só oiço o ruido calado do
sangue que ha na minha vida dos dois
lados da cabeça.
6 Em Ath, por razões tipográficas, este verso
tem um tipo de letra mais pequeno do que
os restantes.

97

[67-49ᵛ] [Athena 5]
Poema publicado na revista Athena, n.º 5,
1925, p. 199. O testemunho manuscrito,

A (67-49ᵛ), redigido depois do poema
anterior, também é do dia 12 de Abril de
1914. "Noite de S. João" está incluído na lista
de 14 Poemas Inconjunctos (48-26ʳ), com
data de "12.4.1919".

NOTAS
5 **A** o baque dos saltos
Ath os baques dos saltos
6 **A** como [↑ de] quem não sabe
Ath de quem não sabe

98

[65-55ᵛ]
Poema de testemunho único, cuja atribuição
e data figuram na lista que se conhece
dos Poemas Inconjunctos (48-26ʳ), mas
também se depreendem das características
materiais do suporte de escrita e da própria
escrita: as folhas 67-48, 67-49, 67-50 e 68-
-12 contêm, todas elas, poemas do dia 12 de
Abril de 1919.

NOTAS
6 O <luz> [↑ sol] havia lá fóra em dias de
destino,
7 E <para> [↑ por] cima da leitura dos
poetas as arvores e as terras [↑ faziam
sombra]...
8 Só hoje vejo <na verdade> o que é que
aconteceu na verdade.] este verso e os
seguintes têm, na margem esquerda, um
traço vertical cortado que os abrange,
indicando hesitação.
11 Que as arvores [↑ e] as terras (para
além das paginas dos poetas) ◊ —

99

[65-55ᵛ]
Poema de testemunho único. A datação e a
atribuição dependem dos poemas anteriores,
todos eles manuscritos na mesma altura e no
mesmo tipo de suporte material, mas também
da lista de 14 Poemas Inconjunctos (48-
-26ʳ), onde este poema figura em último lugar,
com data de "12.4.1919".

2 Houve em mim um momento de vida
diffe^te entre somno e somno.] *com
uma palavra abreviada.*

3-4 *Estes versos têm um sinal de dúvida na
margem direita.*

3 Se ninguem condecora o sol por
<*tod> <*ser>/dar\ luz,

5-6 *Estes versos têm um sinal de dúvida na
margem esquerda.*

5 acordo] *no primeiro verso, "Accordo";
daí a emenda.*

9 Só para fóra.] *o ponto final é
conjectural.*

100

[67-46'] [67-47']

*Deste poema existem dois testemunhos, A
(67-46') e B (67-47), o primeiro manuscrito, o
segundo dactilografado. Em A, em posição de
título, está o nome "Caeiro.", que desaparece
de B; e depois do último verso do poema está
uma data, "20.4.1919", que também está em
B. O suporte material de A é uma folha de
impresso picotado da firma* F. A. PESSOA; *o de
B, um recorte de papel espesso liso, idêntico
a 67-51, 52, 53, 54 e 58. Em A, à direita de
"Caeiro.", há um grande traço horizontal
cortado, indicando hesitação; talvez por isso
o poema não tenha sido publicado na revista*
Athena. *Mas está incluído na lista de 14*
Poemas Inconjunctos *(48-26'), com data de
"20/4/1919".*

2 **AB** Goso] *vejam-se os dois versos
seguintes.*

3 **A** goso. **B** góso.

4 **AB** góso

5 **A** nas nossas idéas mais <afastadas.>
[↓ apagadas.] **B** nas nossas ideias
mais apagadas [↑ afastadas]. *em B
"apagadas" e "afastadas" são variantes
alternativas; optamos pela primeira,
porque em A "afastadas" está apagada.*

6 **AB** góso

7 **A** Fecho os olhos e o meu corpo que
está entre a herva **B** Fecho os olhos[,] e
o meu corpo, que está entre a herva,

8 **A** Pertence <inteiramente>
[↑ principalmente] a[o] exterior de
quem fecha os olhos –. **B** Pertence
inteiramente ao exterior de quem
fecha os olhos –

10 **A** <A> [↑ E] alguma cousa /dos/ ruidos
indistinctos das cousas a existir,
B E alguma coisa dos ruidos
indistinctos das coisas a existir,] *com
a correcção de A e ponto e vírgula final.*

11 **A** E só uma sombra [↑ encarnada] de
luz me carrega levemente nas orbitas,
B E só uma sombra encarnada de luz
me carrega levemente nas orbitas,

12 **A** E só um resto de vida
[↓ <esquecidamente>] <prossegue.>
[↑ <doe.>] [↓ <sou eu.>] [→ soa.]
[↓ serve.] **B** E só um resto de vida ouve
(soa, serve). [↓ esquece] [↓ fica.]
[↓ fica para existir]

101

[67-46'] [Athena 5]

Poema publicado na revista Athena,
*n.° 5, 1925, pp. 197-198, do qual existe um
testemunho manuscrito, A (67-46'), no
verso do poema anterior ("Goso os campos
sem reparar para elles"). Ambos os poemas
se encontram numa folha de impresso
picotado, da firma* F. A. PESSOA, *que teve
como morada a Rua de S. Julião, 41, 3.°.
Antes do incipit, em 67-46', há um verso
solto e riscado: "O navio que passa ao
longe". O poema está incluído na lista de 14*
Poemas Inconjunctos *(48-26'), com data
de "20/4/1919".*

3 **A** elle **Ath** "elle"] *emendamos as aspas
em linha para aspas altas.*

4 **A** Mas eu repar<ei>/o\ para elle
e para elles, e são duas coisas:
Ath Mas eu reparo para elle e para elles,
e são duas cousas:

5 **A** O homem vae com [↑ andando com]
as suas idéas, /falso e estrangeiro/, **Ath**
O "homem" vae andando com as suas
idéas, falso e extrangeiro,] *emendamos*
as aspas em linha para aspas altas.

6 **A** E os passos vão como systema antigo
que faz /as pernas/ andar.] *seguem-se*
dois versos riscados, de difícil leitura.
Ath E os passos vão com o systema
antigo que faz pernas andar.

8 **A** Que perfeito que é nelle o
desconhecido que tem [↑ que elle é]
no seu corpo — **Ath** Que perfeito que é
nelle o que elle é — o seu corpo,

102

[68-13']

Poema de testemunho único, manuscrito no
verso da mesma folha em que se encontra
uma versão mais breve deste texto (ver
Anexo). "Não tenho pressa" está incluído na
lista de 14 Poemas Inconjunctos (48-26'),
com data de "20.6.1919".

NOTAS

5 Não; não tenho [↑ sei ter] pressa.

8 Toco só onde tóco, não onde penso.
] *o primeiro "toco" sem acento, donde a*
nossa emenda.

9 Só me posso <sentar> [↑ sentar] onde
estou.

11 Mas o que faz rir [↑ a valer] *acrescento*
manuscrito a lápis, na diagonal.

12 E somos [↑ vivemos] vadios do nosso
corpo [↑ da nossa realidade].

13 *Este verso e o anterior encontram-*
-se dentro de parênteses curvos, talvez
indicando que deviam ser revistos.

ANEXO
[68-13' – ms.]

Caeiro.

Não tenho pressa: não a teem o sol e a lua.
<Nada> [↑ Ninguem] anda mais depressa
do que as pernas que tem.
Se onde quero estar é longe, não estou lá
num momento.
<Sorriso antigo, commemorativo do>
20/6/1919

103

[68-13']

Poema de testemunho único, manuscrito na
mesma folha do anterior. "Sim: existo dentro
do meu corpo" está incluído na lista de 14
Poemas Inconjunctos *(48-26'), com data*
de "20.6.1919".

NOTAS

4 Nem almoçar o mundo [↑ a terra] por
causa do estomago.

6 Não: filho [↑ natural] da terra, que se
d<ou>/er\ um salto, está em falso,

9 Traz! <N>[↑n]a realidade que não
falta!] *verso acrescentado na margem*
esquerda, na vertical; não terá sido
adicionado no verso da folha, porque esta
já estaria preenchida pelo poema "Não
tenho pressa. Pressa de quê?".

104

[CFP 1-129]

Poema de testemunho único, manuscrito
a lápis na capa interior do livro Pioneer
Humanists *de John Mackinnon Robertson,*
no exemplar hoje à guarda da Casa
Fernando Pessoa (CFP 1-129). O poema foi
reencontrado por Antonio Cardiello, durante
o processo de digitalização da Biblioteca
Particular de Fernando Pessoa iniciado em
2008. Foi publicado, com uma tradução
para inglês de Pauly Ellen Bothe, no livro-
-catálogo dessa biblioteca, por Pizarro,

Ferrari e Cardiello (2010, p. 66). Para a datação deste poema podem ser relevantes os cálculos que se encontram à esquerda da capa interior, na folha de guarda do livro Pioneer Humanists, *nos quais figura o ano de 2198, isto é, o ano em que Pessoa ia ser autenticamente "descoberto" ou "constatado certo" (cf. Pizarro, 2012, pp. 193-210). Esse ano depreende-se da interpretação da trova ix do terceiro corpo das* Trovas do Bandarra, *livro que Pessoa projectou editar por volta de 1919; o projecto foi incluído nos planos da editora Olisipo, em 1921, e manteve-se vigente durante vários anos. É provável que o poema "Gosto do ceu..." seja de circa 1920.*

NOTAS

2   Que pode ter comigo o que não [↑ começa nem] acaba?

4   Creio que o espaço começa algures [↑ numa parte] e algures [↑ numa parte] acaba

105

[67-61ʳ]

Poema de testemunho único, dactilografado a tinta azul num fragmento de papel. Está encimado pelo nome "Caeiro.", sublinhado, e tem uma data no fim, "19-7-1920".

NOTAS

1   Vive<-me>, dizes, no presente;

4   Quero as cousas que existem, nã o o temp que as mede. [→ em que estão] [→ /lhes damos./] *corrigimos duas palavras ("nã o" e "temp").*

9   Não quero incluir o tempo no meu / schema./ [↑ haver]

11   Não quero separal-as de si[↑ ellas]- -proprias, tratando-as por presentes.

13   Eu não as devia tratar por n<◊>/a\da.

16   Vel-as sem tempo, nem espaço [↑ logar],

18   É <◊>/esta\ a sciencia de ver, que não é nenhuma.

106

[59-28ʳ, 28ᵛ e 28aʳ]

Deste poema existe apenas um testemunho, datado de "5/6/1922", num bifólio de papel amarelado em que se encontram dois poemas relativamente extensos: este e o seguinte, que foi manuscrito na mesma altura e com o mesmo lápis. De "Dizem que em cada coisa uma coisa occulta mora" conhece-se um poema-variante, isto é, um poema do dia anterior que foi substituído por este (no cabeçalho lê-se um "Não", dentro de círculo). Veja-se o anexo.

NOTAS

7   Seria bom e feliz se <houv> eu fosse só o meu corpo –

9   Que coisa [↑ a mais ou a menos] é que eu sou?

14   Nasço, vivo, morro por um<a> <força> [↑ destino] em que não mando,

18   Ou a minha [↑ alma] é a consciencia que a força universal

19   Tem do meu corpo por dentro,] *acrescentado na entrelinha e marcado com sinal de hesitação na margem esquerda.*

28   Cessarei assim? [→ (Não sei.)] *com um acrescento à direita, entre parênteses, indicando hesitação.*

30   Não me tornará immortal[.]<?>

ANEXO

[59-27ʳ – ms.]

4/6/1922

Sim, talvez tenham razão.
Talvez em cada coisa uma coisa occulta more.
Mas essa coisa occulta é a mesma
Que a coisa sem ser occulta.

Na planta, na arvore, na flor
(Em tudo o que vive sem falla
E é uma coisa e não o [↑ com] que se faz uma coisa),

/No bosque que não é arvores mas
 bosque,/
/Total das arvores sem somma,/
Mora uma nympha, um espirito [↑ vida]
 exterior por dentro
Que lhes dá a vida;
Que floresce com o florescer d'elles
E é verde no seu verdor.

No animal e no homem entrou.
Vive por fôra por dentro
E não já dentro por fôra.
Dizem os philosophos que isto é a alma.
Mas não é a alma: é a propria[↑ o] cousa
 [↑ animal ou homem]
Da maneira como existe.

E penso que talvez haja entes
Em que as duas cousas coincidam
E tenham o mesmo tamanho,
E que estes entes serão os deuses,
Que existem porque assim é que
 completamente se existe,
Que não morrem porque são iguaes a si
 mesmos,
Que podem muito porque não teem
 divisão
Entre quem são e quem são,
E talvez nos não amem, nem nos
 queiram, nem nos appareçam,
Porque o <que> [↑ que] é perfeito não
 precisa de nada.

A nympha é talvez o futuro da arvore ou
 do rio.

107

[59-28aʳ e 28aᵛ] [Athena 5]
Este poema foi publicado na revista Athena,
*n.º 5, 1925, pp. 200-201, e encontra-se
também no bifólio 59-28|28a, como o poema
anterior. Portanto, são dois os testemunhos:*
A (*59-28aʳ e 28aᵛ*) *e* Ath (Athena *5*).

NOTAS

2 **A** pedra, ou **Ath** pedra ou
3 **A** pensas, e **Ath** pensas e
8 **A** Mas é a differença que encontras. **Ath**
  Mas não é a differença que encontras;
9 **A** Mas [↑ Porque] o ter consciencia
  não me obriga a ter theorias sobre as
  cousas, **Ath** Porque o ter consciencia
  não me obriga a ter theorias sobre as
  cousas:
10 **A** <É>/Só\ <o>/m\ obriga
   Ath Só me obriga
15 **A** <Não> [↑ Sei que] é differente
   apenas. **Ath** Sei que é differente
   apenas.
17 **A** a pedra é real **Ath** a pedra é a real]
   mantemos a lição de **A**.
18 **A** Sei [↑ isto] porque ellas existem.
   Ath Sei isto porque ellas existem.
19 **A** Sei isto porque os meus sentidos
   m'as mostram **Ath** Sei isto porque os
   meus sentidos m'o mostram.
20 **A** tambem, **Ath** tambem.
21 **A** Sei porque os meus sentidos m'o
   mostram, **Ath** Sei isto porque os meus
   sentidos m'o mostram,
22 **A** *Quando um sentido que [↑ eu]
   sinto por dentro. **Ath** Embora com
   menos clareza que me mostram a
   pedra e a planta.
25 **A** Sim, <algumas theorias faço> [↑ faço
   idéas] sobre o mundo, e a planta
   nenhumas. **Ath** Sim, faço idéas sobre o
   mundo, e a planta nenhumas.
26 **A** são pedras, **Ath** são pedras;
30 **A** <Ambos existimos, e somos
   differentes.> [↑ Mas não digo isso:
   digo da pedra, é uma pedra,]
   Ath Mas não digo isso: digo da pedra, "é
   uma pedra",] *emendamos as aspas.*
31 **A** é uma planta, **Ath** "é uma planta",]
   mudamos as aspas para altas.
32 **A** sou eu. **Ath** "sou eu".] *passamos as
   aspas em linha para aspas altas.*

[65-71' e 71a'] [Athena 5]

Poema publicado na revista Athena, *n.º 5,
1925, p. 199, que Pessoa emendou no seu
exemplar pessoal. Também existe um
testemunho manuscrito,* A (65-71' e 71a'),
*numa folha de papel liso que ia ser utilizada
para redigir uma carta comercial em francês;
daí uma linha solta, dactilografada:
"Monsieur l'Administrareur [sic] D". No
testemunho* A *também se encontram uns
versos de Ricardo Reis para Alberto Caeiro:
"RReis | (a Caeiro) | Morreste jovem, como
os deuses querem | Quando amam". Trata-
-se de uma possível epígrafe que lembra o
que Pessoa escrevera, na revista* Athena,
*n.º 2, de Novembro de 1924, sobre Mário de
Sá-Carneiro (inicialmente, numa folha
de papel liso, datável de 1923: cf. 14E-5).
Na face interior do bifólio 65-71 | 71a — que
está imperfeitamente inventariado, porque
num bifólio as duas páginas fronteiras não
podem, ambas, ser inventariadas como
páginas de rosto — encontram-se o poema
seguinte e este apontamento: "Tesoura com
laminas compridas, com o comprimento
de 10ᶜᵐ a 15ᶜᵐ. Preferivel com uma lima
para unhas." Num artigo publicado na
revista* Portuguese Studies, *Patricio Ferrari
(2008, p. 99) sugere uma possível fonte
do preceito antigo já referido: o "Prefatory
Memoir" do livro* The Poetical Works *of
John Keats, onde se lê: "'Whom the Gods
love die young' was a belief of antiquity"; o
livro encontra-se na Casa Fernando Pessoa e
tem a cota 8-294.*

NOTAS

1 **A** verdades sentidas **Ath** verdades d'elle
2 **A** comigo. **Ath** commigo.
4 **A** *verso inexistente.* **Ath** (Não do das
pessoas que soffrem, que é afinal
quem soffre).
5 **A** Da injustiça do dinheiro, **Ath** Fallou
da injustiça de uns terem dinheiro,

6-7 **A** Da tortura de os outros serem
pobres, **Ath** E de outros terem fome,
que não sei se é fome de comer, | Ou
se é só fome da sobremesa alheia.
[→ do que os outros comem.] depois
do acrescento a lápis, "do que os outros
comem.", surge a indicação "stet", para
não mexer no verso.
8 **A** De tudo quanto o pudesse fazer
zangar-se. **Ath** Fallou de tudo quanto
pudesse fazel-o zangar-se.
10 **A** [←E] Que estupido, que [↑ se] não
sabe **Ath** Que estupido se não sabe
11 **A** E não se cura de fóra,
Ath E [← Ella] não se cura de fóra,
13 **A** Ou <pregos a menos> o caixote não
ter aros de ferro! **Ath** Ou o caixote não
ter aros de ferro!
14 **A** E haver injustiça **Ath** Haver injustiça
16 **A** A injustiça do mundo **Ath** Aquillo a
que chamam a injustiça do mundo.
19 **A** redonda **Ath** redonda,
20 **A** E uma arvore [↑ um sobreiro] não
nascer cadeira ou meza. [↑ carvalho
ou pinheiro.] **Ath** E um sobreiro não
ter nascido [→ crescido] pinheiro ou
carvalho.
22 **A** se [↑ eu que] as vou comer a ambas?
Ath eu, que as vou comer a ambas?

[65-71' e 71a']

*Poema de testemunho único, não publicado
em vida de Pessoa, como não o foi o poema
anterior, que se encontra no mesmo bifólio,
mas nas páginas exteriores.*

NOTAS

2 E a flor é <uma> [↑ a] flôr?] *a palavra
"flor" surge sem e com acento, donde a
emenda.*
7 Cada coisa só lembra o <*que> [↑ que] é
9 Separa-a de todas as outras o abysmo
[↑ facto] de ser [↑ que é] ella.
11 Tudo é nada ser outra coisa. [↓ que não é.]

12 <V>/O\ quê? Valho mais que uma
<flor> [↑ flor]
22 E [↑ não] eu tenho consciencia porque
sou flor, não sou homem.] *por lapso, o
autor indica para inserir o "não" antes de
"eu".*
23 flôr.] *com acento neste verso, mas não
no anterior.*

110

[67-44'] [Athena 5]
Poema publicado na revista Athena,
*n.º 5, 1925, p. 197, do qual se conserva
um testemunho manuscrito: A (67-44').
Trata-se do primeiro dos 16 poemas
"inconjunctos" publicados na* Athena, *sob
o cabeçalho "Alberto Caeiro | (1889-1915) |
Dos "Poemas Inconjunctos" | (1913-1915)".
67-44 é uma folha de papel, com marca-
-d'água* Express Bond *5860, manuscrita
a tinta preta. No canto superior direito lê-se
"recent" e a data "(1923-4) — ?"; é provável
que Pessoa tenha acrescentado essa data
por volta de 1925, isto é, quando preparava o
fascículo dos "inconjunctos".*

NOTAS
2 A vêr os campos e o rio...
Ath ver os campos e o rio.
4 A ver as arvores e as flores...] *sem
acento em "ver".* Ath ver as arvores e as
flores.
ANTE 6 A <É preciso tambem (e isso é o
mesmo)> Ath *verso inexistente.*
7 A Ha só <nós,> [↑ cada um de nós,]
como uma cave; Ath Ha só cada um de
nós, como uma cave.
8 A Ha só uma janella fechada [→ E todo
o mundo lá fora.] Ath Ha só uma janella
fechada, e todo o mundo lá fora;] *o
ponto e vírgula parece ter migrado do
verso anterior para este.*
10 A <Mas porque não abrir a janella?>
[↓ Que nunca é o que se vê quando
se abre realmente a janella. {↓ pode

ver pela verdadeira janella.}] [↑ Que
nunca é o que se vê quando se abre a
janella.] Ath Que nunca é o que se vê
quando se abre a janella.

111

[67-68']
*Poema de testemunho único, dactilografado
a azul (hoje roxo) num fragmento de papel.
Carece de data, mas talvez seja de meados
da década de 1920.*
NOTA
1 A neve poz uma toalha calada
[↑ empuxada] sobre tudo. [↑ na mesa
de tudo.]

112

[145-37']
*Poema de testemunho único, manuscrito,
como "Tambem sei fazer conjecturas", no
caderno de* O Guardador. *Está datado de
"13/8/1923". Foi publicado por Teresa
Sobral Cunha, em* Poemas Completos de
Alberto Caeiro, *sob o poema* XLVIII
*(Pessoa, 1994, p. 99; cf. a nota da p. 9).
Ivo Castro, considerando que Teresa
Sobral Cunha nunca o transcreveu, não
reconhece o enorme mérito dela na primeira
decifração do poema. Também esquece que
foi Teresa Sobral Cunha quem, pela primeira
vez, publicou os versos 2 a 4 "um pouco
recolhidos" (em Pessoa, 2015, pp. 319-320).*
NOTAS
1 Ponham na m/ sepultura
4 Que foi prova dos deuses...] *leitura
conjectural.*
5 Porisso deixei que os recebessem.]
leitura conjectural.

113

[67-66']
*Poema de testemunho único, dactilografado
no mesmo dia de alguns poemas de* O Pastor
Amoroso: *10 de Julho de 1930; daí as*

semelhanças de dactilografia e lay-out. Está atribuído a "Caeiro.", nome sublinhado sob o título Poemas Inconjunctos, dactilografado a vermelho. A linguagem é próxima da do Livro do Desassossego.

NOTAS

4 Tenho a certeza, mas <o facto>/a certeza\ é mentira.

5 [→ Ter certeza é não estar vendo.]

6 <Depois de amanhã é uma coisa eternamente distante.> [→ Depois de amanhã não ha.]

8 Um céu de azul[,] um pouco baço, umas nuvens brancas no horizonte,

9 Com um retoque [↑ <su> sujo] em baixo como se viesse negro depois.

13 Se eu estiver morto depois de amanhã, <não haverá> [↑ a] trovoada [↑ de] depois de amanhã<.>

ANTE 14 <Commigo cessa o mundo, e continúa, mas já é de outros. > | Bem sei que o mundo continúa; mas repito, cá por mim: | Commigo cessa o mundo. | O que continúa é alheio, e eu não tenho nada com isso.>

ANTE 16 <Mas [↑ não] estarei no mundo, e a trovoada cahirá num mundo differente; | Um mundo a que falto é um mundo differente.>

19 Seja como fôr, a que cahir é que <cahirá> estará cahindo quando cahir.

114

[145-22ʳ] [Presença 31-32]

Deste poema existem dois testemunhos: um manuscrito, Cad (145-22ᵛ), no caderno de O Guardador; outro impresso, na revista Presença, Pre (Presença 31- -32). O manuscrito tem data, "7/5/1922", dedicatória, "A Ricardo Reis", e duas notas soltas, uma antes e outra depois do poema. A nota que se encontra antes é o complemento de uma indicação, "Penultimo Poema", que em Pre se transformou num

título, "O Penúltimo Poema", com artigo definido.

NOTAS

ANTE 1 **Cad** *com dedicatória.* **Pre** *sem dedicatória.*

1 **Cad** Tambem sei fazer conjecturas... **Pre** Também sei fazer conjecturas.

2 **Cad** Ha em cada cousa uma presença interior [↑ aquillo que ella é e] que a anima. **Pre** Há em cada coisa aquilo que ela é que a anima.] *mantemos o remate de* Cad *("e que a anima").*

3 **Cad** nimpha pequena. **Pre** ninfa pequena.

ANTE 4 **Cad** <Para quem lhe quizer chamar †> **Pre** *verso inexistente.*

4 **Cad** longinquo. **Pre** longínquo.

5 **Cad** com elle e é já elle. **Pre** com êle e é já êle.

8 **Cad** cousa **Pre** coisa

10 **Cad** teem **Pre** têm

13 **Cad** [←E] Tem a consciencia na propria carne divina. **Pre** E têm a consciência na própria carne divina.] *entre as duas opções, manter "tem" no singular, referido ao corpo, ou "têm", no plural, referido aos deuses, preferimos a segunda, embora Ivo Castro defenda a primeira (em Pessoa, 2015, pp. 317-318); a revista* Presença *deve ter recebido uma cópia dactilografada deste poema e terá sido* Pessoa *o responsável pelo verbo no plural.*

115

[67-69ʳ]

Poema de testemunho único, manuscrito num impresso de telegrama. Não está datado, mas sim atribuído: antes de "Last poem", que é mais uma indicação do que um título, figura o nome "Caeiro.", sublinhado. A datação crítica depende amplamente do suporte, à falta de outros elementos. O impresso de telegrama é da ·THE EASTERN TELEGRAPH COMPANY, LIMITED

e é da década de 1920, porque tem um
espaço para preencher um número depois
de "192......".

NOTAS

3　Mas não o saudei, dizendo-lhe [↑ para
　lhe dizer] adeus<!>/.\

4　Fiz signal de gostar de o ver [↑ ainda],
　mais nada.

ANEXO 1

[68-3ʳ]

Versos de testemunho único, manuscritos
num pedaço de folha de papel
irregularmente rasgado. Estão encimados
pelo nome "Caeiro", sublinhado.

NOTA

2　Para a completa [↑ nova] novidade do
　mundo.

ANEXO 2

[68-3ʳ]

Texto de testemunho único, manuscrito
na mesma página dos versos anteriores.
Publicado como "fragmento" por Cabral
Martins e Zenith, talvez por ter apenas uma
linha.

NOTA

1　[← E] Tudo o que se sente

ANEXO 3

[68-3ʳ]

Versos de testemunho único, manuscritos na
mesma folha dos anteriores e com o mesmo
lápis.

NOTAS

1　O verde do ceu azul antes do sol ir a
　[↑ estar para] nascer,

2　E o azul branco do <horizonte quando
　o dia acaba> [↑ occidente onde o
　{↑ brilhar ↓ brilhar} {↑ do} sol se
　sumiu.]

ANEXO 4

[68-3ᵛ]

Versos de testemunho único, com múltiplas
variantes, manuscritos a lápis depois dos
anteriores.

NOTAS

1　As <cois> [↑ cores] verdadeiras das
　coisas que os olhos vêem –

2　O luar não branco mas cinzento
　[↑ acinzentado] levemente azulado
　[↓ e azul{↓ado} ao bater {↓ pousar
　↓ tocar →̃ espelhar}] [↓ mas cinzento
　azulado a espelhar onde bate
　{→̃ quando bate.}]

ANEXO 5

[68-3ᵛ]

Texto de testemunho único, manuscrito na
mesma página dos dois anteriores.

ANEXO 6

[68-4ʳ]

Versos de testemunho único, manuscritos
a lápis num novo pedaço de papel de má
qualidade e irregularmente rasgado.

NOTA

1　Fui [↑ Sou] verdadeiro e leal ao que vi
　[↑ vejo] e ouvi. [↓ ouço.]

ANEXO 7

[68-4ʳ]

Versos de testemunho único, manuscritos
depois dos anteriores, após um traço
divisório.

NOTA

1　Não <quero> [↑ <posso> sei o que é]
　conhecer-me. Não vejo para dentro.

ANEXO 8

[68-4ʳ]

Versos de testemunho único, manuscritos na
mesma página dos dois textos anteriores.

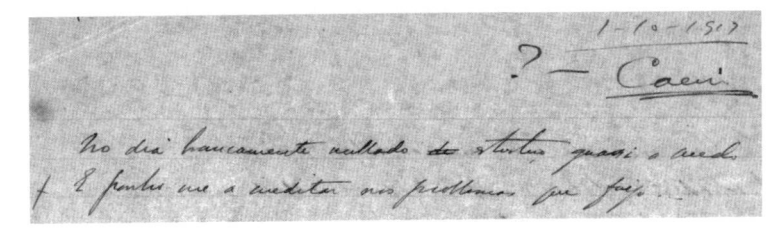

NOTAS

1 Como por cada gesto que ella faz
<o>/a\ <Universo> [↑ Realidade] fica
mais ric<a>/o\,

5 Quem pode desprezar olhal-a <a uma
ponte sobre> [↑ como se ela fôsse] e
não "Quem pode desprezar olhando-a".

6 Uma ponte sobre] e não "Um ponto
sobre" (leitura anterior).

ANEXO 15

[16A-6]

*Poema de testemunho único, com uma
data, "1-10-1917", na margem superior
da página, seguida do nome "Caeiro",
sublinhado e acompanhado de ponto de
interrogação (como o terceiro poema de O
Pastor Amoroso). Este poema e os cinco
seguintes foram manuscritos na mesma
data, com a mesma tinta preta esbatida, no
mesmo tipo de folha de papel pautado. Os
seguintes, que se encontram todos na folha
16A-7, separados por traços divisórios, estão
encimados pelo nome "Caeiro", sublinhado
e em posição de título, mas neste caso o
nome do heterónimo não é acompanhado de
hesitação.*

NOTAS

1 No dia brancamente nublado <de>
entristeço quasi a medo

2 E ponho-me a meditar nos problemas
que finjo...] *com sinal de hesitação na
margem esquerda.*

8 <Não teri> [↑ Deviamos] haver
adquirido um *sentido* do "conjuncto",

20 A m/ idéa de Univ° é que é uma idéa
minha.

22 A m/ idéa de noite é que anoitece por
meus olhos.

28 Mas, como a essencia do pensamento
<é> não é ser dito, mas ser pensado,

ANEXO 16

[67-62ʲ]

*Poema de testemunho único, manuscrito
no verso da metade inferior de uma
folha volante de "Sobre Um Manifesto de
Estudantes" (Lisboa, 1923). Pessoa duvida
na atribuição do texto, que está datado de
"13/6/1930". Sobre a indicação "ex" (ver a
imagem), escreve Ivo Castro: "Ainda antes
do poema, a indicação 'ex', forma abreviada
da ordem 'exet', com que Pessoa por vezes
anuncia a intenção de retirar determinado
texto do conjunto em que se encontra. Tudo
isto recomenda que o poema, sem deixar
de ser publicado, apareça em discreta
retaguarda" (em Pessoa, 2015, p. 313).*

NOTAS

5 Mas o vento soprava forte
[↑ empurrava nú] [↓ varria para um
lado,]

6 E segui o caminho para onde o vento
<soprou> [↑ me soprava] nas costas.

ANTE 7 <Não sei se para o seguir, se para
me esconder d'elle.>

8 Vou onde o vento me leva e me deixo
   [↑ sinto] pensar. [↓ não sou capaz
   de pensar.] [↓ não desejo pensar.]
   [↓ então não preciso pensar.]

ANEXO 17

[67-27ʳ]

*Esta lista encontra-se manuscrita sobre um
testemunho riscado do poema xvi, "Não me
importo com as rimas".*

NOTA

1 O luar <entre> atravez dos altos ramos

ANEXO 18

[48-27ʳ]

*Esta lista inclui duas sequências de itens
numerados, sendo a segunda muito citada
por revelar um Alberto Caeiro em botão. Foi
manuscrita a tinta preto-acastanhada
numa folha quadriculada, com a margem
superior picotada.*

NOTAS

1 <Estas 4 canções escrevi-as estando
   doente>. On his poetry.

2 (1913)-1914] *a primeira data está entre
   parênteses, indicando hesitação.*

ANEXO 19

[48-26ʳ]

*Esta lista, manuscrita a lápis numa tira de
papel, contém uma sequência de* incipit
dos Poemas Inconjunctos. *No verso da folha
figura a tradução de um verso que já tínhamos*

*referido: "E tudo é bello porque tu és bella |
(And all looks beautiful on thy loveliness)".
Trata-se do último verso do soneto "Love's
Blindness" de Alfred Austin (1835-1913), que
se encontra na mesma folha de um poema
inconjunto (67-67ʳ) de 23 de Julho de 1930.
Em 48-26ᵛ e em 67-67ʳ a tradução e o verso
estão riscados; não assim em 133B-30ʳ, onde
o que está riscado é o título de um projecto:
"Cartas em defeza de R.R."*

116

[14B-16 e 16a]

*Bifólio de papel quadriculado manuscrito
a tinta preto-acastanhada. O plano de
apresentação europeia de Alberto Caeiro foi
publicado pela primeira vez em* Pessoa por
Conhecer *(Lopes, 1990, tomo 2, p. 356; cf.
p. 388).*

NOTAS

1 <A enthusiasthica att>] *antes da
   primeira linha do texto.*

2 Torres de Abreu] *sublinhado no
   original.*

3 Guisado] *sublinhado no original.*

4 *Acrescentamos o traço divisório seguinte.*

5 and <do> Transcendentalist

6 no one <will> [↑ can] ignore

117

[8-3ᵛ]

*Meia folha de papel, com marca-
-d'água 5860 (talvez Express Bond 5860),*

manuscrita a tinta preta. *Texto fac-similado em Poemas Completos de Alberto Caeiro (Pessoa, 1994, p. 212).* Um dos primeiros prefácios para o Livro do Desassossego foi manuscrito em 8-3r: cf. "...este livro suave".

NOTAS

1 *Alberto Caeiro* – "O Guardador de Rebanhos."] tiramos as aspas e deixamos em itálico apenas o título.

2 Le Gardien des[↑e] Troupeaux.] hoje traduzido como "Le Gardeur de Troupeaux".

118

[68A-8′ a 10′]

Texto manuscrito em três pequenas folhas azuladas, com quatro – de cinco – páginas numeradas de 2 a 5. Publicado inicialmente em Pessoa por Conhecer (Lopes, 1990, tomo 2, p. 399) e em Poemas Completos de Alberto Caeiro (Pessoa, 1994, pp. 213-214). Oferecemos uma nova leitura da última intervenção de Caeiro, isto é, das últimas linhas do texto.

NOTAS

1 <Devo> Entre

2 a esta cidade [↑ de] Vigo

3 <d'ond> para suavisação

4 talvez [↓ quiçá] *variantes alternativas.*

5 empós [↑ a] leitura

6 glorioso poeta] com um traço curvo indicando a necessidade de uma troca de posição.

7 como [↑ com o ar de]

8 espontaneo e /fresco/

9 <é> de suppor é

10 como se <†> [↑ não] estivesse <†> [↑ dando]

11 que <elle> a conversa

12 que mais [↑ me] apraz

13 <isto> isto é

14 obra] acrescentamos vírgula.

15 de phrases[.] <feitas com os copos de>

16 <att> adoração

17 que diz que <se> diz] com uma aparente repetição.

18 que é ◊ de luz mysteriosa] emendamos para "que é um hymno de luz religiosa", visto que Pessoa tenta citar um verso de "Oração á Luz": "Sou um hino de luz religiosa."

19 <N>/A\

20 <*In>/De\testo-a

119

[14³-100′]

Texto manuscrito a lápis numa folha de papel quadriculado, picotada na parte superior. Publicado pela primeira vez em Poemas Completos de Alberto Caeiro (Pessoa, 1994, p. 214). Na metade superior da página 14³-100′ existe uma lista de "Income" fac-similada, transcrita e traduzida em Provérbios Portugueses (Pessoa, 2010, pp. 12-13), atendendo ao item "Proverbs – five guineas".

NOTA

1 estupidas] dentro de círculo; talvez indique hesitação.

120

[68A-5′]

Este fragmento de papel e o anterior no inventário foram cortados e manuscritos ao mesmo tempo. A folha 68A-5 está manuscrita apenas no rosto a tinta azul, enquanto a folha 68A-4 está manuscrita a tinta azul no verso e a tinta preta no rosto. As últimas linhas deste escrito (ver a nota 6) encontram-se em 68-5ᵛ. O texto foi revelado em Pessoa por Conhecer (Lopes, 1990, tomo 2, p. 402).

NOTAS

1 *Segue-se o acrescento signed A.* <L>/S\. – *talvez "signed A[lexander] S[earch]".*

2 Sou mesmo o <unico> primeiro] acrescentam-se aspas de início.

3 só agora, em mim, encontram o seu
   poeta."] *na margem esquerda, na*
   vertical, tal como a frase seguinte.
4 o *eu*] *acrescenta-se uma vírgula.*
5 emoção *ou* convicção] *paleogra-*
   ficamente, parece a palavra mais curta.
6 *Em 68A-4ᵛ existem quatro linhas*
   manuscritas pela mesma caneta: Dizia-me
   ha tempos esse altissimo e transviado
   espirito que é Fernando Pessoa: "<não é
   possivel> (qualquer cousa) ◊

121

[68A-4']

Texto encimado pela indicação "Caeiro",
sublinhada, e ainda assinado no fim com o
nome "Al. Caeiro". Esta assinatura final terá
levado alguns editores a considerarem este
trecho de entrevista um fragmento autónomo
de prosa. No nosso entender, é um trecho
indissociável do anterior. Foi fac-similado e
transcrito em Pessoa por Conhecer *(Lopes,*
1990, tomo 2, pp. 462-463).

NOTAS

1 na <prosa> leitura da prosa
2 e <do> sentimento.
3 é bastardo e illegitimo.] *acrescentam-*
   -se aspas de fecho.

122

[14B-37' a 40']

Quatro pequenas folhas, com marca-d'-
-água Wisconsin, *manuscritas a tinta*
preta, hoje acastanhada. Estão numeradas
de "2" a "5". Da folha 14B-39ʳ apenas
foi utilizado o rosto. Texto publicado em
Pessoa por Conhecer *(Lopes, 1990, tomo 2,*
pp. 392-394) e em Poemas Completos de
Alberto Caeiro *(Pessoa, 1994, pp. 216-218).*

NOTAS

1 em que [↑ esta] a n/ pobre cidade
2 elementos <mater> perfeitamente
   espiritualistas que construe o edificio
   do seu materialismo absoluto.

3 e flagrante] *no original.*
4 <Dizer> [↑ A poesia]
5 <a †> [↑ estes] versos
6 /Tratar-se-ha/, talvez
7 <trata-se-ha de uma> [↑ aqui ha um]
   ponto
8 (repara)] *entre parênteses, indicando*
   hesitação.
9 numa folha n'uma [↑ determinada]
   arvore como n'uma [↑ determinada]
   flôr
10 não existe;] *o ponto e vírgula é*
   conjectural.
11 que <talvez> [↑ naturalmente não] de
   proposito
12 <tornado> [↑ tornado]
13 não <me> apraz
14 <abstra> abstractamente materialista
15 aureolado [↑ consumido
   physicamente] de alma
16 um poeta [↓ abstractamente] mystico
17 Deus [↑ em] que
18 *A leitura desta última frase é conjectural.*
19 <espontaneo> [↑ espontaneo] acho-o
   <consciente> [↑ consciente] de mais
20 <analysando> [↑ analysando],
21 não <†> [↑ vê],
22 um dos maiores <poetas> e
23 E <rep> torno
24 <espiritualista> cheia de <†>
25 um [↑ poeta] consciente
26 <ana> artificial
27 *Propomos uma nova leitura desta frase.*

123

[14B-41]

Uma folha pequena, com marca-d'água
Wisconsin, *manuscrita a tinta preta, hoje*
acastanhada. Texto publicado em Pessoa
por Conhecer *(Lopes, 1990, tomo 2, p. 394)*
e em Poemas Completos de Alberto Caeiro
(Pessoa, 1994, pp. 218-219).

NOTAS

1 Veja[↓ m]-se /estes passos/:

2 e \<se> nos
3 \<do> que
4 \<entre> de
5 \<se em> [↑ (o meu desconhe-]
6 \<porque> por qualquer
7 mais do que apto a sentir pelo genio
que Deus lhe dera.] *com um traço*
vertical cortado na margem esquerda,
indicando hesitação.
8 conquanto \<tal> pareça, e conquanto
soe, ingenua e \<esp>
9 \<queremos crêr que n>, não
conseguimos
10 (Que genio d'esses era preciso terem
\<os> [↑ os] muitos que fizeram
uma mistificações d'estas!)] *leitura*
conjectural.

124

[14B-44']

Uma folha pequena, com marca-d'-água
Wisconsin, *manuscrita a tinta preta, hoje*
acastanhada. Texto publicado em Pessoa
por Conhecer *(Lopes, 1990, tomo 2,*
pp. 395-396) e em Poemas Completos
de Alberto Caeiro *(Pessoa, 1994,*
pp. 219-220).

NOTAS

1 mais [↑ alto] do que eu
2 contesto<, d> ao
3 \<cousas> [↑ qualidades]
4 \<ser> [↑ ter]
5 não creio \<que> na \<sua> falta
6 \<*tre> poeta
7 1ᵃˢ cousas

125

[14B-42]

Uma folha pequena, com marca-d'água
Wisconsin, *manuscrita a tinta preta, hoje*
acastanhada. Texto publicado em Pessoa
por Conhecer *(Lopes, 1990, tomo 2,*
pp. 394-395) e em Poemas Completos de
Alberto Caeiro *(Pessoa, 1994, p. 220).*

NOTAS

1 \<Pa> A meu vêr
2 \<t> poesia
3 da sua poesia [↑ versos] soffreria
4 É aos /armazens/ do mysticismo e do
espiritualismo que a sua Musa vae
buscar com que se engalane.] *com*
hesitação na margem esquerda, e com
dúvida numa palavra ("armazens").
5 da magnitude [↑ e da originalidade]
6 Whitman \<e Francis Jammes> [↑ –
isso – e é \<por> {↑aqui} que o]
7 \<talento> genio
8 a obra do 1º
9 bebe [↑ tira] \<e>/a\ existe] *leitura*
conjectural.

126

[14B-43']

Uma folha pequena, com marca-d'água
Wisconsin, *manuscrita a tinta preta, hoje*
acastanhada. Texto publicado em Pessoa
por Conhecer *(Lopes, 1990, tomo 2, p. 395)*
e em Poemas Completos de Alberto Caeiro
(Pessoa, 1994, p. 220).

NOTAS

1 tanto um como (o) outro] *com uma*
hesitação assinalada por parênteses.
2 \<d>/D\escobridor

127

[14B-36]

Fragmento de envelope timbrado
—justamente de A AGUIA *l* ORGÃO DA
RENASCENÇA PORTUGUESA *— manuscrito a*
tinta preta. O envelope, carimbado ao que
parece no dia 20 de Maio de 1914, foi enviado
para a "Rua Passos Manoel, 24-3º E", mas foi
entregue na "R, Pascoal Mello 119-3º" (esta
morada substituiu a anterior), já que em
1914 a tia Anica mudou-se para a Pascoal
de Melo e Pessoa continuou a residir com ela.
Texto publicado em Pessoa por Conhecer
(Lopes, 1990, tomo 2, p. 396)

e em Poemas Completos de Alberto Caeiro *(Pessoa, 1994, p. 218). Note-se que no canto superior direito de 14B-36' há uma letra "a", sublinhada, e, em 14B-20', um "b", sublinhado.*

NOTAS

1 d<a>/o\ <obra> livro
2 <leva> facilitassemos – senão levassemos
3 Entre] *um traço e um símbolo indicam a necessidade de novo parágrafo.*
4 sendo <tal> o genero
5 <+> [↑ naturalmente]
6 qual é a <obra>
7 [↓ i.e., das cousas sem acrescimo de ideas preconcebidas]

128

[14B-20']

Metade direita de um bifólio quadriculado manuscrito a tinta preta; na metade esquerda encontra-se o texto que começa "Repare-se: O extraordinario valôr" (14B-19'). Publicado em Pessoa por Conhecer *(Lopes, 1990, tomo 2, p. 396) e em* Poemas Completos de Alberto Caeiro *(Pessoa, 1994, p. 218).*

NOTAS

1 <é [↑a] de do> é o livro do sr. Caeiro.
2 <os>/as\ <pro> theorias dos processos
3 para lá se <*busca> segue.

129

[14B-19]

Metade esquerda de um bifólio quadriculado manuscrito a tinta preta; na metade direita encontra-se o texto que começa "Vamos contestar" (14B-20'). Publicado parcialmente, e com diferenças, em Pessoa por Conhecer *(Lopes, 1990, tomo 2, pp. 396-397) e em* Poemas Completos de Alberto Caeiro *(Pessoa, 1994, pp. 214-215).*

NOTAS

1 materialista<.>/,\ <D>/d\e um abstracto
2 Natureza que <†> o é
3 a <grande a> assombrosa
4 <o>/a\ forma
5 reali<d>/s\ada.
6 essa obra [↑ logo] nos causa.] *acrescentamos os dois traços divisórios seguintes.*
7 Mas com a O á L] *supriminos o "com".*
8 a Elegia [↑ de Pascoaes,] que
9 <†> sabem-nos
10 o G. de R.] *sublinhado, com "o" minúsculo.*

130

[14B-21 a 23']

Três folhas não muito grandes (12,5 × 21,5 cm), de superfície muito suave, manuscritas a tinta preta e numeradas no canto superior esquerdo, salvo a primeira, de "2" a "5". Inédito. Transcrito em colaboração com José Barreto.

NOTAS

1 que em [↑ Camões,]
2 <f> cahirmos mais
3 <homem> [↑ in]dividuo
4 escrever [↑ pensar] *variantes alternativas.*
5 <muito> mas
6 <arg> [↑ argumentos]
7 <A> [↑ Estes]

131

[14B-17']

Texto manuscrito a tinta preta na sobrecapa do exemplar do livro Oscar Wilde: a critical study *(1913), de Arthur Ransome, conservado na Biblioteca Particular de Fernando Pessoa (CFP 8-460). Texto fac--similado em Pizarro e Ferrari (2011, p. 82).*

NOTAS

1 <revela> illumina.

2 things is [↑ are]
3 <the wall of that> [↑ that] garden-wall
4 <in art, nor> in mankind
5 divine.] *o ponto final é conjectural.*

132

[14B-3ʳ a 4ᵛ]

Duas folhas quadriculadas manuscritas a tinta preta. Texto publicado parcialmente em Pessoa por Conhecer (Lopes, 1990, tomo 2, p. 398). No verso da folha 14B--4 encontra-se o rascunho de uma carta inacabada, redigida em francês ("Votre livre, malheureusement pour moi"), para um destinatário não identificado.

NOTAS

1 *Saturday Rev The Southern*] *acrescentamos um traço divisório.*
2 what[↑ so]ever
3 <Literary> [↑ in relation]
4 which <only> we
5 spiritual(istic) poetry.] *com uma variante entre parênteses.*
6 except as <a high, as> a great poet
7 living unity of <verse, of> inspiration & of expression
8 can <†> describe
9 Hallo] no original; em inglês britânico, "hallo" *ou* "hullo" são exclamações possíveis.
10 <*nothing> [↑ nothing]
11 There are <supre> things
12 (<the> [↑ n.o] 5)
13 *Falta um segmento de 14 palavras de difícil leitura.*
14 the <ast> bewildering materialistic
15 [↑ *moral] *image
16 verse <take> reach
17 things <*ev> of their
18 <the †> the greatest
19 <XLX> XLIX
20 <Nothing in Whitman> Whitman

133

[14B-8ʳ a 11ᵛ]

Oito meias folhas quadriculadas manuscritas a tinta preta. Inédito.

NOTAS

1 A <Remarkable> [↑ Great]
2 <By a mere chance I was led to read the recent book by which a [↑ young] Portuguese poet made his appearance on the already † poetry-market of that country.> It is not generally known] *com um parágrafo inicial riscado.*
3 <if> not only
4 <Several> [↑ Many] pages
5 sanctioned [↑ ways] *numa primeira leitura, "unnatural ways".*
6 and [to] <ideas> [↑ convey] sub--metaphysical ideas,
7 the <essential Portuguese> attitude
8 <nor> [↑ it]
9 [↑ the poet] identifying
10 [↑ Abilio] Guerra Junqueiro,
11 <†> [↑ pantheistic] spiritualism
12 < transcendental> pantheistic transcendentalism
13 <have either been> will be found
14 /João de Barros/
15 as a <new> horizon of new
16 Modern Portuguese poetry] *a última palavra, "poetry", não tem "p" maiúsculo.*
17 poetical spirit in the literary <†> Republic[.]<of the>
18 why [↑ we] choose
19 not <anoth> an older
20 [↑ Modern] Portuguese poetry.
21 <It is not> The reason is
22 not <with> justly
23 Junqueiro's /ten/ or Pascoaes /twelve/
24 he <*hit on any> reached
25 of [↑ <lyric>] inspiration
26 [↑ the only modern poem that can stand today against Worthword's ode]
27 to [↑ a] mere shade.

28 *Uma pirâmide invertida de três pontos*
   simboliza "because".
29 *Ver a nota anterior.*
30 than any of the others is.] *no original.*
31 any [↑ lyrical or literary] currents
   whatsoever
32 But, <he is> though
33 [↑ the first <two> of] these
34 <† complete> [↑ Blake's total] work
35 remarkable the in the *shaping of his
   poetry] *leitura conjectural.*
35 <by †> with which
36 Alb[erto] C[aeiro] <al> philosophy
37 this attitude <†> has all the soft
   allurements of <Christian>
   spiritualism
38 <of> and naturalness of
39 thesis<:> (there
40 It <*never> have nothing
41 clear as /day/
42 H<e>/is\attitude
43 and [↑ or] of

134

[14B-15]

Texto manuscrito a lápis na sobrecapa do
livro The Baconian Heresy: a confutation,
de John Mackinnon Robertson. A sobrecapa
conserva-se no espólio pessoano à guarda
da Biblioteca Nacional de Portugal; há um
exemplar do livro de Robertson na Biblioteca
Particular do escritor (Casa Fernando Pessoa,
cota 8-471). No verso da sobrecapa (BNP/
E3, 14B-15') encontra-se um poema riscado;
trata-se de uma variante do poema xv *de* O
Guardador de Rebanhos. *Sobre a presença*
de Robertson na Biblioteca Particular de
Fernando Pessoa, ver o artigo de José Barreto
(2006), "Fernando Pessoa, racionalista,
livre-pensador e individualista: a influência
liberal inglesa". Texto publicado pela primeira
vez em Pessoa por Conhecer *(Lopes, 1990,*
tomo 2, p. 439) e fac-similado em Pizarro e
Ferrari (2011, pp. 83-84).

NOTAS

1 ([↑ as in] Verlaine's case)
2 (2)] *e não "(3)", por lapso.*
3 <Já que> <g>/G\osemos

135

[21-98' a 103']

Seis recortes de papel dactilografados a tinta
roxa. Texto publicado em Páginas Íntimas
e de Auto-Interpretação (Pessoa, 1966,
pp. 368-372).

NOTAS

1 sensation<s>.
2 <is; as> it is, as a
3 <as> in
4 the very temperaments of the two
   poets differ.
5 Whitman's thought is a mode <(in
   the philosophic sense)> of his
   feeling,
6 <n>/N\ature.

136

[21-89 a 90]

Duas folhas de papel dactilografadas a
tinta preta (ou azul-escura), com alguns
segmentos a vermelho. Texto publicado em
Páginas Íntimas *e de Auto-Interpretação*
(Pessoa, 1966, pp. 335-343).

NOTAS

1 kind] *dactilografado a tinta vermelha.*
2 influence] *dactilografado a tinta*
   vermelha.
3 Another good example is <Milton>
4 <the Portuguese poet> [← his
   countryman]
5 <n>/N\ature,
6 as is] *no original.*
7 absolutamente oppostos]
   dactilografado a tinta vermelha.
8 <new>, appallingly new.
9 <immense> genius.
10 for novelty [→ itself]
11 liver] *no original.*

12 we have supposed (posited)] *variante*
   entre parênteses curvos.
13 some times] *no original.*
14 objectiveness (ivity).] *variante entre*
   parênteses.
15 *But it cannot be conceived in a poet*]
   dactilografado a tinta vermelha.
16 a rather <indisci> queer
17 C.V.] *no original.*
18 For /D\<M>r. Ricardo Reis
19 sensationist<s>,
20 concept<ion>
21 the] *dactilografado a tinta vermelha.*
22 But <he> [← RR]
23 convention [↑ sentiment]
   acrescentamos uma vírgula.
24 for] *acrescentamos a vírgula.*

137

[21-104]
Duas meias folhas dactilografadas a tinta
preta (ou azul-escura). Texto publicado em
Páginas Íntimas e de Auto-Interpretação
(Pessoa, 1966, pp. 376-377).

NOTAS

1 next-to-nothing, <that being that
  Camões is the greatest of Portuguese
  poets> And this miserly bit of know of
  that literature is merely that Camões is
  its greatest poet
2 appearnce] *no original.*
3 <they are only a> it only means that
4 beign] *no original.*
5 <Caeiro> Caeiro
6 seaking of his infleunces] *no original.*
7 and <call the> summon the reader's
  <gen>/atte\ntion gently

138

[14B-12 a 14]
Três recortes de papel manuscritos a tinta
roxa. Publicado parcialmente em Pessoa
por Conhecer *(Lopes, 1990, tomo 2,*
pp. 438-440).

NOTAS

1 I <am> do
2 produced<.>/–\
3 <so> untainted
4 <near> [↑ in] Lisbon in /January/
5 guerrulous or <imitable>]
  "guerrulous", no original.
6 <These> [↑ Each] fragment<s>
7 to have run tired of things to want it]
  leitura conjectural.
8 <of> that
9 <th> [↑ fine] lines
10 trees <or *all>
11 <bitt> absence
12 his <gentleness & great soul> great &
   gentle soul
13 <been> brought
14 *Uma pirâmide invertida de três pontos*
   simboliza "because".
15 but <it †> his grief
16 remains [↑ one] of
17 it] *sem pontuação final.*

139

[14B-7']
Uma folha quadriculada manuscrita a tinta
roxa. Texto publicado parcialmente numa
nota de A Little Larger Than the Entire
Universe: selected poems *(Pessoa, 2006,*
p. 423).

NOTAS

1 <clear sentiment> [↑ lucid
  inspiration]
2 <the>/The\
3 brought <sorrow> disillusion & sorrow,
4 Some his later poems] *no original.*
5 <would not have been> [↑ if he could
  have]
6 *Seguem-se umas palavras em letra mais*
  fina que optamos por retirar do texto:
  (Not. K[eeper] of S[heep] was....<)>
  <Poem> No... † the "reservation" in
  question)
7 seemed [↑ about] to

140

[143-1 a 4]

Quatro recortes de papel manuscritos a
tinta preta. Texto publicado parcialmente
em Pessoa por Conhecer (Lopes, 1990,
tomo 2, pp. 441-442); veja-se também o
capítulo dedicado a Crosse em Eu Sou Uma
Antologia (Pessoa, 2013, pp. 480-482;
voltamos a rever a transcrição).

NOTAS

1 by the <manner of his poetry>
   secondary
2 <But> how] *colocamos uma maiúscula*
   inicial em "how".
3 <never> certainly never before
   attained by <th> [↑ a] poet born
4 on [↑ the] lines
5 H<is>/e\
6 the formidable [↑ (there is no other
   word)] originality
7 one [↑ truly] Greek
8 being born <in Portugal> from a
   Portuguese
9 biting a<n> <apple> fruit

141

[68-8ʳ]

Um fragmento de papel manuscrito a tinta
preta. Inédito.

NOTA

1 *Segue-se um início de frase riscado:* <But
   whatever their value,>

142

[14B-62 a 62c]

Uma folha grande de papel de linho dobrada
duas vezes para formar uma espécie de
caderno de oito páginas; a folha inteira
foi manuscrita a lápis. Texto publicado
parcialmente, em Alberto Caeiro. Poesia
(2001, p. 253), e completo, em Ferrari (2011,
pp. 61-64).

NOTAS

1 <*even>/how\

2 <W>/E\ven
3 [↑ Blake] Whitman – <Bl>/C\aeiro
4 that it <is> in
5 It is poetry & philosophy
   simulta[→neously and
   interpenetrated.] *prolonga-se na*
   margem direita, na vertical.
6 <When> [↑ We] read
7 know <not> in no
8 <But> <a>/A\ll
9 this <speaks †> [↑ is ample proof of]
10 creed] *no original.*
11 <if vaguer> [↑ if greater] is also vaguer
   than them all.

143

[66D-1aʳ]

O texto editado foi dactilografado a tinta
azul-escura, salvo "Caeiro:" (no início), a
tinta vermelha. Foi publicado em Poemas
Completos de Alberto Caeiro *(Pessoa,*
1994, p. 318, n. 26). A folha em que se
encontra este texto foi dobrada para formar
um bifólio e também contém um texto de
teor sociológico ("O progresso e o valôr
civilizacional de uma nação") e o poema
"O Phonographo" de Camilo Pessanha.

144

[74B-38ʳ]

Pequeno recorte de papel manuscrito a tinta
preta.

145

[14B-27ʳ]

Texto manuscrito no verso de uma folha
de papel com marca-d'água EXPRESS BOND
5860, que tinha dactilografados, no rosto,
uns versos do poema VIII *de* O Guardador
de Rebanhos. *Veja-se a edição dos*
Poemas Completos de Alberto Caeiro
(Pessoa, 1994, pp. 52 et seq.), onde este
comentário e os restantes surgem atribuídos
a Ricardo Reis.

1 ess<a>/e\ ] *este apontamento começa*
  com minúscula.
2 [↑ talvez] a cousa
3 que em poesia [↑ literatura] moderna
  se tem escripto. (que [↑ em]
  modernos dias se tem escripto).
4 ouviu] e *não "anceia" (edições*
  anteriores).
5 <todos nós e apenas> todos nós, e
  apenas
6 que se <enchem dos nossos> enchem
  do entulhar d<o>/a\ noss<o>/a\ <pe>
  gasta <idea> maneira de pensar...

146

[14B-28ʳ]

Texto manuscrito no verso de uma folha
de papel com marca-d'água EXPRESS BOND
5860, *que tinha dactilografados, no rosto,*
uns versos do poema IX *de* O Guardador de
Rebanhos.

NOTAS

1 era [↑ de] um materialista
2 levamos[↑ riam]
3 <bem gostariamos> [↑ mas um
  mystico]
4 <á>/ao\
5 o [↑ total] contrario
6 de <†> todos os tempos...

147

[14B-29ʳ]

Texto manuscrito no verso de uma folha
de papel com marca-d'água EXPRESS BOND
5860, *que tinha dactilografados, no rosto,*
uns versos do poema X *de* O Guardador de
Rebanhos.

148

[14B-26ʳ]

Texto manuscrito no verso de uma folha
de papel com marca-d'água EXPRESS BOND
5860, *que tinha dactilografados, no rosto,*

uns versos do poema XV *de* O Guardador de
Rebanhos.

NOTAS

1 <poem> versos
2 objecção] e *não "allegação" (edições*
  anteriores).
3 consciencia] e *não "coherencia"*
  (edições anteriores).
4 obra<?>/,\
5 [↑ Ou] Profundo genio
6 de um grego<,>
7 <†> [↑ grande] demais
8 da n/ epoca.

149

[14B-30ʳ]

Texto manuscrito no verso de uma folha de
papel com marca-d'água EXPRESS BOND 5860,
que tinha dactilografados, no rosto, uns versos
do poema XXV *de* O Guardador de Rebanhos.

NOTA

1 <ser> ser

150

[14B-31ʳ]

Texto manuscrito no verso de uma folha
de papel com marca-d'água EXPRESS BOND
5860, *que tinha dactilografados, no rosto,*
uns versos do poema LXII *de* O Guardador
de Rebanhos.

NOTA

1 cem [↑ extensas] odes

151

[14B-24ʳ]

Uma folha de papel, com marca-d'água
CANNON BANK POST, *manuscrita a tinta*
preta.

NOTAS

1 para [↓ de] *variantes alternativas.*
2 (e)spantoso] *interessante hesitação*
  ortográfica.
3 d'esta obra. <Nec>
4 <*iss> medite-se

marca–d'água, em que existem dois poemas de 1 de Março de 1917.

1 ainda [↑ tão] novo
2 <acto> titeres
3 maior [↓ mais lata] *variantes alternativas.*
4 do imperfeito [↓ perfeito] e completo [↓ incompleto] universo.
5 citar <o ovo do> [↑ aquella fabula do] Colombo e [↑ d]o ovo.
6 S. Fᶜᵒ [↑ de Assis] *acrescentamos os dois pontos.*
7 seita *ou* secta
8 <Nem o> É apenas
9 <o mais absoluto dos> [↑ a *Sabedoria] [↓ a Vontade] [↑ anterior aos] Deuses
10 teem <isto> de commum
11 são <justos, são> intuições justas
12 spiritual] *com "s" inicial.*
13 espiritos] *com "es" iniciais.*
14 das <formas> christistas
15 do [↑ proprio] insticto christista
16 um <estudo> [↑ analyse]
17 spirito] *com "s" inicial.*
18 [↑ Alb.] Caeiro
19 essencia depois] *sem vírgula.*
20 construidos (constituidos)] *variante entre parênteses.*
21 <que> [↑ de] modo que s<e>/i\nta] *sob o verbo há um traço cortado, indicando hesitação.*
22 a <sua> objectividade
23 têm] *com acento circunflexo e não com duplo "e".*
24 <São esses> [↑ É um ou outro d'esses]
25 até <nos> [↑ hoje]
26 teem visto, e teem] *ambas formas verbais com duplo "e"; cf. a nota 23.*
27 como <tam> na verdade
28 a <sens> objectividade
29 sensiveis. [↑ nos sentidos.]

30 collocar a realidade dentro de nós [↑ fazer a realidade começar em nós]
31 <o que senã> <só o> [↑ o não o] poderia fazer

157

[14B-25']

Uma folha de papel manuscrita a tinta preta, com marca–d'água BRITISH BANKPOST *e com duas moradas timbradas da firma* F. A. PESSOA: ~~Rua de São Julião, 41, 3.º~~ l RUA DO OURO, 87, 2.º. *A firma* F. A. PESSOA *foi criada em meados de 1917 e em Dezembro do mesmo ano mudou-se para a Rua do Ouro, 87, 2.º. O texto foi publicado pela primeira vez em* Poemas Completos de Alberto Caeiro *(Pessoa, 1994, p. 319).*

NOTAS

1 <Ora toda> Podemos
2 <uno> infinito
3 além d'isso] *sublinhado e des- -sublinhado.*

158

[52A-10']

Meia folha de papel manuscrita a tinta preto-acastanhada. Texto publicado pela primeira vez em Pessoa por Conhecer *(Lopes, 1990, tomo 2, p. 430).*

NOTA

1 certeza, a Natureza /natural/ frente a frente.] *na margem esquerda, na vertical, com uma palavra sobre marca de dúvida.*

159

[21-73' e 74']

Duas folhas de papel de máquina dactilo-grafadas a tinta preta, com numerosas intervenções e acrescentos manuscritos e dactilografados. Texto publicado pela primeira vez em Páginas Íntimas e de Auto-Interpretação *(Pessoa, 1966, pp. 329- -332), e completado e corrigido por sucessivos editores. A datação crítica é de Jorge Uribe, que estuda este prefácio e algumas cartas de Pessoa para Gaspar Simões na sua tese de doutoramento.*

NOTAS

1   numa quinta do Ribatejo (?) [↑ <só> só os primeiros dois anos d'elle, e os ultimos mezes, foram <de novo> passados na sua cidade natal.] *retiramos, depois de "Ribatejo", a interrogação, visto que Pessoa confirmou este dado na primeira das "Notas para a Recordação do Meu Mestre Caeiro" que a revista Presença publicou.*

2   [→ Nessa quinta isolada <que> cuja aldeia {↑ proxima} considerava por sentimento como sua terra,]

3   <alli foram escriptos> [↑ escreveu Caeiro quasi todos os seus poemas –] os <seus> primeiros[,]

4   <poemas> [↑ a que chamou "de creança"]

5   [↑ dos] que eu mesmo

6   sugeriu [↑ lembrou] bem

7   *Segue-se um símbolo riscado.*

8   Os ultimos [↑ d'estes] poemas

9   pois [↑ alguns d']esses ultimos poemas revelam

10   <na> [↑ pela]

11   um pouco extranha<, em alguns,> ao character [↓ geral] da obra, [↓ assim] em natureza <e> [↓ como em] direcção.

12   são o que <viveu>. [↑ houve nelle de vida.]

13   *Segue-se uma linha riscada:* <como um olhar casual a estrada que são segue>

14   [↑ A obra, porém, e o seu paganismo, não foram {↑ nem} pensados {↑ nem até sentidos}: foram <sentidos> {↑ vividos} com o que quer que seja que é em nós mais profundo que o sentimento ou a razão.] *longo acrescento, com marca de hesitação, no canto superior esquerdo da página.*

15   [↓ n]aquella linguagem

16   em que é pensada [↑ se forma na mente]

17   não [↑ pode] entender

18   e não ha [↑ pois] que explicar-lhe

19   É como fazer comprehender <um idioma que> a alguem [→, espaçando as palavras no dizer,] um idioma que <elle não falla.> [↑ nunca apprendeu.] *passamos para o final da frase o primeiro acrescento.*

20   <in>consciencias <e> [↑ in] conscien<cias>/tes\

21   o desenvolvimento [↑ logico] das civilizações

22   <das mesmas> de taes sensações progressivas

23   Por uma intuição [↑ sobrehumana], como aquella[↑ s] que funda[↑ m] religiões <e typos de conceito do universo,> [↑ para sempre], porém a que não assenta o <ttitulo> titulo de relig[↑ i]osa, porisso que [↓, como <† re> <repugnam> o sol e a chuva,] repugna toda a religião e toda a metaphysica, este homem descobriu o mundo sem pensar nelle, e creou um conceito do universo que não contem meras interpretações.] *longo acrescento dactilografado e manuscrito em 74ʳ.*

24   prefaciar [↑ publicar] estes livros, <commentando-os> em fazer [↑ em prefacio] um largo estudo

25   <litterario e sociologico> [↑ critico e excursivo]

26   a sua natureza e destino fatal [↑ as suas theorias e natural destino]

27   [→ Tentei com abundancia escrevel-o.] [↑ Porém] Não pude

28   fazer [↑ formar]

29   estudo [↑ algum] que me satisfizesse

30   <,>/.\ <porque se não commenta o que é directo, como o céu e a terra.> [← Não se pode commentar, {↑ porque se não

pode pensar,} o que é directo, como o
céu e a terra; pode tamsomente ver-se
e sentir-se.]

31 estas nenhumas palavras [↑ este pouco
de palavras]
32 <dizer> [↑ escrever]
33 [↑ com a cabeça,] mais que disse[←,
com o coração,]
34 <eu que me> que [↑ com a qual]
<dedico á memoria> [↑ choro] <d>o
homem que foi para mim
35 como <será>/virá\ [↑ a ser]
36 que nos <não> livrou
37 realidade [↑ fatalidade]
[← necessidade]
38 Universo, <longe das theorias, e das
crenças como das descrenças, dos>]
com vírgula depois de "Universo".
39 Dou-a <a>/e\ digo:

160

[143-7 a 9ʳ]

Três folhas picotadas, com pautas e tiradas
de um bloco comercial, manuscritas a tinta
preta. Idênticas às folhas 67-49 e 67-50,
já referidas, em que figura a mesma data,
"12-4-1919". Texto publicado sem o final do
terceiro parágrafo em Pessoa por Conhecer
(Lopes, 1900, tomo 2, p. 235); veja-se
também o capítulo dedicado a I. I. Crosse em
Eu Sou Uma Antologia (2013).

NOTAS

1 that he should be able to distinguish
between relative & absolute values
<,>/.\ <that he should have it in him to
distinguish>. When a work of art
2 movement of <the> sensibility
3 Uma pirâmide invertida de três pontos
simboliza "because".
4 follies<,>/.\ <&> [↑ As it] is
5 is <the> [↑ a] work <of man> that
appeals to me not as a man
6 in his own words "sees] alteramos o
início da citação.

7 See it & <am glad>, [↑ I love myself]
8 Ver a terceira nota.

161

[71A-16]

Um fragmento de papel manuscrito a tinta
preta. Texto publicado por Teresa Rita Lopes
em Pessoa por Conhecer (1990, tomo 2,
pp. 411-412). Está encimado pela indicação:
"A. de C. Notas, etc."

NOTAS

1 <deveras> no livro, mas <deveras> na
verdade,
2 os /poucos/ poemas] com hesitação.
3 O poeta amou [↑ <*escreveu>]
4 alto [↑ cimo] variantes alternativas.
5 <poderia> imagino
6 mas [↑ um pouco] alheado.

162

[16A-16' e 17'] [71A-51'] [Presença 30]

Trata-se da terceira das cinco notas
publicadas na revista Presença, em
Janeiro-Fevereiro de 1931. Existem três
testemunhos, a partir dos quais procurámos
restaurar a ortografia anterior à publicação
impressa: A (71A-51'), uma folha de papel
dactilografada a tinta preta, com numerosos
acrescentos manuscritos a tinta preta;
antePre (16A-16' e 17'), cinco folhas de papel
de máquina dactilografadas a tinta azul;
e Pre, correspondente ao texto impresso na
Presença, n.º 30.

NOTAS

1 A Expliquei-lhe] neste ponto
começa este terceiro testemunho.
antePre Pre E expliquei-lhe,
2 A disse-me:
antePre Pre disse-me bruscamente:
3 A estupido. [↑ – Isso <parece> {↑ é
uma coisa} de padres <de uma>
{↑ sem} religião <differente> <Isso
é de gente que não vê>] [↓ Isso é
{↓ tudo} theologia.] antePre estúpido.

Isso é uma coisa de padres sem religião, e portanto sem desculpa nenhuma". **Pre** estúpido. Isso é uma coisa de padres sem religião e portanto sem desculpa nenhuma".

4 **A** certas simililhanças **antePre Pre** várias semelhanças

5 **A** *frase inexistente*. **antePre Pre** Caeiro protestou.

6 **A** chama a poesia **antePre Pre** chama poesia

7 **A** é poesia, é vêr. **antePre Pre** é poesia: é ver.

8 **A** *frase inexistente*. **antePre Pre** E eu, desnorteado.

9 **A** *frase inexistente*. **antePre** v. não póde conceber o espaço como infinito?" **Pre** v. não pode conceber o espaço como infinito?"

10 **A** Não concebo <o> [↑ nada como] infinito. [↓ Não concebo o infinito] **antePre Pre** Não concebo nada como infinito.

11 **A** Como é que eu hei de conceber o infinito?" **antePre Pre** Como é que eu hei de conceber qualquer coisa como infinito?"

12 **A** [← *Vamos *ao espaço <*Vamos> disse eu] Supponha, <disse eu>, <o> [↑ um] espaço. **antePre Pre** "Homem", disse eu, "suponha um espaço.

13 **A** d'este espaço **antePre Pre** dêsse espaço

14 **D** mais, mais e mais. Não acaba. **antePre** e depois mais, e mais, e mais... Não acaba... **Pre** e depois mais, e mais, e mais... Não acaba..."

15 **A** — Porquê[↑?], disse Caeiro. **antePre Pre** "Porquê?" disse o meu mestre Caeiro.

16 **A** *frase inexistente*. **antePre Pre** Fiquei num terramoto mental.

17 **A** — Supponha que acaba, respondi um pouco irritado. — O que ha depois? **antePre** "Suponha que acaba", gritei.

"O que ha depois?" **Pre** "Suponha que acaba", gritei. "O que há depois?"

18 **A** — Se acaba, depois não ha nada, disse o mestre Caeiro. **antePre** "Se acaba, depois não ha nada", respondeu. **Pre** "Se acaba, depois não há nada", respondeu.

19 **A** *frase inexistente*. **antePre** Este genero de argumentação, cumulativamente infantil e feminina, e portanto irrespondivel atou-me o cerebro durante uns momentos. **Pre** Este género de argumentação, cumulativamente infantil e feminina, e portanto irrespondível, atou-me o cérebro durante uns momentos.

20 **A** — Mas v. concebe isso? **antePre Pre** "Mas v. concebe isso?" deixei caír por fim.

21 **A** <— É claro que concebo> [← Se concebo o quê?] **antePre Pre** "Se concebo o quê?

22 **A** Pudera. **antePre Pre** Pudera!

23 **A** ser [↑ uma] outra coisa [→ que está mais adeante?] **antePre** ser uma outra coisa que está mais adianta?"] *"adianta", no original*. **Pre** ser uma outra coisa que está mais adiante?"

24 **A** Fiquei naquella desorientação que nos toma quando argumentamos com mulheres, e ellas nos surgem com argumentos que sahem do assumpto, estão no centro d'elle, e nos esmagam. **antePre Pre** Nessa altura senti carnalmente que estava discutíndo, não com outro homem, mas com outro universo.] *em* Pre *"discutíndo"*.

25 **A** Fiz uma ultima tentativa... [→ um desvio que achei legitimo] **antePre** Fiz uma ultima tentativa, um desvio que me obriguei a sentir legitimo. **Pre** Fiz uma última tentativa, um desvio que me obriguei a sentir legítimo.

26 **A** Olhe, Caeiro. **antePre** <C> "Olhe, <Caie> Caeiro... **Pre** "Olhe, Caeiro...

27 **A** <Está aqui 34, mais> Tomemos
antePre Pre Tomemos

28 **A** Temos **antePre Pre** Para além dêle temos

29 **A** 37, e assim **antePre Pre** 37, 38, e assim

30 **A** Não ha numero grande a que
cheguemos que não haja um
numero maior. (Senti-me um pouco
envergonhado da simplicidade quasi
infantil do argumento mas achei que
não era com complicações que eu
poderia rebater Caeiro). **antePre** Não
ha número grande que não haja um
número maior..." **Pre** Não há número
grande que não haja um número
maior..."

31 **A** são [↑ só] numeros, respondeu-me.
[→ E eu mesmo sentira(↑<sse>) pode-
rosamente o chamado *arido da ma-
thematica.] **antePre Pre** são só números",
protestou o meu mestre Caeiro.

32 **A** E depois [↑ o mestre] accrescentou,
[→ olhando-me com <ingenuidade:>
{↓ infancia:)] **antePre** E depois
acrescentou, olhando-me com uma
formidavel infancia: **Pre** E depois
acrescentou, olhando-me com uma
formidável infância:

33 **A** o que é <3> o 34 na relidade?
antePre Pre "O que é o 34 na Realidade?"

163

[71A-37]

*Uma folha de papel de máquina,
provavelmente de cópia a químico. O texto
foi dactilografado a tinta azul. No verso da
folha, no canto superior esquerdo, existe
uma indicação manuscrita a lápis, dentro
de um círculo: "ex". Texto publicado por
Teresa Rita Lopes em* Pessoa por Conhecer
*(1990, tomo 2, pp. 426-428). Está encimado
pelo título: "Notas para a Recordação..."
Sobre a ordem "ex[et]", veja-se a descrição
do poema que começa "Hoje de manhã sahi
muito cedo".*

NOTAS

1 <aquillo de eu dizer,> [↑ varias coisas]
2 a] *no original.*
3 <noporma> no poema
4 <Puz-me a imaginar> (Referia-se ao
poema ◊ dos Inconjunctos/] *fechamos
a frase com parêntese.*
5 (Trata-se, como é de ver, do poema ◊
dos Inconjunctos/] *fechamos a frase
com parêntese.*
6 <cadeira, se a toco> principalmente
cadeira;
7 <e assim por deante> se a mordesse
8 saber] *emendamos para "sabor".*
9 *Segue-se uma indicação: "etc?"*

164

[71A-41ʳ a 45ʳ]

*Cinco folhas de papel de máquina
dactilografadas a tinta azul. Da quarta
folha, que se encontra rasgada, só existe
a metade superior, talvez por opção do
autor. Texto publicado por Teresa Rita Lopes
em* Pessoa por Conhecer *(1990, tomo
2, pp. 419-422). Está encimado por duas
indicações: "Notas para a Recordação..."
e "(A. de C.)".*

NOTAS

1 *Se [↑ não] me engano*
2 *A observação o foi esta:] no original.*
3 object<ou o AM> [↑ ei eu]. *importante
alteração de "objectou" para "objectei"
manuscrita a lápis; "AM" são as iniciais
de António Mora.*
4 repli<cou> [↑ quei] <o Antonio>,]
*alteração significativa manuscrita a
lápis.*
5 <˃>/P\ode haver valor no uso ou na
aplicação; mas esse valor é do uso
ou da aplicação e não do <proprio>
conceito em si mesmo."] *acrescento
manuscrito a lápis.*
6 'este] *no original.*
7 menos"] *no original.*

8 "então] *no original.*

9 sonho <mas> – mas

10 <.>/,\ independentemente da verdade ou falsidade d'ella. Estes esthetas são assim.] *acrescento manuscrito a lápis; falta em Pessoa por Conhecer (1990, tomo 2, p. 420); em Notas para a Recordação do Meu Mestre Caeiro (1997, p. 60) lê-se: "independendo", em vez de "independentemente".*

11 confuso [↑ para mim]"

12 <(e o F[ernando], ↑ corou, pois <que> não gosta que lhe chamem confuso, embora elle muitas vezes o seja, como aliás a humanidade que o inclue <)> ←, coitado;> "mas parece-me que sim,] *longo segmento riscado.*

13 <attributo> um attributo

14 <attributo> um attributo?

15 um<a> tamanho

16 e <a> fugir-lhe-o-chão.

17 "uma pedra tem realidade"] *no original; colocamos aspas simples.*

18 uma <pes> especie

19 <ou> em fim

20 <">/ou,\ principalmente, se ella tiver mais ↑ completamente que outra todos os attributos, como, v. lhes chama, que uma pedra tem que ter para ser pedra."] *acrescento manuscrito a tinta preta; na margem esquerda existe um acrescento riscado:* <ou tiver o conjunto>.

21 v. [↑ vê] em sonho?"] *acrescento manuscrito a lápis.*

22 <→> para compôr

23 a] *no original.*

24 differente.<">

25 um<a> tamanho

26 <"> Não tem realidade como pedra: tem realidade porque é uma somma de attributos, como v. lhes chama, todos *reaes.* Como cada attributo tem realidade, a pedra tem-a tambem."] *acrescento manuscrito a tinta*

preta; segue-se uma linha riscada: <"Comprehendo e desisto", disse o F[ernando] muito contente>.

27 "de uma pedra"?] *alteramos as aspas.*

28 "pedra"?"] *alteramos as aspas.*

29 'isto é o Caeiro'] *no original.*

30 "Comprehendo e desisto"] *a mesma frase que foi riscada no final da folha anterior (71A-44), que se encontra rasgada depois desta última frase.*

31 *Colocamos a frase em tipo itálico.*

32 Nunce] *no original.*

33 <logifa> logica

34 [← e, portanto de um modo forçosamente impreciso e contradictorio], *acrescento manuscrito a tinta preta; acrescentamos uma vírgula depois de* contradictorio.

35 logico. <O que na conversa era impreciso e contra->

ANEXO 20

[150-1ʳ a 3ʳ]

Duas folhas de impresso de PROPOSTA PARA HYPOTHECA *e uma terceira folha da firma* MARIO FREITAS, *com marca-d'água* EXTRA STRONG LINEN, *manuscritas a tinta preta. A firma localizava-se na Rua 1.º de Dezembro, 45, 2.º D, Lisboa. Inédito.*

NOTAS

1 teem vida. | graus] *no original.*

2 <*ha> [↑ ha]

3 <esta> essa

4 <Da> Como

5 <tem> é dado

6 <">ou

7 ter <†>, ou

8 um<a> <fonte> [↑ rio]

9 <Vinha> (O grego

10 *No espaço em branco o autor escreveu* "(porque?)"; *faltava uma explicação.*

11 [↑ ainda] como

12 <sentin> concebidas como sentindo.

13 Matthieu] *no original.*

14 /por mais que não seja pagão/] sobre
   um traço cortado indicando hesitação.
15 (e cahir n'elle marca um *regresso*, um
   retrocesso) (expand).] *estes segmentos*
   estão entre parênteses rectos no original,
   indicando a necessidade de uma revisão
   e de uma "expansão" ou desenvolvimento
   (cf. "expand").
16 torna <†> lucido
17 [↑ e] em Shakespeare e
   [↑ mesmo] Milton
18 por <um> as sensações
19 [↑ de] mais de dentro
20 alma <hum> europea
21 *A frase final está entre parênteses rectos*
   no original.

Anexo 21

[14B-5 e 6]
Duas metades inferiores da folha volante
de "Sobre Um Manifesto de Estudantes"
(Lisboa, 1923), manuscritas a tinta preta.
Texto publicado parcialmente em Pessoa
por Conhecer (Lopes, 1990, tomo 2, p. 294).
Teresa Sobral Cunha (em Pessoa, 1994,
p. 292) percebeu bem que se tratava de um
rascunho de carta para Aleister Crowley.
Sobre a correspondência entre Aleister
Crowley e Fernando Pessoa, ver Pasi e Ferrari
(2012).

NOTAS

1 for [↑ I may call] an exact stay in
   Lisbon
2 [↑ In March] I can give time,
3 of it. [↓ <such> such Time.]
4 <of> in

Anexo 22

[48C-29]
Uma folha de papel de máquina
dactilografada a tinta preta. Texto publicado
em Livro do Desassossego *(Pessoa, 2008,*
pp. 270-271) e antes em Fernando Pessoa et
le Drame Symboliste: héritage et création

(Lopes, 1977, pp. 501-502). Está encimado
pela indicação "ASPECTOS" (entre aspas,
com maiúsculas e sublinhada). Em Poemas
Completos de Alberto Caeiro *(1994,*
p. 321), Teresa Sobral Cunha sugere que este
texto é de "cerca de 1917".

NOTAS

1 *Este ponto, o 5., terá sido acrescentado*
   antes de o autor ter retirado o papel da
   máquina; cf. Obras de António Mora
   (Pessoa, 2002, p. 162).
2 lado] *no original.*
3 iver] *no original.*
4 seja<m>
5 es irito] *no original.*

Anexo 23

[20-78']
Uma folha de papel dactilografada a
tinta roxa, excepto a indicação inicial,
dactilografada a tinta vermelha, e a
última linha, manuscrita a lápis. Texto
publicado em Páginas Íntimas e de
Auto-Interpretação *(Pessoa, 1966,*
pp. 109-110), com data de "1916?". O título
"Ficções do Interludio" surge na folha 35-32,
idêntica à 67-50, onde se encontram dois
poemas inconjuntos de 12 de Abril de 1919 e
as indicações "Caeiro" e "Livro por escrever";
em 35-32 há uns versos riscados, "Tudo o
que eu sinto é um interludio entre | Não sei
quê nem que mais", uma estrofe riscada (que
começa: "Foram-se as mascaras todas | E
o pasmo tambem") e um poema, "Dae-me
musica, só musica, não a vida", que foi, por
erro, publicado como sendo de 1909 — e não
de 1919 — em
Poesia 1902-1917 *(Pessoa, 2005, p. 58).*
O título "Ficções do Interludio" também se
encontra em 43-20, um envelope da firma
Frederico Ferreira & Ávila, L.ᵈᵃ, intercalado
entre folhas com versos de 1919, como estes:
"Ficções do interludio, não se sabendo | Se
o sonho verdadeiro | É o que se vê, se o que

se fica esquecendo" (43-17ᵛ). Admitimos que Pessoa, por volta de 1919, já tivesse contemplado "Ficções do Interludio" como título geral das obras heterónimas, embora muitos esquemas de organização dessas obras sejam posteriores.

NOTAS

1 \<de\> [↑ em]
2 de quatro \<elem\> \<d\>/e\lementos
3 dipersam] *no original.*

ANEXO 24

[16-60ᵛ]

Uma folha de papel, com marca-d'água GRAHAMS BOND REGISTERED, *dactilografada a tinta preta. Texto publicado em* Páginas Íntimas e de Auto-Interpretação *(Pessoa, 1966, pp. 105-106).*

NOTAS

1 ideas] *sem acento.*
2 idéas] *com acento.*
3 O Banqueiro Anarchista] *em tipo redondo.*

4 Livro do Desasocego] *em tipo redondo.*
5 Ficções do Interludio] *em tipo redondo; também passamos este título para tipo itálico no último parágrafo.*
6 \<differentemente dada,\> differentemente pensada

ANEXO 25

[16-61ᵛ e 62ʳ]

Duas folhas de papel de máquina dactilografadas a tinta preta. Texto publicado em Páginas Íntimas e de Auto-Interpretação *(Pessoa, 1966, pp. 106-109).*

NOTAS

1 \<personganes\> personagens
2 unificadas sòmente pelo [← temperamento e o] estylo
3 \<é\> e temos
4 \<mais\> antes
5 \<ficiticas\> ficticias

ORDEM TOPOGRÁFICA DAS COTAS

ÍNDICE DOS PRIMEIROS VERSOS

ÍNDICE ONOMÁSTICO

BIBLIOGRAFIA

BIBLIOGRAFIA ACTIVA

Espólio Fernando Pessoa. Coordenação técnica: Manuela Vasconcelos. Catalogação: Arquivo de Cultura Portuguesa Contemporânea. Digitalização e tratamento de imagem: Serviço de Gestão de Conteúdos Digitais. *Webdesign*: Cecília Matos. Apresentação: Ivo Castro. http://purl.pt/1000/1/alberto-caeiro/index.html

PESSOA, Fernando (2015). *Poemas de Alberto Caeiro*. Edição de Ivo Castro. Lisboa: Imprensa Nacional-Casa da Moeda. Edição Crítica de Fernando Pessoa, Série Maior, vol. IV.

— (2014). *Obra Completa de Álvaro de Campos*. Edição de Jerónimo Pizarro e Antonio Cardiello; colaboração de Jorge Uribe e Filipa Freitas. Lisboa: Tinta-da-china. Colecção "Pessoa".

— (2014). *Alberto Caeiro. Poesia*. Edição de Fernando Cabral Martins e Richard Zenith. 3.ª edição. Lisboa: Assírio & Alvim [1.ª ed., 2001].

— (2013). *Eu Sou Uma Antologia: 136 autores fictícios*. Edição de Jerónimo Pizarro e Patricio Ferrari. Lisboa: Tinta-da-china. Colecção "Pessoa".

— (2013). *O Regresso dos Deuses e outros escritos de António Mora*. Edição de Manuela Parreira da Silva. Lisboa: Assírio & Alvim.

— (2011). *Cartas Astrológicas*. Edição de Paulo Cardoso, com a colaboração de Jerónimo Pizarro. Lisboa: Bertrand.

— (2010). *Provérbios Portugueses*. Compilação e tradução para o inglês por Fernando Pessoa. Edição de Jerónimo Pizarro e Patricio Ferrari. Lisboa: Ática. Obras de Fernando Pessoa|Nova Série.

— (2009). *Sensacionismo e Outros Ismos*. Edição de Jerónimo Pizarro. Lisboa: Imprensa Nacional-Casa da Moeda. Edição Crítica de Fernando Pessoa, Série Maior, vol. X.

— (2008). *Livro do Desassossego*. Edição de Teresa Sobral Cunha. Lisboa: Relógio d'Água.

— (2006). *A Little Larger Than the Entire Universe: selected poems*. Edited and translated by Richard Zenith. London: Penguin Books.

— (2003). *Ricardo Reis. Prosa*. Edição de Manuela Parreira da Silva. Lisboa: Assírio & Alvim.

— (2002). *Obras de António Mora*. Edição e estudo de Luís Filipe Bragança Teixeira. Lisboa: Imprensa Nacional-Casa da Moeda. Edição Crítica de Fernando Pessoa, Série Maior, vol. VI.

— (1999). *Correspondência*. Edição de Manuela Parreira da Silva. Lisboa: Assírio & Alvim. 2 tomos. (Depósito legal do 1.º, 1998.)

— (1998). *Cartas entre Fernando Pessoa e os Directores da Presença*. Edição e estudo de Enrico Martins. Lisboa: Imprensa Nacional-Casa da Moeda. Colecção "Estudos", vol. II.

— (1997). *Notas para a Recordação do Meu Mestre Caeiro*. Edição de Teresa Rita Lopes. Lisboa: Estampa.

— (1994). *Poemas Completos de Alberto Caeiro*. Edição de Teresa Sobral Cunha. Lisboa: Presença.

— (1986). *O Manuscrito de "O Guardador de Rebanhos" de Alberto Caeiro*. Edição fac-similada. Apresentação e texto crítico de Ivo Castro. Lisboa: Dom Quixote.

___ (1986). *O Comércio e a Publicidade*. Organização, introdução e notas de António Mega Ferreira. Lisboa: Cinevoz/ Lusomedia.

___ (1966). *Páginas Íntimas e de Auto-Interpretação*. Textos estabelecidos e

prefaciados por Georg Rudolf Lind e Jacinto do Prado Coelho. Lisboa: Ática.

___ (1946). *Poemas de Alberto Caeiro*. Edição de João Gaspar Simões e Luiz de Montalvor. Lisboa: Ática. Obras Completas de Fernando Pessoa, vol. III. Colecção "Poesia" dirigida por Luiz de Montalvor.

BIBLIOGRAFIA PASSIVA
BIBLIOGRAFIA PARTICULAR

BACON, Francis (1905). *The Philosophical Works of Francis Bacon*. Edited with an introduction by John Mackinnon Robertson. London: George Routledge & Sons. CASA FERNANDO PESSOA, 1-3.

BARROS, João de (1909). *Terra Florida*. Porto: Livraria Chardron de Lello & Irmão, editores. CASA FERNANDO PESSOA, 8-28.

BLAKE, William (1906) *The Letters of William Blake*, together with his Life by Frederick Tatham. Edited from the original manuscripts with an introduction and notes by Archibald G. B. Russell. With twelve illustrations. London: Methuen & Co. CASA FERNANDO PESSOA, 8-43.

___ [post 1905]. *Poems of William Blake*. Introduction and edition by W. B. Yeats. London: George Routledge & Sons, Limted; New York: E. P. Dutton & Co. CASA FERNANDO PESSOA, 8-44.

BROWNING, Robert [1912]. *The Poetical Works*. The Centenary edition. With introductory note by Charles W. Forward. London: Peacock, Mansfield & Co. Ltd. CASA FERNANDO PESSOA, 8-74.

___ (1907). *Poems: 1833-1865*. London, Paris, New York, Toronto, Melbourne: Cassell and Co., Ltd. CASA FERNANDO PESSOA, 8-73.

CHATEAUBRIAND, François René de [s.d.]. *Atala; Renée; Le dernier abencérage*. Paris: Ernest Flammarion, éditeur. CASA FERNANDO PESSOA, 8-104.

DOWDEN, Edward (1896). *The Life of Percy Bysshe Shelley*. London: Regan Paul, Trench, Trübner & Co., Ltd. CASA FERNANDO PESSOA, 9-24.

EMERSON, Ralph Waldo (1902). *Works of Ralph Waldo Emerson*. Essays, first and second series; Representative men; Society and solitude; English traits; The conduct of life; Letters and social aims; Poems; Miscellanies; Embracing nature; Addresses, and lectures. London: George Routledge & Sons, Limited. CASA FERNANDO PESSOA, 8-172.

ÉSQUILO (1917). *The Lyrical Dramas of Æschylus*. Translated into English Verse by John Stuart Blackie. London: J.M. Dent. CASA FERNANDO PESSOA, 8-176.

HUGO, Victor [s.d.]. *Les Contemplations*. Paris, London, Edimbourg, New-York: Nelson, éditeurs. CASA FERNANDO PESSOA, 8-267.

JUNQUEIRO, Guerra (1904). *Oração à Luz*. Porto: Livraria Chardron de Lello & Irmão Editores. CASA FERNANDO PESSOA, 8-288.

__ (1902). *Oração ao Pão*. Porto: Livraria Chardron de Lello & Irmão Editores. Casa Fernando Pessoa, 8-289.

Keats, John (1898). *The Poetical Works of John Keats*. With Memoir, explanatory notes, portrait and illustrations. London, New York: Frederick Warne and Co. Casa Fernando Pessoa, 8-294.

Nordau, Max (1911). *Paradoxes psychologiques*. Traduit de l'allemand par Auguste Dietrich. 7ème éd. Paris: Librairie Félix Alcan. Casa Fernando Pessoa, 1-110.

Oliveira, António Corrêa de (1908). *Elogio dos Sentidos*. Porto: Magalhães & Moniz, L.ᵈᵃ Editores. Casa Fernando Pessoa, 8-391.

__ (1900). *Auto do Fim do Dia*. Lisboa: Livraria Aillaud. Casa Fernando Pessoa, 8-390.

Pascoaes, Teixeira de (1914). *Verbo Escuro*. Porto: Edição da "Renascença Portuguesa". Casa Fernando Pessoa, 8-422.

__ (1912). *Regresso ao Paraíso*. Porto: Edição da "Renascença Portuguesa". Casa Fernando Pessoa, 8-416.

__ [1911]. *Máranos*. 4.º volume. Paris; Lisboa: Livrarias Aillaud e Bertrand [edição do autor]. Casa Fernando Pessoa, 8-641MN.

__ (1909). *Senhora da Noite*. Porto: Magalhães & Moniz, L.ᵈᵃ Editores. Casa Fernando Pessoa, 8-419.

Perry, Bliss (1906). *Walt Whitman: his life and work*. With illustrations. London: Archibald Constable & Co., Ltd., Boston, New York: Houghton Mifflin & Co. Casa Fernando Pessoa, 8-434.

Pessoa, Fernando [Alberto Caeiro] (1925). "Escolha de poemas de Alberto Caeiro. De 'O Guardador de Rebanhos' (1911--1912)", *Athena: revista de arte*, vol. I, n.º 4, Lisboa, Janeiro, pp. 145-156. Casa Fernando Pessoa, 0-28 MN.

__ [Alberto Caeiro] (1925). "Escolha de poemas de Alberto Caeiro. De 'Poemas Inconjunctos' (1913-1915)", *Athena: Revista de Arte*, vol. I, n.º 5, Fevereiro, pp. 197-204. Casa Fernando Pessoa, 0-28 MN.

Pilon, Edmond (1908). *Francis Jammes et le sentiment de la nature*. Paris: Société dv Mercvre de France. Casa Fernando Pessoa, 8-437.

Quillier-Couch, Arthur Thomas (1912) (ed.). *The Oxford Book of Victorian Verse*. Chosen by Arthur Quiller-Couch. Oxford: The Claredon Press, 1912. Casa Fernando Pessoa, 8-405.

Ransome, Arthur (1913). *Oscar Wilde: a critical study*. 4ᵗʰ edition. London. Methuen & Co., Ltd. Casa Fernando Pessoa, 8-460.

Robertson, John Mackinnon (1913). *The Baconian Heresy: a confutation*. London: Herbert Jenkins Limited. Casa Fernando Pessoa, 8-471.

__ (1907). *Pioneer Humanists*. London: Watts & Co. Casa Fernando Pessoa, 1-129.

Shelley, Percy Bysshe (1904). *The Complete Poetical Works*. Including materials never before printed in any edition of the poems. Edited with textual notes by Thomas Hutchinson. Oxford: Claredon. Casa Fernando Pessoa, 8-513.

Symonds, John Addington (1884). *Shelley*. London: Macmillan & Co. Casa Fernando Pessoa, 8-532.

Verhaeren, Émile (1911). *Poèmes: Les Flamandes; Les moines; Les bords de la route*. Augmenté de plusieurs poèmes. 8ème éd. Paris: Mercure de France. [Livro extraviado].

Whitman, Walt (1909). *Leaves of Grass*. London, New York, Toronto and Melbourne: Cassell & Company. Casa Fernando Pessoa, 8-580.

___ [1895]. *Poems by Walt Whitman*. Edited by William Thomas Stead. London: Masterpiece Library. The Penny Poets.

XXVII. Casa Fernando Pessoa, 8-664 MN.

BIBLIOGRAFIA PASSIVA
OUTRAS REFERÊNCIAS

Barreto, José (2007). "Fernando Pessoa – racionalista, livre-pensador e individualista: a influência liberal inglesa", *A Arca de Pessoa*. Organização de Steffen Dix e Jerónimo Pizarro. Lisboa: Instituto de Ciências Sociais, pp. 109-127.

Brown, Susan Margaret (1987). *The Poetics of Pessoa's Drama em Gente: The Function of Alberto Caeiro and the Role of Walt Whitman*. A dissertation submitted to the faculty of the University of North Carolina at Chapel Hill in partial fulfillment of the requirements for the degree of Doctor of Philosophy in the Curriculum of Comparative Literature.

Castro, Ivo (2013). "A casa a meio do outeiro", *Editar Pessoa*. 2.ª edição, aumentada. Lisboa: Imprensa Nacional-Casa da Moeda. Edição Crítica de Fernando Pessoa, Série "Estudos", vol. i, pp. 69--74 [1.ª ed., 1990].

Côrtes-Rodrigues, Armando [1945]. "Notas sobre Fernando Pessoa", *Cartas de Fernando Pessoa a Armando Côrtes-Rodrigues*. Lisboa: Confluência, pp. 85--92.

Feijó, António M. (2015). *Uma admiração pastoril pelo diabo (Pessoa e Pascoaes)*. Lisboa: Imprensa Nacional-Casa da Moeda.

Ferrari, Patricio (2016). "Transcendent Poetic Dwelling: Emerson, Caeiro, and an Unpublished English Poem", *"The Edge of One of Many circles" – Ho-* menagem a Maria Irene Ramalho de Sousa Santos. Coimbra: Imprensa da Universidade de Coimbra.

___ (2012). *Meter and Rhythm in the Poetry of Fernando Pessoa*. Tese de Doutoramento. Lisboa: Universidade de Lisboa.

___ (2008). "Fernando Pessoa as a Writing-reader: Some Justifications for a Complete Digital Edition of his Marginalia", *Portuguese Studies*, vol. xxiv, n.º 2, pp. 69-114. Special issue dedicated to Fernando Pessoa, Department of Portuguese and Brazilian Studies, King's College London, published by the Modern Humanities Research Association. Jerónimo Pizarro and Steffen Dix, guest editors.

___ (2011). "On the Margins of Fernando Pessoa's Private Library: A Reassessment of the Role of Marginalia in the Creation and Development of the Pre--heteronyms and in Caeiro's Literary Production", *Luso-Brazilian Review*, vol. xlviii, n.º 2, Outono, pp. 23-71. University of Wisconsin-Madison.

Jackson, K. David (1999). "Adverse Genres in Pessoa: Alberto Caeiro's Other Version of Pastoral", *Portuguese Literary & Cultural Studies*, n.º 3, Outono, pp. 149--160. Special issue: "Pessoa's Alberto Caeiro". http://www.portstudies.umassd.edu/plcs/plcs03.htm

Lopes, Teresa Rita (1990). *Pessoa por Conhecer*. Lisboa: Estampa.

___ (1977). *Fernando Pessoa et le drame*

symboliste: héritage et création. Préface de René Etiemble. Paris: Fundação Calouste Gulbenkian, Centro Cultural Português.

Lourenço, Eduardo (1973). *Fernando Pessoa Revisitado: Leitura estruturante do drama em gente*. Porto: Inova.

__ (1983). "Walt Whitman e Pessoa", *Poesia e Metafísica*. Lisboa: Sá da Costa.

Monteiro, George (2000). *Fernando Pessoa and Nineteenth-Century Anglo-American Literature*. Lexington: The University Press of Kentucky.

P4 Live Auctions (2008). *The Fernando Pessoa Auction. Handwritten and Typewritten Manuscripts, Books, Art and Literary Magazines, Photographs and other Personal Items from His Estate*. Lisbon: P4 Live Auctions.

Pasi, Marco e Patricio Ferrari (2012). "Fernando Pessoa and Aleister Crowley: New discoveries and a new analysis of the documents in the Gerald Yorke Collection", *Pessoa Plural — A Journal of Fernando Pessoa Studies*, n.º 1, Primavera, pp. 284-313. www.pessoaplural.com

Pizarro, Jerónimo (2012). *Pessoa Existe?* Lisboa: Ática. Colecção "Ensaística Pessoana".

Pizarro, Jerónimo e Patricio Ferrari (2011). "Uma biblioteca em expansão: sobrecapas de livros de Fernando Pessoa", *Revista Pessoa*, n.º 3, Lisboa, pp. 58-96.

Pizarro, Jerónimo, Patricio Ferrari e Antonio Cardiello (2010). *A Biblioteca Particular de Fernando Pessoa. Edição bilingue*. Lisboa: Dom Quixote.

Quillier, Patrick (2009). *Le Gardeur de troupeaux et les autres poèmes d'Alberto Caeiro*. Paris: Gallimard.

Sena, Jorge de (1981). "O 'Meu Mestre Caeiro' de Fernando Pessoa e Outros Mais", *Fernando Pessoa & C.ª Heterónima*. 2 vols.

Lisboa: Edições 70, II, pp. 207-224.

Santos, Maria Irene Ramalho de Sousa (2003). *Atlantic Poets: Fernando Pessoa's Turn in Anglo-American Modernism*. Forward by Harold Bloom. Hanover and London: University Press of New England.

__ (2000). "Interrupção poética: um conceito pessoano para a lírica moderna", *Veredas, Revista da Associação Internacional de Lusitanistas*, n.º 3, pp. 235--253.

Sepúlveda, Pedro (2012). "O livro de Caeiro", *Os livros de Fernando Pessoa*. Tese de Doutoramento. Lisboa: Universidade de Lisboa, pp. 141-193. http://run.unl.pt/bitstream/10362/7420/1/Tese.pdf

Stegagno-Picchio, Luciana (1990). "Filologia vs. Poesia? Eu defendo o 'dia triunfal'", *Actas do Encontro Internacional do Centenário de Fernando Pessoa. Um século de Pessoa*. Lisboa: SEC, pp. 63-70.

Uribe, Jorge (2014). "Uma carta à imortalidade", *Um drama da crítica: Oscar Wilde, Walter Pater e Matthew Arnold, lidos por Fernando Pessoa*. Tese de Doutoramento. Lisboa: Universidade de Lisboa, pp. 349-369. http://repositorio.ul.pt/bitstream/10451/11341/1/ulsd068502_td_Jorge_Lozada.pdf

Whitman, Walt (1855a). "Walt Whitman, a Brooklyn Boy", *The Brooklyn Daily Times*, 29 de Setembro, p. 2 [Publicado anonimamente].

__ (1855b). "Walt Whitman and His Poems", *The United States Review*, 5, Setembro, pp. 205-212 [Publicado anonimamente].

__ (1855c). "An English and American Poet", *American Phrenological Journal*, 22 de Outubro, pp. 90-91 [Publicado anonimamente].

NOTAS BIOGRÁFICAS

O AUTOR

FERNANDO PESSOA (1888-1935) é hoje o principal elo literário de Portugal com o mundo. A sua obra em verso e em prosa é a mais plural que se possa imaginar, pois tem múltiplas facetas, materializa inúmeros interesses e representa um autêntico patrimônio coletivo: do autor, das diversas figuras autorais inventadas por ele e dos leitores. Algumas dessas personagens, Alberto Caeiro, Ricardo Reis e Álvaro de Campos, Pessoa denominou "heterônimos", reservando a designação de "ortônimo" para si próprio. Diretor e colaborador de várias revistas literárias, autor do *Livro do Desassossego* e, no dia--a-dia, "correspondente estrangeiro em casas comerciais", Pessoa deixou uma obra universal em três línguas que continua sendo editada e estudada desde que escreveu, antes de morrer, em Lisboa, "I know not what to-morrow will bring" ["Não sei o que o amanhã trará"].

O COAUTOR

Descrito como um pastor amado pelos deuses, embora não fale muito dos campos nem dos deuses, ALBERTO CAEIRO DA SILVA nasceu em 1889 e se tornou, antes de fazer 25 anos, o Mestre do próprio Fernando Pessoa e de alguns dos seus outros eus mais conhecidos. Passou quase toda sua vida – isto é, de 1891 a 1915 – numa quinta do Ribatejo. Para ele, "O unico sentido intimo das cousas | É ellas não terem sentido intimo nenhum", não porque descresse da existência das coisas, mas porque nunca percebeu os poetas metafísicos nem certas metáforas poéticas. O seu sentimento da natureza, por exemplo, não admite versos como "O manso caminhar destes ribeiros" de Camões. Foi autor de um livro, *O Guardador de Rebanhos*, em que os críticos – leia-se, Fernando Pessoa desdobrado em muitos eus – ouviram a música dos versos de Walt Whitman e Cesário Verde, entre outros, e sobre o qual concedeu entrevistas; foi ainda autor dos poemas soltos que Álvaro de Campos sugeriu reunir sob a designação *Poemas Inconjunctos*, e dos poemas em que o amor o cegou, intitulados *O Pastor Amoroso*. Sobre Caeiro escreveram todos os autores fictícios que o conheceram e por isso a sua obra, como a de um evangelista sem religião ("Pensar em Deus é desobedecer a Deus", escreveu), é indissociável do que outros escreveram sobre ele, quer reconstruindo os seus diálogos, quer filosofando sobre o seu paganismo sem fé.

OS EDITORES

Professor, tradutor, crítico e editor, JERÓ-NIMO PIZARRO é o responsável pela maior parte das novas edições e novas séries de textos de Fernando Pessoa publicadas em Portugal desde 2006. Professor da Universidade dos Andes, titular da Cátedra de Estudos Portugueses do Instituto Camões na Colômbia e Prêmio Eduardo Lourenço (2013), Pizarro voltou a abrir as arcas pessoanas e redescobriu "A Biblioteca Particular de Fernando Pessoa", para utilizar o título de um dos livros da sua bibliografia. Foi o comissário da visita de Portugal à Feira Internacional do livro de Bogotá (FILBo) e coordena há vários anos a visita de escritores de língua portuguesa à Colômbia. Coeditor da revista *Pessoa Plural*, assíduo organizador de colóquios e exposições, dirige atualmente a Coleção Pessoa na Tinta-da-china.

PATRICIO FERRARI deixou a Argentina aos 16 anos e, desde então, tem vivido nos EUA, Índia, França, Itália, Alemanha, Portugal e Suécia. O seu trabalho de editor, crítico literário e tradutor é marcado por uma vida entre diversas línguas. Em 2006 concluiu um mestrado em Literatura Comparada na Sorbonne Nouvelle (Paris III), com uma dissertação sobre a poesia de Borges e Pessoa. Doutorou-se em 2012 na Universidade de Lisboa com a tese "Meter and Rhythm in the Poetry of Fernando Pessoa". Durante o pós-doutoramento publicou a primeira edição crítica da poesia francesa de Pessoa, assim como numerosos poemas ingleses inéditos do autor dos *English Poems*. É colaborador do Centro de Estudos Comparatistas da Universidade de Lisboa e, como escritor, está inscrito no Literary Arts MFA Program de Brown University.

OBRA COMPLETA
DE ALBERTO CAEIRO
FOI COMPOSTO EM CARACTERES FILOSOFIA
E IMPRESSO NA GEOGRÁFICA EDITORA,
SOBRE PAPEL POLEN SOFT DE 80 G/M^2,
NO MÊS DE OUTUBRO DE 2018.